电子科技大学特色教材建设项目

北京化工大学研究生教材建设项目

知 识 产 权

（第二版）

萧延高　范晓波　主编

科 学 出 版 社

北 京

内 容 简 介

本书重点论述著作权、专利权、商标权和商业秘密的法律关系及其取得、运用和保护的方法，分专题讨论了知识产权管理的策略，如技术创新中的知识产权风险识别与控制策略、知识产权商业化策略和知识产权诉讼策略等，并分析了华为、比亚迪、朗科、腾讯等著名企业的知识产权管理案例。这些案例增强了本书的可读性和应用价值。

本书适合高等院校工程硕士、工商管理硕士、其他相关专业研究生和本科生以及企业管理人士阅读。

图书在版编目(CIP)数据

知识产权 / 萧延高，范晓波主编. –2 版. —北京：科学出版社，2014.11（2018.1 重印）

电子科技大学特色教材建设项目　北京化工大学研究生教材建设项目

ISBN 978-7-03-042354-2

Ⅰ. ①知…　Ⅱ. ①萧…　②范…　Ⅲ. ①知识产权-中国-高等学校-教材　Ⅳ. ①D923.4

中国版本图书馆 CIP 数据核字（2014）第 254534 号

责任编辑：张　展　韩卫军 / 责任校对：陈　靖

责任印制：余少力 / 封面设计：陈思思

科学出版社出版

北京东黄城根北街16号

邮政编码：100717

http://www.sciencep.com

四川煤田地质制图印刷厂印刷

科学出版社发行　各地新华书店经销

*

2014 年 11 月第 二 版　　开本：1/16（787×1092）

2018 年 1 月第四次印刷　　印张：19 1/2

字数：350 千字

定价：38.00 元

《知识产权》编委会

再版序言

承蒙各位老师和同学厚爱，也得益于科学出版社的出版和推广，《知识产权》自2010年1月出版以来，先后被电子科技大学、北京化工大学、北京航空航天大学、北京理工大学、福州大学、重庆邮电大学、安徽工业大学、山东科技大学等十余所大学列为工程硕士研究生、工商管理硕士研究生、学术型硕士研究生或本科生的教材，《知识产权》也连续四次印刷，成为科学出版社的“明星”教材。

近四年来，中国的知识产权事业发生了一系列显著变化：①企业和科研机构等组织的知识产权创造步伐明显加快，知识产权运用和保护的重要性凸显；②知识产权法律、法规、规章和司法解释等制度不断完善，特别是商标法、著作权法已经发生或正在发生重大修改；③知识产权法院进入试点阶段，中国特色的知识产权审判制度体系建设工作稳步推进；④中国本土企业的创新能力不断增强，知识产权诉讼案件数量逐年攀升，反垄断诉讼和反垄断调查案件涌现。上述变化使得本书的修订迫在眉睫。

本次修订主要围绕以下三个方面进行：

（1）充分反映近四年中国知识产权法律制度的新进展。第二章参考2014年6月6日国务院法制办公室《中华人民共和国著作权法（修订草案送审稿）》的内容，对作品的种类、著作权的内容和保护等进行了局部修改；第三章增加“专利申请权和专利权的共有”、“外观设计明显区别的判断”等内容，并对《中华人民共和国专利法实施细则》第72条第2款“专利无效宣告程序”等内容进行了特别说明；第五章以2014年5月1日开始施行的新《商标法》和《商标法实施条例》为基准，对商标类型、商标注册原则和程序、商标专用权的消灭情形、商标权的保护、驰名商标异化的纠正等进行了大幅度修改。

（2）高度关注企业等创新主体对知识产权管理的新需求。在第二章“著作权管理”一节增加了企业内部的著作权创造、运用和保护管理内容；第三章增加了“专利权管理”一节，简要介绍专利的取得、实施和运营管理策略；第四章增加了“谷歌专利文献检索”工具和策略，并对专利文献检索的应用途径和策略进行了丰富和完善；第六章增加了“人才流动与商业秘密保护”一节；第七章增加“知识产权与企业竞争优势”和“企业知识产权管理体系”两节，厘清了知识产权与企业竞争优势之间的逻辑关系，总结出企业的知识产权管理模式、组织架构、管理制度等，同时增加了“知识产权商业化策略”和“知识产权诉讼策略”的最新进展。

（3）增补近年发生的知识产权典型案例。如“珠海格力电器股份有限公司与广东美的电器股份有限公司风轮专利无效及行政诉讼案”，“美国3M公司与上海跃丰工业防护用品有限公司呼吸保护器系列专利侵权纠纷案”，“Ipad商标侵权案”，“南通大江化学有限公司诉朱慧忠竞业禁止合同纠纷案”、“中兴通讯、华为等应诉美国337调查案”等。

本次修订撰写人员有：萧延高（再版序言），范晓波（第一章），黄小洵和冯薇（第二章），谭华霖、董新中和刘蕾（第三章），唐旗和侯伦（第四章），卢华锋和商继政（第五章），范晓波（第六章），萧延高和翁治林（第七章），全书由萧延高、范晓波、谭华霖和黄小洵最后统稿完成。各位作者精诚团结，通力合作，使本次修订工作得以顺利完成。个中辛苦以及由此结下的友谊，是值得感念的。本次修订参考了近年来国内外最新的知识产权研究成果和企业实践经验，得到科学出版社编辑张展先生和荣洁莉女士的大力支持和帮助。在此，特向上述学者、企业界人士和出版社编辑表达衷心感谢！

书中纰漏之处，恳请读者再次指正。

编　者

2014 年 7 月

前　言

知识产权（intellectual property）这一概念迄今大约已使用了150年，是无形的（intangible）私人权利的一种类型，在最广泛意义上被法律确认为具有保护价值的智慧和信息的集合，主要包括专利、著作权、数据库、著作权的邻接权、商标权、外观设计和未披露信息等[1]。刘春田将知识产权归属于形式产权，是人们基于他们所创造和利用的形式依法享有的权利。具体而言，是指基于创造性智力成果和工商业标记依法产生的权利的统称[2]。吴汉东等研究认为，知识产权是人们对于自己的智力活动创造的成果和经营管理活动中的标记、信誉依法享有的权利。知识产权的用语不过是对各种非物质性财产权利的代名词，从而主张将知识产权细分为创造性成果权、经营性标记权和经营性资信权[3]。台湾学者谢铭洋则提出，智慧财产权（即知识产权）是法律对于人类运用精神力创作成果的保护，以及对于产业正当竞争秩序的保护。依据法律规范的目的为标准，将知识产权分为三大类，即以保护文化创作为目的的著作权及其邻接权、工业设计，以保护技术创新为目的的发明和实用新型，以保护正当交易秩序的商标、服务标记、商号名称、产地标记、防止不正当竞争等[4]。

郑成思考察了知识产权在罗马法、英美法和法国民法中的不同状况后指出，虽然技术发明等知识产权所依附的客体自古就存在，但知识产权只是在生产力发展到一定阶段后才在法律中作为一种财产权出现。随着社会向现代市场经济发展，以及以微电子技术、生物技术和新材料技术等新技术对经济增长的贡献的增加，知识产权在整个财产权体系中的地位，正从附属向主导转化[5]。研究表明，创新是国家、产业和企业持续发展的核心动力，而创新需要知识产权制度的激励和保护，需要将知识产权管理嵌入到创新的整个过程，需要实现知识产权制度和技术发展的融合。由此，知识产权正成为国家、产业和企业谋求可持续竞争优势的战略性资源[6]。

鉴于知识产权在未来全球竞争中的重要地位，美国、欧盟、日本、韩国等国家和地区纷纷出台知识产权战略，旨在提升国家、产业和企业核心竞争力。为了提高我国自主创新能力，增强企业市场竞争力，提高国家核心竞争力，2008年6月5日，国务院发布《国家知识产权战略纲要》。纲要明确提出要"加强知识产权宣传，提高全社会知识产权意识，培育知识产权文化"，"加强知识产权人才队伍建设"。2007年12月18日，全国工程硕士专业学位教育指导委员会发出《关于加强工程硕士"知识产权"课程建设的通知》（指导委［2007］14号），提出知识产权的基础知识与应用是当代工程技术人

〔1〕 Bently L，Sherman B. Intellectual Property Law. 2nd edition. London：Oxford University Press，2004.
〔2〕 刘春田．简论知识产权//郑成思．知识产权研究．北京：中国方正出版社，1996.
〔3〕 吴汉东等．知识产权基本问题研究．北京：中国人民大学出版社，2005.
〔4〕 谢铭洋．智慧财产权之基础理论．第三版．台北：翰芦图书出版公司，2001.
〔5〕 郑成思．知识产权论．北京：法律出版社，2001.
〔6〕 李平，萧延高．产业创新与知识产权战略——关于深圳实践的深层分析．北京：科学出版社，2008.

员能力要求的重要方面。

为了推动工程硕士（GCT）和工商管理硕士（MBA）的知识产权教学工作，电子科技大学将本书列入2009年特色教材建设项目，北京化工大学将本书列入研究生教材建设项目。本书由电子科技大学、北京化工大学、北京航空航天大学、北京理工大学等院校从事工程硕士和工商管理硕士的“知识产权”课程教学的教师合作编写。考虑到工程硕士和工商管理硕士对“知识产权”课程内容的特殊要求，本书关注到知识产权制度和技术创新管理理论与实践的融合，即基于中国和国际知识产权法律制度，阐明在技术创新过程中，著作权、专利、商业秘密和商标等知识产权形式的创造、运用、保护和组织策略，以促进和保障企业、科研院所、大学等创新主体获得和保持竞争优势。

与国内外已经出版的同类教材相比，本书的特点在于：①编著者是具有法学和管理学双重背景的年轻学者，其工作单位是我国著名的理工科大学和研究机构。②本书以知识产权法律为制度平台，以促进企业和研究机构创新能力的提升和可持续竞争优势的获得为目的，充分考虑著作权、专利、商标、商业秘密等不同类型的知识产权的特点，围绕知识产权创造、运用和保护等方面展开阐述和分析。③本书结合企业知识产权管理中存在实际问题，借鉴学术界的研究成果，廓清了知识、知识资产和知识产权的逻辑联系，分专题讨论了知识产权的管理策略，如知识产权风险识别与控制策略、知识产权商业化策略、知识产权诉讼策略等，特别是编写了我国部分著名企业如华为、中兴、朗科、比亚迪、腾讯等的知识产权管理案例，增强了本书的可读性和应用价值。

本书的撰写人员有：萧延高（序言），范晓波、冯薇（第一章），黄小洵、侯仰坤（第二章），谭华霖、董新中（第三章），唐旗、侯伦（第四章），商继政、卢华锋（第五章），范晓波（第六章），萧延高、冯薇、范晓波（第七章），李飞、萧延高（第八章）。翁治林和唐丽娜对第七章的资料收集和整理作出了贡献。在全书编写过程中，翁治林和电子科技大学MBA教育中心的刘明做了大量的组织工作。

在过去的五年中，本书编写组部分成员因学术兴趣和课题研究需要，在国家知识产权局、四川省知识产权局、深圳市知识产权局、成都市知识产权局等部门的支持下，走访调研过北京、上海、深圳、广州、中山、佛山、无锡、武汉、西安、成都、绵阳、德阳、宜宾等地的诸多企业，得到企业界的大力支持和帮助。在调研过程中，本书编写组成员编写了华为、中兴、朗科、富士康、比亚迪、比克、盈宁科技、赛格导航、康佳、长虹、迈普、丝丽雅、光明光电、二重、东汽等不同行业的著名企业知识产权管理案例，本书遴选的部分案例即出自上述案例库。本书在撰写过程中，参考和借鉴了大量的国内外知识产权研究成果和教材以及网络资料。科学出版社对本书的撰写和出版给予高度的重视，张展先生对本书的出版和编辑付出了辛勤的劳动。在此，特向上述学者、企业界人士、知识产权局领导和出版社编辑表达衷心的谢意！

本书适用于工程硕士和工商管理硕士的“知识产权”课程教材或参考用书，也适合对知识产权感兴趣的企业、科研单位和政府等机构的人士阅读。

本书纰漏之处，恳请读者指正。

编　者

2009年7月

目　录

案例索引

第一章 导 论

第一节 知识产权的概念与特征

一、知识产权的概念

知识产权，是由英文 Intellectual Property 翻译而来，在我国台湾地区则将其翻译为智慧财产权。知识产权是什么，目前还没有一个被一致认可的概念。国内外著作普遍表述知识产权概念的方式是列举知识产权的主要内容，如知识产权传统上包括专利、商标和版权三个法律领域[1]，或者说"专利权、商标权与著作权等一般结合在一起称之为知识产权[2]。"然而，这种方法不能揭示属概念的全部外延，只包括了专利权、商标权和著作权，而不及于除商标之外的其他商业标记权、集成电路布图设计权、反不正当竞争等内容。关于知识产权的两个重要的国际公约则采用完全列举知识产权对象的方法表述知识产权概念。1967 年 7 月 14 日在斯德哥尔摩签订的《成立世界知识产权组织公约》第 2 条第 8 款规定，"知识产权"包括以下有关项目的权利：①文学艺术和科学作品；②表演艺术家的演出、录音制品和广播节目；③在人类一切活动领域内的发明；④科学发现；⑤工业品外观设计；⑥商标、服务标记、商号名称和标记；⑦禁止不正当竞争，以及在工业、科学、文学或艺术领域内其他一切来自知识活动的权利。1994 年 4 月 15 日签署，1995 年 1 月 1 日生效的《与贸易有关的知识产权协议》第 1 条第 2 款规定：对于本协议，"知识产权"系指第二部分第 1 至第 7 节中所包括的所有类别的知识产权，即：①著作权及其相关权利；②商标权；③地理标记权；④工业品外观设计权；⑤专利权；⑥集成电路布图设计权；⑦对未公开信息的保护；⑧对许可合同中限制竞争行为的控制。完全列举的方法表述清楚明确，但用来说明概念，则过于繁琐，而且知识产权的外延并非固定不变。随着技术进步和社会文化的发展，不断有新的对象被纳入到知识产权当中，例如，公开权（right of publicity）这一保护知名人物对其形象和身份所具有的利益的权利也被认为应当属于知识产权的范畴。从这个角度看，采用列举方式因难以列全，存在较大的缺陷。从科学的意义上讲，概念应当是反映对象的本质属性的思维形式，而简单的列举恰恰不能完成这一任务。概念本身就是人类在认识过程中，把所感觉到的事物的共同特点，从感性认识上升到理性认识，抽象出本质属性而成。所以统一知识产权概念的基础，需要从种种或同或异的列举背后，发现它们的共性。

---

〔1〕 阿瑟·R. 米勒. 知识产权法概要. 北京：中国社会科学出版社，1997：4.
〔2〕 沈达明. 知识产权法. 北京：对外经济贸易大学出版社，1998.

一种观点认为，知识产权是“人们就其智力创造的成果依法享有的专有权利”[1]。世界知识产权组织出版的《知识产权阅读资料》中也提出，“知识产权，广而言之，意味着智力活动在工业、科学、文学和艺术领域所产生的合法权利”[2]。这种以智力成果作为统一知识产权概念的基础的观点认为，商标也属于智力成果。对此有两种解释：一是商业标记的设计与选择凝结了智力劳动；二是商业标记权的利益来源于商业信誉，信誉的建立、维持包含了智力劳动。然而，这些解释在逻辑上的困境是显而易见的。只有当某个对象的智力含量成为该对象受保护的法律要件时，把该对象称为“智力成果”才具有法律意义。法律概念中突出的每一个特征都应当具有规范意义。如果法律不以商标的创造性作为保护要件，即使商标的设计、信誉的维持在客观上含有智力劳动，把商标称为智力成果也是无意义的。譬如，一个物的生产者可能在生产过程中投入了智力劳动，但物并不因此成为“智力成果”[3]。

从知识产权产生发展的历史来看，19 世纪 50 年代之前，商业标记的财产性还没有被承认，当时的知识产权类型主要是版权、专利权、外观设计权，因此用“智力成果权”来概括这些权利，在逻辑上是成立的。商标权出现之后，人们一度以商标不具有创造性为由，反对把商标权作为知识产权对待。英国 1862 年商标法草案的起草者 Hindmarch 认为，商标与专利、版权不能类比，书籍和外观设计是“被创造的财产”，而对于商标，“我们没有创造任何新事物，只是对我们承认的权利提供了一种新的保护模式而已。”英国学者评论美国 1878 年的 Leidersdorf v. Flint 案时指出，该案判决之所以认定美国宪法没有授权国会制定商标法，主要是由于商标的非创造性[4]。商业标记权最初是与专利权一同作为工业产权，工业产权又与著作权共同被称之为知识产权。商业标记权、反不正当竞争等进入知识产权的行列，与其最早与专利权共同成为工业产权的组成部分有必然联系。在《巴黎公约》中，工业产权的保护对象分为三类：第一类是直接产生于人类创造性劳动的智力成果，即发明专利、实用新型、外观设计。第二类是与工商业经营活动中营业者长期使用的与其商誉有直接关系的标记性权利，这类客体虽与创造性智力劳动没有多么大的联系，但特定标记与特定主体的商业经营活动相联系，亦可成为能产生“财产化”利益的源泉。第三类是将制止不正当竞争也作为受保护的一种权利，实际上即是以国际条约的方式，为缔约国设定一项在其境内规范商业行为，以便商人可以在公正的游戏规则之下进行“商业游戏”[5]。《巴黎公约》将此三类作为工业产权的保护对象，是因为他们都关涉工商业活动中主体的重大商业利益。有学者提出，作为知识产权独立类别的商标、服务标章、商号名称、产地标志、不正当竞争之防止，其特征在于此类保护对象与人类之精神创作无关，而是法律基于维持正当交易秩序之考

〔1〕 郑成思. 知识产权法教程. 北京：法律出版社，1993：1.
〔2〕 郭寿康. 知识产权法. 北京：中央党校出版社，2002：5.
〔3〕 李琛. 对智力成果权范式的一种历史分析. 知识产权，2004，(2).
〔4〕 Brad Sherman，Lionel Bently. The making of modern intellectual property law：the British experience，1760—1911//李琛. 对智力成果权范式的一种历史分析. 知识产权，2004，(2).
〔5〕 刘春田. 知识产权法. 北京：高等教育出版社，北京大学出版社，2007：379.

虑，始予以保护[1]。工商业标记有着独立的特征和存在意义，并不能被智力成果所包含，因此以智力成果所具有的创造性特征作为统一知识产权概念的基础是不妥当的。

相对而言，采用划分的方法表达知识产权的概念较全面。“知识产权是基于创造成果和工商业标记依法产生的权利的统称[2]。”此概念将知识产权划分为创造性的智力成果权和工商业标记权，是因其作为财产权，创造性的智力成果权的价值与工商业标记权的价值来源截然不同，创造性的智力成果权的概念不能覆盖工商业标记权的内容[3]。这种表述知识产权概念的方法克服了“智力成果权”概念的缺陷，体现了知识产权保护对象之间的差异，具有合理性，并成为一种较为通行的观点。然而，该观点在抽象性上仍有欠缺，未能说明同作为知识产权对象的智力成果与商业标记又具有何种共性与特征。本书认为知识产权概念统一的基础是具有一定独特性的、以非物质形态存在的知识产品。知识产权就是权利人对具有一定独特性的知识产品依法享有的支配权。

二、知识产权的特征

（一）知识产权对象的特殊性

知识产权与其他权利的区别，或者说知识产权的特征源自知识产权对象的特殊性。首先知识产权的对象具有独特性。作为知识产权对象的作品、发明创造、商标等都有所谓独创性或原创性、创造性、显著性的要求，本书将其概括为独特性。具体来看，作为著作权的对象的作品应当具有独创性，或称原创性。就是说，一件作品的完成应当是作者自己的选择、取舍、安排、设计、综合、描述的结果，既不是依已有的形式复制而来，也不是依既定的程式或程序推演而来[4]。尽管在极个别情况下，可能会出现不同的人分别独立创作出相同的作品，仍各自对其作品享有著作权。毕竟这属于特例，独创的作品往往是各不相同的。专利权的对象发明创造要满足新颖性、创造性条件，即发明创造不属于现有技术范围，要与现有技术不同，并体现出进步性。对于商标，其获准注册的一个主要条件就是要具备显著性，即应具有能使人据此识别出不同来源的商品或服务的特征。这里的显著性要求对应于专利法上对发明创造的“新颖性”要求以及著作权法上对作品的“原创性”要求。如果申请注册的商标与他人在同一种商品或类似商品（或服务）上已经注册的或者初步审定的商标相同或近似则不能够获得注册。不论是原创性、新颖性还是显著性，其共同之处都是要求知识产权的保护对象与先前已存在的作品、发明创造、商标不相同，是独特的。

知识产权的对象具有非物质性。物，是占有一定空间，能够为人力所支配并能满足人们一定物质或精神需要，以动产或不动产等形式体现的有体有形的实实在在的存在。而知识产权的对象“知识产品”，包括发明创造、文学艺术作品以及工商业标记是非物

〔1〕 谢铭洋．智慧财产权之概念与法律体系//刘春田．中国知识产权评论．（第一卷）．北京：商务印书馆，144－146．
〔2〕 刘春田．知识产权法．北京：中国人民大学出版社，2014：6．
〔3〕 刘春田．知识产权法．北京：中国人民大学出版社，2014：7．
〔4〕 刘春田．知识产权法．北京：中国人民大学出版社，2014：54．

质实体的、非物理的存在，它们都表现为一定的“形式”。知识作为形式，是客观的。形式需借助质料加以表现。但是，不能将作为形式的知识与承载知识的质料混淆。质料，是知识的载体。知识被人认识和感受离不开一定的物质载体，其作为纯粹的形式可以通过与多种的、多个的物质载体相结合，使自身被任意地复制，不受限制地得到表现。因此，必须明确的是，知识与知识的载体是完全不同的两个事物。物本身与其功能或效用是不可分离的，物的转移意味着物权的转移。物由于其物质的特定存在，使其不可能同时在不同地域被不同主体使用。而知识作为形式可以与其载体分离、结合，其功能或效用与载体无关，而承载知识的质料或载体的转移却不是知识产权的转移。以作品为例说明，一部作品可以被复制为成千上万册图书发行，每个图书购买者得到的只是作为作品复制件的图书，即得到了物以及物的所有权，而非作品或基于作品的著作权，著作权仍属于著作权人。知识产品有着不同于动产、不动产的存在、利用、处分形态，即不发生有形控制的占有、不发生有形损耗的使用、不发生消灭知识产品的事实处分与有形交付的法律处分[1]。知识产品的非物质性决定了其只需经过一次生产，便可通过无限量地复制自身，与物质载体相结合，来满足社会的需要，而无需重新生产，并由利用的程度决定其经济价值。

（二）知识产权的特征

基于知识产权对象的特殊性，知识产权的特征通常被归纳为以下三个方面：

1. 知识产权的专有性

知识产权的专有性也称独占性、排他性，是指知识产权专为权利人所享有，非经法律特别规定或权利人同意，任何人不得利用和处分。知识产品的非物质性导致其具有公共物品的属性，在没有知识产权制度的时代，知识几近成为公共物品，只要可被人获知，就可任意免费利用，无须为其利用行为支付报酬。知识产品由此具有了自由物品或免费物品的特征，也就是说，知识具有外部性。然而，知识产品作为人的原创性劳动的成果，并不是可以取之不尽、用之不竭的自然的赐予，它的产生支付了代价。经济学上，用稀缺资源生产出来的物品也是稀缺的，是经济物品，而非自由物品。从知识产品的产生来看，不应认为知识产品可以被任意无偿取用。就像有形的财物因可以满足人的需要，而本身又是稀缺的，获得它必须向其所有人支付代价一样，知识的有用性以及稀缺性，要求获取知识的人向其创造生产者支付对价。如果放任知识外部性的产生，必将导致供给不足。只有在产权能够界定和执行的时候，大部分与外部效应有关的问题才能有效地解决。只有对知识产品设置产权，才能使其具有排他性。随着知识产品对社会的有用性或其贡献的重要性逐渐被意识到，各国便逐步制定知识产权法将知识产品纳入到法律的保护框架之内，成为被法律确认的专属于权利人的财产。知识产权人可以基于对知识产品的专有权，独占性地获取市场利益。未经知识产权人许可，他人不得利用其知识产品，否则将构成侵权，受到法律的制裁。不过知识产权的专有性是相对的，著作权

〔1〕 吴汉东．关于知识产权本体、主体与客体的重新认识——以财产所有权为比较研究对象．法学评论，2000，(5).

法中的合理使用、专利法中的强制许可等制度在一定程度上限制了知识产权的专有性。

2. 知识产权的时间性

知识产权的时间性是指知识产权只在法定的期限内受法律保护，权利人享有的专有权利有时间限制。一旦保护期限届满，权利即告终止，相关的知识产品就进入公有领域，成为整个社会的共同财富，任何人都可以自由接近和利用。由于知识产品具有非物质性特征，所以知识产品是一种“永不磨损”的非消耗性产品。知识靠表现和传递而存在，并维系其寿命。除非是知识的物质载体全部灭绝和存储于大脑中的知识的信号全部失忆这两种情况同时出现，否则，知识的寿命是无限的[1]。法律为激励创造者，赋予其对知识产品独占地获取收益的权利，禁止他人未经权利人许可而使用。然而，这种法律赋予权利人的垄断，却不能因知识的永存性而无限期存在。知识的累积性表明它是人类共同发展的基础，任何一种创造都来源于人类共有的知识财富，因而这种创造最终也应归于人类共同的财产。社会的发展就是以知识的不断创新和积累为基础，它事关公共利益，因此应由法律规定某种知识归属于其创造者独占的期限。知识产权人只能在法律授予的垄断期限内，独占地利用其创造，获得收益。超过这个期限，权利丧失，利益由社会共享。法律通过这样的制度安排，一方面使创造者为其对社会的贡献获得报偿，从而激发更多有益于社会的创造，另一方面使社会知识不断增长和积累，满足社会公共利益的要求。各项知识产权基本上都有法定的保护期限。商标权虽有十年的保护期，但因可无限续展，相对于著作权与专利权而言，属于相对永久权。商业秘密的保有则无时间限制。

3. 知识产权的地域性

知识产权的地域性是指根据一国或地区法律取得的知识产权，原则上只在该国或地区范围内发生法律效力，而不能当然地延及其他国家或地区。即知识产权作为一种专有权在空间上的效力是有限的，其效力仅及于本国境内。除非负有国际公约或双边协议所约定的义务，知识产权不具有域外法律效力，其他国家亦不承担保护这类权利的义务。例如，中国专利行政机构授予的专利权或中国商标行政机构核准的商标专用权，只能在中国领域内受到保护，其他国家则不必须给予保护。外国人在中国领域外使用中国专利行政机构授权的发明专利，一般不会侵犯中国的专利权。因此，中国公民或法人完成的发明创造要想在外国受到保护，必须在外国取得专利；反之亦然。

第二节 知识产权制度的起源与发展

一、西方知识产权制度的起源与发展

人类的知识十分古老，而作为知识的有效保护手段的知识产权制度却还相当年轻。把科学技术和文学艺术的利用权当作一种独立的财产形态，则是技术进步与商品经济发展到一定阶段的产物。经过数百年的发展演变和不断完善，尽管一直受到各种声音的质疑，知

〔1〕 刘春田. 知识产权法. 北京：中国人民大学出版社，2014：18.

识产权制度已为世界各国普遍接受，并形成了一系列国际公约，成为各国共同遵循的准则。

在当今社会，知识经济的发展动力在于科技创新活动，而科技创新活动离不开产权制度包括知识产权法的制度创新。一部知识产权制度的发展史就是一部技术的革新史。吴汉东认为，知识产权法是近代科技和商品经济发展的产物，其产生取决于以下三方面的社会背景和条件〔1〕：第一，社会生产的科学技术化。从自然经济向商品经济的发展过程中，劳动产品中的智力因素逐渐地战胜了体力因素。这段时期，科技广泛运用于生产。正如共产党宣言所说："资产阶级在最初的一百年中创造了前所未有的生产力，机器的采用，化学在工业、农业中的使用，轮船的行驶，铁路的开通，电报的使用，使科学技术与社会生产紧密联系在一起。"第二，知识产品的商品化。长期以来，知识不被作为商品看待，知识的转移靠祖传密方、口口相授，所以技术是被局限在狭隘的手工作坊之中的。由于商品经济发展，资本主义经济结构建立，技术被迫向社会大规模转移。马克思、恩格斯曾经一阵见血地指出："资本的神奇力量在哪里？就在把工匠变为雇佣劳动者，使他们的身体和技能都成为商品。"第三，知识财产的法律制度化。从古代罗马法一直到前资本主义时代，企业法、财产法中都没有关于保护和调整知识产品生产、传播的规定，在这个时期不可能产生知识产权法。到近代社会，由于产生了这样一种社会需求，立法者就创制了知识产权法。1623 年英国的垄断法规，1709 年的英国的安娜法令和 1857 年法国商标法，这三部法律被公认为是近代知识产权法产生的典范。对此经典作家也有一句话："每当工业和商业的发展产生新的交往方式的时候，法律便不得不承认这是获取财产的新方式。"因此，作为市民社会不可或缺的知识产权法，成为了保障市民阶级获取财产的新方式。

著作权源于对文学艺术作品的商业性利用而带来的利益。人类造纸和印刷技术的发明，以及以书籍为载体的科学技术知识、文学艺术作品的大范围传播，首先产生了对书籍印刷发行商利益的保护需求。16 世纪，英王以缴纳特许费为条件授予出版商一种垄断的印刷权，即特许出版权。随着资产阶级启蒙运动的兴起和发展，人们逐渐意识到作者才是文学艺术作品创作的源泉。没有作者的辛勤创作，出版商的利益也只会成为无源之水。1709 年英国颁布了世界上第一部保护作者利益的著作权法《安娜女王法》。其后欧美各国相继也建立了著作权保护制度。

通常认为，专利法的萌芽源自 15 世纪的意大利。世界上最早对发明创造给予专利保护的法规是 1474 年威尼斯共和国元老院颁布的。当时的威尼斯既是近代科学技术的发祥地和欧洲文艺复兴的中心，又是中西方经济文化的交汇地。同时，它又仰仗罗马法的法律文化悠久的历史背景，这种内外部条件促成了知识产权制度的萌芽〔2〕。此后，1623 年的英国垄断法开创了具有现代意义的专利制度的先河。例如该法规定，专利权授予最初的发明人；专利权人有权在国内制造和使用其产品，法律要求发明必须在英国国内是新颖的；违反法律，有碍贸易以及引起商品涨价，有害国家利益的专利无效；专利的有效期为十四年。该法确立了现代专利制度的基本原则和框架，许多原则和定义一

〔1〕 吴汉东. 知识产权的制度创新与理论创新. http：//www.wtolaw.gov.cn/display/displayInfo.asp? IID=200209201539234437.

〔2〕 刘春田. 知识产权法. 北京：高等教育出版社，北京大学出版社，2007：31.

直沿用至今，对后来各国建立专利法产生了深远的影响。18 世纪末 19 世纪初，欧洲大陆各国和美国等相继颁布了专利法，建立了专利法律制度。

商标的产生源于商品经济的发展，但商标保护制度则出现较晚。当商标的使用日益广泛，原有的依靠商业惯例、商业道德等所维系的商标使用规则已经不能满足商人之间日益激烈的市场竞争的需要，为了区分同种商品的不同生产者，商标法律制度就应运而生了。法国 1803 年颁布了名为《关于工厂、制造场和作坊的法律》，确认了对商标权的法律保护。1857 年，法国又颁布了最早的成文商标法：《关于以使用原则和不审查原则为内容的制造标记和商标的法律》。随后，欧美发达的资本主义国家相继制定了商标法。

资本主义商品生产的发达，促进了科学技术的广泛传播和教育的普及。尤其在欧洲，国际经济文化交流的扩大使著作权、工业产权也成为国际贸易的对象〔1〕。知识产权的国际保护成为迫切需要解决的问题。1883 年，比利时、法国和瑞士等十多个国家签订了《保护工业产权巴黎公约》，该公约确立了“国民待遇”、“最惠国待遇”和“专利保护独立”等原则，成为了国际保护工业产权的基本公约。《巴黎公约》经过一百多年的修改与完善，参加的国家越来越多。目前该公约成员已发展到 173 个，已经成为全球性的最重要的知识产权公约之一。由于知识产权的地域性，一个权利人如果想要获得多国保护，往往需要向每个国家的知识产权管理当局分别提出申请。为了解决这类问题，世界各国又分别缔结了下列程序性公约：即《专利合作条约》（PCT）和《商标国际注册马德里协定》及《商标国际注册马德里协定有关议定书》，大大简化了专利和商标国际申请与注册程序。在著作权的国际保护方面，在欧洲国家的主导下，各国于 1886 年缔结了《保护文学艺术作品伯尔尼公约》。《伯尔尼公约》确立了“国民待遇”、“自动保护”、“著作权保护独立”以及“最低保护标准”等原则。该公约目前已经有 164 个成员，成为了世界多数国家之间保护著作权的基础性公约。随着传播技术的发展，《保护表演者、录音制品制作者和广播组织的国际公约》，即《罗马公约》于 1961 年签订，1964 年生效，成为世界保护邻接权的重要公约之一。随着数字技术的发展，各国又于 1996 年签订了《世界知识产权组织版权条约》（WCT）和《世界知识产权组织表演和录音制品条约》（WPPT），成为保护数字化作品的作者和邻接权人合法权益的主要国际公约。1994 年，作为 WTO 乌拉圭回合谈判的一揽子协议之一，各国缔结了《与贸易有关的知识产权协定》，即 TRIPs 协定。TRIPs 协定规定了“国民待遇”“最惠国待遇”“最低保护标准”以及“平衡保护”等原则，成为目前知识产权方面保护程度最高，涉及范围最广泛的国际公约。目前 TRIPs 协定的成员已有 153 个，对各个国家和地区的知识产权制度，以及国际、地区间的知识产权保护产生了重大影响。

二、我国知识产权制度的起源与发展

知识产权制度对于我国来说，是不折不扣的舶来品。我国传统上是一个重农抑商的国家，长期以来并没有意识到科学技术对于生产力的巨大推动作用，这也造成了我国在近代史上一度落后的状况。我国知识产权制度的建立始于清朝末年。资本主义生产方式

〔1〕 刘春田. 知识产权法. 北京：高等教育出版社，北京大学出版社，2007：32.

的产生和发展，以及变法图强的要求促使清政府着手建立近代法制，分别于1898年，1904年和1910年颁布了《振兴工艺给奖章程》《商标注册试办章程》和《大清著作权律》，这些法律给当时的中国社会带来了深远的影响。清政府覆灭后，这些法律被后来的南京临时政府、北洋政府和国民政府继承下来，作相应的修改完善继续实施。但是，由于种种历史条件所限，这些法律都没有起到应有的作用。

中华人民共和国成立以后，由于长期“左”的思想的影响，20世纪80年代以前，没有建立知识产权制度。直到中国共产党十一届三中全会以后，才着手全面建立知识产权制度。1982年我国颁布了《中华人民共和国商标法》，1984年颁布了《中华人民共和国专利法》，1990年颁布了《中华人民共和国著作权法》，1993年颁布了《中华人民共和国反不正当竞争法》。为了和国际知识产权制度接轨，我国先后加入了一系列保护知识产权的国际公约。我国于1985年加入了《巴黎公约》，1992年加入了《伯尔尼公约》和《世界版权公约》，还加入了一些著作权、邻接权、专利权和商标权等的专门条约。1992和1993年，我国先后对《专利法》和《商标法》作了修改。

此后，为了加入世界贸易组织，使我国的知识产权法达到TRIPs协定最低保护的要求，以便能顺利地与知识产权的国际惯例相衔接，我国根据国情并参照TRIPs协定的相关规定，又在2000年和2001年相继对《专利法》和《商标法》作了第二次修改、并于2001年10月修改了《著作权法》，从而为我国加入世界贸易组织创造了有利的条件。2001年12月我国正式成为TRIPs协议的缔约方。2007年3月我国加入了《世界知识产权组织版权条约》和《世界知识产权组织表演和录音制品条约》，两公约于2007年6月9日在我国生效[1]。

随着国际国内形势的变化和发展，知识产权法的进一步修订又提上了日程。2008年12月27日，第十一届全国人大常委会第六次会议对我国专利进行了第三次修正。2010年2月26日第十一届全国人大常务委员会第十三次会议对著作权法进行了局部修订。2011年7月13日，著作权法第三次全面修订工作正式启动，2014年6月6日，国家版权局报请国务院审议的《中华人民共和国著作权法》（修订草案送神稿）公布并向社会各界公开征求意见。2013年8月30日，第十二届全国人大常委会第四次会议通过了关于修改《商标法》的决定，新修订的商标法自2014年5月1日起实施。

问题与思考：

1. 什么是知识产权？
2. 知识产权的特征有哪些？

〔1〕 刘春田．知识产权法．北京：高等教育出版社，北京大学出版社，2007：33.

第二章　著　作　权

第一节　著作权制度概述

一、著作权制度的历史沿革

著作权法律制度起源于科学技术、文化教育和商品经济发达较早的欧洲，当今世界绝大多数国家都建立了著作权法律制度。以下将从国外和国内两个方面介绍著作权法律制度的历史沿革。

（一）国外著作权法的历史沿革

在世界范围内，著作权法律制度的产生发展，大致经历了两个历史时期。

1. 特许出版权时期

16 世纪中后期，以英国为代表的欧洲社会正在经历着第一次工业革命带来的社会物质财富的快速增长，以及与之伴随的资本主义思想的快速传播，自然科学的不断发展和进步。在这种社会背景下，人们的精神世界从宗教的禁锢下解放出来，思想逐渐活跃，对于知识和书籍的渴望和要求日趋强烈，当时中国的造纸术和印刷术已经传递到欧洲，这些因素在很大程度上促进了印刷业的快速发展。

由于印刷商之间竞争激烈，为防止盗印书籍等不正当竞争行为，一些印刷商不断要求政府给予他们保护，以维护自己的经济利益，这种状况发展到最终以缴纳特许出版权费用作为交换条件，由英国女王给部分出版商授予特许出版权，使他们垄断对相应作品的出版发行权。16 世纪中叶，英国出现了印刷公会，该公会的成员能够获得皇室颁发的特许出版权。

这一阶段的主要特征是，印刷商出于获得更高利润的目的，通过借助皇室的力量来获得一种垄断性的特权，这种特权的受益者是印刷商，或者称为出版商。特许出版完全是一种垄断商业交易的行为，特许出版权并不是真正的著作权，它是一种封建政府或君主授予的出版特权，是一种公权力，它与保护作者的利益没有关系。但是特许出版却引发了后来社会对于作者利益的关注和保护，因此人们都普遍地把这一特权时期作为著作权制度诞生的前奏。

2. 现代著作权保护时期

每一部作品的产生都是作者智力劳动的结晶。17 世纪的英国思想家洛克在他的《论政府》中明确提出，每个人天生都是自由的，他的劳动成果就是他生命的一部分，都天经地义地归他自己所有，任何人都没有权力进行掠夺。随着资产阶级革命的胜利，资产阶级取代封建统治者登上政治舞台，“天赋人权”、“人人生而平等”等进步思想在社会上广泛传播，并为广大民众所接受。在这种社会背景下，英国爆发了反对廉价掠夺作者利益的运动，在社会各方的压力下，女王不得不终止了授予特权的活动，英国议会被迫于 1709 年通过了世界上第一部以保护作者合法权益为目的的法律，这部法律的名称是《为鼓励知识创作而授予作者及购买者就其已印刷成册的图书在一定时期内之权利法》，也称为《安娜法令》。

从保护出版商享有的特有出版权转变为保护作者享有的著作权，这是一场根本性的转变。这种转变不仅仅是权利的名称发生了变化，最深刻的转变在于两种权利的本质不同，保护的出发点和最终的目的都完全不同，前者是保护出版商借助出版发行作品来赚取更多的经济利润，后者则是保护作者基于自己创作完成的作品来得到社会的认可并获得应得的报酬。从此，诞生了保护作者权利的思想。无论从社会公平正义的角度，还是从促进社会文明和发展的角度来说，著作权法律制度的诞生都体现了社会的文明和进步。

18 世纪末，欧洲大陆各国也相继建立了著作权保护制度。其中，又以 1793 年法国制定的《著作权法》最具代表性。与英国不同，欧洲大陆各国的著作权法更多地接受了资产阶级启蒙思想家的人权观念。他们认为，作品不同于其他商品，它首先是作者人格和精神的反映。因此，著作权制度更注重保护作者的人身权利，财产权次之。

随着国际经济、政治、文化的发展，著作权交易的扩大，仅通过国内法保护著作权已经不能有效保护作者的利益。于是出现了国家间保护著作权的双边条约，并发展为建立统一的多边著作权保护体系。1886 年诞生了保护著作权的第一部国际公约——《保护文学艺术作品伯尔尼公约》（简称伯尔尼公约），这部公约为世界范围内保护文学艺术和科学领域内的作品奠定了法律基础，它的基本内容直到今天仍然是世界各国保护著作权的最高纲领。1952 年在日内瓦通过了另一个著作权公约——《世界版权公约》。1971 年通过《保护录音制品制作者防止未经许可复制其制品公约》。1993 年通过的《与贸易有关的知识产权协议》（简称为 Trips 协议），更进一步增强了各国著作权制度的协调与统一，强化了国家间对著作权的保护。1996 年通过了《世界知识产权组织表演和录音制品条约》和《世界知识产权组织版权条约》。在这些国际条约中，影响最大、覆盖国家最多的主要是《伯尔尼公约》和《与贸易有关的知识产权协议》。

（二）我国著作权制度的历史沿革

我国著作权制度初建于清朝末年。1910 年，清政府颁布了我国历史上第一部著作权法——《大清著作权律》，这部法律分 5 章共 55 条，条文简约，内容完备。其立法取向反映了对大陆法系与英美法系的著作权法的一些基本原则兼收并蓄的立场，同时保护作者的财产权和人身权。虽然次年清政府被推翻，但《大清著作权律》仍不失为一部成功的法律，它奠定了我国著作权法的基础，在我国著作权立法历史上产生了深远的影响[1]。1915 年，北洋军阀控制下的民国政府另行颁布了一部《著作权法》，其中除了把

〔1〕 刘春田．知识产权法．北京：高等教育出版社，北京大学出版社，2008：42－43．

登记机关从民政部改为内务部，并在“著作物”中增加了“讲义”、“演述”等项之外，完全与《大清著作权律》相同。1928 年，当时执政的国民党政府颁布了一部《著作权法》，并颁布了它的实施细则。该法在 1944、1949 年做过修订。1963 年，国民党当局在台湾省又颁布了一部《著作权法》。这两部法的基本内容，仍未超出《大清著作权律》的范围。

新中国成立以后，著作权法律制度建设未得到应有的重视。国家只是先后制定和实施了一些有关著作权保护的决议和规定，如 1950 年全国第一次出版工作会议发布的《关于改进和发展出版工作的决议》提出出版业应尊重著作权及出版权，不得有翻版、抄袭、篡改等行为。1953 年出版总署发布《关于纠正任意翻印图书现象的规定》，指出一切机关团体不得擅自翻印出版社出版的图书图片以尊重版权。当时对著作权的认识与现在截然不同，著作权并没有被作为一项民事权利得到法律的正式承认和保护〔1〕。改革开放以后，随着对外交流的增多以及适应经济建设的需要，1986 年 4 月 12 日，由全国人民代表大会第四次会议通过的《中华人民共和国民法通则》第一次在法律中明确规定了“公民、法人享有著作权（版权），依法有署名、发表、出版、获得报酬等权利。”“公民、法人的著作权（版权）受到剽窃、篡改、假冒等侵害的，有权要求停止侵害，消除影响，赔偿损失。”《民法通则》为我国著作权立法奠定了坚实的基础。1990 年 9 月 7 日，《中华人民共和国著作权法》经第七届全国人大常委会第十五次会议审议通过，并于 1991 年 6 月 1 日正式实施，同年 6 月 3 日又颁布了《中华人民共和国著作权法实施条例》。随着著作权国际交流的扩大，我国于 1992 年决定参加《伯尔尼公约》和《世界版权公约》，这两个公约分别于 1992 年 10 月 15 日和 1992 年 10 月 30 日对我国生效。随着社会经济文化的迅速发展，社会生活与国际交往对著作权法提出了新的要求。2001 年 10 月 27 日，第九届全国人大常委会第 24 次会议通过了《关于修改〈中华人民共和国著作权法〉的决定》，完成了我国著作权法的第一次修订。2010 年 2 月 26 日第十一届全国人民发表大会常委会第 13 次会议《关于修改〈中华人民共和国著作权法〉的决定》完成第二次修订。2014 年 6 月 6 日《中华人民共和国著作权法》（修订草案送审稿）〔以下简称《著作权法》（送审稿）〕公布。

二、著作权的含义和特征

（一）著作权的含义

著作权是指作者及其他著作权人依法对文学、艺术和科学、工程技术等作品所享有的各项专有权利。它是基于作品而产生的一种法定的权利。英美法系国家将著作权称为版权，欧洲大陆一些国家则称之为作者权。前者更着重于对著作权人的经济利益的保护，后者则倾向于保护作者的人身权利。著作权通常有广义和狭义之分，广义的著作权包括作品作者依法享有的权利和传播者在传播作品过程中享有的权利，传播者包括表演者、录音录像制品制作者和广播电视节目制作者，一般非作品作者享有的权利又称为著

〔1〕 刘春田．知识产权法．北京：高等教育出版社．北京大学出版社，2008：43

作邻接权或与著作权相关的权利。狭义的著作权仅指作者享有的权利。

（二）著作权的特征

著作权具有自己的特征，因而不同于其他财产权和工业产权。

具体来讲，著作权主要有具备以下特征：

（1）著作权的客体是作品，著作权是依据作品而产生的权利。但并不是所有的作品都能享有著作权。著作权法中明确规定，在某些情况下即使满足作品构成要件仍然不享有著作权。

（2）著作权具有人身性。著作权是基于作品的创作完成而产生，由于作品体现了作者的思想、感情、观念等，所以也体现了作者的人格。为了保护作者的人格利益，法律对作者的资格权给予特别的规定和保护，著作权因此具有了人身性。

（3）著作权的不同内容受到法律保护的期限不同。著作权财产权利的法律保护一般有期限，除发表权之外著作人身权利没有保护期限的限制。

第二节　著作权的客体

所谓著作权的客体是指文学、艺术和科学领域内，具有独创性并能以某种有形形式复制的智力创作成果，即作品。作品是一个动态的概念，随着科学技术的发展而发展。例如，早期的作品主要是指文字作品、美术作品等，当摄影技术、电影技术发明后，作品的范围扩大到摄影作品、电影作品等。当计算机技术、网络技术发明后，作品的范围又扩展至计算机软件、数字化作品等。

一、作品的含义

《伯尔尼公约》中对作品的规定：“‘文学艺术作品’一词包括科学和文学艺术领域内的一切作品，不论其表现方式或形式如何，诸如书籍、小册子及其他著作；讲课、演讲、讲道及其他同类性质作品；戏剧或音乐戏剧作品；舞蹈艺术作品及哑剧作品；配词或未配词的乐曲；电影作品或以与电影摄影术类似的方法创作的作品；图画、油画、建筑、雕塑、雕刻及版画；摄影作品以及与摄影术类似的方法创作的作品；实用美术作品；插图、地图；与地理、地形、建筑或科学有关的设计图、草图及造型作品。”我国借鉴《伯尔尼公约》对作品定义，在《中华人民共和国著作权法实施条例》中对作品的规定如下：“著作权法所称作品，是指文学、艺术和科学领域内具有独创性并能以某种有形形式复制的智力成果。”《著作权法送审稿》对该定义做了一些小的修订，在第5条如此界定作品：“本法所称作品，是指文学、艺术和科学领域具有独创性并能以某种形式固定的智力表达。”定义的变化主要体现在两点：一是将可复制性改为可固定性，二是将智力成果改为智力表达。

二、作品的特征

（一）作品是“思想、感情”的表达，而不是思想、感情本身

首先作品创作必须是基于人的行为，排除大自然的天成，动物以及机器所为并非创作。其次作品是人的智力成果。非因智力活动产生的成果，不能算作作品。这里的脑力劳动是一种事实行为，而不是法律行为。例如五岁小孩随手涂鸦的画，如果具有智力创造性，即是作品。再次，著作权保护的作品不是对思想的保护而是对思想的表达形式的保护。世界贸易组织 TRIPs 协议第 9 条第 2 款规定：“著作权保护应及于表达，但不延及思想、程序、操作方法或数学概念本身。”思想是客观存在反映在人的意识中经过思维活动而产生的结果，往往具有高度的抽象性。思想存在于人的头脑中是无法被他人所感知，只有思想者将存于自己脑海中的思想以某种表达形式表现出来才能被外部世界的其他人所感知。抽象的思想内容可能相似甚至相同，但其表现形式却可能不同。例如同样表达对和平自由的向往，却可以采取诗歌、绘画、小说、电影等诸多形式。而著作权保护的作品正是这种思想的表达形式。如果保护的是思想，势必会导致思想的垄断，进而必然限制多种形式的作品出现，阻碍精神财富的创造。《著作权法》（送审稿）对作品定义明确规定为智力表达，实际就是强调作品只能是外在表达而不是思想。为此《著作权法》（送审稿）第九条第 1 款特别规定：“著作权保护延及表达，不延及思想、过程、原理、数学概念、操作方法。”

（二）作品必须具有独创性或原创性

此处的独创性指的是表达形式的独创。著作权法只保护表达形式而不保护内容，因此，独创只是表达形式的独创，不是内容的独创。就相同主题进行不同创作，照样可以成为作品。例如，基于同样的历史题材的创作。独创性指作品是作者独立的创造性劳动的产物，而不是剽窃或者抄袭他人的创作成果。独创性并非指作品绝无仅有，虽然实际上可能是独一无二。如果两部作品的题材、构思乃至表达形式相同或类似，但只要作者是自己独立创作，这两部作品各自享有著作权。对作品是否要达到一定创作高度，英美法系国家和大陆法系国家曾有稍许差别。以德国为代表的大陆法系国家一般要求作品除了要独立创作完成外，还必须达到一定的智力高度，即作品要有较高的文学艺术价值。而英美法系国家对作品基本没有质的要求，只要智力创造性不过于低微即可。两相对照，英美法系国家的做法更为合适，因为一部作品的价值如何，不同的人判断标准是不一样的。大众喜欢的流行作品，对某些人来讲却可能是毫无艺术价值的作品。所以对于作品的独创性不应给予较高的要求。现在大陆法系国家对作品的艺术价值也不再要求。

我国《著作权法实施条例》第 3 条专门对于作品的“创作”活动做了明确的规定：“创作，是指直接产生文学、艺术和科学作品的智力活动。为他人创作进行组织工作，提供咨询意见、物质条件，或者进行其他辅助工作，均不视为创作。”这在一定程度上有助于人们对作品概念的理解和把握。即“作品”应当是作者智力活动的结果。但对创作的高度，我国法律没有明确规定。事实上如果让法官来判断作品的文学艺术价值本身

就有难度，因为文艺术价值这个主观标准本身就是仁者见仁，智者见智。所以对作品不宜要求必须达到较高的创作水平。

案例 2-1 广西广播电视报社诉广西煤矿工人报社电视节目预告表使用权纠纷案

广西广播电视报社获得登载广西电视台和中央电视台电视节目预告权利，每周定期刊登广西电视台和中央电视台电视节目。而《广西煤矿工人报》在每周一出版的该报中缝刊登广西电视台和中央电视台节目预告。《广西煤矿工人报》刊登节目预告是否构成了侵权？侵犯的什么权利？经过两审，二审法院认定《广西煤矿工人报》侵犯了广西广播电视报社的电视节目预告表使用权。〔1〕

节目预告是不是作品？从近期英美国家判例来看，普遍认为对电话号码簿、电视节目预告、时刻表、邮政编码本、人口统计数据、法律的公布和汇编等事实（信息）的搜集并进行排列、组合虽然付出汗水但却非创作性劳动，由此形成的信息表通常不视为作品。这种看法是有道理的。公众信息属于社会共有，对公众信息搜集后按照一般习惯进行排列显然是没有创造性的，但是其毕竟也付出了劳力，故对此类信息的复制应属于不正当竞争而非著作权的侵犯。

（三）可固定性

著作权法保护的作品是思想的表达，表达是能被人感知、复制的，而作品的复制意味着它一定是能够被固定于某一物质载体之上。可固定性是一种固定的可能，而非已经固定，因此口述作品虽非已经固定但仍然可借助于录音设备等方式固定，仍然具备作品可固定性特点。

三、作品的种类

我国著作权法涵盖的作品包括以下七个类别：

（一）文字作品

文字作品，是指小说、诗词、散文、论文等以文字形式表现的作品。此处的文字包括盲文、数字、图形、音符等符号。文字作品比文学作品的范围要广，产品介绍、科学论文均属于文字作品。

（二）口述作品

口述作品，是指即兴的演说、授课、法庭辩论等以口头语言形式表现的作品。需要注意的是，只有即兴的才有可能成为口头作品，而对已有作品的表演、重复，例如，按

〔1〕 中国法院网. http: //www. chinacourt. org/html/article/200211/04/16924. shtml.

照讲稿作的演说，按照教案进行的授课，不能算作口述作品。讲稿、教案则属于文字作品。

（三）音乐、戏剧、曲艺、舞蹈、杂技艺术作品

音乐作品，是指歌曲、交响乐等能够演唱或者演奏的带词或者不带词的作品。带词的音乐作品中的歌词可以与音乐旋律相分离，其本身就是文字作品。而音乐旋律并不要求必须以乐谱等形式固定下来。戏剧作品，是指话剧、歌剧、地方戏等供舞台演出的作品。戏剧作品和文字作品、音乐作品往往互有交叉，例如我国传统地方戏既有音乐又有文字内容。曲艺作品，是指相声、快书、大鼓、评书等以说唱为主要形式表演的作品。舞蹈作品，是指通过连续的动作、姿势、表情等表现思想情感的作品。它是创作者对舞蹈动作的设计。这种设计可以采取文字、草图、录制的舞蹈画面等方式记录，设计者也可以将自己在脑海中设计的动作直接表演或指导他人表演。当然这里的动作并不是单一、孤立的舞稻动作，它还必须呈连续状并表达一定的思想情感。杂技艺术作品，是指杂技、魔术、马戏等通过形体动作和动作表现的作品。

（四）美术、实用艺术、建筑作品

美术作品，是指绘画、书法、雕塑等以线条、色彩或者其他方式构成的有审美意义的平面或者立体的造型艺术作品。实用艺术作品，是指玩具、家具、饰品等具有实用功能并有审美意义的平面或立体的造型艺术作品。实用艺术作品是《著作权法》（送审稿）新增加的类型，实用艺术作品的保护同外观设计的保护不同，它主要保护实用艺术作品的独创性而非其实用功能。建筑作品，是指以建筑物或者构筑物形式表现的有审美意义的作品。建筑不仅指实物作品还包括建筑设计图、建筑模型。实物的建筑作品除建筑物的外观外，还可以是内饰、电梯、庭院等建筑物的一部分。另外只有具有独创性的建筑物才能成为作品，日常的普通建筑物不能算作品。

（五）摄影作品

摄影作品，是指借助器械在感光材料或者其他介质上记录客观物体形象的艺术作品。摄影指使用某种专门设备进行影像记录的过程，这里的专门设备包括机械照相机或者数码照相机。只是将客观物体记录在介质上并不构成作品，拍摄者针对拍摄对象、拍摄场景进行选择。如果只是对已存对象进行单纯记录可能只是复制对象，而非摄影。如没有运用艺术判断和技巧，机械地利用照像机拍摄一幅画，可能仅是对该画的复制。

（六）视听作品

视听作品即电影作品和以类似制作电影的方法创作的作品，是指摄制在一定介质上，由一系列有伴音或者无伴音的画面组成，并且借助技术设备被感知的作品。要注意的是视听作品应当是完整的影片，或具有独立意义的片断而不是其中的阶段性成果，[1]

〔1〕 刘春田．知识产权法．北京：高等教育出版社，北京大学出版社，2008：56.

也不是构成视听作品的各个要素，比如电影当中的配乐、电影剧本、演员表演等，此时只有这些要素融合在一起时才能构成视听作品。

（七）图形作品和立体作品

图形作品，是指为施工、生产绘制的工程设计图、产品设计图，以及反映地理现象、说明事物原理或者结构的地图、示意图等作品。工程设计图和产品设计图带有技术实用性，实用性的保护显然不属于著作权保护功能，而应归于专利法的保护范畴。地图的独创性如何体现？越是接近客观事实的地图，越是有价值的地图，因其表达形式接近唯一，其独创性越值得怀疑。因此，一般实测地图不视为作品。而对地面形象有所取舍的编绘地图，反而具有独创性而成为作品。立体作品，是指为生产产品，展示地理地形，说明事物原理或结构而创作的三维作品。

四、不受著作权法保护的作品

（一）不属于表达的“思想”

著作权法不保护思想，这里的思想是广义的范畴，它不仅指思路、观念、构思、创意、概念等，还包括过程、操作方法、实用功能等。

（二）不适用于著作权法保护的对象

（1）法律、法规、国家机关的决议、命令和其他具有立法、行政、司法性质的文件及其官方正式译文。这些文件虽然也属于作品，但它是国家立法机关、司法机关和行政机关意志的体现，涉及社会公众和国家整体利益，不应为任何人专有而妨碍其广泛传播，故不赋予其著作权。

（2）时事新闻中的单纯事实消息。是通过报纸、期刊、电台、电视台等传播媒介报道的单纯事实消息，如天气预报、交通信息、讣告、证券信息等。这些信息自身要求它能迅速传递和扩散，如果赋予时事新闻以著作权法保护，就会妨碍它的传播；另一方面，单纯事实本身缺乏独创性，故不赋予其著作权。

（三）欠缺作品实质性要件的对象

历法、通用数表、通用表格和公式，其形式往往具有唯一表达的特点，缺乏独创性，属于公知公用的领域，这些知识不应为任何人所专有利用，故不应给予著作权保护。

值得注意的是那些含有违禁内容或不符合国家利益和社会利益内容作品，例如鼓动民族分裂、宣扬邪教、封建迷信、淫秽内容，污蔑攻击政府和执政党作品等，虽然不属于不受著作权法保护的作品，但是却被禁止出版发行或以其他方式进行传播。

第三节　著作权的主体

一、含义及认定

著作权的主体又称为著作权人，是指按照法律规定，享有著作权的人。一般来讲，著作权首先属于作者。所以著作权的原始主体为作者。但并非只有作者才能享有著作权，其他人可以通过受让、继承、受赠等方式取得全部或一部分著作权，称之为继受主体。

如果完整的享有著作财产权和著作人身权，则为完整的著作权主体。如果只享有其中部分权利的，则为部分的著作权主体。一般来讲，作者是完整的著作权主体，但他可以转让部分著作权甚至卖断著作财产权后只享有人身权而成为部分的著作权主体。非作者可以通过继受取得来获得部分著作权，但一般应该是不完整的著作权，因为多数国家规定，著作人身权不能转让。

根据《著作权法》规定创作作品的自然人是作者。何为创作？应该限定于直接参与创作的人，即借助语言、文字、色彩、线条等进行创作，反映自己的创作个性、思想观念即特点的人。那些为他人创作进行组织工作，提供咨询意见、物质条件或者从事其他辅助工作、甚至专业指导的人，都不能称为创作。只有自然人才能是事实上的作者。但在特定情况下，法律可以把某些单位视为作者。比如2010年《著作权法》第11条第2款规定："法人或者其他组织主持，代表法人或者其他组织意志创作，并由法人或其他组织承担责任的作品，法人或其他组织视为作者。"为了避免争议，2010年《著作权法》第11条第3款规定："如无相反证明，在作品上署名的公民、法人或者非法人单位为作者。"换言之，如果主张作品上署名的人不是作者，必须举证证明。

二、特殊作品的著作权主体

（一）合作作品的著作权人

二人以上合作创作的作品为合作作品。《著作权法》第13条第1款规定："两人以上合作创作的作品，著作权由合作作者共同享有。没有参加创作的人，不能成为合作作者。"

多数国家的著作权法理论认为，只有那种每个作者的创作成果都有机的联系在一起，无法将单个作者的成果从作品整体中分割出来的作品，才是合作作品。如甲乙二人合作创作一副国画，二人经共同构思以后，由甲完成整体布局和线条的勾画，乙则着彩涂墨、画龙点睛，最后完成画的创作。这样，一张国画中凝聚着两个人的创作成果，即使二人的创作风格同时得以体现，又让二者和谐地融为一炉，浑然一体。两位作者各自创作的成果你中有我，我中有你，无法分割开来单独使用。我国著作权法对合作作品的认定要求相对较低，把合作作品分为可以分割使用和不可分割使用的两种类型。如甲乙两位词曲作者共同创作一首电影歌曲，由于二人合作成功，词和曲结合得完美和谐，二者相得益彰。而单词和曲又可以分割开来，各自作为一首诗和一支曲调来使用。有的国家的著作权法将这种可以分割使用的作品排除在合作作品概念之外。

根据2010年《著作权法》第13条规定，合作作品的作者为共同著作权人。合作作品可分割使用的，对各自创作部分可单独享有著作权。如歌剧的脚本和乐曲，歌曲的词和曲。但是该权利的行使方式不得构成对合作作品整体著作权的侵害。

合作作品不可以分割使用的，其著作权由各合作作者共同享有，通过协商一致行使；不能协商一致，又无正当理由的，任何一方不得阻止他方行使除转让以外的其他权利，但是所得收益应当合理分配给所有合作作者。同时《著作权法》（送审稿）第17条第3款增加了关于合作作品遭遇侵权时，合作作者的相关权利规定："他人侵犯合作作者著作权的，任何合作作者可以以自己的名义提起诉讼，但其所获得的赔偿应当合理分配。"

（二）职务作品的著作权人

职务作品是指职工为完成法人或其他组织工作任务所创作的作品。由于作者与单位存在劳动人事关系，创作作品是其工作任务，而单位为此已经支付了工资薪金，根据权利义务一致的原则，这类作品的权利归属应不同于职工个人作品，也不同于法人或其他组织委托他人创作的作品。

在认定职务作品时需要注意以下几个要件：第一，作者和单位存在劳动或者雇佣关系；第二，创作作品属于作者的职责范围；第三，作品基本上依作者个人意志创作，否则将会属于单位作品。不能认为凡是国家公职人员创作的作品都是职务作品；也不能将职务作品等同于单位作品。单位作品指的是由单位作为作者的作品。根据《著作权法》第11条的规定，所谓单位作品，是指由法人或者其他组织主持，代表法人或者其他组织意志创作，并由法人或其他组织承担责任的作品，法人或其他组织视为作者。

2010年的著作权法规定职务作品的著作权由作者享有，单位在其业务范围内有优先使用权。2010年《著作权法》第16条规定："此类作品完成两年以内，未经单位同意，作者不得许可第三人以与单位使用的相同方式使用该作品。"但《著作权法》（送审稿）的3款规定只有当事人没有约定或约定不明的情况才适用该种情形。以下情况的职务作品，作者仅享有署名权，著作权的其他权利由单位享有，单位可以给予作者奖励：第一，主要是利用法人或其他组织的物质技术条件创作，并由法人或其他组织承担责任的工程设计图、产品设计图、地图、计算机软件等职务作品；这里的"物质技术条件"是指该单位为公民完成创作专门提供的资金、设备或者资料。第二，法律、行政法规规定或者合同约定著作权由法人或者其他组织享有的职务作品。《著作权法》（送审稿）增加了一种情形，即报刊社、通讯社、广播电台和电视台的职工专门为完成报道任务创作的作品的著作权。

（三）委托作品的著作权人

委托作品是指委托人向作者支付约定的报酬，由作者按照其意志和具体要求而创作的作品。如单位悬赏征集的厂标、厂徽、厂歌以及为他人撰写的回忆录等等。

委托作品不同于职务作品。前者是根据具体的委托合同创作。后者是基于法律规定或者劳动人事关系、雇佣关系创作作品，根据《著作权法》第 17 条规定：受委托创作的作品，著作权的归属由委托人和受托人通过合同约定。合同未作明确约定或者没有订立合同的，著作权属于受托人。受托人即是创作人、作者，因此此项规定更加倾向于保护作者的利益。《著作权法》（送审稿）第 21 条对此进行补充，"当事人没有约定或约定不明的，委托作品的著作权由受托人享有，但委托人在约定的使用范围内可以免费使用该作品；当事人没有约定使用范围的，委托人可以在委托创作的特定目的范围内免费使用该作品。

案例 2-2　北京全景视拓图片有限公司与福州日报社侵犯著作财产权纠纷一案

北京全景图片贸易有限公司于 1997 年 2 月 25 日与专业摄影师褚勇签订委托创作合同，约定由褚勇按照北京全景图片贸易有限公司的指示（或工作任务）进行摄影作品创作，在合同有效期内，褚勇所创作的摄影作品由北京全景贸易有限公司享有著作权，褚勇所创作作品的原件和底片亦属于委托方，委托方有权将摄影作品的著作权转让或许可他人使用。该合同生效后，褚勇于 1997 年 6 月 16 日创作完成了《中国图片库（名胜古迹 29—56)》系列摄影作品，并于 1997 年 12 月 1 日首次在中国北京发表。2004 年 2 月 1 日，北京全景图片贸易有限公司与北京全景视拓图片有限公司签订著作权转让协议，约定将《中国图片库》的摄影作品的著作权转让给该公司。2005 年 9 月 5 日，国家版权局向北京全景视拓图片有限公司颁发《著作权登记证书》（登记号：2005－G－03064)，确认其对《中国图片库（城市风光 1—28)》系列摄影作品以被转让人的身份享有著作权。后该公司发现，《福州晚报》2006 年 10 月 31 日第 17 版、2006 年 11 月 2 日第 11 版、2006 年 8 月 5 日第 11 版刊登的广告"藏药瑰宝——金诃七十味"中使用了《中国图片库（城市风光 1—28)》系列摄影作品中的《西藏拉萨布达拉宫》图片（编号 0289)，遂于 2008 年 4 月向法院提起诉讼。一审法院审理后认为根据褚勇与北京全景图片贸易有限公司签订的委托创作合同及后者与北京全景视拓图片有限公司之间签订的著作权转让协议，北京全景视拓图片有限公司已经合法取得了《中国图片库（城市风光 1—28)》系列摄影作品的著作权，此权利状态亦由国家版权局以《著作权登记证书》（登记号：2005—G—03064）予以确认，其对该摄影作品所享有的著作权应受法律保护。该广告中的图片系将北京全景视拓图片有限公司享有著作权的图片进行简单处理后加以使用的，福州日报社使用涉案图片事先未获其许可，也未就使用该作品的行为支付报酬，构成了对北京全景视拓图片有限公司依法享有的著作权的侵犯。①

本案涉及委托作品的著作权归属问题。本案委托作品的著作权归属由委托人北京全景图片贸易有限公司和被委托人摄影师以合同形式进行约定，委托人由此享有著作权。后委托人依法将著作权转让给第三人北京全景视拓图片有限公司。故法庭确认受让人北

① 参见福建中级人民法院（2008）榕民初字第 443 号。

京全景视拓图片有限公司为作品著作权人。福州晚报未经著作权人许可而擅自使用他人作品的行为构成侵权。

（四）演绎作品的著作权人

演绎作品是指改编、翻译、注释、整理已有作品而产生的作品。演绎作品要求演绎人对作品的产生付出了创造性劳动，如果没有演绎人的智力创作不能算作演绎作品。

演绎作品有以下两种情况：第一，在原有受著作权保护的作品的基础上进行演绎。第二，对没有著作权的作品或其他事实材料进行演绎，完成的演绎作品可以产生著作权。

根据《著作权法》第 12 条规定："改编、翻译、注释、整理已有作品而产生的作品，其著作权由改编、翻译、注释、整理人享有，但行使著作权时不得侵犯原作品的著作权。"

（五）汇编作品的著作权人

汇编作品是指对若干作品、作品的片断或者不构成作品的数据或其他材料，在内容的选择或者编排上体现独创性的作品，如选集、期刊、报纸、百科全书等等。

汇编作品不同于合作作品。合作作品要求合作人之间有共同创作的意思表示，合作作品分为可以分割使用和不可分割使用的两种。而汇编作品的各部分作者之间不要求有合意、汇编作品中各部分可以分割使用。

汇编作品表现了汇编人独特的选材和编排材料的方法，并赋予这些材料以新的组织结构和表现形式，所以汇编人是其汇编作品的作者。要求作者必须对作品的产生付出创造性劳动，如果没有汇编人的智力创作，而只是将人人皆知的作品简单拼凑在一起，一般不能视为汇编作品。

汇编作品存在两种情况：第一，汇编有著作权的作品。汇编人对汇编后的作品的整体享有著作权，但不得排除或取代被汇编作品的著作权。也就是说，汇编作品人和被汇编的原作者同时分别享有著作权。汇编人在汇编时应取得原作著作权人的同意，并支付报酬。在行使著作权时，不得侵犯原作品的著作权。如无权擅自将部分作品复制、许可他人改编、播放等。第二，汇编没有著作权的作品。如古代散文集、唐诗宋词，世界童话选，通讯录等。

（六）视听作品的著作权人

视听作品包括电影、电视剧、录像作品等。

由于视听作品本身创作过程的复杂性，它将编剧、表演人、作词作曲者以及其他诸多人员创作活动和技术活动凝结在一起，成为一个复杂的集合体，大多数参与人员的创作不可分割地融进同一个表现形式中，除去音乐、剧本等外，每个参与者都无法单独行使其著作权。如何协调这种关系，同时又不至于因这种多重权利的交织和相互牵制影响整个视听作品著作权的行使，各国著作权理论和法律规定相差较远。但是他们的共同点是立足于简化著作权关系，既照顾到作者的权利，又方便著作权的行使。

我国 2010 年《著作权法》第 15 条规定："电影作品和以类似摄制电影的方法创作的作品的著作权由制片人享有，但编剧、导演、摄影、作词、作曲等作者享有署名权，并有权按照与制片人签订的合同获得报酬。电影作品和以类似摄制电影的方法创作的作品中的剧本、音乐等可以单独使用的作品的作者有权单独行使其著作权。"《著作权法》（送审稿）改变这种规定，并没有直接将著作权给予制片人，而是规定，视听作品的作者包括导演、编剧以及专门为视听作品创作音乐作品的作者。但有关视听作品的著作权的财产权和利益分享由制片者和作者约定。没有约定或约定不明的，著作权中的财产权由制片者享有，但作者享有署名权和分享收益权利。法律之所以这样规定，是因为考虑到影视作品在制作过程中需要耗费大量的人力、物力、财力，制片人投资多、风险大，其在投入巨资后要收回成本。

（七）讲话型作品的著作权人

由他人执笔，本人审阅定稿并以本人名义发表的报告、讲话等作品，著作权归报告人或者讲话人享有。著作权人可以支付执笔人适当的报酬。

（八）回忆录型作品的著作权人

最高人民法院《关于审理著作权民事纠纷案件适用法律若干问题的解释》第 14 条规定：当事人合意以特定人物经历为题材完成的自传体作品，当事人对著作权权属有约定的，依其约定；没有约定的，著作权归该特定人物享有，执笔人或整理人对作品完成付出劳动的，著作权人可以向其支付适当的报酬。

本书作者认为，在没有约定的情况下，执笔人实际参与创作中的作用是不同的，没有具体区分就统一规定由特定人物享有著作权，比较欠妥。实践中，执笔人参与自传体创作主要有三种情况：一，执笔人完全根据特定人物本人自述而记载相关内容；二，执笔人在特定人物本人口述的基础上添加了自己的创作；三，特定人物本人仅是简要讲述个人经历，作品的全部创作都是由执笔人单独完成。根据作者的构成条件，第一种情况，作品的著作权应归特定人物本人；第二种情况，作品应为双方合作作品；第三种情况，作品著作权应归执笔人。

（九）作者身份不明作品的著作权人

《著作权法实施条例》第 13 条规定：作者身份不明的作品，由作品原件的所有人行使除署名权以外的著作权。作者身份确定后，由作者或者其继承人行使著作权。

（十）外国人作品的著作权人

《著作权法》第 2 条规定："外国人、无国籍人的作品根据其作者所属国或者经常居住地国同中国签订的协议或者共同参加的国际条约享有的著作权，受本法保护。外国人、无国籍人的作品首先在中国境内出版的，依照本法享有著作权。未与中国签订协议或者共同参加国际条约的国家的作者以及无国籍人的作品首次在中国参加的国际条约的成员国出版的，或者在成员国和非成员国同时出版的，受本法保护。”

第四节　著作权的内容

不同的国家对著作权规定的具体内容不同，同一个国家在不同的历史时期对著作权所规定的具体内容也存在差异。因此，著作权的内容并不是固定不变的，而是根据国家发展的需要以及保护作者的需要而不断调整的。在我国，著作权的内容也在不断地调整变化之中，总的发展趋势是保护作者的力度在加大，水平在提高，著作权的内容在不断丰富。

作品体现了作者独特的思想、意识、情感等，因而它是对作者人格的一个反映。同时在作品传播中，作者可以通过行使对作品的权利获得经济利益。所以通常著作权被分为著作人身权利和著作财产权利。我国虽然对著作权具体内容陈列了十多项，但就这些权利本身而言仍可以被规划于这两大权利类型之中。著作权既包括积极内容也包括消极内容。前者是指著作权人自己行使权利，后者是指著作权人禁止他人实施侵犯著作权的行为。

一、著作人身权利

著作人身权利又称为精神权利。理解著作人身权时，需注意以下几点：第一，自然人和单位组织（包括法人和非法人单位）均可享有人身权。第二，人身权专属于作者，具有一定专属性。通常不能转让、继承、放弃。但是又有例外，如发表权可以转让。第三，著作人身权不同于普通人身权。著作人身权基于创作作品而产生，所以并非任何人享有。普通人身权以人的生命为存在前提，人生而有之，死后丧失，而著作人身权（发表权除外）则无限期地受到保护，具有永久性。在我国现行著作权法对著作人身权主要规定了四项内容：发表权、署名权、修改权和保护作品完整权，但《著作权法》（送审稿）将修改权和保护作品完整权统一为保护作品完整权。

（一）发表权

发表权是指作者依法决定其作品是否公之于众的权利。公之于众是使作品被披露而为公众所知的状态。作者创作作品不一定都要公之于众，有些作品如涉及个人生活秘密的来往信件、日记或者某些尚未成熟的工程设计图、小说、诗歌、论文等等，作者可能极不情愿发表。因此是否发表、如何发表应当是作者的个人自由，这实际上也是作者是否将其思想、人格、才华、品性公之于众的自由，因此属于著作权中首要的、最基本的权利。作者可以选择是否公之于众，同时还可以选择公之于众的方式、时间和地点。至于公众是否知悉或关注作品并不影响公之于众的效果。

发表权专属于作者，擅自行使他人发表权，不但会对作者的发表权形成侵害，若作品涉及到个人隐私的，还可能造成他人名誉上的损害。但如果对合作作品是否发表，合作作者产生争议，如何处理呢？此时应当区分可以分割和不可分割使用的合作作品。对于前者，各自决定自己创作部分的命运。而对于后者，直接适用《著作权法实施条例》第9条的规定，只要反对一方没有正当理由，就无权阻止他方发表作品。这是为了鼓励更多的作品发表，以增加社会精神财富。

发表权具有以下特点：

第一，发表权兼有人身权和财产权的双重性质〔1〕。故我国在规定发表权的保护期和继承问题上，将其与署名权、修改权和保护作品完整权这些纯粹的人身权区别对待。

第二，发表权只能行使一次——“发表权穷竭”。如电影公映后，他人翻版，不侵犯发表权，只侵犯作者的复制权、发行权等。

第三，发表权通常由作者本人行使，但如果作者已转让著作权则可以推定作者许可发表作品。对遗著的发表权，著作权法的实施细则规定：作者生前未发表的作品，如果未明确表示在其死后也不发表，那么其发表权可由继承人或受遗赠人行使，如果既无继承人又无受遗赠人，则由作品原件的合法持有人行使。如果作者生前明确表示不发表作品，那么，继承人或受遗赠人能否发表作品呢？若站在尊重作者意思的立场上，则答案是否定的。

第四，发表权的行使可能受到第三人权利的制约。如人物特写、摄影、肖像作品等。

案例 2-3 张某某代理其子诉某摄影师王某侵犯肖像权纠纷案

张某某的儿子三岁时被父亲带至影楼拍摄了数张艺术照，后张某某取走照片。一个月后，张某某经过该影楼，发现影楼将自己儿子的照片放在橱窗中吸引路人。张某某要求影楼撤下照片，但影楼认为摄影师王某对照片享有著作权，且王某同意影楼展示照片，故拒绝撤换照片。双方产生争议。本案中，摄影师王某为张某某的儿子照相属于受委托行为，因而所拍摄的照片为委托作品。对于该委托作品的著作权双方没有规定，应当认定为归受托人享有。但张某某的儿子对自己肖像享有肖像权，未经本人同意，任何人不得以营利为目的使用其肖像。本案中，虽然摄影师对所摄照片享有著作权，但是著作权的行使必须经过肖像权人同意，否则构成侵犯肖像权。

（二）署名权

署名权，指表明作者身份，在作品上署名的权利。它是确认作者身份的重要依据。《著作权法》第11条第4款规定，“如无相反证明，在作品上署名的公民、法人或者其他组织为作者。”

作品是作者思想、智慧、人格品性的表现，作者有权通过署名方式标明作者身份，让使用者知晓，认识作品的作者。在理解署名权时需要注意以下几点：

第一，署名权包括作者在作品上署名或不署名、署真名、假名或者笔名的权利。

〔1〕 曲三强．知识产权法原理．北京：中国检查出版社，2004：118.

第二，作者有权禁止未参加创作作品的人署名。

要注意的是，如果在自己创作的作品上署他人的名，如将金庸、古龙的名字写在自己创作的武侠小说上，对于这种行为是否属于署名权呢？澳大利亚、新西兰等国家著作权中规定为“反冒名”。我国著作权法也将这种行为认定为侵犯著作权，对此学界存在较大争议。支持者认为这种行为系侵犯他人的署名权，反对者则认为该种行为属于侵犯他人姓名权或不正当竞争。本书作者认为署名权只能依附于自己的作品产生，没有作品就没有署名权，因此认定为侵犯他人姓名权更为合理。

第三，署名权不得转让、继承，保护期限不受限制。

案例 2-4 吴冠中诉他人拍卖假冒自己署名伪作著作权纠纷案

上海某古玩店与香港某拍卖公司收到一件落款为“吴冠中画于工艺美院一九六二年”的油画，画的是以炮打司令部的大字报为主题的毛泽东肖像画。在准备拍卖时，曾接到有人的书面提醒，称这副画是假冒著名画家吴冠中署名的伪作。但该两公司还是联合拍卖了该画。吴冠中以两公司拍卖假冒其署名的伪作侵犯自己著作权为由提起诉讼。法院通过委托鉴定确认毛泽东肖像画确属假冒吴冠中署名的伪作，判定两被告侵犯了吴冠中的著作权。在本案中，法院认定被告侵害的是吴冠中的署名权。

署名权是作者在自己作品上署自己名字的权利。本案却是他人将自己的名字署在他人的作品上。这显然不是侵犯署名权，而是侵犯吴冠中的姓名权。

（三）保护作品完整权

保护作品完整权，指保护作品不受歪曲、篡改的权利。一般来讲，作品是作者精神、人格的体现，对作品的篡改往往可能给作者带来精神上的痛苦。对保护作品完整权有几点要注意：第一，歪曲、篡改不同于一般的修改，往往带有对作者人格或感情的曲解甚至丑化作者人格的色彩。如将知名作家的严肃小说改成庸俗小说等等。第二，保护作品完整权保护的是作者思想的表达，而不是思想本身。第三，侵犯该权利往往还可能导致侵犯作者的人格权，如作者的名誉权。第四，保护作品完整权的保护期不受限制。作者死后，保护作品完整权由作者的继承人或者受遗赠人行使，无人继承又无人受遗赠的，则由著作权行政管理部门保护。

实际上，《著作权法》规定有修改权，但很多学者认为修改权和保护作品完整权是一个问题的两个方面。从正面讲，作者有权修改自己的作品；从反面讲，作者有权禁止他人进行修改、增删或者歪曲自己的作品。因此著作权法同时规定这两项权利是不必要的。《著作权法》（送审稿）接受了该意见，不再将修改权作为一项单独的人身权。

二、著作财产权

我国《著作权法》规定了十二项具体的著作财产权利，包括：复制权、发行权、出租权、展览权、表演权、放映权、广播权、信息网络传播权、摄制权、改编权、翻译权和汇编权，《著作权法》（送审稿）将具体财产权利调整为11种，取消了放映权、摄制权、汇编权，将放映权纳入表演权，摄制权纳入改编权，广播权改为播放权，同时新增追续权。《著作权法》第10条第17项还规定了一个兜底条款，即“应当由著作权人享有的其他权利”。对于其他权利具体是什么，有学者解读为注释权与整理权[1]。

（一）复制权

复制权，即以印刷、复印、拓印、录音、录像、翻录、翻拍等方式将作品固定在有形载体上的权利。复制的本质特征是在保持作品信息不变的前提下增加作品的数量，换句话来讲以相对稳定的有形物质载体再现作品的行为就是复制。出版书籍是一种典型的复制作品的行为。复制权是财产权利中最核心的权利。复制权有两方面含义：从积极方面来讲，是著作权人有权自己复制作品，有权许可他人复制作品；从消极方面讲，是著作权人有权阻止他人未经其许可复制其作品。汇编自己的作品实际只是自己的作品或片断被固定在新的有形物质载体上，依然属于复制行为，因此没有必要赋予著作权人以特殊的汇编权。《著作权法》（送审稿）直接将汇编权取消。汇编权同汇编者权不同，汇编者权是汇编者对作品或不构成作品的数据或者其他材料编排、汇集形成的汇编作品所享有的权利。汇编者对自己汇编的作品享有完整的著作权。比如某人汇编了一本成都特色小吃店指南册，介绍了成都各小吃店的特色小吃、地址、电话等。对于书里选用的数据信息，作者没有著作权，但是对指南册却享有著作权。

（二）发行权

发行权，即以出售、赠与或者以其他方式转让所有权的方式向公众提供作品的原件或者复制件的权利。发行的特征在于转移作品有形物载体，就是让作品的物质载体的所有权发生转移，不论是否收取费用，或者是否营利。作品的原件和经授权合法制作的作品复制件只要一经发行，在首次转让后，著作权人就无权控制再次转让行为。这种情况又被称为发行权利穷竭。发行权和复制权有密切联系，但又不同。第一，发行要以复制为前提。而复制尤其是大量复制其作品的目的往往也在于发行。所以在著作权许可合同中，取得复制权的人往往也同时取得发行权，否则复制权也难以行使。第二，作品只有经过复制后，并提供给公众，才构成发行。第三，复制和发行权是可分的。因此，取得复制发行权，必须支付复制许可费和发行许可费两笔费用，著作权人可以将复制发行权分别进行许可，还可分多种形式许可，比如纸面的发行许可或光盘的发行许可。

另外，在网络上的作品传输不属于这里的发行，而是信息网络传播行为。

（三）出租权

出租权，即有偿许可他人临时使用电影作品和以类似摄制电影的方法创作的作品、计算机软件的权利，计算机软件不是出租的主要标的的除外。《著作权法》（送审稿）中增加了录音制品的出租权，

---

[1] 刘春田. 知识产权法（第三版）. 北京：高等教育出版社、北京大学出版社，2007：82.

我国对出租权有两个限制性条件：第一，只能是有偿许可他人临时使用，即一定要是一种交易行为；第二，视听作品，以及计算机程序，《著作权法》（送审稿）新增加了录音制品，除此之外其他类型的作品不包括在内，这与人们一般习惯性的理解有所差异。

（四）展览权

展览权，即公开陈列美术作品、摄影作品的原件或者复制件的权利。我国对展览权也有两个限制性条件：第一，要求必须是公开陈列和展示，这里的“公开”是指向不特定的人员，并不以是否收取费用为条件。如果美术作品、摄影作品在因特网上的公开陈列，在触及信息网络传播权的同时，是否还触及展览权？从定义可看出，展览权的对象应指以有形物质作为载体的作品，显然因特网上的公开陈列非有形物质作为载体因而不涉及展览权。第二，只限定于美术作品和摄影作品，而不涉及其他类型的作品，这是明显的限制性条件，与人们的一般性理解也存在着差异。另外对美术作品原件的展览权由原件所有人享有。美术、摄影作品若涉及第三人的肖像，著作权人行使展览权还要受到肖像权人的权利限制。否则，可能构成对肖像权人人身权的侵犯。

（五）表演权

表演权，即公开表演作品，以及通过技术设备向公众传播作品的表演的权利。表演权针对的表演行为包含两层意思：第一，是现场表演，即对作品直接向观众进行公开表演的，这里的“公开”仍然是指不特定的人员的意思。这种表演权是指谁有权利来对已经存在的某一作品进行表演。第二，是机械表演，即借助技术设备向公众传播已经录制好的表演，如播放磁带、唱片等。由此产生的权利是指对于某一作品来说，著作权人许可某人对作品进行表演后，表演者只能自己表演该作品，但是要把这种表演通过技术设备传播出去还要经过著作权人的单独授权。

表演权的现实意义在于加强了对文学艺术类作品的著作权人权利的保护，为其从包含有巨大利益的商业演出市场中获得自己的利益，向大量播放音乐作品的机构，例如播放背景音乐的公共场所（机场、车站）、营利场所（咖啡馆、酒吧、商店等）以及卡拉OK等收取著作权使用费提供了法律上的依据。在公共场所放映电影的行为也应视为通过技术设备向公众传播作品表演的行为，故《著作权法》（送审稿）将电影院的放映也纳入了机械表演中。这里的公开场所除包括电影院的放映外，还应涵盖宾馆、餐厅等公开场所以及学校、工厂、机关的半公开场所的放映。

（六）播放权

播放权，即以无线方式公开播放或者转播作品，以有线方式公开播放或者转播该作品的播放，以及通过技术设备向公众传播该作品的权利。根据该定义，我国的广播行为被分为：无线广播、有线转播播和公共播放广播〔1〕。无线广播是将作品转变成电磁波

〔1〕王迁．知识产权法教程．北京：中国人民出版社．2007：157．

并以无线信号的方式传输和接收，并由远端接收装置将接受的无线信号再次转化成作品原样。有线转播是以有线装置来接受转变为电波信号的作品，并将这种信号转为作品供公众收看或收听。公开播放广播是通过技术设备比如扩音器或其他类似工具向公众传播广播的行为。播放与网上播放最大的区别在于：前者是现时播放的，即受众不能自由地选择视听时间，而后者的受众可以按照自己的意愿自由地选择视听的时间。后者的行为，在我国法上属于信息网络传播权控制的对象。然而，随着类似PPLIVE等网络电视软件的出现，网上转播电视节目成为以技术设备向公众传播作品的重要方式。

（七）信息网络传播权

信息网络传播权，即以有线或者无线方式向公众提供作品，使公众可以在其个人选定的时间和地点获得作品的权利。

在著作权中信息网络传播权只是其中的一项权能，但是当前互联网已经非常普及，各种作品通过互联网传播和下载已经非常普遍，法律对这些行为的约束和规范都应当借助“信息网络传播权”来实现，因此2006年我国颁布了《信息网络传播权保护条例》，专门对“信息网络传播权”做了进一步的拓展和规范。

我国“信息网络传播权”被扩展后又包含以下权能：第一，除法律、行政法规另有规定外，任何组织或者个人将他人的作品、表演、录音录像制品通过信息网络向公众提供，应当取得权利人许可，并支付报酬。第二，为了保护信息网络传播权，权利人可以采取技术措施①。任何组织或者个人不得故意避开或者破坏技术措施，不得故意制造、进口或者向公众提供主要用于避开或者破坏技术措施的装置或者部件，不得故意为他人避开或者破坏技术措施提供技术服务。但是，法律、行政法规规定可以避开的除外。第三，未经权利人许可，任何组织或者个人不得进行下列行为：故意删除或者改变通过信息网络向公众提供的作品、表演、录音录像制品的权利管理电子信息②，但由于技术上的原因无法避免删除或者改变的除外；通过信息网络向公众提供明知或者应知未经权利人许可被删除或者改变权利管理电子信息的作品、表演、录音录像制品。

播放权是与信息网络传播权相关的权利，它们之间的区别在于信息网络传播权就是利用互联网传播作品，且公众可以在其个人选定的时间或地点获得作品的一种权利，除此之外传播作品的方式都可以归结为是播放权。

案例2-5　华夏电影发行公司诉华网汇通技术服务公司和湖南在线网络传播公司侵犯发行权纠纷案

华夏电影发行公司依法取得了美国电影《终结者3》在中国地区的“独家发行权”。而华网汇通技术服务公司和湖南在线网络传播公司未经许可即将《终结者3》上传至网

① 技术措施，是指用于防止、限制未经权利人许可浏览、欣赏作品、表演、录音录像制品的或者通过信息网络向公众提供作品、表演、录音录像制品的有效技术、装置或者部件。

② 权利管理电子信息，是指说明作品及其作者、表演及其表演者、录音录像制品及其制作者的信息，作品、表演、录音录像制品权利人的信息和使用条件的信息，以及表示上述信息的数字或者代码。

上供用户下载。华夏电影发行公司以两家公司侵犯自己独家发行权为由提起诉讼。法院审理后认为：华夏电影发行公司对影片《终结者 3》仅享有影院独家发行权，仅能就侵犯该权利的行为提出主张，而通过网络擅自上载并传播该影片的行为，并不属于其对该影片所享有的影院独家发行权。据此法院驳回了华夏电影发行公司的诉讼请求①。

本案例中法院将发行权和信息网络传播权进行了区分。华网汇通技术服务公司和湖南在线网络传播公司的行为虽然会对华夏电影公司的发行产生影响，但是它们侵犯的是《终结者 3》制片人的信息网络传播权而不是华夏电影公司的发行权。所以法院驳回了华夏电影发行公司的诉讼请求是正确的。

（八）改编权

《著作权法》（送审稿）将摄制权纳入到改编权中，并定义改编权为作品改变成其他体载体和种类的新变化，或者将文字、音乐、戏剧等作品制成视听作品，以及对计算机程序进行增补、删节，改变指令、语句顺序或其他变动权利。改编是对已有作品改变一种表达形式，属于再创作。著作权人可以自己改编作品，也可以授权他人改编自己的作品。如果发生后面这种情况，则改编作品的人基于自己的再创作对改编作品享有改编者权。对改编作品依然可以进行再创作，比如小说改编成音乐剧，音乐剧改编成电影。此时再创作要受到原著作权和改编者著作权的限制。

（九）翻译权

翻译权，即将作品从一种语言文字转换成另一种语言文字的权利。翻译权的本质在于将一部作品在两种语言文字之间进行转换。这里的“两种语言文字”是一个宽泛的概念，例如，把中文作品翻译成英文作品，再把英文作品译成德文；把汉语翻译成少数民族文字等都属于翻译。

（十）应当由著作权人享有的其他权利

著作权人享有的其他权利包括注释权和整理权。注释是对作品进行通俗易懂的解释。在我国最常见的就是对艰深的古典著作进行注释。由于古代文字和用词造句与现代社会差异很大，一般人阅读理解有一定难度。而注释是注释人基于自己对古文的理解所进行的解释。不同人理解不同，注释内容也不同。所以注释实际是注释人的一种再创作。许多古典名著往往存有多个注释版本，每个版本的注释人对其注释作品享有著作权。当然如果是对他人享有著作权的作品进行注释，则要获得原著作权人许可。整理权是指对内容零散、层次不清的已有作品或者材料进行条理化、系统化加工后，对新的作品形式由整理人享有的权利。

另外，《著作权法》（送审稿）增加了有关著作权人追续权的规定，该稿第 14 条规定，“美术、摄影作品原件或文字、音乐作品的手稿首次转让后，作者及其继承人、受

① 参见北京是朝阳区人民法院民事判决书（2004）朝民初字第 1151 号。

遗赠人对原件或手稿的所有人通过拍卖方式转售该原件或手稿的获得的增值部分，享有分享收益的权利，该权利专属于作者或其继承人、受遗赠人。”

第五节 著作权的取得和利用

一、著作权的取得

（一）原始取得

著作权的取得需要什么条件，各国法律要求不同。根据条件的性质可划分为实质条件和形式条件。

实质条件是法律对作品的要求，大体有两种标准。一种标准是只要特定的思想或情感被赋予一定的文学艺术形式，这种形式无论是作品的全部还是其中的局部，也不问该作品是否已经采取了一定物质形式被固定下来，都可以依法被认为是受保护的作品。我国著作权法采用这种标准。另一种标准是，除了具备作为作品的一般条件，即表现为某种文学艺术形式外，还要求这种形式通过物质载体被固定下来，才可以获得著作权法保护。根据这种标准，口述作品因没有通过物质载体被固定，无法受到著作权法保护。[1]

形式条件则是指作品完成后，是否需要履行某种手续才能取得著作权。目前各国有三种做法：第一种是作品创作完成，自动产生著作权。多数国家采用这种做法。第二种是个别国家采用的作品经登记而产生著作权。第三种做法是以加注著作权标记为取得著作权的条件，不需再经批准登记。如美国法律就要求本国作者在作品的复制件上加注著作权标记。

我国著作权法采自动保护原则，即作品一旦完成，就产生著作权，不要求登记，也不要求加注著作权标记。由于我国著作权法保护起步较晚，全社会的著作权意识还较低，在著作权法实施过程中，很多作者提出希望将自己的作品在著作权行政管理部门进行登记，对其著作权从形式上的予以确认，以进一步明确著作权的归属，发生著作权纠纷时可以作为初步的证据。一些作品的使用单位也反映在使用过程中由于著作权归属不明确，容易造成著作权纠纷，如果能实行形式上的登记，将对作品的使用提供便利。因此国家版权局决定实行作品自愿登记制度，于 1994 年发布《作品自愿登记试行办法》。不过该办法并未改变著作权法规定的自动保护原则，是否登记不影响作品取得著作权。

（二）继受取得

继受取得，又称传来取得，是指通过某种法律行为从原所有人那里取得对某项财产的所有权。这种方式是以原所有人对该项财产的所有权作为取得的前提条件的。著作权的继受取得指非因创作而是以其他法律行为获得著作权的行为。从原著作权人手中取得著作权的行为包括：转让、赠与及互易、继承及其他合法原因。继受取得是从取得人的

---

〔1〕 刘春田. 知识产权法（第三版）. 北京：高等教育出版社，北京大学出版社，2007：83.

角度出发的。基于继受取得，取得人替代原著作权人成为新的著作权主体。下文重点分析著作权的转让和著作权的继承两种继受取得类型。

1. 著作权的转让

根据我国著作权法的规定，著作权转让仅指著作财产权的转让，著作权中的精神权利不能转让。著作权的财产权利可以分别或者一次性全部转让。

1）签署转让合同

我国法律规定，转让著作权应当订立书面合同，转让合同应当包括下列主要内容：①作品的名称；②转让的权利种类、地域范围；③转让价金；④交付转让价金的日期和方式；⑤违约责任；⑥双方认为需要约定的其他内容。

2）对转让协议的特别规定：①转让合同中著作权人未明确转让的权利，未经著作权人同意，另一方当事人不得行使。②著作权转让合同未采取书面形式的，人民法院将依据合同法的规定审查合同是否成立。

3）转让的生效

转让合同签订即生效。但《著作权法》（送审稿）采取了登记对抗主义。即转让合同只有向国务院著作权行政管理部门设立的专门登记机构进行登记才能对抗善意第三人。

2. 著作权的继承

按照我国法律的规定，在著作权保护的有效期内，如果著作权人死亡或者单位终止，著作权将依据下列原则发生继承和转移：

1）著作权人是公民的情况

作者死亡后，其著作权中的署名权、修改权和保护作品完整权由作者的继承人或者受遗赠人保护。著作权无人继承又无人受遗赠的，其署名权、修改权和保护作品完整权由著作权行政管理部门保护。作者死亡后，在著作权保护期限内，著作权的财产权利依照继承法的规定发生转移。

作者生前未发表的作品，如果作者未明确表示不发表，作者死亡后 50 年内，其发表权可由继承人或者受遗赠人行使；没有继承人又无人受遗赠的，由作品原件的所有人行使。

合作作者之一死亡后，其对合作作品享有的著作权中的财产性权利如果既无人继承又无人受遗赠时，由其他合作作者享有。

2）著作权人是单位的情况

著作权属于单位的，单位发生变更、终止后，在著作权保护期内，由承受其权利义务的单位享有；没有承受其权利义务的单位的，由国家享有。

二、著作权的利用

著作权的利用可以分为著作权人自己使用和许可他人使用两种基本类型。

（一）著作权人自己利用

著作权人直接利用自己作品的主要方式表现为：发表作品；修改或者改编作品；出

版发行作品；出售作品的原件或者复制件；汇编作品；翻译作品；通过互联网等方式传播作品；展览作品、摄制作品、放映作品；复制作品；表演作品等。

（二）许可他人使用

1. 许可使用合同

许可他人使用是著作权人利用自己作品的另外一种方式，这种使用方式往往与一定的经济利益相联系，当然，这种使用方式拓宽了作品的使用范围和类型，促进了作品的传播。

按照法律规定，许可他人使用作品时，著作权人应当与被许可人之间签署使用许可合同，许可合同应当包含以下内容：①许可使用的权利种类；②许可使用的权利是专有使用权或者非专有使用权；③许可使用的地域范围、期间；④付酬标准和办法；⑤违约责任；⑥双方认为需要约定的其他内容。

2. 许可使用的三种不同方式

（1）独占使用许可，是指著作权人在约定的期间、地域和以约定的方式，将该作品仅许可给一个被许可人使用，在这期间，著作权人自己依照约定也不得使用该作品的一种许可方式。

（2）排他使用许可，是指著作权人在约定的期间、地域和以约定的方式，将该作品仅许可给一个被许可人使用，在这期间，著作权人依照约定自己可以使用该作品，但是不得再另行许可给任何第三人使用该作品的一种许可方式。

（3）普通使用许可，是指著作权人在约定的期间、地域和以约定的方式，许可他人使用其作品后，自己不但可以使用该作品，而且还可以再许可给第三人使用该作品的一种许可方式。

3. 有关许可的特别法律规定

（1）许可使用合同中著作权人未明确许可的权利，未经著作权人同意，另一方当事人不得行使。

（2）使用作品的付酬标准可以由当事人约定，也可以按照国务院著作权行政管理部门会同有关部门制定的付酬标准支付报酬。当事人约定不明确的，按照国务院著作权行政管理部门会同有关部门制定的付酬标准支付报酬。

（3）著作权人许可他人将其作品摄制成电影作品和以类似摄制电影的方法创作作品的，视为已同意对其作品进行必要的改动，但是这种改动不得歪曲篡改原作品。

（4）使用他人作品的，应当指明作者姓名、作品名称；但是，当事人另有约定或者由于作品使用方式的特性无法指明的除外。

（5）使用他人作品应当同著作权人订立许可使用合同，许可使用的权利是专有使用权的，应当采取书面形式，但是报社、期刊社刊登作品除外。

（6）专有使用权的内容由合同约定，合同没有约定或者约定不明的，视为被许可人有权排除包括著作权人在内的任何人以同样的方式使用作品；除合同另有约定外，被许可人许可第三人行使同一权利，必须取得著作权人的许可。

（7）与著作权人订立专有许可使用合同，可以向著作权行政管理部门备案。但《著作权法》(送审稿)将备案改为向著作权行政管理部门设立的专门登记机构登记为对抗善意第三人的要件。

第六节 著作权的限制

我国在保护著作权人财产权利的同时，为了促进知识和信息的传播，在一定条件下允许他人未经著作权人的许可而使用作品，由此构成了对著作权的限制。我国著作权法对著作权的限制包括两种方式：合理使用和法定许可。

一、合理使用

我国《著作权法》第 22 条规定在下列情况下使用作品，可以不经著作权人许可，不向其支付报酬，但应当指明作者姓名、作品名称，并且不得侵犯著作权人依照本法享有的其他权利：

(1) 为个人学习、研究或者欣赏，使用他人已经发表的作品。《著作权法》(修订案) 将欣赏剔出，同时将使用他人已经发表的作品改为复制，这说明使用目的是为了学习、研究，如果将他人作品复制以后出售、出租等用于营利，不属于合理使用。当然，这里的复制不能是全部的复制而是部分复制。

(2) 为介绍、评论某一作品或者说明某一问题，在作品中适当引用他人已经发表的作品。适当引用要求引用的内容不能超过一定比例，如果作品中大部分内容都是引用他人的作品显然不能视为适当。如果引用他人未发表作品，则侵犯他人的发表权，不属于合理使用。《著作权法》(送审稿) 明确为引用部分不得构成引用人作品的主要或实质部分。

(3) 为报道时事新闻，在报纸、期刊、广播电台、电视台、网络等媒体中不可避免地再现或者引用已经发表的作品。在时事新闻报道中引用他人已发表的作品仍然要适当，并且也要注明被引用作品的出处。

(4) 报纸、期刊、广播电台、电视台、网络等媒体刊登或者播放其他报纸、期刊、广播电台、电视台等媒体已经发表的关于政治、经济、宗教问题的时事性文章，但作者声明不得使用的除外。政治、经济、宗教都与社会利益有关，而有关这些问题的实时性文章的传播可以更有利于社会公众了解国家政策，有助于社会的稳定和发展，因此除非作者本人声明不许刊登、播放的以外，关于政治、经济和宗教问题的时事性文章都可以使用。

(5) 报纸、期刊、广播电台、电视台等媒体刊登或者播放在公众集会上发表的讲话，但作者声明得使用的除外。

(6) 为学校课堂教学或者科学研究，翻译或者少量复制已经发表的作品，供教学或者科研人员使用，但不得出版。要注意此时翻译或少量复制已发表的作品，只能用于学校课堂教学或科学研究。按照我国国情，所谓学校课堂教学，专指面授教学，函授、广播和电视教学不在此列[1]。复制应当是少量的，如果复制上千本书用于课堂教学就不属于合理使用范围了。

(7) 国家机关为执行公务在合理范围内使用已经发表的作品。国家机关指国家的立法机关、行政机关、司法机关、法律监督机关和军事机关。国家机关执行公务只能为了实施其政府职能，不能以营利为目的，且应当在合理范围内使用作品。

案例 2-6 重庆市万州区旅游局与谢盛隆著作权侵权纠纷一案

2004 年 12 月 5 日，谢盛隆在瞿塘峡拍摄了 12 张风景数码照片，编号为 IMG1743 至 IMG1754。后用上述照片与其另两张红叶照片经加工合成为一幅照片，命名为《瞿塘峡秋红》2007 年 3 月 21 日，中共重庆市万州区委办公室支付给谢盛隆 2500 元，取得该摄影作品的使用权并悬挂于办公室。2008 年 6 月，重庆市万州区旅游局编印了《诗画三峡湖城万州》画册，用于宣传万州的旅游资源。该画册第 10 页的《三峡旅游交通图》中，使用了谢盛隆的摄影作品《瞿塘峡秋红》作为瞿塘峡的指示性图片，但未取得谢盛隆许可，未署谢盛隆姓名及支付报酬。该画册中有介绍万州特产的宣传图片、文字、企业名称、联系电话等，封底为房地产广告，该画册未标明印刷数量和价格，重庆市万州区旅游局称该画册印制了约 1000 本，并未对外出售，而是用于赠送参加经贸洽谈会的来宾。谢盛隆认为自己著作权被侵犯诉至法院。该案经过二审后，法院认定重庆市万州区旅游局在编印的《诗画三峡湖城万州》画册中，使用了谢盛隆的摄影作品《瞿塘峡秋红》作为瞿塘峡的指示性图片。其使用行为未取得谢盛隆许可，亦未署名和支付报酬。重庆市万州区旅游局在画册中有大量的针对性明确的为企业进行商业宣传的内容，具有较强的商业广告性质，其行为已超出其合理使用的范围。因此重庆市万州区旅游局侵犯了谢盛隆的著作权。①

本案例中主要涉及对合理使用范围的确定。合理使用有十二种具体方式，本案是否属于国家机关为执行公务在合理范围内使用已经发表的作品？法院认为国家机关在履行职能使用已发表的作品，其目的是为了社会公众利益，不能有营利内容，否则就超出合理使用范畴。而万州旅游局的宣传画册中存在商业广告的内容，明显带有营利色彩，已超出合理使用范畴。

(8) 图书馆、档案馆、纪念馆、博物馆、美术馆等为陈列或者保存版本的需要，复制本馆收藏的作品。

(9) 免费表演已经发表的作品，该表演未向公众收取费用，也未向表演者支付报酬。免费表演是指非营利性表演。如果商场搞促销宣传活动，让自己员工现场表演，不属于免费表演。同样以募捐为目的，向公众收取门票费用的义演也不属于免费表演。因此，《著作权法》送审稿增加了“也未以其他方式获得经济利益”的要求。

---

〔1〕 刘春田．知识产权法（第三版）．北京：高等教育出版社，北京：北京大学出版社，2007：123.

① 参见重庆市高级人民法院（2009）渝高法民终字第 106 号。

(10) 对设置或者陈列在室外公共场所的艺术作品进行临摹、绘画、摄影、录像。“室外公共场所的艺术作品”是指设置或者陈列在室外社会公众活动场所的雕塑、绘画、书法等艺术作品。同时《著作权法》(送审稿)还进一步明确合理使用的范围还包括对临摹、绘画、摄影、录像的复制、发行以及向公众传播,但不得以该艺术作品的相同方式复制、陈列以及公开传播。

(11) 将中国公民、法人或者其他组织已经发表的以汉语言文字创作的作品翻译成少数民族语言文字作品在国内出版发行。外国公民、法人或组织发表的作品与中国公民、法人和组织发表的非汉语言作品翻译成少数民族语言文字要获得作品作者授权方可。

(12) 将已经发表的作品改成盲文出版。如果将盲文出版的作品改成可视性文字出版,则必须获得原作者的同意。

二、法定许可

法定许可与合理使用不同,虽然根据法律的直接规定,以某些方式使用他人已经发表的作品同样不需获得著作权人许可,但是却必须向著作权人支付报酬。我国《著作权法》主要规定了五种法定许可的情形,但《著作权法》(送审稿)删除了“录音制作者使用他人已经合法录制为录音制品的音乐作品制作录音制品”和“广播电台、电视台播放他人已经出版的录音制品”情形,只保留了以下三种情形:

(1) 为实施义务教育而编写出版教科书可以不经著作权人许可,在教科书中汇编已经发表的作品片段或者短小的文字作品、音乐作品或者单幅的美术作品、摄影作品。

(2) 文字作品在报刊刊登后,其他报刊可以不经作者许可转载或者作为文摘、资料刊登。报刊社对其刊登的作品根据作者的授权享有专有出版权,并在其出版的报刊显著位置作出不得转载或刊登的声明的,其他报刊不得进行转载或刊登。

(3) 广播电台、电视台可以不经著作权人许可,播放其已发表的作品;但播放视听作品,应当取得著作权人的许可。

同时《著作权法》(送审稿)第 50 条对适用以上三种情形规定了必须符合的条件:①在首次使用前向相应的著作权集体管理组织申请备案;②在使用作品时指明作者姓名或者名称、作品名称和作品出处,但由于技术原因无法指明的除外;③在使用作品后一个月内按照国务院著作权行政管理部门制定的付酬标准直接向权利人或通过著作权集体管理组织向权利人支付使用费同时提供使用作品的名称、作者姓名或名称和作品出处等相关信息。

另外,我国《信息网络传播权保护条例》规定了两种法定许可的情形。第 8 条规定:“为通过信息网络实施九年制义务教育或者国家教育规划,可以不经著作权人许可,使用其已经发表作品的片断或者短小的文字作品、音乐作品或者单幅的美术作品、摄影作品制作课件,由制作课件或者依法取得课件的远程教育机构通过信息网络向注册学生提供,但应当向著作权人支付报酬。”第 9 条第 1 款规定:“为扶助贫困,通过信息网络向农村地区的公众免费提供中国公民、法人或者其他组织已经发表的种植养殖、防病治病、防灾减灾等与扶助贫困有关的作品和适应基本文化需求的作品,网络服务提供者应当在提供前公告拟提供的作品及其作者、拟支付报酬的标准。自公告之日起30日内，著作权人不同意提供的，网络服务提供者不得提供其作品；自公告之日起满30日，著作权人没有异议的，网络服务提供者可以提供其作品，并按照公告的标准向著作权人支付报酬。网络服务提供者提供著作权人的作品后，著作权人不同意提供的，网络服务提供者应当立即删除著作权人的作品，并按照公告的标准向著作权人支付提供作品期间的报酬。”

第七节 邻 接 权

邻接权，从字面意思来说就是与著作权相邻的权利，也被称为“著作权的相关权利”，实际上是指传播已有作品的传播者对于自己的传播行为所依法享有的法定权利。国际上邻接权具体是指表演艺术家、录音制品制作者和广播电视组织所享有的权利。我国著作权法未使用邻接权的概念，而是用“与著作权有关的权利”指称这类权利，并将出版者权也归入该范围，具体包括出版者、表演者、录音录像制品制作者、广播电视组织的权利。但《著作权法》（送审稿）将相关权缩小为出版者、表演者、录音制作者和广播电台、电视台的权利。

一、出版者权

出版者权是指出版者对其出版的图书和期刊的版式设计享有的权利。版式设计通常是指对印刷品的版面格式的设计，包括对版心、排式、用字、行距、标点等版面布局因素的安排。我国著作权法规定，出版者有权许可或者禁止他人使用其出版的图书、期刊的版式设计。该项权利的保护期为十年，自使用该版式设计的图书、期刊首次出版次年的1月1日起算。我国著作权法还规定了出版者享有的其他权利和义务，例如：①图书出版者出版图书应当和著作权人订立出版合同，并支付报酬。②图书出版者重印、再版作品的，应当通知著作权人，并支付报酬。图书脱销后，图书出版者拒绝重印、再版的，著作权人有权终止合同。著作权人寄给图书出版者的两份订单在6个月内未能得到履行，视为图书脱销。③图书出版者经作者许可，可以对作品修改、删节。报社、期刊社可以对作品作文字性修改、删节。对内容的修改，应当经作者许可。④出版改编、翻译、注释、整理、汇编已有作品而产生的作品，应当取得改编、翻译、注释、整理、汇编作品的著作权人和原作品的著作权人许可，并支付报酬。需要注意的是，上述内容并不属于邻接权的范畴。应当将出版者权与出版物上承载的其他著作权区别开来。如出版者享有的专有出版权是依著作权人的授权而取得，是基于作品产生的权利，却常被错误地当做邻接权。因此，《著作权法》（送审稿）将此部份内容从出版者权中剔出。同时2010年《著作权法》第32条还对著作权人向报社、期刊投稿作了特别规定：著作权人向报社、期刊社投稿的，自稿件发出之日起15日内未收到报社通知决定刊登的，或者自稿件发出之日起30内未收到期刊社通知决定刊登的，可以将同一作品向其他报社、期刊社投稿。双方另有约定的除外。作品刊登后，除著作权人声明不得转载、摘编的外，其他报刊可以转载或者作为文摘、资料刊登，但应当按照规定向著作权人支付报酬。但该规定在《著作权法》（送审稿）中直接被删除了。

二、表演者权

（一）表演者权利内容

表演者是指演员、演出单位或者其他表演文学、艺术作品的人。依照《著作权法》（送审稿）规定，表演者对其表演享有下列权利：

1. 表演者的人身权利

（1）表明表演者身份的权利，保护期限没有限制。

（2）保护表演形象不受歪曲的权利，保护期限没有限制。

表演形象和表演者形象不同，表演形象是表演者所扮演角色的形象，表演者形象是表演者日常生活中的本来形象。歪曲表演形象一般来说侵犯的是表演者的邻接权，而歪曲表演者本人形象侵害的是表演者本人的肖像权、名誉权。但在歪曲表演形象时，也有可能对表演者本人名誉造成损害，那么此时该行为既侵害了表演者的表演权又侵害了表演者的名誉权。

2. 表演者的财产权利

（1）许可他人从现场直播和公开传送其现场表演，并获得报酬。

（2）许可他人录制其表演。

（3）许可他人复制、发行、出租录有其表演的录制品或录制品的复制件，其中出租权是《著作权法》（送审稿）新增加的权利。

（4）许可他人通过信息网络向公众传播其表演，并获得报酬。

上述财产权利的保护期为50年，自该表演发生后次年1月1日起算。

（二）有关表演者的特别法律规定

（1）使用他人作品演出，表演者（演员、演出单位）应当取得著作权人许可，并支付报酬。演出组织者组织演出，由该组织者取得著作权人许可，并支付报酬。

《著作权法》（送审稿）新增了职务表演的规定，即表演者在职期间为完成工作任务进行的表演为职务表演，职务表演的权利归属由当事人约定，未约定或约定不明的，职务表演的权利由表演者享有，但集体性职务表演的权利由演出单位享有，表演者享有署名权。若职务表演的权利由表演者享有的，演出单位可以在其业务范围内免费使用该表演。若职务表演的权利由演出单位享有的，单位应当根据表演的数量和质量对表演者予以奖励。除此之外，《著作权法》（送审稿）还增加了视听作品中表演者的二次获酬的规定，他人复制、发行、出租其表演的录制品或者该录制品的复制件和他人以无线或者有线方式向公众提供其表演，使公众可以在其个人选定的时间和地点获得该表演的情况下所产生的财产权利和利益分享由制片方和主要表演者约定。如无约定或约定不明的，由制片方享有，但主要表演者享有署名权和分享利益权。

（2）使用改编、翻译、注释、整理已有作品而产生的作品进行演出，应当取得改编、翻译、注释、整理作品的著作权人和原作品的著作权人许可，并支付报酬。

需要注意的是，表演者权和表演权不同。表演者权是表演者在表演作品时产生的对自己表演享有的权利。而表演权则是著作权人享有的公开表演自己创作的作品或者许可他人表演其创作的作品的权利。因此，如果表演者表演的是他人创作的作品，必须先要获得著作权人同意，否则未经授予表演权而擅自表演其作品就会侵犯著作权人的表演权。

三、录音制作者权

《著作权法》在邻接权中规定的是录音录像制作权，但录像制品和录像作品难以区分。因此，《著作权法》（送审稿）将录像制品纳入到录像作品中，邻接权中只保留了录音制作权。

（一）录音制作者权的内容

我国著作权法规定，录音制品是指任何对表演的声音和其他声音的录制品；录音制作者是指录音制品的首次制作人；录音制作者享有以下权利：①许可他人复制录音制品的权利；②许可他人发行录音制品的权利；③许可他人出租录音制品的权利；④许可他人通过信息网络向公众传播录音制品的权利；⑤获得报酬的权利。

上述权利的保护期为50年，起算时间为于该制品首次制作完成后次年的1月1日。

被许可人复制、发行、通过信息网络向公众传播录音制品，还应当取得著作权人、表演者许可，并支付报酬。

（二）对录音制作者的特别法律规定

（1）录音制作者使用他人作品制作录音制品，应当取得著作权人许可，并支付报酬。

（2）录音制作者使用改编、翻译、注释、整理已有作品而产生的作品，应当取得改编、翻译、注释、整理作品的著作权人和原作品著作权人许可，并支付报酬。

（3）录音制作者制作录音制品，应当同表演者订立合同，并支付报酬。

四、广播电台和电视台权利

（一）广播电台和电视台权利的内容

（1）有权禁止未经其许可将其播放的广播、电视转播；

（2）有权禁止未经其许可将其播放的广播、电视录制在音像载体上以及复制音像载体。

上述权利的保护期为50年，起算时间为该广播、电视首次播放后次年的1月1日起。

（二）有关广播电台和电视台的特别法律规定

（1）广播电台、电视台播放他人未发表的作品，应当取得著作权人许可，并支付报酬。

广播电台、电视台播放他人已发表的作品，可以不经著作权人许可，但应当支付报酬。

(2) 广播电台、电视台播放已经出版的录音制品，可以不经著作权人许可，但应当支付报酬。当事人另有约定的除外。具体办法由国务院规定。

(3) 电视台播放他人的电影作品和以类似摄制电影的方法创作的作品、录像制品，应当取得制片者或者录像制作者许可，并支付报酬。

第八节　著作权的保护

一、著作权的保护期限

依据我国现行的《著作权法》，著作权的保护期限可以划分为以下两种基本类型：

(一) 精神权利的保护期限

署名权、保护作品完整权这两项精神权利的保护期自作品创作完成之日起一直受到保护，没有时间限制。

(二) 发表权与财产权利的保护期限

1) 自然人作品的发表权和财产权保护期限

自然人的作品，其发表权和财产权利的保护期是作者终生加上其死亡后的 50 年，如果是合作作品，截止于最后死亡的作者死亡后第 50 年。《著作权法》规定第 50 年的截止时间是第 50 年的 12 月 31 日，而《著作权法》(送审稿) 规定是按保护期限起算期计算，即保护期限起算期自作者死亡之后次年 1 月 1 日起算。这种变化就计算本身是没有实质变化的，只是在计算时更清楚，防止产生将作者死亡日作为起算时间点的误解。保护期限起算期自作者死亡后次年 1 月 1 日起算。

2) 单位作品发表权和财产权的保护期

单位的作品，以及著作权 (署名权除外) 由单位享有的职务作品，其发表权和财产权利的保护期为 50 年，自发表次年 1 月 1 日起算，但作品自创作完成后 50 年内未发表的，不再受到法律的保护。

需要注意的是，这种 50 年的计算是从作品被首次发表的当年计算的，而不是从作品创作完成的当年起计算的。在现实生活中，如果一部作品在被创作完成之后的第 49 年才被首次发表，那么，从这一年开始计算，它的保护期限往后延长 50 周年。

3) 视听作品、实用艺术作品的特殊规定

视听作品的发表权和财产权利的保护期为 50 年，截止于作品首次发表后第 50 年，但作品自创作完成后 50 年内未发表的，不再受到我国的法律保护。《著作权法》(送审稿) 将摄影作品纳入到一般作品的保护期限之中。对新纳入的实用艺术作品给与了保护期限特别规定为 25 年，起算方式同视听作品。

二、侵犯著作权法律责任的基本类型

按照我国现行的法律规定，侵权著作权可能承担的法律责任有三种，分别为民事责任、行政责任和刑事责任。

（一）民事责任

按照我国法律规定，当侵权行为只损害著作权人或者相关权利人的合法利益时，侵权人只承担停止侵害、消除影响、赔礼道歉、赔偿损失等民事责任。

（二）行政责任

当某一侵权行为不但损害了著作权人或者相关权利人的合法利益，同时损害了公共利益时，在承担民事责任的基础上还要承担行政责任。可以由著作权行政管理部门责令停止侵权行为，没收违法所得，没收、销毁侵权复制品，并可处以罚款；情节严重的，著作权行政管理部门还可以没收主要用于制作侵权复制品的材料、工具、设备等。《著作权法行政处罚实施办法》第 31 条规定了情节严重的情况，包括：①违法所得数额（即获利数额）二千五百元以上的；②非法经营数额在一万五千元以上的；③经营侵权制品在二百五十册（张或份）以上的；④因侵犯著作权曾经被追究法律责任，又侵犯著作权的；⑤造成其他重大影响或者严重后果的。《著作权法实施条例》第 36 条、37 条规定："如果侵犯著作权的行为同时损害了社会公共利益的，著作权行政管理部门可以处非法经营额 3 倍以下的罚款；非法经营额难以计算的，可以处 10 万元以下的罚款，由地方人民政府著作权行政管理部门负责查处，国务院著作权行政管理部门可以查处在全国有重大影响的侵权行为。"

（三）刑事责任

当侵犯著作权或者邻接权的危害程度非常严重时，就应当承担刑事责任。

我国《刑法》（1997），以及最高人民法院和最高人民检察院《关于办理侵犯知识产权刑事案件具体应用法律若干问题的解释》（2004）、《关于办理侵犯知识产权刑事案件具体应用法律若干问题的解释（二）》（2007）对侵犯著作权犯罪做出了明确的规定。

（1）我国《刑法》第 217 条规定如下：以营利为目的，有下列侵犯著作权情形之一，违法所得数额较大或者有其他严重情节的，处三年以下有期徒刑或者拘役，并处或者单处罚金；违法所得数额巨大或者有其他特别严重情节的，处三年以上七年以下有期徒刑，并处罚金：①未经著作权人许可，复制发行其文字作品、音乐、电影、电视、录像作品、计算机软件及其他作品的；②出版他人享有专有出版权的图书的；③未经录音录像制作者许可，复制发行其制作的录音录像的；④制作、出售假冒他人署名的美术作品的。

最高人民法院和最高人民检察院的司法解释中对此做了进一步规定：以营利为目的，实施刑法第二百一十七条所列侵犯著作权行为之一，违法所得数额在三万元以上的，属于"违法所得数额较大"；具有下列情形之一的，属于"有其他严重情节"，应当以侵犯著作权罪判处三年以下有期徒刑或者拘役，并处或者单处罚金：①非法经营数额在五万元以上的；②未经著作权人许可，复制发行其文字作品、音乐、电影、电视、录像作品、计算机软件及其他作品，复制品数量合计在五百张（份）以上的；③其他严重情节的情形。以营利为目的，实施刑法第二百一十七条所列侵犯著作权行为之一，违法所得数额在十五万元以上的，属于“违法所得数额巨大”；具有下列情形之一的，属于“有其他特别严重情节”，应当以侵犯著作权罪判处三年以上七年以下有期徒刑，并处罚金：①非法经营数额在二十五万元以上的；②未经著作权人许可，复制发行其文字作品、音乐、电影、电视、录像作品、计算机软件及其他作品，复制品数量合计在二千五百张（份）以上的；③其他特别严重情节的情形。

（2）我国《刑法》第218条规定如下：以营利为目的，销售明知是本法第217条规定的侵权复制品，违法所得数额巨大的，处三年以下有期徒刑或者拘役，并处或者单处罚金。最高人民法院和最高人民检察院的司法解释中对此做了进一步详细规定：以营利为目的，实施刑法第二百一十八条规定的行为，违法所得数额在十万元以上的，属于“违法所得数额巨大”，应当以销售侵权复制品罪判处三年以下有期徒刑或者拘役，并处或者单处罚金。

（三）侵犯著作权的行为类型

（一）民事侵权行为

侵犯著作权行为可分为直接侵权行为和间接侵权行为。著作权间接侵权行为是指行为人并未直接实施侵犯他人著作权行为，但其行为与他人的直接侵权行为之间存在特定关系而被法律定为侵权行为。《著作权法》第47条列举了11项具体的民事侵权行为，但《著作权法》（送审稿）未再列举民事侵权行为。原因是每一项著作权利都对应着一类特定行为，未经著作权人同意实施此种行为即构成对著作权人权利的侵犯，再将民事侵权行为列举出来实无必要。著作权法（送审稿）在间接侵权行为中增加了网络服务商的责任，第73条规定：“网络服务提供者为网络用户提供存储、搜索或者链接等单纯网络技术服务时，不承担与著作权或者相关权有关的审查义务。他人利用网络服务实施侵犯著作权或者相关权行为的，权利人可以书面通知网络服务提供者，要求其采取删除、断开链接等必要措施。网络服务提供者接到通知后及时采取必要措施的，不承担赔偿责任；未及时采取必要措施的，对损害的扩大部分与该侵权人承担连带责任。网络服务提供者知道或者应当知道他人利用其网络服务侵害著作权或者相关权，未及时采取必要措施的，与该侵权人承担连带责任。网络服务提供者教唆或者帮助他人侵犯著作权或者相关权的，与该侵权人承担连带责任。”

（二）追究行政责任和刑事责任的侵权行为

《著作权法》（送审稿）保留了《著作权法》中对追究行政责任和刑事责任的侵权违法行为的明确规定，并作了适当调整。

1. 一般情况下的侵权行为

下列侵权行为，可以由著作权行政管理部门责令停止侵权行为，予以警告，没收违法所得，没收、销毁侵权制品和复制件，非法经营额五万元以上的，可处非法经营额一倍以上五倍以下的罚款，没有非法经营额、非法经营额难以计算或者非法经营额五万元以下的，可处二十五万元以下的罚款；情节严重的，著作权行政管理部门可以没收主要用于制作侵权制品和复制件的材料、工具、设备等；构成犯罪的，依法追究刑事责任：①未经著作权人许可，复制、发行、出租、展览、表演、播放、通过网络向公众传播其作品的，本法另有规定的除外；②未经表演者许可，播放、录制其表演，复制、发行、出租录有其表演的录音制品，或者通过网络向公众传播其表演的，本法另有规定的除外；③未经录音制作者许可，复制、发行、出租、通过网络向公众传播其录音制品的，本法另有规定的除外；④未经广播电台、电视台许可，转播、录制、复制其广播电视节目的，本法另有规定的除外；⑤使用他人享有专有使用权的作品、表演、录音制品或者广播电视节目的；⑥违反本法第五十条规定使用他人作品的；⑦未经许可，使用权利人难以行使和难以控制的著作权或者相关权的，本法第七十四条第一款规定的情形除外；⑧制作、出售假冒他人署名的作品的。

2. 技术措施与技术管理信息的违法行为

下列违法行为，可以由著作权行政管理部门予以警告，没收违法所得，没收主要用于避开、破坏技术保护措施的装置或者部件；情节严重的，没收相关的材料、工具和设备，非法经营额五万元以上的，可处非法经营额一倍以上五倍以下的罚款，没有非法经营额、非法经营额难以计算或者非法经营额五万元以下的，可处二十五万元以下的罚款；构成犯罪的，依法追究刑事责任：①未经许可，故意避开或者破坏权利人采取的技术保护措施的，法律、行政法规另有规定的除外；②未经许可，故意制造、进口或者向他人提供主要用于避开、破坏技术保护措施的装置或者部件，或者故意为他人避开或者破坏技术保护措施提供技术或者服务的；③未经许可，故意删除或者改变权利管理信息的，本法另有规定的除外；④未经许可，知道或者应当知道权利管理信息被删除或者改变，仍然复制、发行、出租、表演、播放、通过网络向公众传播相关作品、表演、录音制品或者广播电视节目的。

四、侵权诉讼的基本要点和法律规定

（一）对原告和被告的确定

在司法救济中，哪些人可以做原告，哪些人可以做被告是首先要确定的事项，否则无法到法院提起诉讼。按照我国法律规定，下列人员可以作为侵权诉讼中的原告：①著作权人；②著作权的合法被许可人；③依法成立的著作权集体管理组织，根据著作权人的书面授权，可以用自己的名义提起诉讼。原告可以只有一人，也可以由多人组成共同原告。

按照我国法律规定，下列人员可以作为侵权诉讼中的被告：①侵权产品的生产制作者；②侵权产品的销售者。被告可以只有一人，也可以由多人成为共同被告。

（二）确定管辖法院

我国法律规定著作权民事纠纷案件，由中级以上人民法院管辖。各高级人民法院根据本辖区的实际情况，可以确定若干基层人民法院管辖第一审著作权民事纠纷案件。因侵犯著作权行为提起的民事诉讼，由侵权行为的实施地、侵权复制品储藏地或者查封扣押地、被告住所地人民法院管辖。（侵权复制品储藏地，是指大量或者经常性储存、隐匿侵权复制品所在地；查封扣押地，是指海关、版权、工商等行政机关依法查封、扣押侵权复制品所在地。）对涉及不同侵权行为实施地的多个被告提起的共同诉讼，原告可以选择其中一个被告的侵权行为实施地人民法院管辖；仅对其中某一被告提起的诉讼，该被告侵权行为实施地的人民法院有管辖权。

（三）有关证据的规定

著作权民事侵权纠纷案件，同样适用一般民事案件的证据规则，但是在具体的证据方面做了一些特别的规定。

（1）证明作者的证据。我国法律规定，当事人提供的涉及著作权的底稿、原件、合法出版物、著作权登记证书、认证机构出具的证明、取得权利的合同等，可以作为证据。在作品或者制品上署名的自然人、法人或者其他组织视为著作权人、与著作权有关的权利人，但有相反证明的除外。

（2）侵权物品的证据。当事人自行或者委托他人以定购、现场交易等方式购买侵权复制品而取得的实物、发票等，可以作为证据。公证人员在未向涉嫌侵权的一方当事人表明身份的情况下，如实对另一方当事人按照前款规定的方式取得的证据和取证过程出具的公证书，应当作为证据使用，但有相反证据的除外。

（3）举证责任倒置的规定。对于著作权民事侵权纠纷案件，在举证责任上也是遵循一般的民事举证原则，即“谁主张，谁举证。”的原则。但是，我国法律在保护著作权中对有些举证责任做了例外规定，包括以下几种情况：①复制品的出版者、制作者不能证明其出版、制作有合法授权的，复制品的发行者或者电影作品或者以类似摄制电影的方法创作的作品、计算机软件、录音录像制品的复制品的出租者不能证明其发行、出租的复制品有合法来源的，应当承担侵权的法律责任。②出版者应对自己所出版的作品是否涉及侵权尽到合理的注意义务，对于是否已经尽到了合理的注意义务，由出版者承担举证责任。③软件复制品的出版者、制作者不能证明其出版、制作有合法授权的，或者软件复制品的发行者、出租者不能证明其发行、出租的复制品有合法来源的，应当承担法律责任。

（四）有关诉前禁令、证据和财产保全的规定

1. 诉前禁令

“诉前禁令”也被称为诉前要求停止侵权行为，是知识产权案件中独有的一种程序，目的在于及时制止侵权人的侵权行为，避免权利人的损失扩大。我国《著作权法》第49条明确规定：“著作权人或者与著作权有关的权利人有证据证明他人正在实施或者即

将实施侵犯其权利的行为，如不及时制止将会使其合法权益受到难以弥补的损害的，可以在起诉前向人民法院申请采取责令停止有关行为和财产保全的措施。”

2. 证据保全措施

我国《著作权法》规定：“为制止侵权行为，在证据可能灭失或者以后难以取得的情况下，著作权人或者与著作权有关的权利人可以在起诉前向人民法院申请保全证据。人民法院接受申请后，必须在四十八小时内作出裁定；裁定采取保全措施的，应当立即开始执行。人民法院可以责令申请人提供担保，申请人不提供担保的，驳回申请。申请人在人民法院采取保全措施后十五日内不起诉的，人民法院应当解除保全措施。”

3. 财产保全措施

在民事诉讼中，人民法院为保证将来的判决能得以实现，根据当事人的申请，或者人民法院依职权决定，对当事人争议的有关财物采取临时性强制措施的制度。对此，我国主要是在《民事诉讼法》进行规定。因著作权引起的民事纠纷当然也能适用该制度。根据《民事诉讼法》第 92 条、第 93 条的规定，财产保全分为诉讼中财产保全和诉前财产保全。诉讼中财产保全，是指人民法院在受理案件之后、作出判决之前，对当事人的财产或者争执标的物采取限制当事人处分的强制措施。诉前财产保全，是指在紧急情况下，法院不立即采取财产保全措施，利害关系人的合法权利会受到难以弥补的损害，因此法律赋予利害关系人在起诉前有权申请人民法院采取财产保全措施。两者适用的条件不同。

（五）损害赔偿的内容和计算方式

1. 赔偿损失的构成

依照相关规定，著作权受到侵害后，著作权人或者相关权利人请求法院支持的赔偿费用包括以下几个方面的内容：①实际受到的损失；②对侵权行为进行调查、取证、公证、鉴定等合理费用。③提起诉讼和聘请律师的合理费用。

2. 赔偿损失的计算方式

按照《著作权法》规定，赔偿损失按照以下步骤和先后顺序进行计算：①侵权人应当按照权利人的实际损失给予赔偿。权利人的实际损失，可以根据权利人因侵权所造成复制品发行减少量或者侵权复制品销售量与权利人发行该复制品单位利润乘积计算。发行减少量难以确定的，按照侵权复制品市场销售量确定。②当无法计算出权利人的实际损失时，可以按照侵权人的违法所得给予赔偿。③当权利人的实际损失或者侵权人的违法所得都不能确定时，由人民法院根据侵权行为的情节，判决给予五十万元以下的赔偿。人民法院应当考虑的情节主要包括作品类型、合理使用费、侵权行为性质、后果等因素。④无论采用那种计算方式，计算出的结果再加上用于维权所产生的合理费用就构成了总的赔偿数额。《著作权法》（送审稿）将法定赔偿金额提高到了 100 万，并且规定对于两次以上故意侵犯著作权或者相关权的，人民法院可以根据前款计算的赔偿数额的二至三倍确定赔偿数额。

3. 对双方当事人达成的调解协议的规定

我国法律规定，对于损害赔偿的数额问题，如果权利人与侵权人之间就赔偿数额问题达成了协议，只要协议内容不违背法律规定，法院应当准许。

第九节　著作权的管理

著作权的管理包括三个内容：著作权的企业内部管理、行政管理和集体管理。著作权的企业内部管理是企业对法人作品或为防止侵权而在企业内部实施的一种管理行为。著作权的行政管理是国家运用行政管理手段对著作权所实施的管理。著作权的集体管理是著作权人或邻接权人在无法行使其权利或者行使其权利过于困难时授权著作权集体管理组织管理他们的权利，即监督作品使用，与未来的使用者谈判使用条件，发放使用许可证，在适当条件下收取使用费并在权利人之间分配的制度[1]。

一、著作权的企业内部管理

著作权的内部管理是企业著作权管理的一个重要方面，其根本目的在于为明确企业作品的创作、使用和保护等管理职责，规范作品的使用，保护企业无形资产，加强知识产权的管理，鼓励员工创作的积极性，促进企业知识产权战略的实施。企业著作权的内部管理，应从企业的实际情况出发，因时因地制宜，建立适合企业自身的内部管理措施。总的来说，企业的内部管理应该包含以下几个方面：

（一）著作权的创造管理

制定合理的激励措施，鼓励员工的作品，特别是职务作品的创造。企业应该尊重知识、尊重人才，充分发挥专门人才作品创造的积极性，根据相关法律及实施细则和国家相关政策规定要求，建立企业内部合理的著作权利益分配与奖励制度。对企业职务创作行为，企业积极配合政府、行业、协会等机构，申报相应的奖项。对获得奖项的作品创作者给予企业内部的精神和物质奖励。企业技术人员所作出职务创作产生突出效益的，可作为有突出贡献的专业人员，在评定技术职称时破格晋升。在依托产学研合作的企业技术创新活动中，对高等院校、科研院所的作品创作完成人员及相关人员，应支付与其实际贡献相当的报酬，可以用股权收益分配等符合国家政策的形式支付报酬。具体方式通过合同约定。对于在本企业著作权工作中做出显著成绩的单位和个人，本企业给予表彰和奖励。

明确本单位职务作品，委托作品的权利归属。企业应该结合本单位的实际情况，明确职务作品、委托作品的权利归属，以及作者本人的权利和义务。企业委托他人创作作品，著作权的归属应当在委托合同中明确约定属于本企业。与社会科研部门进行合作创作的，应在知识产权管理办公室确定后，由企业与之签订书面合同书，明确作品的著作权归属，并明确约定保密责任和违约责任、风险的承担等。同时，为防止委托作品可能存在的侵权问题，应当在合同中约定被委托人完成作品必须要保证作品未侵权，否则被

---

〔1〕 李志研. 著作权集体管理制度探析. 行政与法，2003（7）：55～57.

委托人要承担侵权责任。

通过招标的形式寻求作品创作者的，应在知识产权管理办公室确定后，以广告宣传的形式对外发布相关信息和要求，明确中标的科研单位（或个人）与企业之间的权利义务、作品的权利归属、违约责任以及风险承担等。

确定企业内部自行创作相关作品的，应在知识产权管理办公室会议确定后，由主管领导向创作人员签发《著作权创作任务书》，并在创作活动中严格保密，创作成功后将有关的创作过程中收集的全部资料，连同创作草图、摄影作品的底片、定稿、半成品、成品等整理成专门档案交知识产权管理办公室。

（二）著作权的运用管理

1. 建立合理的著作权管理机构并明确其管理职责

企业的著作权管理应纳入企业知识产权管理体系中，在企业知识产权管理办公室统一领导下，由著作权管理部门工作人员负责作品的日常管理事务，总经理办公室负责作品保护的方式及具体的措施设想，销售部门负责监督作品在广告宣传中使用的状态以及侵权信息的收集，法务部负责有关著作权保护的工作。

著作权管理部门应结合企业发展和市场开拓工作的实际，积极开展工作，其基本任务是：①根据本企业参与国内和国际市场竞争的实际需要，定期提出本企业著作权工作实施策略建议，全面推动本企业开展作品创作过程中的管理工作。②协助有关部门或主管负责人制定和实施年度著作权工作计划，包括不断完善各项著作权管理规章、督促和调整计划的实施，并作出每年的工作总结。③联系政府有关行政主管部门、司法机关以及行业知识产权组织，及时了解政府和行业管理部门的要求以及有关信息，适时反映本企业著作权工作的问题和需求。④为保障本企业作品的合法使用和维护著作权，负责对外发布信息、发表论文、参加展览会、研讨会之前的信息审查，参与涉及对外技术交流、技术合作、技术贸易等有关著作权合同或协议的起草工作，以及对外著作权问题的谈判。⑤对侵犯本企业著作权的行为进行调查，并及时提出对策建议，协助有关部门处理侵权纠纷，向有关责任人追偿由其侵害行为造成的损失。⑥组织对本企业的作品创作及成果的评估，配合企业法律顾问单位进行作品创作活动中的管理，并负责管理本企业的各项著作权档案资料。⑦对涉及本企业的著作权纠纷，根据企业法律顾问单位的分析意见向公司提出处理建议，选择律师事务所并协助处理诉讼等事宜。⑧向本企业各部门提供有关著作权的法律咨询，组织企业的著作权相关知识的培训。

企业著作权管理工作人员，在企业主管领导下，拟订企业的著作权战略，配合企业知识产权管理计划的统一实施，制定出每年的科技开发中的作品创作、保密、使用、保护计划，提出著作权知识的培训和宣传计划并负责具体的落实。企业著作权管理工作的内容通常包括：①作品创作计划及实施；②涉及计算机软件的作品的备案登记；③作品评价、评估；④作品转让、许可贸易、运用实施，作品作价投资，著作权质押等；⑤企业活动中形成的、与著作权相关的档案材料的管理及对职务创作作者活动的规范；⑥对涉及作品创作人员相关活动的规范；⑦著作权保护，包括著作权侵权监视、著作权诉讼等；⑧企业著作权管理的其它事项。

2. 明确作品特别是非职务作品著作权的行使规则

企业员工创作与工作领域有关的非职务作品，应经企业审查确认后，出具非职务创作作品证明，方可以自由作品对外发表和使用。员工与企业就职务创作与非职务创作发生争议的，可提请企业所在地著作权管理机关调解处理。

企业与其它单位签订有关合作创作作品的合同，应依合同明确约定的作品使用权限使用作品。对于跨单位学习进修、合作、工作的人员及企业临时聘用人员，企业应当事先就该人员在学习、工作中做出创作作品的署名、作品的著作权归属与接受或派出单位或者其个人签订合同。未签订合同或者合同规定不明确的，其创作作品的著作权归属按照国家有关规定处理。

涉及跨国对著作权进行保护的项目，企业应进行可行性论证。企业投资建立中外合资、合作企业时，外方以著作权作投资的，企业应当要求合作方对该作品的权利予以确认和作出合法性承诺。

企业使用他人的作品时，应由作品提供者提供出合法的作品来源及权利使用的说明，并附有著作权人的权利许可使用（含费用支付）的申明材料。相应的材料必须存档保管。许可他人使用本企业职务作品的，必须经过可行性论证，委托评估后，根据独占许可、独家许可、普通许可、分许可等不同种类，结合许可使用时间确定许可使用费。

（三）著作权的保护管理

1. 严格保护本企业的作品不受侵犯

企业应尊重他人的著作权，并采取积极措施，避免侵犯他人的权利。同时，更重要的，企业应采取积极有效的措施，防止自己的作品著作权受到他人侵犯。企业职工有权保护本企业的著作权不受侵犯。发现侵犯本企业著作权的行为时，应及时向企业报告，并帮助做好调查取证工作。企业应依法维护本企业的著作权益。发生著作权侵权纠纷或著作权权属纠纷时，应及时采取措施，必要时请求著作权管理机关处理，或依照合同提出仲裁申请或向人民法院起诉。

2. 制定合理惩罚措施处理企业内部的著作权侵权行为

对于企业内部的著作权侵权行为，绝不姑息。如在工作中侵害他人著作权并造成重大损失的，或者著作权管理工作人员玩忽职守、履行职责不当或者泄露秘密，造成企业损失的，企业必须依据有关法律、法规和政策规定，追究相关人员的法律责任。

二、著作权的行政管理

我国《著作权法》第 7 条规定国务院著作权行政管理部门主管全国的著作权管理工作；各省、自治区、直辖市人民政府的著作权行政管理部门主管本行政区域的著作权管理工作。我国国务院行政管理部门是国家版权局，它主管全国与著作权有关的管理工作，主要职能包括以下几个内容：①贯彻实施著作权法律、法规；起草著作权方面的法律、法规草案；制定著作权管理的规章和重要管理措施并组织实施和监督检查。②审批著作权集体管理机构，著作权涉外机构、国（境）外著作权认证机关、外国和国际著作权组织在华设立代表机构。③指导地方著作权行政管理部门的工作；查处或组织查处有重大影响的著作权侵权案件；代表国家处理涉外著作权关系，组织参加著作权的双边或多边条约、协议的谈判、签约和国内履约活动。④负责著作权管理工作全国性宣传、教育及表彰活动。

根据我国《著作权实施条例》第 37 条规定："有著作权法第 47 条所列侵权行为，同时损害社会公共利益的，由地方人民政府著作权行政管理部门负责查处。国务院著作权行政管理部门可以查处在全国有重大影响的侵权行为。"

三、著作权的集体管理

著作权集体管理，是指著作权集体管理组织经权利人授权，集中行使权利人的有关权利并以自己的名义进行的活动，包括：①与使用者订立著作权或者与著作权有关的权利许可使用合同；②向使用人收取使用费；③向权利人转付使用费；④进行涉及著作权或者与著作权有关的权利的诉讼、仲裁活动。集体管理组织是根据著作权人和相关权人的授权或者法律规定，以集体管理的方式行使权利人难以行使和难以控制的著作权或者相关权的非营利性社会组织。2004 年 12 月 22 日国务院颁布了《著作权集体管理条例》，集体管理组织的设立、机构、活动和监督予以规定。《著作权法》（送审稿）规定，全国的著作权集体管理工作由国务院著作权行政管理部门主管，并负责著作权集体管理组织的设立、业务范围、变更、注销以及其他登记事项的审批和监督管理。

著作权集体管理组织与著作权人之间在法律上是信托关系，依据这种关系，著作权人将自己作品的相关著作权交由该组织行使，而该组织以自己的名义行使上述著作权，并向作品使用者收取使用费，再将所收费用按照预先约定的的方法分配给著作权人。截至当前，我国已经批准成立了 5 家著作权集体管理组织，分别为中国音乐著作权协会、中国音像著作权集体管理协会、中国文字著作权协会、中国摄影著作权协会和中国电影著作权协会。中国音乐著作权协会 1992 年 12 月成立，其职能主要是协调会员单位之间或非会员单位授权委托的版权事宜、提供咨询和版权认证等服务、协助政府主管部门打击盗版、监控音像市场，进行行业自律等以最早成立的中国音乐著作权协会为例，它管理的音乐著作权包括表演权、广播权和录制、发行权。协会实行会员制，音乐著作权人及有关出版者、录制者都可以申请入会。协会还将会员编入 CAE 明录（国际作曲者、作词者、出版者名录），确定由 CAE 国际编号。并将会员的作品目录汇入 WWL（世界作品目录），确定其国际序列号，从而使协会中的中国作者和作品进入国际识别系统，以便使中国作品在海外被使用时，著作权人的利益得到保障。该组织在设立的十多年里为众多音乐作品作者收回了原本由作者或著作权人本人不可能取回的费用〔1〕，产生了很大的影响。虽然针对的会员对象不同，但著作权集体组织管理的职能却大致相同。《著作权法》（送审稿）对此作了以下几点规定：

（1）著作权集体管理组织应当根据管理的权利提供使用费标准，该标准在国务院著作权行政管理部门指定的媒体上公告实施，有异议的，由国务院著作权行政管理部门组织专门委员会裁定，裁定为最终结果，裁定期间使用费标准不停止执行。

---

〔1〕 刘春田．知识产权法．北京：高等教育出版社，北京大学出版社，2007：129.

(2) 著作权集体管理组织取得权利人授权并能在全国范围内代表权利人利益的，可以就自助点歌系统向公众传播已经发表的音乐或者视听作品以及其他方式使用作品，代表全体权利人行使著作权或者相关权，权利人书面声明不得集体管理的除外。

(3) 集体管理组织行使著作权人和相关权利人的获酬权。

(4) 两个以上著作权集体管理组织就同一使用方式向同一使用者收取使用费的，应当共同制定统一的使用费标准，并且协商确定由一个著作权集体管理组织统一收取使用费。收取的使用费应当在相应的著作权集体管理组织之间合理分配。

第十节 计算机软件著作权

一、计算机软件著作权的内容和归属

(一) 计算机软件的含义

我国法律所指计算机软件是计算机程序及其有关文档。计算机程序，是指为了得到某种结果而可以由计算机等具有信息处理能力的装置执行的代码化指令序列，或者可以被自动转换成代码化指令序列的符号化指令序列或者符号化语句序列。同一计算机程序的源程序和目标程序为同一作品。源程序是指用高级语言或汇编语言编写的程序，目标程序是指源程序经编译或解释加工以后，可以由计算机直接执行的程序。文档，是指用来描述程序的内容、组成、设计、功能规格、开发情况、测试结果及使用方法的文字资料和图表等，如程序设计说明书、流程图、用户手册等。

计算机软件不同于一般的文学作品，它有一定的实用性。同样功能甚至使用界面相同的计算机软件，其程序代码可能是不同的，则这两种计算机软件都享有著作权。因为计算机软件著作权保护的是程序编码形式，而不保护其所体现的技术方案和功能。

案例 2-7 美国莲花公司诉波兰德公司侵犯 Lotus1-2-3 软件著作权纠纷案

美国莲花公司在其著名的表格处理软件 Lotus1-2-3 中设计了有层次的菜单命令（如点击菜单中的“文件”会弹出“新建”、“保存”和“另存为”等选项）。而波兰德公司开发了一种功能更为强大的表格处理软件，为了让原先 Lotus1-2-3 软件的用户能更好的使用自己的新软件，波兰德公司在自己的设计的菜单之外，又加入了 Lotus1-2-3 的菜单。熟悉 Lotus1-2-3 的菜单的用户在使用波兰德公司的软件时，就可以选择和 Lotus1-2-3 相同的一套菜单。莲花公司起诉波兰德公司侵犯其版权，但波兰德公司并没有复制 Lotus1-2-3 的程序代码，而仅仅是借用了菜单的结构和用语。美国上诉法院最后认定波兰德公司不构成侵权。[1]

---

〔1〕 王迁. 知识产权法教程. 北京：中国人大学出版社，2007：64.

（二）计算机软件著作权的内容

1. 计算机软件著作权的具体内容

根据我国《计算机软件保护条例》的规定，计算机软件著作权包括如下 9 项具体的权能。①发表权，即决定软件是否公之于众的权利；②署名权，即表明开发者身份，在软件上署名的权利；③修改权，即对软件进行增补、删节，或者改变指令、语句顺序的权利；④复制权，即将软件制作一份或者多份的权利；⑤发行权，即以出售或者赠与方式向公众提供软件的原件或者复制件的权利；⑥出租权，即有偿许可他人临时使用软件的权利，但是软件不是出租的主要标的的除外；⑦信息网络传播权，即以有线或者无线方式向公众提供软件，使公众可以在其个人选定的时间和地点获得软件的权利；⑧翻译权，即将原软件从一种自然语言文字转换成另一种自然语言文字的权利；⑨应当由软件著作权人享有的其他权利。

2. 计算机软件著作权的保护期限

根据我国《计算机软件保护条例》的规定，软件著作权自软件开发完成之日起产生。

1）自然人的软件著作权

自然人的软件著作权，保护期为自然人终生及其死亡后 50 年，截止于自然人死亡后第 50 年的 12 月 31 日；软件是合作开发的，截止于最后死亡的自然人死亡后第 50 年的 12 月 31 日。

2）单位软件著作权

法人或者其他组织的软件著作权，保护期为 50 年，截止于软件首次发表后第 50 年的 12 月 31 日，但软件自开发完成之日起 50 年内未发表的，法律将不再提供保护。

（三）计算机软件著作权的归属原则

1. 归属于软件开发者原则

《计算机软件保护条例》规定，软件著作权属于软件开发者，本条例另有规定的除外。如无相反证明，在软件上署名的自然人、法人或者其他组织为开发者。软件开发者，是指实际组织开发、直接进行开发，并对开发完成的软件承担责任的法人或者其他组织；或者依靠自己具有的条件独立完成软件开发，并对软件承担责任的自然人。软件著作权人，是指依照本条例的规定，对软件享有著作权的自然人、法人或者其他组织。

2. 合作开发软件著作权的归属

由两个以上的自然人、法人或者其他组织合作开发的软件，其著作权的归属由合作开发者签订书面合同约定。无书面合同或者合同未作明确约定，合作开发的软件可以分割使用的，开发者对各自开发的部分可以单独享有著作权；但是，行使著作权时，不得扩展到合作开发的软件整体的著作权。合作开发的软件不能分割使用的，其著作权由各合作开发者共同享有，通过协商一致行使；不能协商一致，又无正当理由的，任何一方不得阻止他方行使除转让权以外的其他权利，但是所得收益应当合理分配给所有合作开发者。

3. 委托开发软件著作权的归属

接受他人委托开发的软件，其著作权的归属由委托人与受托人签订书面合同约定；无书面合同或者合同未作明确约定的，其著作权由受托人享有。

4. 国家项目开发的软件著作权的归属

由国家机关下达任务开发的软件，著作权的归属与行使由项目任务书或者合同规定；项目任务书或者合同中未作明确规定的，软件著作权由接受任务的法人或者其他组织享有。

5. 职务开发软件著作权的归属

自然人在法人或者其他组织中任职期间所开发的软件有下列情形之一的，该软件著作权由该法人或者其他组织享有，该法人或者其他组织可以对开发软件的自然人进行奖励：①针对本职工作中明确指定的开发目标所开发的软件；②开发的软件是从事本职工作活动所预见的结果或者自然的结果；③主要使用了法人或者其他组织的资金、专用设备、未公开的专门信息等物质技术条件所开发并由法人或者其他组织承担责任的软件。

6. 自然人死亡后的归属

软件著作权属于自然人的，该自然人死亡后，在软件著作权的保护期内，软件著作权的继承人可以依照我国继承法的有关规定，继承除署名权以外的其他权利。

7. 单位终止后的归属

软件著作权属于法人或者其他组织的，法人或者其他组织变更、终止后，其著作权在保护期内由承受其权利义务的法人或者其他组织享有；没有承受其权利义务的法人或者其他组织的，由国家享有。

二、计算机软件著作权的利用和限制

（一）计算机软件著作权的利用

对于计算机软件的利用同样可以划分为开发者自己利用和许可他人利用两种基本类型，下面主要阐述和分析许可他人利用的情况。

1. 许可方式的类型

许可使用可以分为专有许可使用、排他性许可使用和普通许可使用三种类型。

2. 对许可使用的相关法律规定

（1）许可他人行使软件著作权的，应当订立许可使用合同。许可使用合同中软件著作权人未明确许可的权利，被许可人不得行使。

（2）许可他人专有行使软件著作权的，当事人应当订立书面合同。没有订立书面合同或者合同中未明确约定为专有许可的，被许可行使的权利应当视为非专有权利。订立许可他人专有行使软件著作权的许可合同，可以向国务院著作权行政管理部门认定的软件登记机构登记。

（3）中国公民、法人或者其他组织向外国人许可软件著作权的，应当遵守《中华人民共和国技术进出口管理条例》的有关规定。

（二）计算机软件著作权的转让

（1）软件著作权人可以全部或者部分转让其软件著作权，并有权获得报酬。

（2）转让软件著作权的，当事人应当订立书面合同。可以向国务院著作权行政管理部门认定的软件登记机构登记。

（3）中国公民、法人或者其他组织向外国人转让软件著作权的，应当遵守《中华人民共和国技术进出口管理条例》的有关规定。

（三）计算机软件著作权的限制

1. 合理使用

为了学习和研究软件内含的设计思想和原理，通过安装、显示、传输或者存储软件等方式使用软件的，可以不经软件著作权人许可，不向其支付报酬。

2. 软件的合法购买者享有的权利

（1）根据使用的需要把该软件装入计算机等具有信息处理能力的装置内；

（2）为了防止复制品损坏而制作备份复制品。这些备份复制品不得通过任何方式提供给他人使用，并在所有人丧失该合法复制品的所有权时，负责将备份复制品销毁；

（3）为了把该软件用于实际的计算机应用环境或者改进其功能、性能而进行必要的修改；但是，除合同另有约定外，未经该软件著作权人许可，不得向任何第三方提供修改后的软件。

三、计算机软件著作权的侵权与保护

（一）只承担停止侵害、消除影响、赔礼道歉、赔偿损失等民事责任的侵权情形

（1）未经软件著作权人许可，发表或者登记其软件的；

（2）将他人软件作为自己的软件发表或者登记的；

（3）未经合作者许可，将与他人合作开发的软件作为自己单独完成的软件发表或者登记的；

（4）在他人软件上署名或者更改他人软件上的署名的；

（5）未经软件著作权人许可，修改、翻译其软件的；

（6）其他侵犯软件著作权的行为。

（二）承担民事责任的同时可能承担行政或刑事责任的情形

（1）复制或者部分复制著作权人的软件的；

（2）向公众发行、出租、通过信息网络传播著作权人的软件的；

（3）故意避开或者破坏著作权人为保护其软件著作权而采取的技术措施的；

（4）故意删除或者改变软件权利管理电子信息的；

（5）转让或者许可他人行使著作权人的软件著作权的。

（三）不承担侵权责任或赔偿责任的情形

（1）不承担侵权责任的情形：软件开发者开发的软件，由于可供选用的表达方式有限而与已经存在的软件相似的，不构成对已经存在的软件的著作权的侵犯。

（2）不承担赔偿责任的情形：软件的复制品持有人不知道也没有合理理由应当知道该软件是侵权复制品的，不承担赔偿责任；但是，应当停止使用、销毁该侵权复制品。如果停止使用并销毁该侵权复制品将给复制品使用人造成重大损失的，复制品使用人可以在向软件著作权人支付合理费用后继续使用。计算机软件著作权的损失赔偿按照一般作品著作权的赔偿方式计算。

问题与思考：

1. 我国《著作权法》规定的著作权主体有哪些？
2. 论述著作权和其他财产权利的区别。
3. 论述我国著作权规定的各类法定许可情形。
4. 论述作品的特点及种类。

第三章　专　利　权

第一节　专利制度概述

一、专利制度历史沿革

专利的英文 Patent 一词来源于拉丁文 Patens，其意思是“敞开”[1]。Patent 在英文中也含有专有、独占的意思。在英国最早出现 Patent 的时候，其含义是将技术公开并独占使用。

汉语中，“专利”一词的字面意思为“专有利益”或“独专其利”。在我国专利理论和实践中，“专利”有三层含义：①专利是专利权的简称，即指经国务院专利行政部门依照专利法进行审查，认定为符合专利条件即可专利性（patentability）而授予的对其发明创造享有的独占的、排他性的一种民事权利；②专利表示记载发明创造内容的文献，即“专利文献”的简称；③专利是指受到专利法保护的发明创造，即一种新的、具有创造性和实用性的技术方案。至于我们在教材、著作、文章中所看到的专利一词真正的含义要结合该词所处的语境并联系上下文的内容才可以做出正确的判断。

专利制度源于中世纪特权。1236 年，英王亨利三世授予波尔多市一市民以 15 年制作各种色布的垄断权，这被认为是世界上最早的一种专利。1474 年威尼斯共和国制定的专利法，使这种特权得以制度化。该法对当时的技术发展有一定的推动作用。但由于历史的局限，国际上一般认为它只是专利制度的雏形。被称为现代专利制度鼻祖的是英国 1623 年颁布的《垄断法规》。1790 年美国国会以英国 1623 年的垄断法案为原型通过了第一部专利法案。法国于 1791 年、荷兰于 1817 年、德国于 1877 年、日本于 1885 年都先后颁布了自己的专利法。到 19 世纪末，实行专利制度的国家已经达到 45 个。目前建立起专利制度的国家和地区已经超过 170 个。

伴随着各国专利制度的建立，专利制度也逐渐进入国际化阶段。1883 年，法国、比利时、巴西、危地马拉、荷兰、葡萄牙、西班牙等 11 个国家在巴黎缔结了《保护工业产权的巴黎公约》。巴黎公约是用以保护专利、商标、工业设计、商号、原产地和实用新型的。按照巴黎公约的规定，签署国统一对外国成果提供国民待遇，并对外国成果实施最低保护标准。巴黎公约是协调国际专利法律的第一个重要的国际公约，标志着专利申请国际化的开始。1978 年通过的《欧洲专利公约》和 1971 年通过的《国际专利分类斯特拉斯堡协定》分别标志着专利合作在地区合作与程序合作方面进一步的深化。

---

〔1〕 汤宗舜. 专利法教程（第三版）. 北京：法律出版社，2003：7.

1994 年乌拉圭回合谈判达成协议，即通过了 TRIPs 协议，使得专利保护国际合作水平大幅度提高，而且更重要的是，世贸组织的争端解决机制以及贸易制裁手段，使得专利国际保护进入了一个比较强有力的阶段。

二、我国专利法制定及历次修改

（一）1949～1979 年新中国的专利法律制度

新中国成立后不久，当时的政务院于 1950 年颁布了《保障发明权与专利权暂行条例》。同年政务院财政经济委员会颁发了该条例的实施细则以及《发明审查委员会规程》。1950 年的暂行条例将保护的客体仅仅局限于发明权和专利权两个方面，而且根据该暂行条例的规定，获得发明权的人的发明实施和处理权归属国家，发明权人享有署名、领取奖金、奖状等奖励的权利，奖金可以继承。获得专利权的人，享有自己实施专利、转让、许可他人使用、制止他人使用以及可以将专利权作为遗产由其继承人继承的权利。根据上述条例、细则及规程的规定，新中国政府共授予了六项发明权和四项专利权[1]。

1963 年，随着《发明奖励条例》的颁布，《保障发明权与专利权暂行条例》即被废止。自此，我国专利法律制度中断了二十多年。

（二）《中华人民共和国专利法》制定

1978 年底，十一届三中全会以后，党的工作重心转移，经济建设步伐加快，为适应改革开放和发展经济的需要，我国开始着手制定专利法。1979 年 3 月，原国家科委受国务院委托成立专利法起草小组，开始起草专利法。在起草过程中，有关部门对我国是否应当建立专利制度产生了激烈的争论，起草工作曾因此一度放缓。1982 年 9 月，国务院在听取专门汇报后作出决定：“从全局和发展的观点上看，我国应该建立专利制度。”

1984 年 3 月 12 日，《中华人民共和国专利法》在六届全国人大常委会第四次会议上通过，于 1985 年 4 月 1 日起实施。

（三）《中华人民共和国专利法》第一次修改

1992 年 9 月，为了履行中美两国达成的知识产权谅解备忘录，并为我国恢复关贸总协定缔约国提供有利条件，我国对专利法进行了第一次修改，于 1993 年 1 月 1 日起生效。该次修改将授权前的异议程序改为授权后的撤销程序；开放了对药品和化学物质以及食品、饮料、调味品的专利保护；增加了本国优先权；增加了专利权人禁止他人进口行为的权利，将方法专利权的效力延及依照该方法直接获得的产品；将发明专利权的期限从十五年改为二十年，将实用新型和外观设计专利权的期限从五年（可续展三年）改为十年；增加了在国家出现紧急情况、非常情况或者为公共利益的需要可给予强制许

[1] 郑成思．知识产权法．北京：法律出版社，2003：208～209．

可的规定。本次修改后的专利法自1993年1月1日起施行。

（四）《中华人民共和国专利法》第二次修改

2000年8月，为了适应我国加入世界贸易组织的形势需要，更有效地发挥专利制度促进科技创新和社会经济发展的作用，我国对《专利法》进行了第二次修改，于2001年7月1日起生效。专利法的第二次修改幅度比较大，涉及的条文达35条，主要有以下几个方面：

（1）修改了专利法中一些带有计划经济体制痕迹的提法。如将国有企业对专利申请权、专利权的“持有”改为“所有”，取消了国有企业专利申请权及专利权转让的限制等。

（2）明确专利立法是为促进科技进步与创新服务。如对有关职务发明创造作了修改，明确了职务发明创造的标准；引入合同优先原则；明确了单位对职务发明人应当给予奖励和报酬，并规定了奖励及报酬的支付办法。

（3）进一步提高保护水平。如增加了专利权人的许诺销售权，增加了关于侵权赔偿要求的计算规定；完善了司法措施，为及时有效制止侵权行为保存证据，增加了诉前禁令及财产保全的临时措施；明确了省、自治区、直辖市人民政府管理专利工作的职能，特别是对专利侵权纠纷、假冒和冒充专利行为的处理职能进行了强化。

（4）简化和完善专利审批程序。包括：取消撤销程序，简化流程；规定实用新型和外观设计的复审和无效由法院司法终审；简化转让专利权和向外国申请专利的手续等。

（五）《中华人民共和国专利法》第三次修改

2008年12月，为提高自主创新能力、建设创新型国家、推动我国社会经济的全面发展，我国对《专利法》进行了第三次修改，于2009年10月1日起生效。本次修订案新增加7条，修改了29条；总条目为76条，修订内容主要包括：

（1）重新确立了专利法的立法目的，即鼓励创造发明，推动发明创造的应用，提高创新能力，促进科学技术进步和经济社会发展。

（2）提高了侵犯专利权的赔偿额度，强化了对专利权的法律保护。

（3）提高发明创造的专利授权标准，采取了“国内外公开出版+国内外公开使用”的绝对新颖性标准。规范了外观设计专利的授权标准，提高了外观设计专利授权的条件。简化了专利申请及审批手续。

（4）对具体制度进行了修改或完善。主要包括规定了遗传资源的保护；完善了强制许可制度；进一步明确了不视为专利侵权的情况；完善了专利侵权诉讼中证据保全制度和诉前禁令制度；规范了共有专利的权利行使方式。

三、专利权的概念和特征

专利权，是公民、法人或者其他组织对其发明创造在一定期限内依法享有的独占性使用权。

专利权的主体是依法享有专利权的公民、法人或者其他组织；客体是被批准为专利的发明创造；权利内容是专利权人可自己实施或者授权他人实施其专利，并禁止他人未经许可实施其专利。

作为知识产权三大支柱之一的专利权，与著作权、商标权一样，具有专有性、时间性和地域性。这些知识产权的特征在专利权中的具体体现为：就专有性而言，在同一法域内，相同主题的发明创造只能被授予一项专利权，专利权人就该发明创造享有排他性权利，除非法律另有规定，任何人未经专利权人许可不得实施该专利技术。就时间性而言，相对于著作权，专利权的保护期较短；目前我国发明专利的专利权期限为二十年，实用新型和外观设计专利权的期限为十年，均从申请日起算。就地域性而言，所授予的专利权只能在该法域内有效，对其他法域没有任何效力。

第二节　专利权的主体

狭义的专利权主体仅指专利获得批准后，对专利权享有使用、收益、处分权利的人。广义的专利权主体还包括发明创造的完成人及专利申请人。本章中的专利权主体指的是广义上的专利权主体。

一、发明人、设计人

我国专利法保护的发明创造包括发明、实用新型和外观设计。一般而言，发明、实用新型的完成人称为发明人，外观设计的完成人称为设计人。为叙述简便，本节将发明人和设计人统称为发明人。

发明人是指对已经完成的发明创造的实质性特点作出创造性贡献的人。发明人可以是单独的一个人，也可以是共同完成发明创造的两个以上的人。

根据我国专利法的相关规定，发明人应当具备如下条件。

（一）发明人只能是自然人

发明创造是智力活动的成果，完成一个发明创造需要有创造性思维。创造性思维只有自然人才有，而法律上的法人、其他组织本身不具有这种进行思维的能力，因此也就不能成为专利法上的发明人。即使发明人是以法人或者其他组织的名义进行发明创造活动，但是，在发明创造过程中的创造性思维也是自然人的思维，而不是法人或者其他组织本身的思维。因此，职务发明中的发明人仍然是自然人，而不是法人或者其他组织。发明人完成发明创造是一个客观的事实，谁也无法改变。不论以后专利权转移给谁，都不能否定发明人的发明资格。

另外，发明是一种事实行为，而非法律行为，因此作为专利法上的发明人不仅仅局限于有民事行为能力的人，限制民事行为能力人和无民事行为能力人也能成为专利法上的发明人。在现实生活中，限制民事行为能力人或者无民事行为能力人完成发明创造并被授予专利权的情况是经常出现的。

（二）发明人应直接参与发明创造活动

一项发明创造往往并不是一个人完成的。在发明创造过程中，参与发明创造的人是多方面的：有直接参与发明创造活动的人，有负责组织管理工作的人，有提供物质保障的人，有提供资料的人，还有提供后勤保障的人。但是，由于专利法所保护的是具备新颖性、创造性和实用性的技术方案，而技术方案的形成是人类智力活动的结果，没有直接参与发明创造的人不可能对发明创造本身的完成提供智力支持。因此，发明人只能是实际直接参与了发明创造活动的人。那些仅仅为完成发明创造进行组织、管理的人和仅为完成发明创造提供物质、技术资料和后勤保障的人不能成为发明人。

（三）发明人需对发明创造作出实质性贡献

专利法保护的是比现有技术更加先进的技术①。因此，专利法上的发明人只能是在完成发明创造过程中，发明创造或者设计了比现有技术更加先进的技术的人，即对该发明创造中的实质性特点作出了创造性贡献的人。反过来讲，在完成发明创造过程中，只负责组织工作的人、为物质技术条件的利用提供方便的人或者从事其他辅助工作的人，虽然也可能参与了发明创造，但是由于他们的工作或者劳动没有对发明创造的实质性特点作出贡献，因而不是发明人或者设计人。

二、专利申请人

专利申请人就是按照法律规定有权对发明创造或者设计提出专利申请的人。这些人一般包括发明人或者设计人、共同完成发明创造或者设计的人、职务发明中的单位、完成发明创造的外国人，以及继受取得申请权的人等。根据我国专利法相关规定，可以将专利申请人分为以下几种：

（一）非职务发明的专利申请人

非职务发明创造的专利申请人是完成发明创造的人，即申请人与发明人是同一人。从完成非职务发明的人数多少看，非职务发明的专利申请人有单独的申请人和共同申请人。共同申请人就是对于已经完成的发明创造的实质性特点作出创造性贡献的人是两个以上，他们有权作为共同申请人向国务院专利行政部门提出专利申请。

（二）通过合同等方式继受取得申请权的专利申请人

通过合同取得申请权的情况又分为两种：一是通过委托合同取得，二是通过专利申请权转让合同取得。

通过委托合同取得是指在合同中双方约定，一方提供研究的经费等物质条件，另一方进行发明创造，发明创造的专利申请权归属于提供经费等物质条件的一方。

通过专利申请权转让合同取得是指对于已经完成的发明创造，双方当事人在合同中

① 《专利法》第22条第5款规定，“本法所称的现有技术，是指申请日以前在国内外为公众所知的技术。”

约定发明人将其已经完成的发明创造的专利申请权转让给对方。

根据我国专利法的规定，发明人有权将其发明创造申请专利的权利转让给他人。因此，通过合同取得专利申请权的人也属于专利法上的专利申请人。

（三）通过继承取得专利申请权的专利申请人

作为自然人一旦完成一项发明创造以后，法律就赋予其申请专利的权利，这种申请专利的权利虽然不是现实的财产权，但是包含将来实现财产利益的可能性，因此专利申请权也是自然人的一种财产性权益。作为财产性权益，按照民法的一般原理当然可以被继承。世界各国的法律基本上都承认这一权利的可继承性。我国《继承法》第3条第6款中明确规定了专利权中的财产权可以被继承。因此，通过继承而获得专利申请权的人也属于专利法上的申请人。

（四）职务发明的单位申请人

在劳动、雇佣关系中形成的发明创造，原则上申请专利的权利归属于雇佣单位。但是，关于什么是职务发明、专利申请权的归属以及发明人的权利等问题较复杂，将在下文详细论述，此处不赘。

三、专利权人

所谓专利权人是指对于国务院专利行政部门授予的专利享有独占使用和处分权的人。

专利权人与发明人、申请人是三个不同的概念。发明人是对发明创造的实质性特点作出创造性贡献的人；申请人是向国务院专利行政部门提出专利申请的人；专利权人是获得国务院专利行政部门授予专利权的人。这三类人可以是同一人，也可以分别是两个人或者三个人。例如，发明人自己申请专利，并获得国务院专利行政部门的批准，那么发明人、申请人和专利权人就是同一人；如果是职务发明或者发明人将专利申请权转让给他人，由单位或者专利申请权受让人申请并获得专利授权，那么，发明人与申请人和专利权人就不是同一人，而申请人和专利权人是同一人；如果职务发明的单位或者受让人提出专利申请以后，将专利申请权转让给他人，那么发明人、申请人和专利权人就是三个人。

四、职务发明创造

职务发明创造也称雇员发明创造，是指雇员为完成雇主交付的工作任务所完成的发明创造。我国专利法第6条规定，执行本单位的任务或者主要是利用本单位的物质技术条件所完成的发明创造为职务发明创造。

职务发明创造问题是随着社会经济和技术发展而产生的。随着社会化大生产的出现，许多大型、高精尖技术凭借个人能力根本无法完成，而必须有多人甚至成百上千人组织在一起才能完成。同时，在西方的法律制度中出现的以公司为典型代表的法人制度，为完成这些大型、高精尖技术提供了组织上的便利。公司为完成某项技术的革新和创造，必然要雇用一些甚至大量的科研和技术人员，这些科研技术人员在公司的组织下，依靠公司提供的物质、技术和资金完成了发明创造。这种发明创造的完成，与完全由个人自由完成的发明创造相比，就会产生权利归属的问题，即雇员和雇主谁有权利对该发明创造申请专利？对此问题最早做出回答的是 1897 年的《奥匈帝国专利法》。该法规定，雇员在职务上完成的发明，除合同或者服务规程另有约定外，发明人有获得专利的权利[1]。虽然，《奥匈帝国专利法》没有明确规定职务发明的专利权应当归属于雇主或者公司，但是它允许通过合同或者服务规程约定专利权的归属，这就为雇主或者公司通过合同或规程的约定获得专利权留下了空间。

职务发明所涉及的利益既包括雇主的利益，也包括雇员的利益。由于享有专利申请权和专利权的一方能够依该专利的申请或者实施获得利益，而另一方则不能再享有，因此，确定职务发明申请专利的权利归属的问题是职务发明法律制度的核心内容。但是，在职务发明中，雇主或公司与进行发明创造的雇员对职务发明都作出了很大的贡献。可以说，离开了雇主或者公司不可能完成这些发明创造；同样离开了雇员也不可能完成这些发明创造。因此，如何平衡双方的利益是世界各国专利法的一项重要内容。然而，纵观世界各国采用的立法模式，有较大差别。

第一种立法模式是美国模式。《美国法典》第 35 编第 111 条规定，申请发明的人必须是原始的、真正的发明人。如果一个发明人想把他的发明转让给其他人，他自己必须获得专利权，然后才能支配它。在职务发明中，美国专利法允许当事人通过协议安排专利权的归属。受让人，通常就是发明人的雇主，必须让真正的发明人提出专利申请。如果通过努力仍然找不到真正的发明人，或者不能迫使真正的发明人遵守协议，法律允许专利权授予给受让人[2]。因此，美国的法律制度是专利申请权只能归真正的发明人，在职务发明中，可以通过合同约定的方式使雇主取得专利权。

第二种立法模式是德国模式。德国专利法规定，发明人或者其权利继受人有获得专利的权利。关于职务发明是由专门的特别法加以规定的。德国在 1957 年制定了德国雇员发明法（the Law on Employees' Inventions）。该法规定，雇员做出发明后有义务及时通知雇主。雇主接到雇员的书面通知后，须在 4 个月内以书面的形式作出答复，明确说明是否同意接受该项发明，是接受全部权利还是部分权利。4 个月内不予答复，则视为雇主放弃该项发明，雇员有权自行处理其发明。如雇主接受了雇员的发明，应及时申请专利并支付有关申请、审查等项费用。企业如使用该发明并获得利润，应拿出一部分利润来奖励发明人。该法还制定了雇员发明计酬准则，其计算方法是以发明价值乘以发明人的分成系数值，得出雇员每年具体的报酬金额。如果雇员和雇主在发明的归属、奖酬的计算等方面发生争议时，可向设在德国专利局内的雇员发明仲裁处仲裁，仲裁无效可向法院上诉。德国雇员发明法不仅适用于企业，也适用于国家科研机构。但高等院校的教授、助教、大学生、自由职业者（如医生等）所做出的发明创造，不受雇员发明法的约束。

---

〔1〕 吴汉东等．知识产权基本问题研究．北京：中国人民大学出版社，2005：401.

〔2〕 Arthur R Miller，Michael H Davis．知识产权法：专利、商标和著作权．美国法精要·影印本（第 3 版）．北京：法律出版社，2004：103～104.

第三种立法模式是明确规定了职务发明的专利权归属问题。采用这种立法模式的国家比较多。例如英国1977年《专利法案》第39条第1款规定了两种情况下专利权归属于雇主：第一，如果发明是在雇员履行他的正常职责的过程中做出的；或者发明虽然不是在雇员履行正常职责过程中作出，却是在雇主特别指派的工作过程中做出的，而且发明可以被合理预见到是来源于他执行职务的结果，专利权就归属于雇主。第二，发明产生于雇员履行职务过程中，在作出发明创造的期间，由于雇员职责的本性（nature）使雇员承担了对雇主将来的商业利益负有特殊义务，专利权也归属于雇主。除上述两种情况以外，其他情况下专利权归属于雇员。

当专利权归雇主后，做出发明的雇员可以要求补偿。但是补偿的条件是：根据雇主的商业规模和类型判断，争议的专利对雇主具有“显著”利益（outstanding benefit），而且该利益是实际利益而非潜在利益。如果应当补偿，潜在利益仅仅与补偿水平相关，而不能决定是否应当补偿〔1〕。

法国也采用这种立法模式。《法国知识产权法典》第L. 611－7条详细规定了职务发明中雇员与雇主之间的权利义务关系。其内容是：第一，雇员执行一个包含与其实际职责相应的发明任务的工作合同，或者从事雇主明确赋予的研究和开发任务而完成的发明属于雇主。完成这一发明的雇员享受额外取得报酬的条件，由集体合同、企业协议以及单独的劳务合同确定。第二，其他一切发明属于雇员。但是雇员在执行职务过程中或者在企业经营领域内，或因了解或者使用企业独有的技术或手段，及由企业提供的数据完成发明的，雇主有权依行政法院确定的条件和期限，获得全部或部分其雇员发明的专利权的所有权或用益权。雇员应获得合理价金〔2〕。我国也采用这种立法模式。

我国《专利法》规定，执行本单位的任务或者主要是利用本单位的物质技术条件所完成的发明创造为职务发明创造。职务发明创造申请专利的权利属于该单位；申请被批准后，该单位为专利权人。利用本单位的物质技术条件所完成的发明创造，单位与发明人或者设计人订有合同，对申请专利的权利和专利权的归属作出约定的，从其约定。即我国《专利法》对于职务发明的归属规定了两种情况：一般情况下，职务发明专利申请权和专利权归单位；特殊情况下，发明人和单位也可以通过合同约定职务发明专利权的归属。

关于对职务发明创造的发明人或者设计人的奖励和报酬问题，我国《专利法》规定，被授予专利权的单位应当对职务发明创造的发明人或者设计人给予奖励；发明创造专利实施后，根据其推广应用的范围和取得的经济效益，对发明人或者设计人给予合理的报酬。

从上述各国关于职务发明归属问题的规定中可以看出，虽然各国在立法模式上存有差异，但是基本平衡了雇员和雇主两方面的利益，只不过是从不同的角度出发而已。

---

〔1〕 Tina Hart，Linda Fazzani. 知识产权法（麦克米伦法学精要丛书·影印本）. 北京：法律出版社，2003：35～37.

〔2〕 吴汉东等. 知识产权基本问题研究. 北京：中国人民大学出版社，2005：402.

五、专利申请权和专利权的共有

我国《专利法》第 8 条规定，“两个以上单位或者个人合作完成的发明创造、一个单位或者个人接受其他单位或者个人委托所完成的发明创造，除另有协议的以外，申请专利的权利属于完成或者共同完成的单位或者个人；申请被批准后，申请的单位或者个人为专利权人。”无论是合作还是接受委托完成发明创造，都会导致专利申请权、专利权的共有出现。

共有人对共有申请权和专利权的行使方式，根据各方有无约定确定，有约定的，从其约定。没有约定的，共有人可以单独实施或者以普通许可方式许可他人实施该专利。但对于许可获得的收益，需要在共有人之间分配。没有约定的，放弃、转让专利申请或者专利权，许可他人独占实施该专利，对侵权行为起诉，都需要经全体共有人同意。

案例 3-1 陶义诉北京地铁地基工程公司发明专利权属纠纷案

1988 年 12 月 25 日，北京市地铁地基工程公司以原告陶义的“钻孔压浆成桩法”是职务发明为由，请求北京市专利管理局将“钻孔压浆成桩法”的发明专利权确认为本单位所有。北京市专利管理局于 1989 年 8 月 1 日确认“钻孔压浆成桩法”发明为职务发明，专利权归北京市地铁地基工程公司所有。

原告陶义对北京市专利管理机关的确认不服，以“钻孔压浆成桩法”发明专利技术方案的完成，既不是执行本单位的任务，也不是履行本岗位职责，更没有利用本单位的物质条件为由，向北京市中级人民法院起诉，请求将该发明专利权判决归其个人所有。被告北京市地铁地基工程公司答辩认为，“钻孔压浆成桩法”发明专利是原告在履行本职工作中完成的，是执行上级和本单位交付的科研和生产任务的结果，并且利用了本单位的资金、设备和技术资料，因此，原告的发明属于职务发明，专利权应属被告所有。

一审法院经审理认为：原告陶义因长期从事地基施工方面的工作，虽然对“钻孔压浆成桩法”的构思并完成专利技术内容起了决定性作用，但在该项专利技术的试验过程中，使用了被告专门为此购买的设备。据此，该院于 1991 年 12 月 23 日判决：“钻孔压浆成桩法”发明专利权属原告陶义和被告地铁地基工程公司共有。

第一审宣判后，原告陶义不服，提起上诉。二审法院经审理认为：上诉人陶义提供的“在流沙、地下水、坍孔等地质条件下成孔成桩工艺的方案”与其后来申请专利的“钻孔压浆成桩法”技术方案相同，该技术方案的完成时间为 1984 年 4 月 16 日，被上诉人地基公司对此无异议。根据本案事实，在确认该发明专利权的归属时，应当以该技术方案完成的时间为界限，看其是否符合专利法规定的职务发明的要件。本案中，“钻孔压浆成桩法”发明专利，既不是陶义执行本单位任务完成的发明创造，也不是主要利用本单位的物质条件所完成的发明创造。所以，不属于专利法规定的职务发明创造。依此，北京市高级人民法院撤销了一审判决，判决“钻孔压浆成桩法”发明专利权归上诉人陶义所有。

第三节 专利权的客体

专利权的客体就是能够取得专利权、受专利法保护的发明创造，主要包括发明、实用新型和外观设计。

一、发明

发明是专利权的主要客体，也是各国专利法的主要保护对象。我国专利法第 2 条规定，“发明，是指对产品、方法或者其改进所提出的新的技术方案。”

（一）发明的特点

1. 发明是一种技术上的创新

所谓创新就是与现有的技术相比，具有显著的进步性或者是前所未有的新技术。如果仅仅是运用以前已经存在的技术，没有创新，当然不是发明。即使有所创新，但是创新的程度非常小，也不能称为发明，但有可能是受到实用新型专利的保护。

2. 发明必须是利用了自然规律或者自然现象的技术方案

自然规律或自然现象本身不能被授予专利。因为自然规律和自然现象是客观存在的，它们不能被人制造出来，即不能被人所“发明”。发现自然规律和自然现象仅仅是对已经存在的客观事物的认识，但其本身并不是新的发明创造。因此，从发明是对智力活动创造结果的保护这个理论出发，得出不应当授予科学发现以专利权的结论。另外，如果对于这种发现可以授予专利，专利权人将对这种自然规律和现象拥有垄断权，这对整个社会来讲是极不公平的。

发明是一种技术方案，而技术方案则是在利用自然规律或者自然现象的基础上发展出来的各种生产方法、工艺方法以及生产工具、机器设备以及各种物质产品。如未利用自然规律或自然现象所作出的方案，虽也能解决某些问题，但不能称为技术方案，故不属于发明。如各种体育竞技的规则、游戏活动规则、逻辑推理方法、数学运算方法、会计结算方法等不是自然规律或者自然现象，也没有利用自然规律或者自然现象，因此，不能被认定为发明。

3. 发明应当是一种具体的技术方案

所谓“具体”，就是能够被实施，且通过实施能够产生一定的效果，并且这种技术方案可被重复实施。发明并不是仅仅存在于发明人大脑中的“思维”，而是发明人通过媒介已经表达出来的能够被反复运用于实践中的“具体的技术方案”。但是，专利法并不要求作为发明的技术方案已经实际实施。因此，发明并不需要表现为某种实实在在的、看得见摸得着的实物。只要该技术方案能够被反复运用于实践，并且符合授予专利的其他条件，就可以成为被授予专利权的客体。

（二）发明的种类

根据不同的标准，发明可以有多种分类。根据完成发明的人数，可以将发明分为独立发明和共同发明；根据发明人的国籍，可以将发明分为本国发明和外国发明；根据发明权利的归属，可以将发明分为职务发明和非职务发明；根据发明的相互制约关系，可以将发明分为基础发明和改良发明等。但是各国专利法最常见的发明分类是根据发明的客体的不同，将发明分为产品发明和方法发明。本书主要介绍产品发明和方法发明。

1. 产品发明

所谓产品发明就是发明人通过智力活动创造出的关于各种新产品、新材料、新物质的技术方案。例如汽车、飞机、电脑、人造卫星、超导材料以及一些零部件等。产品发明既可以是一个独立的、完整的产品，例如一部汽车；也可以是一个完整产品中的某一个部件，例如汽车中的发动机。

2. 方法发明

方法发明是发明人为制造某种产品或者解决某个技术难题而研究开发出的操作方法、制造方法以及工艺流程等技术方案。如制造药品的方法和工艺。方法专利既可以是一个完整的过程，也可以是一个完整过程中的一个步骤。产品的新用途也可以被授予方法专利。

区分产品发明和方法发明的意义在于，被授予专利权后，产品发明和方法发明专利权的效力范围不同。按照我国专利法的规定，产品专利的专利权人有权禁止他人为生产经营目的制造、使用、许诺销售、销售、进口其专利产品。而方法专利的专利权人有权禁止他人使用其专利方法以及使用、许诺销售、销售、进口依照该专利方法直接获得的产品。

在实践中，区分产品发明和方法发明实际上并不是一件容易的事情，主要原因在于产品发明和方法发明都是一种技术方案。区别是产品发明还是方法发明主要看专利申请人在权利要求书中要求保护的是一个工艺流程、生产方法还是某一个实物产品，如果是前者，则是方法发明，如果是后者，则是产品发明。

二、实用新型

实用新型就是指对产品的形状、构造或者其结合所提出的适于实用的新的技术方案。即实用新型也是一种技术方案，在这方面，它与发明没有本质上的区别。

与发明相比较，实用新型具有以下几个方面的特点。

（一）实用新型专利只保护产品

实用新型专利只保护产品。该产品应当是经过工业方法制造的、占据一定空间的实体。一切有关方法（包括产品的用途），例如产品的制造方法、使用方法、通讯方法、处理方法、计算机程序以及将产品用于特定用途等，以及未经人工制造的自然存在的物品都不属于实用新型专利的保护客体。

（二）实用新型专利保护的是产品的形状、构造或者其结合的技术方案

1. 产品形状

产品形状是指产品所具有的、可以从外部观察到的确定的空间形状。对产品形状所

提出的技术方案可以是对产品的三维形态的空间外形所提出的技术方案，例如对凸轮形状、刀具形状作出的改进；也可以是对产品的二维形态所提出的技术方案，例如对材料的断面形状的改进。那些无确定形状的产品，如气态、液态、粉末状、颗粒状的物质或材料，其形状不能作为实用新型产品的形状特征。

应当注意的是：在实践中，申请人虽然申请的主题名称是一种产品，但除主题名称外，独立权利要求的全部技术特征是一种方法或实质上是一种方法的，则不属于实用新型专利的保护客体。例如，一种木质牙签，其特征是在木质牙签加工成形后，浸泡于医用杀菌剂中 5~20 分钟，然后取出晾干。这就不属于实用新型专利。

另外，不能以生物的或者自然形成的形状作为产品的形状特征，也不能以摆放、堆积等方法获得的非确定的形状作为产品的形状特征。仅仅改变了成分的原材料产品，如板材、棒材等，其板状、棒状并未对现有技术作出贡献，不能作为产品的特定形状特征。但是，通过改变其形状使其能够取得不同于以往产品的特殊作用或效果时，可以获得实用新型专利保护。

2. 产品的构造

产品的构造是指产品的各个组成部分的安排、组织和相互关系。产品的构造可以是机械构造，也可以是线路构造。机械构造是指构成产品的零部件的相对位置关系、连接关系和必要的机械配合关系等；线路构造是指构成产品的元器件之间的确定的连接关系。物质的分子结构、组分不属于实用新型专利给予保护的产品的构造。因此，如果食品、饮料、调味品和药品的改进仅涉及其化学成分、组分、含量的变化，而不涉及产品的结构，则不属于实用新型专利的保护客体。如果实用新型要求保护的产品相对于现有技术来说只是材料的分子结构或组分不同，也不属于实用新型专利保护的客体。例如，仅以塑料替换玻璃而形状保持不变的水杯不能授予实用新型专利权。

3. 技术方案

技术方案是申请人为解决技术问题而采取的利用了自然规律的技术特征的集合。产品的形状以及表面的图案、色彩、文字、符号、图表或者其结合的新设计，没有解决技术问题的，不属于实用新型专利保护的客体。例如：以十二生肖形状为装饰的开罐刀；建筑平面设计图；仅以表面图案设计为区别特征的棋类、牌类，如古诗扑克、化学扑克等。实用新型中的技术方案也应当是新的技术方案。如果要求保护的实用新型在申请日（享有优先权的，指优先权日）以前已经公开，或者是已知技术的等效变换或简单组合，都不是新的技术方案。

（三）实用新型的新技术方案的创造性要求比发明低

人们常称实用新型为“小发明”。在我国现行的专利法中，实用新型和发明都是专利法保护的对象，它们都是科学技术上的发明创造，从这个意义上讲两者的本质是相同的。但实用新型的创造性低于发明。我国专利法对申请发明专利的要求是，同现有技术相比，有突出的实质性特点和显著进步；而对实用新型的要求是，与现有技术相比，有实质性特点和进步。对发明强调了“突出的实质性特点”和“显著进步”，而对实用新型只提“实质性特点”和“进步”。显然，发明的创造性程度要高于实用新型。

由于在一般情况下，实用新型比发明的创造过程要简单、容易，发挥效益的时间也短得多。所以，法律对它的保护期的规定相应也短些。我国专利法明文规定，对于实用新型专利的保护期为十年，自申请日起计算。而发明专利的保护期为二十年。相比之下，实用新型专利的保护期比发明专利的保护期要短得多。

（四）实用新型的审查程序比较简单

根据我国专利法的规定，实用新型专利的审批过程比发明专利简单。国务院专利行政部门收到实用新型专利的申请后，经初步审查认为符合专利法要求的，不再进行实质审查，即可公告，并通知申请人，发给实用新型专利证书。实用新型的初步审查，是指对专利申请是否符合专利法及其实施细则规定的形式要求以及明显的实质性缺陷进行审查，主要是排除那些明显不属于专利法保护客体，明显不具备新颖性、实用性、权利要求明显得不到说明书支持的实用新型申请，并非进行严格的实质审查。而发明专利则必须经过实质审查，审查程序和内容要复杂得多，所需时间也长得多。

三、外观设计

外观设计也称工业品外观设计或工业设计，是指对产品的形状、图案或者其结合以及色彩与形状、图案的结合所作出的富有美感并适于工业应用的新设计。与发明和实用新型相比，外观设计具有如下特点。

（一）外观设计的载体必须是相对独立的产品

产品，是指任何用工业方法生产出来的物品。相对独立的产品就是能够重复生产的产品，不能重复生产的手工艺品、农产品、畜产品、自然物不能作为外观设计的载体。

（二）构成外观设计的是产品的形状、图案或者其结合以及色彩与形状、图案的结合

通常，产品的色彩不能独立构成外观设计，除非产品色彩变化的本身已形成一种图案。可以构成外观设计的组合有：产品的形状；产品的图案；产品的形状和图案；产品的形状和色彩；产品的图案和色彩；产品的形状、图案和色彩。

形状，是指对产品造型的设计，也就是指由产品外部的点、线、面的移动、变化、组合而呈现的外表轮廓，即对产品的结构、外形等同时进行设计、制造的结果。图案，是指由任何线条、文字、符号、色块的排列或组合而在产品的表面构成的图形。图案可以通过绘图或其他能够体现设计者的图案设计构思的手段制作。产品的图案应当是固定、可见的，而不应是时有时无的或者需要在特定的条件下才能看见的。色彩，是指用于产品上的颜色或者颜色的组合，制造该产品所用材料的本色不是外观设计的色彩。

但是在一些情况下，即使表面似乎属于外观设计的一些设计方案也不能给予外观设计专利保护。例如：取决于特定地理条件、不能重复再现的固定建筑物、桥梁等；以自然物原有形状、图案、色彩作为主体的设计；纯属美术范畴的作品等。我国专利法还特别规定了对平面印刷品的图案、色彩或者二者的结合作出的主要起标识作用的设计不能

授予专利权。

（三）外观设计是适于工业应用的一种设计

所谓适于工业应用，是指该外观设计能应用于产业上并形成批量生产。不能应用于产业之上成批量生产的设计，不能被授予外观设计专利权。

（四）外观设计是一种新设计

新设计，即外观设计的新颖性。所谓新设计是指应当不属于现有设计，也没有任何单位或者个人就同样的外观设计在申请日以前向国务院专利行政部门提出过申请，并记载在申请日以后公告的专利文件中。所谓现有设计，是指申请日以前在国内外为公众所知的设计。

与发明或者实用新型不同，外观设计是由产品的形状、图案、形状与图案的结合、色彩与形状、色彩与图案、色彩形状与图案的结合等构成，这些很难用语言形象地表述清楚。所以，外观设计公开的形式不同于发明或者实用新型，一般只有两种公开方式，即在公开出版物上公开发表和公开使用两种形式。所谓公开发表是指外观设计以图片或者照片的方式在出版物上公开发表。公开使用是指应用外观设计的产品已经脱离了秘密状态，包括在出版物上公开发表和公开使用两种方式，使公众能够得到或者看到该产品使用的外观设计。

（五）外观设计是一种富有美感的新设计

我国《专利法》对于“富有美感”的标准没有作出明确的界定。实践中，判断是否具有美感，不能依靠审查员的个人标准，而应当以一般消费者的眼光来衡量，只要外观设计有特点，能够与同类产品相区别，能够引起人们的注意，能够使人的视觉触及后产生一种愉悦的感受，就达到了“富有美感”的标准。

（六）与现有设计或者现有设计特征的组合相比，应当具有明显区别

我国以前的专利法中没有规定被授予专利权的外观设计与现有设计或者现有设计特征的组合相比，应当具有明显区别。专利法第三次修改增加了这一规定。该规定实际上是提高了外观设计专利的授权门槛，要求外观设计也应当具备一定的创造性。但是外观设计的创造性要求与发明和实用新型专利不同。发明和实用新型的创造性主要体现在技术上的特点和进步方面。而外观设计专利的创造性主要体现在与现有设计及现有设计特征的组合具有明显的区别。

四、不授予专利权的对象

并非所有的发明创造都能够被实际授予专利权。各国专利法一般都出于维护国家和社会公共利益或其他原因而不授予某些虽然表面符合专利法的三性要求的发明创造以专利权。这样的立法例不仅在各国国内法中规定，而且在国际条约中也存在。例如，

TRIPs 协议第 27 条第 2 款和第 3 款分别从不同的角度作了规定。TRIPs 协议第 27 条第 2 款规定，如果为保护公共秩序或公德，包括保护人类、动物或植物的生命与健康，或为避免对环境的严重破坏所必需，各成员均可排除某些发明于可获专利之外，可制止在该成员地域内就这类发明进行商业性使用，只要这种排除并非仅由于该成员的域内法律禁止该发明的使用。第 3 款规定，成员可以将下列各项排除于可获专利之外：①诊治人类或动物的诊断方法、治疗方法及外科手术方法；②除微生物之外的动、植物，以及生产动、植物的主要是生物的方法；生产动、植物的非生物方法及微生物方法除外。

我国《专利法》第 5 条规定，对违反国家法律、社会公德或者妨害公共利益的发明创造不授予专利权；第 25 条规定了不授予专利权的客体，具体包括以下七种情况。

（一）违反法律、社会公德或者妨害公共利益的发明

根据《专利法》第 5 条的规定，发明创造的公开、使用、制造违反了国家法律、社会公德或者妨害了公共利益的，不能被授予专利权。这是一个基本的原则。但是国家法律、社会公德和公共利益的含义较广泛，同时也经常因时间、地域的不同而有所变化，有时由于原有的法律作了修改，某些限制因而被解除，因此在申请专利的时候应当随时注意这些变化。

1. 违反国家法律的发明创造

法律，是指由全国人民代表大会或者全国人民代表大会常务委员会依照立法程序制定和颁布的法律，行政法规和规章不属于这里所指的法律。

如果一项发明创造本身的目的与国家法律相违背，就不能被授予专利权。例如，专用于赌、毒的器具、设备、机器、方法，专用于伪造国家货币的设备等，这些都属于违反国家法律的发明创造，不能被授予专利权。

但是如果发明创造本身的目的并没有违反国家法律，而是由于被滥用而违反国家法律的，则不属此列。例如，以医疗为目的的各种毒药、麻醉品、镇静剂、兴奋剂和以娱乐为目的的棋牌等，虽然可能被用于违法犯罪，但是它们本身并不违反国家法律，仍然可以被授予专利权。

仅其实施为国家法律所禁止的发明创造是可以获得专利的。即如果仅仅是发明创造的产品的生产、销售或使用受到国家法律的限制或约束，则该产品本身及其制造方法并不属于违反国家法律的发明创造。例如，武器的生产、销售及使用虽然受到国家法律的限制，但武器本身及其制造方法仍然属于可给予专利保护的客体。

2. 违反社会公德的发明创造

社会公德，是指社会公众普遍认为是正确的、并被接受的伦理道德观念和行为准则。它产生于一定的文化背景，符合该文化圈内的一般人的道德观念，并且随着时间的推移和社会的进步不断地发生变化，而且因地域不同而各异。在我国，暴力、凶杀、淫秽的图片或者照片的外观设计不能被授予专利权；非医疗目的的人造性器官或者其替代物，克隆人方法等发明创造不能被授予专利权。

同时应当注意，我国专利法中所称的社会公德仅限于我国境内，外国的社会公众普遍接受的公德不一定属于我国的社会公德。

3. 妨害公共利益的发明创造

妨害公共利益，是指发明创造的实施或使用会给公众或社会造成危害，或者会使国家和社会的正常秩序受到影响。例如，杀人机器及其方法、严重污染环境、破坏生态平衡的设备及其方法，涉及国家重大政治事件或宗教信仰、伤害人民感情或民族感情或者宣传封建迷信的设备、方法等，这些都不能被授予专利权。但是，如果因为对发明创造的滥用而可能造成妨害公共利益的，或者发明创造在产生积极效果的同时存在某种缺点的，例如对人体有某种副作用的药品，则不能以“妨害公共利益”为理由拒绝授予专利权。

4. 部分违反专利法第 5 条的申请

如果一项专利申请中部分内容违反国家法律、社会公德或者妨害公共利益，专利申请人应当删除违法的部分。如果申请人不删去违法的部分，就不能被授予专利权。

（二）科学发现

科学发现，是指对自然界中客观存在的现象、变化过程及其特性和规律的揭示。科学发现的物质、现象、过程、特性和规律是本来就客观存在的事物，是人类以前没有认识到，现在经过研究、观察已经认识到的事物，它们不同于为改造客观世界而由人类有意识地创造出的人为技术方案，不属于专利法意义上的发明创造，因此不能被授予专利权。例如，卤化银在光照下有感光特性，发现的卤化银这一特性不能被授予专利权。但是根据卤化银这一特性造出的感光胶片以及此感光胶片的制造方法则可以被授予专利权。又如，某人在野外考察中发现了一种以前未知的物质，这种物质不是人为制造的，也不能被授予专利权。

发现本身虽然不能被授予专利权，但是根据已经发现的物质或者特性作出的“用途发明”则可以被授予专利权。

（三）智力活动的规则和方法

智力活动，是指人的思维运动，它源于人的思维，经过推理、分析和判断产生出抽象的结果，或者必须经过人的思维运动作为媒介才能间接地作用于自然产生结果，它仅是指导人们对信息进行思维、识别、判断和记忆的规则和方法，由于其没有采用技术手段或者利用自然法则，也未解决技术问题和产生技术效果，因而不构成技术方案，不能被授予专利权。具体来讲，如果发明对于现有技术的贡献仅仅在于属于智力活动的规则和方法的部分，则应将该发明视为智力活动的规则和方法，不授予其专利权；但是如果发明中既包含智力活动的规则和方法，又包含技术方案则不能排除其获得专利权的可能性。

（四）疾病的诊断和治疗方法

疾病的诊断和治疗方法是指以有生命的人体或者动物体为直接实施对象，进行识别、确定或消除病因或病灶的过程。由于人的生命在世界中大于一切，也最为重要，根据人道主义，医生在诊断和治疗过程中为救治生命或者维护人本身的生命健康，应当有选择各种方法和条件的自由。同时出于社会伦理的考虑，这类方法直接以有生命的人体或动物体为实施对象，不能在产业上利用，不属于专利法意义上的发明创造。因此疾病的诊断和治疗方法不能被授予专利权。但是，用于实施疾病诊断和治疗方法的仪器或装置，以及在疾病诊断和治疗方法中使用的物质或材料属于可被授予专利权的客体。

（五）动物和植物品种

动物和植物是有生命的物体。根据《专利法》第25条第1款第（4）项的规定，动物和植物品种不能被授予专利权。专利法所称的动物，是指不能自己合成、而只能靠摄取自然的碳水化合物及蛋白质来维系其生命的生物。专利法所称的植物，是指可以借助光合作用，以水、二氧化碳和无机盐等无机物合成碳水化合物、蛋白质来维系生存，通常不发生移动的生物。动物和植物品种可以通过专利法以外的其他法律保护，例如，植物新品种可以通过《植物新品种保护条例》给予保护。

根据《专利法》第25条第2款的规定，对动物和植物品种的生产方法，可以授予专利权。但这里所说的生产方法是指非生物学的方法，不包括生产动物和植物的主要是生物学的方法。一种方法是否属于“主要是生物学的方法”，取决于在该方法中人的技术介入程度；如果人的技术介入对该方法所要达到的目的或者效果起了主要的控制作用或者决定性作用，则这种方法不属于“主要是生物学的方法”，可以被授予专利权。例如，采用辐照饲养法生产高产牛奶的乳牛的方法；改进饲养方法生产瘦肉型猪的方法等可以被授予发明专利权。

但微生物和微生物方法可以获得专利保护。所谓微生物发明是指利用各种细菌、真菌、病毒等微生物生产一种化学物质（如抗生素）或者分解一种物质等的发明。

值得注意的是，近些年来，一些国家尤其是美国通过联邦最高法院的判例，实际上已经对其专利法第101条规定能够授予专利的客体范围进行了扩大解释，而确认植物品种属于可授予专利的客体。另外德国、匈牙利、韩国也授予植物新品种专利[1]。

对于动物品种，也有许多国家授予专利权。最先授予动物品种专利权的是澳大利亚，时间是在1976年。随后匈牙利在1983年修改后的专利法对动物品种授予专利权，随后，加拿大、美国、欧盟等也都授予动物品种专利权。最典型的就是美国哈佛大学的两个教授Philip教授和Timothg A. Steward教授发明的“转基因鼠”，在美国和欧盟都被授予了专利[2]。

（六）原子核变换方法和用该方法获得的物质

原子核变换方法以及用该方法所获得的物质关系到国家的经济、国防、科研和公共生活的重大利益，不宜为单位或私人垄断，因此不能被授予专利权。

1. 原子核变换方法

原子核变换方法，是指使一个或几个原子核经分裂或者聚合，形成一个或几个新原

---

〔1〕 吴汉东等. 知识产权基本问题研究. 北京：中国人民大学出版社，2005：395～396.
〔2〕 吴汉东等. 知识产权基本问题研究. 北京：中国人民大学出版社，2005：396～397.

子核的过程，例如：完成核聚变反应的磁镜阱法、封闭阱法以及实现核裂变的各种类型反应堆的方法等，这些变换方法是不能被授予专利权的。但是，为实现原子核变换而增加粒子能量的粒子加速方法（如电子行波加速法，电子驻波加速法、电子对撞法、电子环形加速法等），不属于原子核变换方法，属于可授予发明专利权的客体。为实现核变换方法的各种设备、仪器及其零部件等，也属于可授予专利权的客体。

2. 用原子核变换方法所获得的物质

用原子核变换方法所获得的物质，主要是指用加速器、反应堆以及其他核反应装置生产、制造的各种放射性同位素，这些同位素不能被授予发明专利权。但是这些同位素的用途以及使用的仪器、设备属于可授予专利权的客体。

（七）平面印刷品的图案、色彩或者二者的结合作出的主要起标识作用的设计

这是专利法第三次修改新增的一项规定，其目的就是将主要起标识作用的“平面印刷品”排除在专利权的客体之外。所谓“平面印刷品”主要指平面包装袋、瓶贴、标贴等用于装入被销售的商品或者用于附着于其他产品之上、不单独向消费者出售的二维印刷品。就平面印刷品的图案设计所起的作用而言，其本身并非是对产品本身的外观设计，而是与商标的作用十分接近，容易导致在两种不同类型的知识产权之间产生混淆。该条款的增加明显缩小了授予外观设计的范围，提高了授权门槛。专利法这一修改一方面提高了外观设计专利的授权条件，另一方面也增加了外观设计专利的稳定性。

第四节 授予专利权的条件

一项发明创造能否被授予专利权，各国专利法均规定了一定的授权条件，通常包括形式条件和实质条件。所谓形式条件，主要是指专利申请文件的格式和具体写法，而实质条件一般是关于发明创造本身应当具备的条件。实质条件可以分为消极条件和积极条件。所谓消极条件是指不能取得专利权的条件，如我们上一章所讲的不能授予专利权的客体实际就是授予专利权的消极条件，主要包括违反国家法律、社会公德或损害社会公共利益，以及科学发现等不能授予专利权的情况。所谓积极条件就是指授予专利权的客体应当具备的法定条件，即新颖性、创造性、实用性。

我国《专利法》将专利的客体分为发明、实用新型和外观设计，同时，在专利权的授权条件上这三类客体所要求的实质性条件也有所不同。发明和实用新型的条件基本相同，都是要求具备新颖性、实用性和创造性，但是这二者在创造性的条件上程度有所区别，实用新型的创造性比发明要求的程度低；而外观设计和发明与实用新型所要求的条

件还是有很大差别的，主要依据《专利法》第 23 条来具体判定①。

一、新颖性

新颖性是发明或者实用新型获得专利权的必要条件之一，所谓的新颖性主要是与现有技术比较而言的，指申请专利的发明或者实用新型不属于现有技术。在确定申请专利的发明或者实用新型是否具有新颖性的过程中，“现有技术”具有决定性的作用。

同时，为了避免对同样的发明或者实用新型专利申请重复授予专利权，在判断新颖性时，还应当考虑申请日以前由他人向知识产权局提出过申请并且在申请日以后（含申请日）公布的专利申请文件。因此，具备新颖性的发明、实用新型和外观设计不仅应当不同于现有技术或设计，而且还应当不同于申请日以前由他人向知识产权局提出的、并且在申请日以后（含申请日）公布的专利申请。所以，发明、实用新型和外观设计专利申请是否具备新颖性与现有技术和申请日以前由他人向知识产权局提出过申请并且在申请日以后（含申请日）公布的专利申请文件的内容都有关。

（一）现有技术或设计

既然新颖性是以与现有技术或设计对比进行判断，而且在确定申请专利的发明、实用新型和外观设计是否具有新颖性的过程中，“现有技术”具有决定性的作用，那么就必须对什么是现有技术做出判断。

所谓的现有技术或设计是指在专利申请日前通过书面或者口头的描述、使用或其他任何手段而被国内外公众所知悉的技术或者外观设计。即现有技术或设计是已经公开且被国内外公众所知悉的技术或者外观设计。因此，专利法意义上的现有技术应当是在申请日以前国内外公众能够得知的技术内容或者外观设计。换句话说，现有技术应当在申请日以前处于能够为国内外公众获得的状态，并包含有能够使公众从中得知实质性的技术知识的内容或者外观设计。处于保密状态的技术内容或者外观设计由于公众不能得知，因此不属于现有技术。所谓保密状态，不仅包括受保密协议约束的情形，还包括社会观念或者商业习惯上被认为应当承担保密义务的情形，即默契保密的情形。负有保密义务的人违反协议或者默契泄露秘密，导致技术内容或者外观设计的公开，使公众能够得知这些技术或外观设计，这些技术也就构成了现有技术的一部分。

在实行先申请制的国家，只有在发明的申请日之前或优先权日之前公开的信息才被认为是现有技术，从而可用来判断该发明是否丧失了新颖性。因此，现有技术或设计都是公开的技术或设计。在实践中，一般都是通过被公开的技术或设计的公开形式、时间、地点来判断一项发明是否具有新颖性。

1. 公开方式

现有技术公开方式有出版物公开、使用公开、网络公开和以其他方式公开四种。

① 《专利法》第 23 条，“授予专利权的外观设计，应当不属于现有设计；也没有任何单位或者个人就同样的外观设计在申请日以前向国务院专利行政部门提出过申请，并记载在申请日以后公告的专利文件中。”“授予专利权的外观设计与现有设计或者现有设计特征的组合相比，应当具有明显区别。”“授予专利权的外观设计不得与他人在申请日以前已经取得的合法权利相冲突。”“本法所称现有设计，是指申请日以前在国内外为公众所知的设计。”

1）出版物公开

专利法意义上的出版物是指记载有技术或设计内容的独立存在的有形传播载体，并且应当表明其发表者或出版者以及公开发表或出版的时间。出版物的出版发行量多少、是否有人阅读过、申请人是否知道都无关紧要。但是，对于印有“内部发行”等字样的出版物，确系特定范围内要求保密的，不属于公开。

2）使用公开

由于使用导致一项或者多项技术方案的公开，或者导致该技术方案处于公众中任何一个人都可以得知的状态，这种公开方式称为使用公开。即使所使用的产品或者装置需要经过破坏才能得知其结构和功能，也仍然属于使用公开。使用公开不仅包括通过制造、使用、销售或者进口，而且还包括通过模型演示使公众能够了解其技术内容的情况。但是，未给出任何有关技术内容的说明，以致所属技术领域的技术人员无法得知其结构和功能或材料成分的产品展示，不属于使用公开。

3）网络公开

近年来，随着网络技术的发展，通过互联网来公开技术的内容已经成为一种常见的方式。因此，一些国家已经通过立法明确规定了网络公开也是公开的一种形式。例如《日本专利法》第 29 条第 1 款第 3 项规定：“专利申请前在日本国内或者外国出版的刊物上已有记载的发明，或公众通过电信线路可以利用的发明，不能取得专利权[1]。”因为，互联网一般都是通过电信线路实现互相连接的，因此，这里的电信线路就包括了互联网。我国目前的立法对此虽然还没有明确规定，但是从实质上看，互联网公开足以使他人知悉技术的内容，因此在我国互联网公开也应当属于公开的形式之一。

4）以其他方式公开

为公众所知的其他方式，主要是指口头公开等。例如，口头交谈、报告、讨论会发言、广播或者电视等能使公众得知技术内容的方式。此外还包括公众可阅览的在展台上、橱窗内放置的情报资料及直观资料等。

2. 公开时间

公开时间就是公众可以获得信息的日期。如出版物的印刷日为公开日，印刷日只写明年月或者年份的，以所写月份的最后一日或者所写年份的 12 月 31 日为公开日。使用公开以公众能够得知该产品或者方法之日为公开日。互联网公开的时间以网页上记载的时间为公开日。以其他方式公开的，以公众可以获得该信息内容之日为公开日。

3. 公开的地域

地域公开的标准各国的规定有所不同，一般来讲，主要有三种情况：

1）全世界范围内的公开

一些国家的专利法要求一项申请的专利技术必须是在全世界范围内的任何地方都没有被公开过，才能认为具有新颖性，只要全世界范围内有一个地方公开过该技术，不论采用什么形式公开，都认为丧失了新颖性。采用这个标准的国家主要有英国、法国和德国等国家。我国现行《专利法》采用该种标准。

---

〔1〕 吴汉东等．知识产权基本问题研究．北京：中国人民大学出版社，2005：408.

2）本国范围内的公开

一些国家的专利法规定，一项专利申请只要在本国内没有被公开过，就认为具有新颖性。至于在国外是否公开过，则在所不问。目前采用这种标准的主要是澳大利亚等国家。

3）混合标准

一些国家的专利法规定，以出版物等有形形式公开的，采用世界范围标准；而对于其他的公开形式，则采用国内公开的标准。即如果公开是以出版物等有形的形式，则不论是在全世界任何范围内的公开，都使申请的专利技术丧失新颖性；而对于采用其他方式公开的，则只有在国内被公开过才丧失新颖性，在国外被公开而国内未公开的，不丧失新颖性。2009 年 10 月 1 日前的中国《专利法》就采用这个标准。

（二）抵触申请

所谓抵触申请是指，在一件专利申请的新颖性判断中，由他人在该申请的申请日以前向国务院专利行政部门提出并且在申请日以后（含申请日）公布的同样的发明、实用新型和外观设计专利申请，损害了该申请日提出的专利申请的新颖性。

由于一项发明创造只能授予一项专利权，为避免对同样的专利申请重复授权，许多国家在专利法中都规定了抵触申请，我国专利法也就这一问题进行了规定。我国专利法上的抵触申请包括申请日以前由他人提出、在申请日之后（含申请日）进入中国国家阶段并作出中文公布的、且为同样的发明或者实用新型的国际专利申请。但是应当注意，抵触申请仅指由他人在申请日以前提出的，不包含由他人在申请日提出的、及申请人本人提出的同样的发明、实用新型或者外观设计。

（三）不丧失新颖性的公开

在实践中，往往会出现由于发明人经验的不足，或者第三人以非法手段公开发明人的技术成果的情况。如果在这些情况下仍然认定发明人的申请丧失了新颖性，则明显有失公平。因此，各国一般情况下都对上述问题作出特别规定，不承认上述情况下的公开导致丧失新颖性。但是各国对于不丧失新颖性的规定差异比较大，主要有两种立法模式：

一种是宽限期制度。宽限期是指发明创造在一定情况下被公开后，必须在一定期限内提出专利申请，才可以享有保护。如果超过该法定期限不申请，即被认为丧失了新颖性，不能获得专利权。

另一种是优先权制度。优先权是指当发明创造在一定情况下被公开后，在一定期限内提出专利申请的，该申请被视为是在发明创造公开之日提出，判断该申请的新颖性以该公开日为准。

宽限期制度和优先权制度所产生的法律效力是不同的，主要表现在对第三人独立的发明创造的效力上。在宽限期制度下，发明人自己公开或者被他人非法公开，仅仅是视为没有丧失新颖性，申请日还是以发明人提出申请的日期为准。如果第三人在公开之后到发明人提出申请之前独立做出了同样的发明创造，并在发明人之前提出了专利申请，根据先申请原则，发明人就不能取得专利权。至于第三人的发明，由于该发明已经成为现有技术，丧失了新颖性，也不能取得专利权。在优先权制度下，是将技术公开之日视为发明公开之日，发明人自己公开或者被他人非法公开，对发明的新颖性在一定期限内并不产生任何影响。任何同样的发明的公开，即使是第三人独立做出的发明创造，也不影响发明人的发明的新颖性。

我国专利法针对不同情况分别采用了宽限期制度和优先权制度。对于以申请专利的方式公开的情形，我国《专利法》采用优先权制度。关于优先权制度在后面的章节中有详细阐述，在此不再赘述。对于非以申请专利的方式公开的情形，我国采用的是宽限期制度。即在我国专利审查中，发明创造公开以后已经成为现有技术，只是认为这种公开在一定期限内对申请人的专利申请来说不视作影响其新颖性和创造性的现有技术，并不是把发明创造的公开日看做是专利申请的申请日。所以，从公开之日至提出申请的期间，如果第三人独立地作出了同样的发明创造，而且在申请人提出专利申请以前提出了专利申请，那么根据先申请原则，申请人就不能取得专利权。当然，由于申请人（包括发明人）的公开，使该发明创造成为现有技术，故第三人的申请没有新颖性，也不能取得专利权。

根据我国《专利法》第 24 条，申请专利的发明创造在申请日以前六个月内，有下列情形之一的，不丧失新颖性：

(1) 在中国政府主办或者承认的国际展览会上首次展出的。申请专利的发明创造在申请日以前六个月内，在中国政府主办或者承认的国际展览会上首次展出的，不丧失新颖性。中国政府主办的国际展览会，包括国务院、各部委主办或者国务院批准由其他机关或者地方政府举办的国际展览会。中国政府承认的国际展览会，包括国务院、各部委承认的在外国举办的展览会。所谓国际展览会，即展出的展品除了举办国的产品以外，还应当有来自外国的展品。在中国政府承认的在外国举办的国际展览会上发行的介绍展品的出版物所公开的发明创造可以享受《专利法》第 24 条规定的宽限期。

(2) 在规定的学术会议或者技术会议上首次发表的。规定的学术会议或者技术会议，是指国务院有关主管部门或者全国性学术团体组织召开的学术会议或者技术会议，不包括省以下或者受国务院各部委或全国性学会委托或者以其名义组织召开的学术会议或者技术会议。在后者所述的会议上的公开导致丧失新颖性，除非这些会议本身有保密约定。

(3) 他人未经申请人同意而泄露其内容的。申请专利的发明创造在申请日以前六个月内，他人未经申请人同意而泄露其内容的，不丧失新颖性。他人未经申请人同意对发明创造所作的公开，包括他人未遵守明示的或者默示的保密信约而将发明创造的内容公开，也包括他人用威胁、欺诈或者间谍活动等手段从发明人或者申请人那里得知发明创造的内容而后造成的公开。这两种情况的公开都是违反申请人的本意的。

（四）单一对比原则

在判断一项发明创造申请是否具有新颖性时，应当将发明或者实用新型专利申请的各项权利要求分别与每一项现有技术或申请在先公布在后的发明或实用新型申请文件中相关的技术内容单独地进行比较，不得将其与几项现有技术或者申请在先公布在后的发明或者实用新型内容的组合、或者与一份对比文件中的多项技术方案的组合进行对比。

二、创造性或“明显区别”

所谓创造性，是指同申请日以前已有的技术相比，该发明有突出的实质性特点和显著的进步，该实用新型具有实质性特点和进步。就外观设计而言，授予专利权的外观设计与现有设计或者现有设计特征的组合相比，应当具有明显区别。创造性或外观设计的“明显区别”也是在申请专利时应当具备的积极条件之一。

在立法上，绝大多数国家的专利法都有这一要求，只是称谓不同而已，如德国叫“高度发明”，美国、英国叫“非显而易见性”（nonobviousness），匈牙利叫“先进性”等。

（一）发明和实用新型创造性的判断标准

专利制度的目的在于鼓励创新，但是并非一切新颖、实用的东西都有保护的价值。可以说，新颖性条件是授予专利的“外在新”的要求，而创造性则是授予专利的“内在新”的要求。如果一项发明申请仅仅在表面上与现有技术不同，或者这种差异非常微小，以至于其他人可以轻易地通过联想从旧的已知的技术中推演出来，则不能说该项技术有什么创新性。因此，所谓创造性实质上是对申请的发明在技术难度上的要求。但由于创造性的判断比新颖性的判断具有更大的主观性，因此在实践中做出正确的判断并不容易。

我国《专利法》第 22 条第 3 款规定，创造性，是指与现有技术相比，该发明具有突出的实质性特点和显著的进步，该实用新型具有实质性特点和进步。这里所谓的“突出的实质性特点（或实质性特点）”和“显著进步（或进步）”应当从三个方面来考察，一是从主体即人的角度，二是从客体即发明本身的角度，三是从技术效果的角度。其所对比的对象仍然是现有技术，即申请日以前在国内外为公众所知的技术。

1. 从主体的角度进行判断

一项发明是否具有创造性，主要是看，该所属技术领域的技术人员能否在现有技术的基础上通过逻辑分析、推理或者试验而轻易得到该技术方案。因此，主体角度实质上就是所属技术领域的技术人员标准。

所属技术领域的技术人员，也可称为本领域的技术人员，是指一种假设的“人”，假定他知晓申请日或者优先权日之前发明所属技术领域所有的普通技术知识，能够获知该领域中所有的现有技术，并且具有应用该日期之前常规实验的手段和能力，但他不具有创造能力。如果所要解决的技术问题能够促使本领域的技术人员在其他技术领域寻找技术手段，他也应具有从该其他技术领域中获知该申请日或优先权日之前的相关现有技术、普通技术知识和常规实验手段的能力。如果以这种假设的人的标准，能够得到该发明的技术，该项发明或者实用新型的申请就不具有“突出的实质性特点（或实质性特点）”和“显著进步（或进步）”。

2. 从发明客体本身的角度进行判断

1）突出的实质性特点

发明有突出的实质性特点，是指发明相对于现有技术，对所属技术领域的技术人员来说，是非显而易见的。如果发明是其所属技术领域的技术人员在现有技术的基础上通过逻辑分析、推理或者有限的试验可以得到的，则该发明是显而易见的，也就不具备突出的实质性特点。

2）显著的进步

发明有显著的进步，是指发明与最接近的现有技术相比能够产生有益的技术效果。比如，发明克服了现有技术中存在的缺点和不足，或者为解决某一技术问题提供了一种不同构思的技术方案，或者代表某种新的技术发展趋势。在评价发明是否具有显著的进步时，主要应当考虑发明是否具有有益的技术效果，如质量改善、产量提高、节约能源、防治环境污染通常可以作为认定发明具有有益技术效果从而具有显著进步的依据。

实用新型仅仅要求具有进步性。

3. 从发明的技术效果上进行判断

1）发明克服了技术难题

如果发明者经过努力，解决了某个科学技术领域中人们长久渴望解决的技术难题，则这种发明具有突出的实质性特点和显著的进步，具备创造性。例如，自有农场以来，人们一直期望解决在农场牲畜（如奶牛）身上无痛而且不损坏牲畜表皮地打上永久性标记的技术问题，某发明人基于冷冻能使牲畜表皮着色这一发现而发明的一项冷冻“烙印”的方法成功地解决了这个技术问题，该发明具备创造性。

2）发明克服了技术偏见

技术偏见是指在某段时间内、某个技术领域中，技术人员对某个技术问题普遍存在的、偏离客观事实的认识，它引导人们不去考虑其他方面的可能性，阻碍人们对该技术领域的研究和开发。如果发明克服了这种技术偏见，采用了人们由技术偏见而舍弃的技术手段，从而解决了技术问题，则这种发明具有突出的实质性特点和显著的进步，具备创造性。例如，对于电动机的换向器与电刷间界面，通常认为越光滑接触越好，电流损耗也越小。一项发明将换向器表面制出一定粗糙度的细纹，使得电流损耗更小，优于光滑表面。这种发明就是克服了技术上的偏见，具备创造性。

3）发明取得了预料不到的技术效果

发明取得了预料不到的技术效果，是指发明同现有技术相比，其技术效果产生“质”的变化，具有新的性能；或者产生“量”的变化，超出人们预期的想象。这种“质”的或者“量”的变化，对所属技术领域的技术人员来说，事先无法预测或者推理出来。当发明产生了预料不到的技术效果时，一方面说明发明具有显著的进步，同时也反映出发明的技术方案是非显而易见的，具有突出的实质性特点，具备创造性。

4）发明在商业上获得成功

当发明的产品在商业上获得成功时，如果这种成功是由于发明的技术特征直接导致的，则一方面反映了发明具有有益效果，同时也说明了发明是非显而易见的，因而这类发明具有突出的实质性特点和显著的进步，具备创造性。但是，如果商业上的成功是由于其他原因所致，例如销售技术的改进或者广告宣传，则不能作为判断创造性的依据。

（二）外观设计“明显区别”的判断

我国《专利法》第23条规定，“授予专利权的外观设计与现有设计或者现有设计特征的组合相比，应当具有明显区别。”所谓“明显区别”指申请专利的外观设计不仅不能与现有设计相同，也不能与现有设计近似。

1. 判断主体

判断外观设计相近似时应当从一般消费者的角度进行判断，而不是从专业设计人员或者专家等的角度进行判断。

2. 判断的客体

判断外观设计是否存在明显区别明应当仅以产品的外观作为判断的客体。产品的形状、图案、色彩这三个要素或者其结合是外观设计相同或者相近似判断的对象。在被比设计仅以部分要素限定其保护范围的情况下，其余要素在与现有设计比较时不予考虑。

3. 判断的方法

外观设计应当采用整体观察、综合判断的方式进行相同或者相近似判断。所谓整体观察、综合判断的方式是指由被比设计的整体来确定是否与在先设计相同或者相近似，而不从外观设计的部分或者局部出发得出与在先设计是否相同或者相近似的结论。

4. 判断的基准

在外观设计相近似的判断中，只有对于相同或者相近类别的产品，才可能存在外观设计相近似的情况。这相当于发明或者实用新型的相同或者相近似领域的问题。

如果申请专利的外观设计与现有设计是同一类别的产品或者相近似类别的产品，并且申请专利的外观设计的全部外观设计的形状、图案以及色彩等全部要素与现有设计的相应要素相同，此种情形明显不符合外观设计新颖性要求，因此可以直接得出不能授予专利权的结论。

如果申请专利的外观设计与现有设计是同一类别的产品或者相近似类别的产品，并且申请专利的外观设计的全部外观设计的形状、图案以及色彩等全部要素与现有设计的相应要素虽然不相同，但是相近似，则是不符合外观设计专利的明显区别的条件，同样不能被授予专利权。

在外观设计专利创造性审查中，将申请专利的外观设计与现有的一个设计进行对比后，如果在形状、图案、色彩、及其相互结合不相同也不相近似，或者与现有的数个设计的特征组合不相近似，就应当认定其具有明显区别，具有创造性。

案例 3-2 珠海格力电器股份有限公司与广东美的电器股份有限公司“风轮”专利无效及行政诉讼案

珠海格力电器股份有限公司（下称格力电器）于2009年2月20日针对专利号为ZL200630067850. X、名称为“风轮（455－180）”（下称涉案专利）、专利权人为广东美的电器股份有限公司（下称广东美的）的外观设计专利，以涉案专利不符合专利法第二十三条为由向专利复审委提出无效宣告请求。专利复审委审查后作出第 13585 号决定，宣告涉案专利权无效。

广东美的不服第 13585 号无效决定，向北京市第一中级人民法院提起行政诉讼。一审判决撤销了上述决定，认为二者应属于不相近似的外观设计。专利复审委及格力电器不服，提起上诉，二审以相同理由维持了一审判决。格力电器不服二审判决，向最高人民法院提起申诉。最高人民法院提审该案，在（2011）行提字第 1 号再审判决中撤销一审二审判决，维持专利复审委作出的上述决定。

此案一波三折，先后经过一审、二审及再审。最高人民法院的最终判决明确了在判断外观设计是否相近似时，一般消费者对于外观设计专利与对比设计可视部分的相同点和区别点均要给与关注，并综合考虑各相同点、区别点对整体视觉效果的影响大小和程度加以判断。同时，还明确了判断主体应是法定虚拟人，并针对功能和技术效果对相近似判断的影响提出见解①。

三、实用性

实用性，是指发明或者实用新型的客体必须在产业上能够制造或者使用，并且能够产生积极效果。虽然我国专利法没有明确要求外观设计专利也必须具有实用性，但是在《专利法》第 2 条第 4 款规定："外观设计，是指对产品的形状、图案或者其结合以及色彩与形状、图案的结合所作出的富有美感并适于工业应用的新设计。"即申请专利权的所有的外观设计必须是对产品的形状、图案或者其结合以及色彩与形状、图案的结合所作出的富有美感并适于工业应用的新设计。既然《专利法》要求外观设计必须是对产品的形状、图案或者其结合以及色彩与形状、图案的结合所作出的富有美感并适于工业应用的新设计，那么也就意味着外观设计也必须具有实用性，即与发明和实用新型专利一样必须在产业上能够制造或者使用，并且能够产生积极效果。

实用性的判断与新颖性和创造性相比较为容易，但是也应当遵循一定的标准。

（一）发明必须是具体的技术方案或者外观设计

一项发明创造必须是一项具体的技术方案或者外观设计，仅仅存在于人们思维中的想法、观念或者构思是不能被他人具体实施的。因此，实用性要求发明人在申请专利的文件中必须全面、准确地表述该技术方案或者外观设计，以便他人能够按照该描述实施技术。

同时，作为具备实用性的发明还必须是可以具体操作的技术方案。因此，具有实用性的发明或者实用新型专利申请应当符合自然规律。违背自然规律的发明或者实用新型专利申请是不能实施的，不具备实用性。如永动机，必然不具备实用性。

① 参见 http://www.sipo.gov.cn/mtjj/2012/201204/t20120416_670902.html，此案是专利复审委员会 2011 年度十大专利案件之一。

（二）发明的技术方案必须可以重复实施

所谓可以重复实施即应当具有再现性，是指所属技术领域的技术人员，根据公开的技术内容，能够重复实施专利申请中为解决技术问题所采用的技术方案。这种重复实施不得依赖任何随机的因素，并且实施结果应该是相同的。同时，具备实用性的发明或者实用新型专利申请不得是由自然条件限定的独一无二的产品。利用特定的自然条件建造的自始至终都是不可移动的惟一产品不具备实用性。如取决于特定地理条件、不能重复再现的固定建筑物、桥梁的外观设计等。

但是应当注意的是，申请发明或者实用新型专利的产品的成品率低与不具有再现性是有本质区别的。前者是能够重复实施，只是由于实施过程中未能确保某些技术条件（例如环境洁净度、温度等）而导致成品率低；后者则是在确保发明或者实用新型专利申请所需全部技术条件下，所属技术领域的技术人员仍不可能重复实现该技术方案所要求达到的结果。

（三）发明必须能够具备有益性

具备实用性的发明或者实用新型专利申请的技术方案应当能够产生预期的积极效果。明显无益、脱离社会需要、严重污染环境、严重浪费能源或者资源、损害人身体健康的发明或者实用新型专利申请的技术方案不具备实用性。

案例 3-3　于某广告板面实用新型专利无效行政案

于某于 1989 年 3 月 27 日向中国专利局提交了一份名称为“广告板面”的实用新型专利申请，其申请号为 89210957。其权利要求书如下：“①一种由电机传动装置、以电机传动装置拖动的若干个板面矩阵单元、对电机进行延时及限位控制的控制电路及其支架所构成的广告板面，其特征在于所说的板面矩阵单元由以电机传动装置拖动的轴、安装在轴上的多面柱状体、涂装在多面柱状体板面上的画面所构成。②按照权利要求①所规定的广告板面，其特征在于所说的板面矩阵单元的多面柱状体为三面柱状体。③按照权利要求①或②所规定的广告板面，其特征在于所说的电机传动装置由电机、安装在电机轴上的主动皮带轮、以主动皮带轮拖动并进而拖动板面矩阵单元的从动皮带轮构成。④按照权利要求①或②所规定的广告板面，其特征在于所说的电机传动装置由电机、安装在电机轴上的主动齿轮、以主动齿轮拖动的过渡齿轮、以过渡齿轮拖动并进而拖动板面矩阵单元的从动齿轮构成。”

该实用新型专利被授权后，某商业机械制造厂于 1991 年 3 月 29 日向专利复审委员会提出了无效宣告请求，其理由是：该项专利不具备新颖性和创造性，且专利说明书未作出清楚完整的说明，无法实施；其依据是：在 1988 年中央电视台向全国播放的“阿根廷甲级足球联赛”的节目中，球场四周布满了以“转动轴及其轴上的多面柱状体及画面”构成的变换式广告板面，因此此项技术已属公开，所要求保护的特征均为已有技术。

专利复审委员会经口头审理后认为：

(1) 如果请求人以与专利相同的产品在申请日前已被国内公知为理由宣告该专利权无效时，必须有充分的证据证明其为公众所知的时间、地点、方式以及公众所能获知的技术内容。对于本案，请求人提供的唯一证据是一盒其声称的中央电视台在1988年期间不定期播出的阿根廷甲级足球联赛的录像带，合议组反复观看了该录像带，其内容是在国外举行的一次足球赛，赛场周围置有画面变换的广告牌，但是，录像带上没有时间，没有解说，也没有中文字幕。合议组没有看到能表明该录像在本专利申请日前向国内播放的任何标记，请求人也没有提供任何有关的旁证，因此不能据此就认定其为本专利申请日前的已有技术，从而不能以此来判断本专利的新颖性与创造性。

(2) 请求人认为皮带、齿轮的传动方式和结构是普通常识，把其用于广告板面不具备创造性。合议组认为本实用新型请求保护的并不是这种公知的皮带、齿轮的传动方式和结构，而是一种可更换画面的广告板面，根据权利要求和说明书所述可知，本实用新型的技术方案是用电机传动装置拖动轴，轴上安装多面柱状体，多面柱状体板面上即为广告画面，对电机进行延时及限位控制，从而使多面柱状体顺序转动，实现画面更换的目的。而评价新颖性和创造性，必须以一项权利要求的全部技术特征作为一个整体来看，不能因为一项专利技术方案的特征中包含已有技术，就断定其缺乏创造性。对于本案来说，由于请求人仅提供了一份不能认定为已有技术的录像带，因而缺少对比的基础，不能影响其新颖性和创造性。

(3) 本实用新型专利的说明书和附图已对电机、电机带动的轴、轴上的多面柱状体之间的传动关系作了清楚的描述，而对电机进行延时及限位控制是该领域的普通常识，本领域的普通技术人员根据说明书和附图的内容是能够实施本实用新型的，因此请求人认为本专利说明书未充分公开的理由不成立。

专利复审委员会最终作出决定，维持第89210957号实用新型专利权有效①。

第五节 专利权的内容和限制

一、专利权的内容

(一) 专利权人的权利

1. 实施权

实施权是指把获得专利权的发明创造应用于工业生产的权利。只要是将专利技术真正应用于工业生产中，就是专利的实施。例如，对于产品专利，实施即指制造专利产品；对于方法专利，实施就是使用专利方法，或者直接使用专利方法制造产品。因为专利权人的利益与专利的实施紧密相连，因此，各国专利法都规定，实施专利是专利权人的权利。

① 本案例选摘自1993年3月25日专利复审委员会第317号无效宣告请求审查决定。

2. 禁止权/许可权

禁止权是指专利权人有权禁止他人实施自己专利的权利。许可权是指专利权人许可他人实施其专利技术的权利。专利权是一种垄断性权利，即只有专利权人有权实施自己的专利，除特殊情况外，其他任何人未经专利权人的同意或者许可均不得实施该专利①。反过来讲，如果经过专利权人的许可，其他人就可以实施该项专利。因此，专利权中的禁止权与许可权其实是一个问题两个方面的不同表述。从实质内容上讲，禁止权就是许可权。许可权与专利转让权的最本质区别在于专利转让权行使以后，专利权本身已经不再属于原来的专利权人，而转移至受让人手中；但专利许可权行使后专利权本身仍然归属于专利权人，被许可人仅仅获得了在一定期限、地域范围内实施该项专利的权利，被许可人并未获得专利权本身，无权允许合同规定以外的任何单位或者个人实施该专利。

专利权人在行使专利实施权的时候，除了自己可以亲自实施其专利技术外，还可以许可他人实施其专利技术。这也是专利实施权的一项权能。专利权人许可他人实施其专利技术，一般都与被许可人签订专利许可合同。根据许可合同的内容，可以将专利实施许可合同分为普通许可、排他许可和独占许可。

所谓普通许可就是专利权人许可被许可人实施其专利技术，但是专利权人仍然有权自己实施其专利技术，也有权利许可被许可人之外的第三人实施其专利技术。

所谓排他许可，就是指专利权人除许可被许可人实施其专利技术外，只有专利权人自己能实施该项专利技术，不得再许可其他任何第三人实施其专利技术。

所谓独占许可，就是指专利权人在许可被许可人实施其专利后，包括专利权人自己在内的任何人都不得再实施该项专利技术，只有被许可人一人能够实施该项专利技术。

当然，上述所谓的普通许可、排他许可以及独占许可，都可以通过合同约定一定的时间和地域范围。例如专利权人甲许可乙公司在北京地区五年内独占实施其专利技术。这就意味着乙公司在北京地区五年之内对该项专利技术享有独占实施权，包括专利权人在内的任何人在该五年内都不得在北京地区实施该专利技术。但是专利权人可以许可他人或者自己在北京以外的地区实施该项专利技术。五年期限届满后，如专利权还在法定保护期限之内，专利权人仍有权在北京地区许可第三人实施该项专利技术或者自己在北京地区实施该项专利技术。

3. 处分权

处分权是指专利权人有权对自己的专利权进行处分。处分的方式既可以是将专利权转让给他人，也可以是放弃专利，使之进入公有领域。

4. 注明专利标记权

注明专利标记权是指专利权人有权在其专利产品或者以专利方法生产的产品上标明

---

① 《专利法》第 11 条规定，“发明和实用新型专利权被授予后，除本法另有规定以外，任何单位或者个人未经专利权人许可，都不得实施其专利，即不得为生产经营目的创造、使用、许诺销售、销售进口其专利产品，或者使用其专利方法以及使用、许诺销售、销售、进品依照该专利方法直接获得的产品。”“外观设计专利权被授予后，任何单位或者个人未经专利权人许可，都不得实施其专利，即不得为生产经营目的制造，许诺销售、销售、进口其外观设计专利产品。”

是专利产品或者是以专利方法生产的产品的权利。该项权利的功能主要有两个方面，一是向公众表明该产品是专利产品或者是用专利方法制造的产品，其含有一定的高科技内容。这项功能类似于商标的广告功能。二是提醒公众，该产品是专利产品，不可仿冒，否则构成侵权。这是这项权利的警示功能，也是该项权利的主要功能。

（二）专利权人的义务

专利权人在享有专利权的同时，还承担着相应的义务。其义务主要有以下几个方面：

1. 按期缴纳专利年费的义务

我国专利法规定，专利权人在获得专利权后，每年应当向国务院专利行政部门缴纳年费。除授予专利权当年的年费应当在办理登记手续的同时缴纳外，以后的年费应当在前一年度期满前1个月内预缴。专利权人未按时缴纳授予专利权当年以后的年费或者缴纳的数额不足的，国务院专利行政部门应当通知专利权人自应当缴纳年费期满之日起六个月内补缴，同时缴纳滞纳金；滞纳金的金额按照每超过规定的缴费时间一个月，加收当年全额年费的5%计算；期满未缴纳的，专利权自应当缴纳年费期满之日起终止。

专利费按照专利年度缴纳。专利年度从申请日起算，与优先权日、授权日无关，与自然年度也没有必然联系。例如，一件专利申请的申请日是2012年6月1日，该专利申请的第一年度是2012年6月1日至2013年6月1日，第二年度是2013年6月2日至2014年6月1日，以此类推。专利年费逐年递增。

专利年费的作用主要表现在两个方面：一是用于知识产权局的日常管理和服务所需；二是可以促使专利权人对那些没有市场价值的专利尽早放弃专利权，从而使该技术尽早进入公有领域。

2. 公开发明创造的义务

专利制度就是赋予将其发明创造的内容公开的人在一定期限内对该发明创造的垄断性权利。国家赋予了发明人或者其他继受者对该发明创造一定期限的垄断权，换得发明创造人将发明创造的内容公开。因此，专利权人获得专利权，同时就要承担公开发明创造的义务。如果发明人及继受人没有将其发明创造的内容公开，就会破坏专利制度设计的权利义务架构，即专利权人只享有权利而没有尽到应尽的义务，因而是不公平的。

公开发明创造的义务从申请专利时就存在，而且这一义务一直延续到被授予专利以后的整个专利存续期间。没有充分公开的法律后果就是专利无效。这一效力也会一直延续到整个专利存续期间。如果申请人没有充分公开发明创造内容，专利申请就会被驳回，即使被授予了专利权也会被宣告无效。按照我国专利法的规定，对于没有充分公开的专利任何人都有权利向国家知识产权局提出专利无效的请求。

（三）专利权的共有

专利权共有是指两个或者两个以上的人共同拥有同一项专利权，即该项专利权的主体是两个或者两个以上，但是其权利的客体是同一的。

共有专利权人在行使其共有的专利申请权或者专利权的时候，如果双方或各方在事前有约定，按照其约定的方式行使专利权。但是如果没有约定的，则共有人可以单独实施或者以普通许可方式许可他人实施该专利。以普通许可方式许可他人实施该专利的，收取的使用费应当在共有人之间分配。除上述情形外，行使共有的专利申请权或者专利权应当取得全体共有人的同意。

二、专利权的期限

专利权是一种专有权，但具有时间限制。一旦超过法律规定的保护期限，就不再受保护。在国际上，发明专利的保护期限通常为十五至二十年，实用新型、外观设计专利权保护期限通常不足十年。我国《专利法》第 42 条规定，发明专利权的期限为二十年，实用新型专利权和外观设计专利权的期限为十年，均自申请日起计算。应当注意的是，此处所指的“申请日”不包括优先权日。对于享有优先权的专利申请，其专利权的保护期限不是自优先权日起算，而是自专利申请人向中国国务院专利行政部门提交专利申请之日起计算。如甲就其发明于 2013 年 5 月 1 日向《巴黎公约》成员国 A 提出专利申请后，2014 年 1 月 1 日就同样主题的发明又向中国专利局提出专利申请。若该项专利申请被授予中国专利权，那么，其保护期限二十年不是从 2013 年 5 月 1 日（优先权日）起算，而是从 2014 年 1 月 1 日起计算。

三、专利权的限制

专利权是一项独占性、垄断性的权利。原则上，未经专利权人同意，任何个人和单位都不得以营利为目的实施专利技术。但是专利权的过分垄断也会给社会公众利益带来不利的影响。真正公正的专利制度应兼顾专利持有人和社会公众的利益，因此，有必要对专利权人的独占权加以一定的限制。对专利权的限制不仅是某一个国家或者少数学者的认识，而且是世界各国的共同认识。相对而言，发达国家对专利权的限制较少，发展中国家对专利权的限制较多。尽管 TRIPs 协议是发展中国家在发达国家的压迫下制定的，但是该协议也在限制专利权的过分垄断方面作出了相应的规定。为平衡发展中国家和发达国家之间的利益冲突，TRIPs 协议第 30 条和 31 条规定了多种“所授权利的例外”和“未经权利持有人授权的其他使用”情形。

对专利权的限制主要包括不视为侵权的使用、强制许可、专利权的期限等制度。

（一）不视为侵权的行为

1. 权利穷竭

权利穷竭也叫“权利用尽”原则。所谓专利权用尽原则是指经专利权人或者专利权人许可的人出售专利产品之后，任何在此种情形下购买了该专利产品的人可以任何方式使用该专利产品，或者进一步转让、出售、赠与该专利产品，而不构成对专利权的侵权。

权利用尽原则制度的理论基础是：建立专利制度的目的就是要给专利权人提供一定期限的独占权，使其能够控制该产品的首次出售，从而获得利益。专利权人通过出售专利产品获得利益，其发明创造所付出的成本已经收回，因此其权利当然已经“用尽”。

从另一个角度讲，如果允许专利权人无限制地对其已经出售或经其许可的人出售的专利产品进行控制，必然会阻碍产品的流通和应用，其结果将会严重影响正常的社会经济秩序[1]。

我国《专利法》第 69 条第 1 款规定，专利产品或者依照专利方法直接获得的产品，由专利权人或者经其许可的单位、个人售出后，使用、许诺销售、销售、进口该产品的不视为侵犯专利权。该条款的规定就是我国专利法上的“权利穷竭”原则，或叫“权利用尽”原则。

但是专利权的权利用尽是个比较复杂的问题，许多国家的专利法中没有规定专利权用尽的制度，即使有规定的，各国对权利用尽原则的法律理论有着不同的认识和理解，因此导致了在处理相似情况的时候，结果往往不一致。同时，专利权用尽原则还有一个问题各国的分歧比较大，那就是“平行进口”问题，或者说是“国际用尽”问题。具体来说，就是某个专利权人就同一产品或者方法分别在不同国家申请了专利，那么，在一国合法生产的专利产品进口到另一个也有该项专利的国家，是否会构成侵权。对这个问题其实是不同国家生产的产品的价格差异所引出的问题，各国的法律规定和理论的差异其实是各国经济政策的反映。就连 TRIPS 协议对“权利用尽”也没有达成一致意见。最后只得在第 6 条规定“在依照本协议而进行的争端解决中，不得借本协议的任何条款，去涉及知识产权权利穷竭问题”。因此，该问题值得我们进行深入地研究[2]。

但是，就我国《专利法》第 69 条第 1 款的规定而言，我国立法是承认“权利用尽”原则的。即不论该专利产品是国内生产的，还是国际生产的，在我国都可以适用权利用尽原则。因为，我国专利法规定的比较明确，即专利产品或者依照专利方法直接获得的产品，由专利权人或者经其许可的单位、个人售出后，使用、许诺销售、销售、进口该产品的不视为侵犯专利权。按照该规定，只要是合法出售的专利产品被他人购买，购买者的任何使用、销售、许诺销售进口该专利产品都不视为侵权。

2. 在先使用

所谓在先使用，也称先用权制度，是指非专利权人在专利申请日前已经制造相同产品、使用相同方法或者已经作好制造、使用的必要准备，在专利权人获得专利权后非专利权人有权在原有范围内继续制造、使用该专利技术的权利，法律上不将该制造、使用行为视为侵权行为。我国《专利法》第 69 条第 2 款规定的“在专利申请日前已经制造相同产品、使用相同方法或者已经作好制造、使用的必要准备，并且仅在原有范围内继续制造、使用的”不视为侵权，就是关于先用权的制度。

先用权制度产生的根源在于对专利申请和授权采用“在先申请原则”。由于第一个申请专利权的人未必就是真正的最先发明该专利的人。如果在专利权人申请专利的时候，他人已经做出了与其完全相同的专利技术，只是没有申请专利，但是已经实施了该专利技术，或者已经为实施该专利技术做好了充分的准备，在专利权被授予后，允许获得专利权的后发明人禁止在先的发明人继续实施该专利技术显然与民法中的一般公平理

〔1〕 尹新天．专利权的保护（第二版）．北京：知识产权出版社，2005：63.
〔2〕 尹新天．专利权的保护（第二版）．北京：知识产权出版社，2005：63～64.

念不相符。因此，世界上大多数实行在先申请原则的国家对在先使用的情况都做出了不视为侵权的规定。该制度也是为了弥补在先申请原则的不足而设计。但是，TRIPs 协议中没有专门关于先用权的规定，只是其第 30 条“授予权利的例外”规定含有先用权制度的内容。该项规定是：“各成员可以对专利所赋予的专有权规定有限的例外，只要此类例外不与专利的正常使用发生不合理的冲突，也不会不合理地损害专利所有人的正当利益，但应顾及第三方的正当利益。”

在先使用权是为平衡在先使用人与专利权人的利益以及社会利益，而对专利权人的独占权进行的限制。但对于这种限制应当最大限度地符合专利制度的基本原则，以最大可能地减少这一例外对整个专利制度的冲击，因此应当严格限制在先使用权的适用条件。

(1) 在先使用的专利技术来源必须合法。来源合法包括在先制造、生产、销售的专利产品或者使用的专利方法是先用权人在专利申请日之前，自己独立研究完成的发明创造，或者是以合法手段从第三人处获得，而不是在专利申请日前从专利权人处窃取或者以其他非正当手段获得。

(2) 在先使用权人必须在申请日前已经制造专利产品或者使用专利方法，或者已经作好制造、使用的准备。

(3) 享有先用权的人只能在原有范围内继续制造、使用。所谓原有范围是指在专利申请人申请专利之前所准备的专用生产设备的实际生产的产量或者生产能力，不允许超过该生产的产量或者生产能力。如果先用人超过在专利申请日之前的产量或者生产能力，那么超过的部分就构成对专利权人的侵权。

(4) 在先使用权人只能自己生产在先生产的专利产品或者专利技术，而不得将该专利产品的生产权或者专利技术的使用权转让给任何第三方，除非连同企业一起转让。

3. 临时过境

所谓临时国境，就是临时通过中国领陆、领水、领空的外国运输工具，依照其所属国同中国签订的协议或者共同参加的国际条约，或者依照互惠原则，为运输工具自身需要而在其装置和设备中使用有关专利的不视为侵权。

4. 为科研和实验的使用

科学研究和实验使用是指以非工业方式使用专利技术，其目的不是为了经营获利。其中包括为了教学目的和个人兴趣利用专利技术的情况。这些对专利技术的使用无非是为了发展科学技术、教育培养人才，对整个社会来讲都是非常有利的，因而，不应当被视为侵权。

5. 药品及医疗器械强制审查例外

为提供行政审批所需要的信息，制造、使用、进口专利药品或者专利医疗器械的，以及专门为其制造、进口专利药品或者专利医疗器械的，不构成侵权。

本项内容的规定是《专利法》第三次修改新增加的，被称为“Bolar 例外”[①]，目的在于鼓励仿制药品及医疗器械的生产，即在药品或医疗器械的有效专利保护期限届满之前，非专利权人为了进行药品或医疗器械的临床试验和申请生产许可，做好上市前的准备，可以不经专利权人许可制造、使用、进口专利药品或者专利医疗器械，以及专门为其制造、进口专利药品或者专利医疗器械。一旦该专利到期，即可立即推出产品，占领市场。因此，自 2009 年 10 月 1 日起，中国的药品和医疗器械生产企业可以利用该规则，提前进行仿制药生产的准备，而无需再担忧被控侵权。

（二）强制许可

所谓强制许可是指国务院专利行政部门可以不经专利权人同意，直接向申请实施专利技术的申请人颁发专利强制许可证的制度。

世界上多数国家都有强制许可制度，国际公约中的《巴黎公约》和 TRIPs 协议中也有该项制度。特别是发展中国家，由于其创新能力比较低，发明比较少，而有些专利技术对其国计民生又有着重要的意义，因此，较多地实施了强制许可制度。与强制许可制度相对应的是自愿许可。即专利权人从自身利益出发，通过与他人谈判、协商以合同等形式许可他人实施其专利技术，而实施该项专利技术的人向专利权人支付一定的专利使用费。

1. 强制许可的类型

我国《专利法》第六章专门规定了强制许可制度，主要包括以下几个方面的内容：

1）普通强制许可

普通强制许可是指，具备了实施专利技术条件的单位或个人以合理的条件请求发明或者实用新型专利权人许可实施其专利，而未能在合理长的时间内获得这种许可时，国务院专利行政部门根据该单位或个人的申请，可以给予实施该发明专利或者实用新型专利的强制许可。该强制许可制度主要是针对滥用专利权的情况而设立。

2）特殊的强制许可

（1）对制造出口药品的强制许可。如果出口药品是为了公共健康目的，国务院专利行政部门可以给予申请人强制许可。例如我国某企业是专门向亚非拉广大发展中国家出口药品的制药企业，而在非洲某个最不发达国家出现了某种流行病，严重危害当地人民群众的生命和健康。而在中国又有某项专利药品可以有效治疗该疾病，该企业就可以申请强制许可实施该专利，制造该药品，并出口到该国家。

（2）对于半导体技术发明申请强制许可。根据《专利法》第 52 条规定：强制许可

---

① “Bolar 例外”来源于美国联邦巡回上诉法院 1984 年对 Roche Products，Inc. v. Bolar Pharmaceutical Co. 一案判决。在该案中，联邦巡回上诉法院判决否定了一审法院的判决，认定被告 Bolar 公司在原告专利期限届满前从国外进口少量原告专利药品进行试验以获取批准生产该药的数据的行为构成对原告的侵权。但该判决同时指出，美国食品和药品的审批周期长达数年，普通制药公司在等候审批的过程中实际上延长了食品和药品的专利保护期限，这一问题应当由国会立法解决，法院不应当解决该问题。该判决实际上是促使美国国会采取必要措施解决这一问题。此后不久，美国国会在美国专利法第 271 条中增加的（e）款，明确规定类似于 Bolar 公司的行为不构成侵权。美国最高法院在 1990 年对 Eli Lilly and Co. v. Medtronic，Inc. 一案中确定医疗器械也适用美国专利法第 271 条中增加的（e）款。详见尹新天著《专利权的保护》（第二版），北京：知识产权出版社于 2005 年出版，第 225～228 页。

涉及的发明创造为半导体技术的，其实施限于公共利益的目的，或者为了防止利用半导体技术进行非法垄断行为。

(3) 国家出现紧急状态或者非常情况时或为了公共利益目的的强制许可。国家出现紧急状态一般是指国家发生了战争、大的社会动荡、严重的自然灾害，或者出现了非常事件。虽然专利权是一项垄断性权利，但是这种垄断性权利也应当服从国家和人民的利益。当国家出现紧急状态或者发生了严重的自然灾害，为了国家、民族和社会公众的利益，我国专利法授权国务院专利行政部门可以作出强制许可决定。

(4) 从属专利的强制许可。从属专利许可是指后一项发明专利以前一项专利为基础，依赖于前一项专利，如果不实施前一项专利，后一项专利也无法实施，在此情况下，国务院专利行政部门可以根据后一项专利权人的申请批准其实施前一项专利技术的制度。

我国《专利法》第 51 条规定，一项取得专利权的发明或者实用新型比前已经取得专利权的发明或者实用新型具有显著经济意义的重大技术进步，其实施又有赖于前一发明或者实用新型的实施的，国务院专利行政部门根据后一专利权人的申请，可以给予实施前一发明或者实用新型的强制许可。同时，该条也规定了国务院专利行政部门根据前一专利权人的申请，也可以给予实施后一发明或者实用新型的强制许可。

从属专利的强制许可应当具备以下条件：

第一，两项发明必须是从属的、相关的、相互依赖的、不能单独实施的专利。如果是两项互不相关的专利不能申请强制许可。

第二，如果第二项专利比第一项专利具有更大的技术进步性，应当能够产生更大的经济效益。其实，如果第二项专利不比第一项专利具有更大的技术进步，是很难取得专利权的。

第三，前一项专利权人也能够对第二项专利申请强制许可。

2. 强制许可程序

国务院专利行政部门作出给予实施强制许可的决定，应当及时通知专利权人，并予以登记和公告。给予实施强制许可的决定，应当根据强制许可的理由规定实施的范围和时间。强制许可的理由消除并不再发生时，国务院专利行政部门应当根据专利权人的请求，经审查后作出终止实施强制许可的决定。取得实施强制许可的单位或者个人不享有独占的实施权，并且无权允许他人实施。取得实施强制许可的单位或者个人应当付给专利权人合理的使用费，其数额由双方协商；或者依照中华人民共和国参加的有关国际条约的规定处理使用费问题。双方不能达成协议的，由国务院专利行政部门裁决。

专利权人对国务院专利行政部门关于实施强制许可的决定不服的，专利权人和取得实施强制许可的单位或者个人对国务院专利行政部门关于实施强制许可的使用费的裁决不服的，可以自收到通知之日起三个月内向人民法院起诉。

四、专利权的终止

所谓专利权终止，是指专利权因某种法律事实的发生而导致其效力消灭的情形。根据我国《专利法》规定，导致专利权终止的法律事实有：

（1）保护期限届满。专利权的保护期限届满，专利权就终止其效力。

（2）有下列情形之一的，专利权在期限届满前终止：

①没有按照规定缴纳年费的；

②专利权人以书面声明放弃其专利权的。

专利权在期限届满前终止的，由国务院专利行政部门登记和公告。

第六节　专利申请、审批和无效

一、专利申请概述

（一）专利申请原则

1. 书面申请原则

根据我国《专利法》的规定，申请专利必须以书面方式提出。专利法律制度最重要的内容之一就是专利申请人应当将其所申请的专利技术向社会公开，使全社会的公众均可以通过阅读其专利文献而了解该发明的全部技术内容，可以以该申请的发明为基础进一步进行研究，使科学技术进一步得到发展。因此，只有申请人采取书面形式，将其发明的内容清楚、准确、完整表达出来，才能够实现专利法律制度这一目的。因此，包括我国在内的世界上绝大多数国家的专利法均明确规定专利申请应当采用书面形式，即书面申请原则。

2. 先申请原则

所谓先申请原则，即两个以上的人分别就同样的发明创造申请专利的，专利权授给最先申请人。我国《专利法》采用的就是先申请原则。与先申请原则相对应的是先发明原则。所谓先发明原则是指两个以上的人分别就同样的发明创造申请专利的，专利权授予最先作出发明创造的人，而非第一个申请专利的人。目前，先发明原则仅有极少数国家适用。

先申请原则最大的好处在于能够鼓励人们将自己的发明创造及早公布出来，以使社会公众了解其发明创造的内容，使他人不再进行重复研究，减少科研资源的浪费。

3. 一申请一发明原则

所谓“一申请一发明”原则是指一份申请文件只能就一项发明、实用新型或者属于一个总的发明构思的两项以上的发明或者实用新型提出专利；一件外观设计专利的申请应当限于一种产品所使用的一项外观设计，如果同一产品两项以上的相似外观设计，用于同一类别并且成套出售或者使用的产品的两项以上外观设计，可以作为一件申请提出，且只能授予一项专利权。该原则又被称为“申请单一性原则”。

该原则解决了因专利分类极详细，不同的发明创造如果放在一件申请中提出，给审查工作所带来的检索困难。该原则同时也解决了办理专利申请、审批和专利维持过程中应当按照两项以上专利，而实际上按一项专利缴纳费用的问题。

对于属于同一构造的两项以上的发明和实用新型、同一产品两项以上的相似外观设计以及用于同一类别并且成套出售或使用的产品的两项以上的外观设计，可以作为一件申请提出，称为合案申请。国务院专利行政部门经审查认为专利申请不符合发明创造单一性原则时，会通知申请人在规定的期限内将其专利申请分案，即分为几个申请。分案申请保留原申请日，但不得超出原说明书记载的范围。

专利法第三次修改还特别规定：“同一申请人同日对同样的发明创造既申请实用新型专利又申请发明专利，先获得的实用新型专利权尚未终止，且申请人声明放弃该实用新型专利权的，可以授予发明专利权。”根据这一规定，在实践中，申请人可以就同一发明同时提起发明专利申请和实用新型专利申请。由于对实用新型申请不进行实质审查，发明人可以较快的获得专利保护。当发明专利进入授权程序时，申请人通过放弃实用新型，可以获得保护期限更长的发明专利保护。

（二）申请日

专利申请日，也称关键日。它是国务院专利行政部门及其指定的专利申请受理代办处收到完整专利申请文件的日期。在我国由于实行先申请原则，因此，在专利申请中，专利申请日对专利申请人具有极为重要的意义。先申请者才有可能获得专利权，因而专利申请日对申请专利能否获得专利权产生直接影响。

（三）优先权

1. 优先权的概念

在专利申请中专利申请人还可以享有优先权，即专利申请人就其发明创造第一次提出专利申请后，在一个法定期限内，又就相同主题的发明创造提出专利申请的，根据有关法律规定，其在后申请以第一次申请的日期作为申请日。专利申请人依法享有的这种权利，就是优先权。

专利优先权的功能在于专利申请人就其发明创造第一次提出申请后，有适当的时间考虑是否向其他国家提出专利申请，并且有时间选择在其他国家的专利代理人，办理必要的手续；或者有适当的时间对申请专利的发明创造进行修改、改进，而不必担心在此期间被第三人抢先申请。

2. 优先权的类型

优先权可分为国际优先权和国内优先权。

国际优先权，是指申请人就其发明创造第一次在一国提出专利申请后，在优先权期内，就相同主题的发明创造向另一国提出专利申请的，依照有关国家法律的规定而享有的优先权。

国内优先权，是指申请人就其发明或者实用新型在本国第一次提出专利申请后，在优先权期内，就相同主题的发明或者实用新型又向国务院专利行政部门提出后一申请时依法享有的优先权。

3. 优先权的期限及提出

根据我国《专利法》规定，申请人自发明或者实用新型在外国第一次提出专利申请之日起十二个月内，或者自外观设计在外国第一次提出专利申请之日起六个月内，又在中国就相同主题提出专利申请的，依照该外国同中国签订的协议或者共同参加的国际条约，或者依照相互承认优先权的原则，可以享有优先权。申请人自发明或者实用新型在中国第一次提出专利申请之日起十二个月内，又向国务院专利行政部门就相同主题提出专利申请的，可以享有优先权。

申请人要求优先权的，应当在申请的时候提出书面声明，并且在三个月内提交第一次提出的专利申请文件的副本；未提出书面声明或者逾期未提交专利申请文件副本的，视为未要求优先权。

（四）专利代理

根据我国专利法的规定，专利代理分为两种情况：

一是意定代理。即申请人可以委托代理机构代理其申请专利，也可以不委托代理机构而是申请人自己直接向国务院专利行政部门申请专利。对于是否委托专利代理机构申请专利，法律没有作出强制性规定，完全由申请人自己决定。

二是指定代理。即专利申请人在申请专利的时候，必须委托国务院专利行政部门指定的代理机构代理其申请专利的事项。

专利法第三次修改取消了指定代理，即无论是国内居民、法人或者其他组织，还是我国港澳台居民、法人或其他组织，或者外国的公民、法人或者其他组织，都可以选择国内任何一家依法设立的专利代理机构代理其申请中国专利。但是，对于在中国没有经常居所或者营业所的外国人、外国企业或者外国其他组织在中国申请专利和办理其他专利事务的，应当委托依法设立的专利代理机构办理；而对国内申请人没有这样的强制性规定。

我国专利代理机构都是经过国家知识产权局批准成立的。专利代理机构在代理申请人申请专利的时候，应当遵守法律、行政法规，按照被代理人的委托办理专利申请或者其他专利事务；对被代理人发明创造的内容，除专利申请已经公布或者公告的以外，负有保密义务。

（五）国际申请

所谓国际申请就是按照 PCT 规定的方式提出的申请。一般说来，国际申请是一个 PCT 缔约国的居民或者国民为得到几个缔约国的保护而提出的专利申请。

PCT 是《专利合作条约》的英文的简称。我国已经加入《专利合作条约》（PCT），我国申请人自 1994 年 1 月 1 日起可以利用 PCT 途径申请外国专利。当申请人希望以一项发明创造得到多个国家（一般在 5 个国家以上）保护时，利用 PCT 途径是适宜的。因为通过 PCT 途径仅需向中国国家知识产权局提出一份国际申请，而免除了分别向每一个国家提出国家申请的麻烦。

国际申请的程序是首先提出中国专利申请，然后在十二个月优先权期限内提出国际申请，并要求优先权。

国际申请的审批程序包括国际阶段和国家阶段两个阶段。国际阶段是国际申请审批程序的第一阶段。它包括国际申请的受理、形式审查、国际检索和国际公布等必经程序以及可选择的国际初步审查程序。国家阶段是国际申请审批程序的第二阶段。国家阶段在申请人希望获得专利权的国家的专利局（称作指定局或选定局）里进行。它包括办理进入国家阶段的手续和在各指定局或选定局里进行的审批程序。

应当注意，如果发生译文错误而导致专利权保护范围发生变化，超出国际申请的原文所表达的范围的，以依据原文限制后的保护范围为准；致使保护范围小于国际申请的原文所表达的范围的，以授权时的保护范围为准。

二、专利申请文件

（一）发明或者实用新型申请文件

在专利申请中，发明和实用新型的申请文件基本一致，而外观设计与其他两类专利的申请文件差异较大，因此我们分开介绍。本部分只介绍发明和实用新型的专利申请文件。

1. 请求书

请求书，是指专利申请人向国务院专利行政部门提交的请求授予其发明或者实用新型以专利权的一种书面文件。请求书应当写明发明或者实用新型的名称，发明人的姓名，申请人姓名或者名称、地址，以及其他事项。

2. 说明书

说明书，是发明或者实用新型专利申请人必须提交的基本文件，是对发明或者实用新型的技术内容进行具体说明的陈述性书面文件。说明书及其附图主要用于清楚、完整地公开发明或者实用新型，以使所属技术领域的技术人员能够理解和实施该发明或者实用新型。说明书及其附图还用于支持权利要求，并在确定发明或者实用新型专利权的保护范围时，可以用于解释权利要求。

说明书一般包括要求保护的技术方案所属的技术领域、对发明或者实用新型的理解、检索、审查有用的背景技术、所要解决的技术问题以及解决该技术问题采用的技术方案、有益效果、附图说明、具体实施方式等内容。

《专利法》第三次修改特别增加了一项规定，即依赖遗传资源完成的发明创造，申请人应当在专利申请文件中说明该遗传资源的直接来源和原始来源；申请人无法说明原始来源的，应当陈述理由。该条规定主要是为了保护我国丰富的遗传资源不被他人采取非法手段窃取。

3. 说明书摘要

说明书摘要应当写明发明或者实用新型专利申请所公开的内容的概要，即写明发明或者实用新型的名称和所属技术领域，并清楚地反映所要解决的技术问题、解决该问题的技术方案的要点以及主要用途。说明书摘要可以包含最能说明发明的化学式。有附图的专利申请，还应当提供一份最能说明该发明或者实用新型技术特征的附图。附图的大小及清晰度应当保证在该图缩小到 4 厘米×6 厘米时，仍能清楚地分辨出图中的各个细节。摘要文字部分不得超过 300 字。

摘要是说明书公开内容的概述，它仅是一种技术情报，不具有法律效力。摘要的内容不属于发明或者实用新型原始公开的内容，不能作为以后修改说明书或者权利要求书的根据，也不能用来解释专利权的保护范围。

4. 权利要求书

权利要求书，是专利申请人向国务院专利行政部门提交的，用以确定专利保护范围的书面文件。它是判定他人是否侵犯专利权的根据，直接具有法律效力。权利要求书应当以说明书为依据，说明发明或者实用新型的技术特征，清楚并简要地限定专利保护的范围。一份权利要求书中应当至少包括一项独立权利要求，还可以包括从属权利要求。

为了确定专利权的范围，一般在权利要求书中按照性质划分，将权利要求分为两种基本类型，即产品权利要求和方法权利要求。第一种类型的权利要求包括技术生产的物（产品、设备）；第二种基本类型的权利要求包括有时间过程要素的活动（方法、用途）。属于物的权利要求有物品、物质、材料、工具、装置、设备等权利要求；属于活动的权利要求有制造方法、使用方法、通讯方法、处理方法以及将产品用于特定用途的方法等权利要求。

（二）外观设计专利申请文件

1. 申请书

外观设计专利请求书应当包括使用外观设计的产品名称、设计人、申请人、专利代理机构的名称和专利代理人的姓名、地址等。

2. 图片或照片

外观设计专利申请人应当提交外观设计的图片或照片。申请人提交的有关图片或者照片应当清楚地显示要求专利保护的产品的外观设计。就立体外观设计产品而言，应当提交正投影六面视图和立体图（或者照片）；就平面外观设计产品而言，应当提交该产品的两面视图。

3. 简要说明

申请外观设计专利的，必要时应当写明对外观设计的简要说明。该简要说明应当写明使用外观设计的产品的设计要点、请求保护的色彩、省略视图等情况，但不得使用商业性的宣传用语，也不能用来说明产品的性能和结构。

三、专利申请的审查与授权

根据我国《专利法》的规定，发明专利的申请与实用新型和外观设计的申请程序有所不同，后两者的申请程序基本相同，没有实质审查这一环节。

（一）发明专利申请的审查

1. 初步审查

这是国务院专利行政部门受理发明专利申请后公布申请以前的一个必要程序。其主要任务是：审查申请人提交的申请文件是否符合《专利法》及其实施条例的规定；审查申请人在提出专利申请的同时或者随后提交的与专利申请有关的其他文件是否符合《专利法》及其实施条例的规定。

2. 公布申请

国务院专利行政部门收到发明专利申请后，经初步审查认为符合本法要求的，自申请日起满十八个月，即行公布。国务院专利行政部门可以根据申请人的请求提前公布其申请。

3. 实质审查

实质审查是国务院专利行政部门对申请专利的发明的新颖性、创造性和实用性等依法进行审查的法定程序。《专利法》第 35 条规定，国务院专利行政部门对发明专利申请进行实质审查。一般情况下，由专利申请人提出实质审查请求启动实审程序，只有在特殊情况下，才可以由国务院专利行政部门启动。自申请日以后三年内，专利申请人可随时提出实审请求；无正当理由逾期不提出实审请求的，其申请视为撤回。国务院专利行政部门在其认为必要的时候，可以自行对发明专利申请进行实质审查。

（二）实用新型或者外观设计专利申请的审查

《专利法》第 40 条规定："实用新型和外观设计专利申请经初步审查没有发现驳回理由的，由国务院专利行政部门作出授予实用新型专利权或者外观设计专利权的决定，发给相应的专利证书，同时予以登记和公告。"由此可知，对实用新型和外观设计专利申请只进行初步审查，不进行实质审查。

实用新型和外观设计的初步审查和发明的初步审查程序基本一致。

（三）专利的授权

对于发明专利，经过实质审查，符合专利授权实质性要件和形式要件的即授予其专利权并公告；对于实用新型和外观设计经过初步审查，没有发现驳回理由的，即可授权并公告。专利权自授权公告之日起生效。值得注意的是，专利权生效时间和专利权期限的起算时间是不一致的。在我国，专利权的期限自申请日起计算。对于发明专利而言，发明专利申请公布后、专利授权前，申请人可以要求实施其发明的单位或者个人支付适当的费用。

四、专利权的无效宣告

（一）专利权无效宣告的程序

专利法设立无效宣告程序，是为了纠正国务院专利行政部门给不符合专利法规定条件的发明创造授予专利权的现象，让公众或者利害关系人通过这个程序来请求专利复审委员会宣告其无效，从而维护社会公众的合法利益，保证专利法的正确执行。

我国《专利法》第 45、46、47 条规定了专利权的无效宣告程序，并且明确规定无效宣告请求由专利复审委员会受理。

根据我国专利法的规定，有下列情形之一的，应当宣告专利无效。

1. 发明创造违反法律、社会公德、妨害公共利益

《专利法》第 5 条规定，对违反法律、社会公德或者妨害公共利益的发明创造，不授予专利权。对违反法律、行政法规的规定获取或者利用遗传资源，并依赖该遗传资源完成的发明创造，不授予专利权。因此，对于已授权的专利，如果发现其存在违反国家法律、社会公德或者妨害公共利益的情形的，应当宣告其无效。

2. 不属于可专利主题

《专利法》第25条规定，对下列各项，不授予专利权：①科学发现；②智力活动的规则和方法；③疾病的诊断和治疗方法；④动物和植物品种；⑤用原子核变换方法获得的物质；⑥对平面印刷品的图案、色彩或者二者的结合作出的主要起标识作用的设计。对前款第4项所列产品的生产方法，可以依照专利法规定授予专利权。

3. 不具备专利法规定的“新颖性”、“创造性”和“实用性”三性要求

我国《专利法》第22条规定，授予专利权的发明和实用新型，应当具备新颖性、创造性和实用性。不具备上述三性的已授权专利，应当被宣告无效。

4. 外观设计与现有设计相同，或与现有设计或者现有设计特征的组合相比，不具有明显区别，或与他人在先权利冲突

授予专利权的外观设计，应当不属于现有设计；也没有任何单位或者个人就同样的外观设计在申请日以前向国务院专利行政部门提出过申请，并记载在申请日以后公告的专利文件中。授予专利权的外观设计与现有设计或者现有设计特征的组合相比，应当具有明显区别。授予专利权的外观设计不得与他人在申请日以前已经取得的合法权利相冲突。

5. 专利技术没有充分公开

申请发明或者实用新型专利的，应当提交请求书、说明书及其摘要和权利要求书等文件。说明书应当对发明或者实用新型作出清楚、完整的说明，以所属技术领域的技术人员能够实现为准。当专利的说明书没有清楚完整地对专利技术作出说明，所属领域的技术人员无法依照说明书实施该专利技术的，则该专利应当被宣告无效。

6. 修改专利文件时超出了原专利保护的范围

我国《专利法》第33条规定，申请人可以对其专利申请文件进行修改，但是，对发明和实用新型专利申请文件的修改不得超出原说明书和权利要求书记载的范围，对外观设计专利申请文件的修改不得超出原图片或者照片表示的范围。在专利授权后，如果发现在专利申请中修改后的内容超出原说明书和权利要求书记载的范围，或超出原图片或者照片表示的范围的，应当宣告该专利无效。

7. 重复授权

同样的发明创造只能授予一项专利权。但是，同一申请人同日对同样的发明创造既申请实用新型专利又申请发明专利，先获得的实用新型专利权尚未终止，且申请人声明放弃该实用新型专利权的，可以授予发明专利权。两个以上的申请人分别就同样的发明创造申请专利的，专利权授予最先申请的人。因此，对于同样的发明创造如果发现有重复授权的，应当宣告在后专利无效。

案例 3-4 济宁无压锅炉厂诉国家知识产权局专利复审委员会、第三人舒学章发明专利无效纠纷提审案①

专利权人舒学章于1992年申请的“一种高效节能双层炉排反烧锅炉”发明专利，权利要求书为：“一种立式或卧式双层炉排平面波浪型反烧炉排锅炉，其特征是上层水管反烧炉排是平面波浪型布置。”济宁无压锅炉厂以违反禁止重复授权原则为由请求宣告该专利无效，提交的对比文件是舒学章于1991年申请并在本专利授权日前已经终止的一项实用新型专利，权利要求书为：“一种主要由反烧炉排、正烧炉排和炉体构成的高效节能双层炉排反烧锅炉，本实用新型的特征在于正烧炉排和反烧炉排的各个炉条是间隔的一上、一下分两层构成波浪形排列。”专利复审委员会认为，涉案发明专利授权时该实用新型专利已经终止，不存在两个专利权共存的情况，因此本发明专利权的授予不违反禁止重复授权的规定，维持专利权有效。一审法院维持复审委的决定。二审法院认为，重复授权是指同样的发明创造被授予两次专利权，本案实用新型专利终止后又授予发明专利，相当于把已进入公有领域的技术又赋予了专利权，应属重复授权，遂撤销一审判决和复审委决定。最高人民法院再审判决认为，专利法所称的同样的发明创造是指保护范围相同的专利申请或者专利，在判断方法上应当仅就各自请求保护的内容进行比较即可，本案涉案两个专利不属于同样的发明创造；专利法上的禁止重复授权是指同样的发明创造不能有两项或者两项以上的处于有效状态的专利权同时存在，而不是指同样的发明创造只能被授予一次专利权，有关的行政操作并不违背立法精神。遂撤销二审判决，维持一审判决和复审委决定。

本案是最高人民法院公布的2008年度十大知识产权案例之一，也是近年来国内热议、国际关注的一起专利案件，涉及对专利法上的禁止重复授权原则的理解问题。最高人民法院在本案中阐明了对禁止重复授权原则的理解与适用，澄清了“同样的发明创造”概念的，本案判决发生在专利法第三次修改之前，对于专利法修改相关制度的确立起到了重要的参考作用。

（二）无效宣告的法律后果

1. 对世效力

专利复审委员会或者人民法院作出的宣告专利权全部无效或者部分无效的生效决定或判决，不仅对双方当事人（即无效宣告请求人和专利权人）具有法律约束力，而且对任何第三人和一般公众都具有约束力，具体表现为：①自此以后，任何第三人都可以自由使用该项被宣告专利权无效的发明创造；②宣告专利权无效的决定，对在宣告专利权无效前人民法院作出并已执行的专利侵权的判决、调解书，已经履行或者强制执行的专

① 最高人民法院（2007）行提字第4号行政判决，案件来源：中国知识产权裁判文书网，http：//ipr.chinacourt.org/public/detail.php？id=859，2009.8.5。

利侵权纠纷处理决定，以及已经履行的专利实施许可合同和专利权转让合同，不具有追溯力。但是因专利权人的恶意给他人造成的损失，应当给予赔偿。如不返还专利侵权赔偿金、专利使用费、专利权转让费，明显违反公平原则的，应当全部或者部分返还。

2. 追溯力

专利复审委员会或者人民法院作出宣告专利权全部无效或者部分无效的终局决定或者终审判决后，被宣告无效的专利权的全部或者部分即视为自始不存在。当然，就部分无效的情况而言，其专利权中的有效部分依然存在并受保护。

3. 一事不再理的效力

专利复审委员会作出宣告专利权无效、部分无效或者维持发明创造专利权的决定，当事人服从的，产生法律效力；如当事人不服，可以自收到通知之日起向人民法院起诉，经人民法院作出终审判决后，也产生法律效力。从此以后，任何人不得以同样的理由再对该项专利权提出无效宣告请求。

案例 3-5　江苏拜特进出口贸易有限公司、江苏省淮安市康拜特地毯有限公司诉许赞有申请临时措施错误损害赔偿纠纷案①

2004 年 4 月，许赞有先后在两案中起诉拜特公司、康拜特公司侵犯其同一外观设计专利权。在第一案中，根据许赞有财产保全申请，南京中院裁定冻结康拜特公司存款 30 万元。在第二案中，该院根据许赞有诉前停止侵害专利权的申请，裁定拜特公司、康拜特公司立即停止生产、销售与前述专利相同或相近似的产品，就地查封拜特公司、康拜特公司全部库存的涉嫌侵权产品。随后，南京中院还应许赞有的申请，裁定查封并扣押拜特公司通过南京海关出口的一批涉嫌侵权产品。2004 年 8 月，南京中院在第一案中判决康拜特公司停止侵权行为，赔偿许赞有 18 万元。2005 年 2 月，该院在第二案中判决康拜特公司、拜特公司停止侵权行为，赔偿许赞有 122 万元。在上述两案上诉期间，专利复审委员会宣告许赞有前述外观设计专利权全部无效。江苏高院于 2006 年 10 月对前述两起上诉案件分别作出终审判决，撤销一审判决，驳回许赞有的诉讼请求。拜特公司、康拜特公司遂起诉要求许赞有赔偿由于不当申请致使其大量银行存款被冻结、出口产品被查封而造成的违约赔偿、产品毁损、价值灭失以及利息损失等共计 2 003 315. 3元。一审法院认为，因财产保全的申请和先行责令停止侵犯专利权的申请造成拜特公司和康拜特公司的财产损失，许赞有应给予赔偿；但对拜特公司和康拜特公司因违反法院生效裁定所造成的财产损失则不应予以赔偿。二审法院维持原判。

本案是一起典型的因专利权被宣告无效致申请临时措施错误的损害赔偿纠纷。在赔偿范围方面，审理法院正确把握了被申请人的损失与申请人的申请之间的因果关系，把被申请人因违法或不当行为造成的扩大损失排除在赔偿范围之外。本案的处理对于制止权利人滥用诉讼权利起到了一定的遏制作用，有利于引导知识产权权利人正确评估诉讼

① 江苏省高级人民法院（2008）苏民三终字第 0071 号民事判决、南京市中级人民法院（2006）宁民三初字第 382 号民事判决，案件来源：中国知识产权裁判文书网. http：//ipr. chinacourt. org/public/detail. php? id＝859，2009. 8. 5。

风险，恰当地行使自己的诉讼权利。

（三）对专利法实施细则第 72 条第 2 款的特别说明

专利复审委员会依据当事人的请求启动无效宣告审查程序，在专利复审委员会对无效宣告的请求作出决定前，无效宣告请求人可以撤回其请求，无效宣告请求审查程序终止。

2010 年修订的《专利法实施细则》第 72 条第 2 款针对无效宣告请求人撤回请求或者无效宣告请求被视为撤回的情形，特别规定“专利复审委员会认为根据已进行的审查工作能够作出宣告专利权无效或者部分无效的决定的，不终止审查程序。”该规定在一定程度上对当事人请求原则进行了限制，有利于专利复审委员会发挥行政职能将问题专利宣告无效或者部分无效，实现专利无效宣告程序对专利授权的纠错功能。自上述规定实施以来，已经有一定数量的案件基于此而宣告专利权无效。专利复审委员会 2012 年十大案件中的“剃须刀”案就是其中的一个典型案件。飞利浦公司一直是全球剃须刀领域的龙头企业，拥有众多专利技术。飞科公司是国内剃须刀领域知名品牌的生产商。随着飞科公司的发展壮大，菲利浦公司针对飞科公司的侵权诉讼接踵而来。本案即因飞利浦公司指控飞科公司侵犯专利权引起，随后，飞科公司向专利复审委提出无效宣告请求，案件涉及剃须刀中非常畅销的三刀头剃须刀。在无效程序中，经过双方当事人在口头审理中充分意见陈述和争辩，最终飞利浦公司放弃了部分权利要求，而飞科公司随后提出了撤销无效宣告请求的书面材料。该案合议组根据《专利法实施细则》第 72 条的规定，作出第 19631 号决定，维持专利权人未放弃的权利要求 4～7 继续有效，实质上宣告了该专利的部分无效。[①]

五、专利恢复制度

所谓专利恢复制度是指专利申请人或专利权人因不可抗拒的事由而延误专利法及相关法规规定的期限或国务院专利行政部门指定的期限，导致其权利丧失的，自障碍消除之日起一定期限内，可以向国务院专利行政部门说明理由并附具有关证明文件，请求恢复权利的法律制度。

采取此项制度的原因，是考虑到专利申请人或专利权持有人常常因为一些不能归咎于自身原因，或因一些简单错误而导致专利失效。如遇到严重的地震，交通、通讯被阻断或国家出现严重的社会动荡而被戒严等，专利申请人或者专利权人未在法定期限内完成文件的提交或者费用的缴纳；或者误算专利权有效期限而未缴纳专利维持费等。当出现上述情况时，专利法律制度给予一定的宽限期，使专利申请人或者专利权人在该宽限期内完成专利申请文件的提交或者费用的缴纳，从而恢复其权利。

① 专利复审委员会 2012 年度十大案件，载《中国知识产权报》2013 年 4 月 12 日，第 16 版。

第七节　专利权的保护

专利权作为一个国家公民或者法人的重要财产权，各国法律基本上都规定了专利权的保护范围、侵权的认定及类型、侵权的法律责任、侵权的司法保护程序等。但是专利权的滥用也给社会公众利益带来了负面影响，因此，各国在保护专利权的同时，也对专利权进行了必要的限制。

一、专利权的保护范围

在专利法中，专利权人在申请专利时向国务院专利行政部门递交的权利要求书记载的范围就是专利权的保护范围。但是人类的语言文字不可能把所要表达的内容完全清楚、无误地表达出来。因此，专利申请人在书写权利要求书的时候，也不可能把权利要求写得没有任何遗漏。在实践中也不会一字不差地、完全按照权利要求书的内容来进行是否构成侵权的判断。在遇到侵权诉讼的时候，法官一般都要依据权利要求书的内容，对权利要求书记载的权利要求进行解释以后才能做出是否构成侵权的判断，从而作出判决。对于权利要求书的解释各国法律有着不同的规定，具体而言主要有三种立法体例。

（一）周边限定原则

所谓周边限定原则，是指在解释权利要求书的时候，严格、忠实地按照权利要求书的文字记载的内容对专利权保护的范围作出解释的原则。

周边限定原则最大的好处在于，社会公众能够比较清楚地了解到专利权人的权利范围，从而在实施与专利技术相似的技术的时候，能够避开对专利权的侵害。但是，周边限定原则对于专利权人而言是非常不利的。因为在实践中，绝大多数专利侵权人都不会一字不差地按照权利要求书的内容来实施侵权行为，而是在实施该项技术的时候省略一部分技术特征，或者增加某些技术特征，或者改变某些技术特征，但是这些省略、增加或改变往往都是非实质性的，而且能够达到与原专利技术相同的效果。如果严格按照周边限定原则判断是否构成侵权，那么对于一些非关键性技术的省略或改变或增加都不会构成侵权。因此，即便是采用周边限定原则的美国，在解释专利申请人的权利要求书的时候，也是采用等同理论，以消除周边限定原则所带来的对专利权人保护不周的缺陷。

（二）中心限定原则

所谓中心限定原则，是指在解释权利要求书的时候，不应当仅限于权利要求书的文字记载的内容对专利权保护范围作出解释，而是以权利要求书所记载的权利要求为中心，全面考虑发明的目的、性质以及说明书和附图的内容，将以权利要求为中心的周边的一定范围内的技术特征包括在专利保护范围之内的原则。原联邦德国就曾经采用该原则。

采用中心限定原则最大的好处在于，该原则是将权利要求书作为一个总的发明构思，以权利要求书记载的权利要求为中心，将专利权的保护范围扩大到经过本专业技术领域内的一般技术人员通过阅读说明书和附图能够轻易联想到的技术范围之内。采用这种原则对专利权人保护比较严格，也能够避免采用周边限定原则所带来的能轻易避开专利侵权的缺陷。但是，采用该原则的缺陷也非常明显，即该原则忽视了权利要求书的公示作用，使得社会公众无法对专利权的保护范围作出明确的判断，从而阻碍实施与该专利技术相似但本质不相同的技术，也会使得其他人在与该专利技术有关的领域内裹足不前，阻碍技术的进步。

（三）折衷原则

所谓折衷原则，就是在解释权利要求书的时候，专利权的保护范围以权利要求书记载的内容为准，但是通过说明书和附图来解释权利要求。《欧洲专利公约》和以后参加该公约的各国都采用了该原则。

该原则的基本内容是，专利权的保护范围必须依据权利要求书记载的内容来确定，但是在解释权利要求遇到疑问的时候，不能严格按照权利要求书的文字记载内容解释，必须参考说明书、附图等专利文件记载的相关定义、发明的目的和效果，对权利要求做出公正、客观的解释。

在认定专利权保护范围时采用折衷原则，既能够解决周边限定原则所带来的对专利权保护范围过窄的缺陷，也能解决中心限定原则所带来的对专利权保护范围过宽的缺陷。既能客观公正地保护专利权人得到利益，又能维护第三人的正当权益。因此，该原则现在被世界各国广泛采用。我国《专利法》也采用该原则。

（四）我国专利法的专利权保护范围

我国《专利法》第56条规定，发明或者实用新型专利权的保护范围以其权利要求的内容为准，说明书及附图可以用于解释权利要求。外观设计专利权的保护范围以表示在图片或者照片中的该产品的外观设计为准，简要说明可以用于解释图片或者照片所表示的该产品的外观设计。

从我国专利法的上述规定中可以看出，我国对于发明和实用新型专利的保护范围是以“权利要求的内容”为准，而非以权利要求书记载的文字或者措辞为准。从权利要求书与说明书、附图的地位上看，权利要求书无疑处于主导地位，而说明书和附图处于从属地位。如果在权利要求书中有记载，但是记载不大清楚或者有疑义，为了弄清楚权利要求书中记载的实质性内容，可以通过说明书和附图中关于该专利技术的相关定义、发明的目的、技术的作用与功效来解释权利要求书的内容，将权利要求书中的含混之处解释清楚。但是，如果权利要求书中根本没有记载，即便是说明书或者附图中有记载，也不能根据说明书和附图确定专利权的保护范围。即单独的说明书或者附图不能确定专利权保护的范围。

外观设计的申请文件中没有权利要求书，只有表明该外观设计的图片或者照片及外观设计专利的简要说明。因此，外观设计的保护范围无法依据权利要求书的内容来确定，只能依据外观设计的图片或者照片来决定。但是，单纯的一个外观设计的图片或者照片不是专利法保护的内容，而是商标法或者是著作权法保护的范围。只有当一个外观设计与某一个具体的产品相结合的时候，才是专利法所要保护的客体。即专利法中保护的外观设计是以图片或者照片表现出来的一种具体产品的外观设计与该具体产品的结合。没有具体产品的外观设计图片或者照片不能受到外观设计专利的保护，同样没有外观设计的单独的具体产品也不是外观设计专利保护的客体。当然简要说明可以用于解释图片或者照片所表示的该产品的外观设计。

案例 3-6 柏万清与成都难寻物品营销服务中心、上海添香实业有限公司侵害实用新型专利权纠纷申请再审案[①]

柏万清系专利号 200420091540. 7、名称为“防电磁污染服”实用新型专利（以下简称涉案专利）专利权人。涉案专利的权利要求 1 可以归纳为以下技术特征：A. 一种防电磁污染服，包括上装和下装；B. 服装的面料里设有起屏蔽作用的金属网或膜；C. 起屏蔽作用的金属网或膜由导磁率高而无剩磁的金属细丝或者金属粉末构成。2010 年 5 月 28 日，成都难寻物品营销服务中心销售了由上海添香实业有限公司生产的添香牌防辐射服上装（以下简称被诉侵权产品）。柏万清以被诉侵权产品侵犯其实用新型专利权为由，于 2010 年 7 月 19 日向成都市中级人民法院提起本案诉讼。一审法院驳回柏万清的诉讼请求，四川省高级人民法院二审维持一审判决。柏万清不服，向最高人民法院申请再审。最高人民法院审查认为，准确界定专利权的保护范围，是认定被诉侵权技术方案是否构成侵权的前提条件。如果权利要求的撰写存在明显瑕疵，结合涉案专利说明书、本领域的公知常识以及相关现有技术等，仍然不能确定权利要求中技术术语的具体含义，无法准确确定专利权的保护范围的，则无法将被诉侵权技术方案与之进行有意义的侵权对比。因此，对于保护范围明显不清楚的专利权，不应认定被诉侵权技术方案构成侵权。关于涉案专利权利要求 1 中的技术特征“导磁率高”，根据涉案专利说明书以及柏万清提供的有关证据，本领域技术人员难以确定权利要求 1 中技术特征“导磁率高”的具体范围或者具体含义，不能准确确定权利要求 1 的保护范围，无法将被诉侵权产品与之进行有意义的侵权对比。据此驳回柏万清的再审申请。

从本案可以看出，专利保护范围的确定具有重要意义，其直接影响到侵权诉讼中侵权比对，进而影响判断侵权能否成立。

二、专利侵权认定

专利侵权认定的核心为对比被控侵权的技术特征与专利技术特征。通过对比非专利权人实施的技术特征是否与专利技术特征有着本质的不同来判断是否构成侵权。在判断非专利权人实施的技术特征是否与专利技术特征有本质不同时，所运用的方法主要是看

① 最高人民法院［2012］民申字第 1544 号民事裁定书，http：//www. chinacourt. org/article/detail/2013/04/id/949762. shtml，2014 年 8 月 2 日最后访问。

本国专利法在专利权保护范围认定问题上采用何种原则，即到底是周边限定原则，还是中心限定原则，还是折衷原则。对专利权采用不同的保护原则，最后得出的是否构成侵权的结论可能是完全不同的。

我国专利法规定专利保护的范围是以权利要求的内容为准，用说明书及附图解释权利要求。即我国专利法采用的是折衷主义的保护原则。根据该原则，在认定是否构成侵权时有两个基本原则，即全面覆盖原则和等同原则。

（一）全面覆盖原则

由于我国专利法规定了专利权保护的范围是以权利要求书中记载的权利要求内容为准，因此，如果某项非专利权人实施的技术特征与专利权利要求书中记载的技术特征完全一致，则肯定构成专利侵权。这是专利侵权最直接的表现形式，也叫全面覆盖原则。

所谓全面覆盖，是指被控侵权的技术将专利权利要求书中记载的技术方案的必要技术特征全部再现。全面覆盖的表现形式多种多样，主要表现为以下几种：①被控侵权的技术与专利权利要求中记载的全部必要技术特征完全相同，并且能够一一对应；②被控侵权的技术范围比专利技术范围小，但是全部落入专利权利要求中记载的全部必要技术特征范围之内；③被控侵权的技术采用的是专利权利要求书采用的概念的下位概念特征的，被控侵权技术落入专利保护的范围之内；④被控侵权的技术比专利技术的范围大，在专利权利要求书的基础上又增加了新的技术特征或者进行了改进，不管是否获得专利，实施该技术都落入专利权的保护范围之内。即使获得了专利权，也属于从属专利。未经在先专利权人的许可，实施从属专利也覆盖了在先专利权的保护范围，构成侵权。

（二）等同原则

等同原则是指被控侵权的技术中有一个或者一个以上的技术特征与专利权利要求保护的技术特征相比，仅仅是字面的不同，但其本质是相同的，即构成技术等同，这种情况也构成侵犯专利权。以该方法判断构成专利侵权的原则就是等同原则。

在实践中，纯粹的字面侵权即完全照搬他人专利技术或者完全仿制他人专利技术是很少发生的。因此，仅仅通过全面覆盖原则来判断专利侵权的构成是远远不够的。在实践中，经常看到的专利侵权诉讼主要的表现形式是，被控的技术特征与专利技术特征并不完全相同，而是通过省略一些技术特征，或者增加一些技术特征，或者将专利权利要求书中的技术特征以其他简单的技术特征进行替换，但是也达到了只有专利技术才能达到的发明目的、优点或者积极效果。为了使得专利权人的专利权得到周全的保护，但是又不会对其过分保护，世界上就形成了判断专利侵权的等同原则。

我国《专利法》第 56 条“说明书及附图可以用于解释权利要求”的规定，就是等同原则的具体表述。即在判断是否构成专利侵权的时候，仍然以权利要求书记载的内容为准，但是可以通过说明书和附图对权利要求进行解释，来判断是否构成技术等同。《最高人民法院关于审理专利纠纷案件适用法律问题的若干规定》第 17 条进一步明确规定，专利法第 56 条第 1 款所称的“发明或者实用新型专利权的保护范围以其权利要求的内容为准，说明书及附图可以用于解释权利要求”，是指专利权的保护范围应当以权利要求书中明确记载的必要技术特征所确定的范围为准，也包括与该必要技术特征相等同的特征所确定的范围。等同特征是指与所记载的技术特征以基本相同的手段，实现基本相同的功能，达到基本相同的效果，并且本领域的普通技术人员无需经过创造性劳动就能够联想到的特征。

在运用等同原则判断是否构成侵权的时候，应当注意以下几点：

(1) 将被控侵权技术特征与专利技术特征相比较，看被控侵权的技术是否以基本相同的手段，实现了基本相同的功能，产生了基本相同的效果。如果3个答案都是肯定的，则构成侵权；如果有一个答案是否定的，都不构成侵权。这个判断标准也叫“三要素准则”，是美国1950年在格雷弗有限公司诉林德航空制品公司一案中所确立的判断标准。其基本内涵就是在专利侵权诉讼中，将涉嫌侵权的产品或技术与已经获得专利权的产品或技术相比较，虽然未在字面上落入该专利权利要求书的范围之内，但是，该涉嫌侵权产品或技术具有与其实质上相同的功能，以与其实质上相同的方式取得实质上相同的结果[1]。

(2) 将被控侵权的技术特征与专利技术特征相比较，看这些不相同的技术特征（包括被替换、分解、省略、合并等产生的不同的技术特征），是否能够通过本专业领域内的普通技术人员的技术水平不需要经过创造性劳动便可获得。如果答案是肯定的，就不构成侵权，如果答案是否定的，就构成侵权。

(3) 对于故意省略专利权利要求中个别必要技术特征，使该技术方案在性能和效果上明显劣于专利技术方案，而且这一劣质技术的产生明显是由于省略了该必要技术特征所造成的，也属于等同技术，构成专利侵权。

(4) 等同认定的时间界限。认定等同侵权应当以什么时间的技术为准？使用专利申请日的等同技术构成侵权，还是在侵权发生之日的等同技术也构成侵权？各国专利法的规定有所不同：英国采用公开日，德国采用的是专利申请日或者优先权日，美国规定为侵权日。我国专利法对此没有明确规定，但是在司法实践中比较倾向于以侵权发生之日为准。其主要理由是：第一，在专利申请或者公开之日，不可能预测到在二十年的保护期限内会出现什么样的等同的技术手段。如果在专利保护期的二十年内出现了在专利申请之日尚未出现的等同技术手段，并且被广泛应用，仿制者采用这种新出现的等同技术手段实施专利技术就有可能逃避侵权的认定。第二，等同原则确立的主要原因是专利权人在申请专利的时候，不可能将所有的专利侵权形态都记录在权利要求书中，而是将虽与权利要求书中的记载有所不同、但实质相同的技术也纳入到专利权保护范围。即使在专利申请后出现的但已广为人知的技术，也可以成为被本专业一般技术人员不用通过创造性思维而容易联想到的替代技术。第三，世界知识产权组织（WIPO）专利法协调公约草案第20条第2款规定等同时间标准是专利侵权日，我国将来必定要参加该公约，采用侵权日标准便于与该公约统一[2]。

---

〔1〕 程永顺．专利侵权判定实务．北京：法律出版社，2002：100.

〔2〕 程永顺．专利侵权判定实务．北京：法律出版社，2002：81.

（三）对等同原则的限制

使用等同原则并非要重新确定专利权的保护范围，而只是根据权利要求书中记载的权利要求结合说明书及附图确定专利权保护延伸到与其等同的技术领域范围内。这种解释有可能扩大了原权利要求设定的范围，因此应该对该原则做出必要的限制。从我国的专利侵权实践及理论界的观点看，主要有以下三个方面的措施①：

1. 禁止反悔原则的限制

禁止反悔原则是指在专利审批、撤销或者无效程序中，专利权人为确定其专利应具备新颖性和创造性，通过书面声明或者修改专利文件的形式，对专利权要求保护的范围作出了限制承诺或者部分地放弃了保护，并因此获得了专利权。在侵权诉讼中，法院适用等同原则确定专利权保护范围的时候，禁止专利权人对已经被限制、排除或者放弃的内容重新纳入专利权保护范围的原则。

2. 只能就技术特征适用等同原则的限制

在适用等同原则的时候，只能就技术特征作等同认定，而不能就整体技术方案作等同认定。具体讲，就是在认定是否构成侵权时，发现了相比较的两项技术方案有多处差异，不能仍以功能效果的相同或者相似就认定构成等同技术。因为，这样做的结果有可能改变专利申请人权利要求书中要求保护的权利范围。

3. 自由公知技术的限制

自由公知技术限制是指在被控侵权的技术方案与专利权利要求书记载的技术方案等同的情况下，如果被控侵权的技术与一项自由公知技术相同或者更接近，就不构成侵权。理由是，专利权人只能就其真正付出的创造性劳动成果享有权利，对于已有技术或者从已有技术中以显而易见的方式得到的技术，应是整个社会的，不能由任何人独占，任何社会公众对于处于自由公共领域的技术都有自由使用的权利。但是在运用自由公知技术认定是否构成侵权时，必须注意的是，被控侵权的技术必须是非组合而成的自由公知技术。

在“无锡市隆盛电缆材料厂、上海锡盛电缆材料有限公司与西安秦邦电信材料有限责任公司、古河电工（西安）光通信有限公司侵害发明专利权纠纷申请再审案（最高人民法院［2012］民提字第3号民事判决书）”中，最高人民法院探索并明确了对存在撰写错误的专利权的侵权诉讼的处理方法。该案中对于“使塑料膜的表面形成0.04～0.09mm厚的凹凸不平粗糙面”的技术特征，专利权人和鉴定意见均认为该技术特征应该理解为塑料膜的厚度为0.04～0.09mm，试图用说明书修改和否定该技术特征的明确含义。对此，在不对专利权的效力作评价的前提下，本案判决通过禁止以说明书的记载修改或者否定含义清楚且说明书未作特别界定的权利要求用语的方式，认定被诉侵权技术方案未落入专利保护范围。同时，本案判决还指出，如果权利要求的用语存在明显错误，本领域普通技术人员能够根据说明书和附图的相应记载明确、直接、毫无疑义地修正权利要求的该特定用语的含义的，则可以根据修正后的含义进行解释，而不能简单认

① 参见北京市高级人民法院《专利侵权判定若干问题的意见（试行）》第43～45条、第38条、第42条。

定被诉侵权技术方案未落入保护范围。①

三、侵犯专利权的法律责任

对于侵犯专利权的行为，应当承担的责任形式有民事责任、行政责任和刑事责任。

（一）民事责任

根据侵权法的一般理论，侵权行为应当承担的民事责任主要有停止侵权、赔偿损失、消除影响、赔礼道歉等。但是在专利侵权行为中，由于专利权本身与一般的民事权利相比有其特殊性，因此，对于专利侵权主要的民事责任形式有停止侵权和赔偿损失。

1. 停止侵权

停止侵权就是要求侵权人不得再实施该专利技术。

我国《专利法》第 60 条规定，认定侵权行为成立的，可以责令侵权人立即停止侵权行为。在我国，根据专利权人的申请，可以作出停止侵权决定的机关有两类。一类是管理专利工作的行政机关。它包括：由省、自治区、直辖市人民政府以及专利管理工作量大又有实际处理能力的设区的市人民政府设立的管理专利工作的部门。我国知识产权保护的一大特色就是行政机关也有类似于司法机关的职能，可以作出责令专利侵权人停止侵权的决定。在国外很少有类似的法律制度。第二类就是司法机关，即人民法院。根据我国现行的《专利法》及相关司法解释的规定，停止侵权的申请，可以在诉讼前提出，也可以在诉讼中提出。可以对已经发生的侵权行为提出，也可以对即将发生的侵权行为提出。管理专利工作的行政机关和人民法院根据专利权人的申请，经过审查后，认为符合法律规定的条件的，可以作出停止侵权的决定或者判决、裁定。

《专利法》第 66 条和《最高人民法院关于对诉前停止侵犯专利权行为适用法律问题的若干规定》均明确规定了诉讼前提出停止侵权申请。

2. 赔偿损失

赔偿损失就是侵权人对于其侵权给专利权人造成的损失承担赔偿责任的救济措施。赔偿损失的目的在于弥补受害人因侵权而遭受的损失。

关于赔偿损失的计算标准和范围，根据我国《专利法》及相关行政法规和司法解释的规定，主要有以下几个方面：

（1）实际损失。即专利权人因被侵权所受到的损失是以专利权人的专利产品因侵权所造成销售量减少的总数乘以每件专利产品的合理利润所得之积计算。对于权利人销售量减少的总数难以确定的，侵权产品在市场上销售的总数乘以每件专利产品的合理利润所得之积可以视为权利人因被侵权所受到的损失。

（2）侵权人获得的利益。即将侵权人因侵权而获得的利益作为专利权人的损失。实际损失难以确定的，可以按照侵权人因侵权所获得的利益确定。侵权人因侵权所获得的利益可以根据该侵权产品在市场上销售的总数乘以每件侵权产品的合理利润所得之积计算。侵权人因侵权所获得的利益一般按照侵权人的营业利润计算，对于完全以侵权为业

① 参见 http：//www. chinacourt. org/article/detail/2013/04/id/949762. shtml.

的侵权人，可以按照销售利润计算。

(3) 专利许可使用费用的合理倍数。在被侵权人的损失或者侵权人获得的利益难以确定的时候，有专利许可使用费可以参照的，人民法院可以根据专利权的类别、侵权的性质和情节、专利许可使用费的数额、该专利许可的性质、范围、时间等因素，参照该专利许可使用费的1至3倍合理确定赔偿数额。

(4) 法定赔偿额。在既无法确定专利权人的实际损失和侵权人的获利数额，也没有专利许可使用费可以参照或者专利许可使用费明显不合理的情况下，可以根据专利权的类别、侵权的性质和情节等因素，一般在人民币一万元以上一百万元以下确定赔偿数额。

(5) 专利权人为制止侵权行为而支付的合理费用。专利权人为制止侵权行为，必然要进行调查取证、聘请律师，因此必然会发生相关的费用。对于这些维权费用，人民法院根据权利人的请求以及具体案情，可以将权利人因调查、制止侵权所支付的合理费用计算在赔偿数额范围之内。

但是应当注意，对于侵权赔偿，前提条件是侵权人主观上有过错，即侵权人故意或者过失侵犯了专利权人的专利权。主观上的过错虽然不影响侵权行为的成立，但是对于是否赔偿却起着决定性的作用。即主观上有过错就承担赔偿责任，主观上无过错就不承担赔偿责任。这种故意或者过失的举证责任一般由受害人举证。但是在实践中，这种举证的难度相当大。为此，我国《专利法》第70条规定："为生产经营目的使用、许诺销售或者销售不知道是未经专利权人许可而制造并售出的专利侵权产品，能证明该产品合法来源的，不承担赔偿责任。"该规定实行的是举证责任倒置的办法，即由侵权人举证自己在主观上没有过错，可以免除赔偿责任，但是应当停止侵权。

（二）行政责任

对于专利侵权行为规定一定的行政责任，也是处理专利侵权行为的一种十分有效和便利的途径。由于行政程序通常具有"高效、便捷"的特点，所以行政程序处理侵权可以弥补司法程序效率低的缺点。我国《专利法》第60条明确规定了专利权人可以向主管专利工作的行政部门提出处理申请，这些行政部门应当对申请人的申请进行审查，如果申请符合相关规定，该行政部门就应当对侵权行为进行查处。而且根据我国《专利法》60条的规定，主管专利工作的行政部门还有权对赔偿事项作出调解。从我国专利法的规定看，行政责任主要有责令停止侵权、责令改正、没收违法所得、罚款等。

案例3-7　美国3M公司与上海跃丰工业防护用品有限公司呼吸保护器系列专利侵权纠纷案

请求人美国3M公司于2010年12月9日就被请求人上海跃丰工业防护用品有限公司制造、销售、许诺销售的"2030防毒半面罩系列产品"、"7100防毒半面罩系列产品"2个产品侵犯了请求人的4项专利权（发明专利号为95197396.7，专利名称为"具有咬合式过滤筒的呼吸保护器"；外观设计专利号为：200830003670.4，专利名称为"呼吸器面具主体”；外观设计专利号为200730286173.5，专利名称为“呼吸器上的带支架”；外观设计专利号为200730005201.1，专利名称为“滤筒入口的图案化格栅”），向上海市知识产权局提出行政处理请求。

上海市知识产权局受理后，依法组成合议组，并进行了口头审理。通过审理查明：请求人是上述4个专利的专利权人，专利皆为有效专利。2010年11月，在公证人员的监督下，请求人的代理人在上海诚信劳保用品经营部购买了被请求人制造的“地球牌2030型过滤式半面罩”40个，并取得相应发票。被请求人对其制造行为供认不讳。2010年12月6日，在公证人员的监督下，请求人的代理人分别在谷歌、百度搜索引擎以及阿里巴巴网站上输入“上海跃丰工业防护用品有限公司”后，通过链接进入被请求人公司网页，在其网页上，被请求人分别展示了被控侵权产品“2030防毒半面罩系列产品”以及“7100防毒半面罩系列产品”。被请求人对其许诺销售行为供认不讳。被请求人承认被控侵权产品的技术特征分别落入了请求人的4项专利的保护范围。

上海市知识产权局认为：请求人是本案专利的专利权人，其专利权应当受到法律保护。经比对，被请求人制造并在其公司网页上许诺销售的“2030防毒半面罩系列产品”以及“7100防毒半面罩系列产品”被控侵权产品的技术特征分别落入了请求人4项专利的保护范围。被请求人未经专利权人许可，制造、许诺销售被控侵权产品的行为侵犯了请求人的合法权益，应依法承担侵权责任。

在上海市知识产权局的主持下，双方自愿就上述4个案件达成了调解协议，被请求人承诺立即停止侵权行为，并在双方签订协议书之时，就上述案件一次性向请求人支付赔偿金人民币10万元①。

（三）刑事责任

关于侵害专利权是否要承担刑事责任的问题，各国立法规定并不一致。英美法系国家多认为，侵害专利权仅仅损害了权利人的利益，而没有损害社会公众的利益，因此对专利侵权没有规定刑事制裁。但是，一些大陆法系的国家认为，专利侵权行为不仅损害了专利权人的利益，而且也直接损害了社会公众利益，所以应当对该侵权行为予以刑事制裁〔2〕。我国专利法对侵犯专利权的行为也规定了刑事制裁措施。《专利法》第63条规定了对于假冒他人专利构成犯罪的，依法追究刑事责任，《刑法》第216条也规定了假冒专利罪。但是对于其他的侵权行为没有规定刑事制裁措施。

① 参见http：//www. sipa. gov. cn/gb/zscq/node2/node23/userobject1ai9345. html，该案是2011年上海市十大知识产权案件之一。

〔2〕 吴汉东等. 知识产权基本问题研究. 北京：中国人民大学出版社，2005：492.

第八节 专利权的管理

专利获得授权之后的管理，并非一劳永逸，除了对专利权本身的维持，还包括对专利权的运用和保护，是专利权所有者必须面对的问题。个人专利权人持有专利权数量少，在专利权的管理方面相对简单。在此，主要探讨企业专利权的管理。

企业专利权的管理，是企业专利管理工作的一部分。企业专利管理是指企业专利管理机构和人员，在企业相关部门的配合和支持下，按照市场需求，根据现行的专利制度，对企业的专利事务进行战略决策与规划，并通过组织、协调和控制进行实施的活动总称〔1〕。具体而言，企业专利管理工作主要围绕企业专利的申请、运用、保护等方面所进行的工作，如专利申请、专利权的许可与转让、专利信息的收集与利用、专利战略的研究与运用、专利权的保护、专利纠纷的处理等事项。

根据国家知识产权局和原国家经济贸易委员会颁发的《企业专利工作管理办法（试行)》(国知发管字〔2000〕第2号）的规定，企业专利产权管理的内容包括：①专利技术开发；②专利申请、维持、放弃的确定，职务与非职务发明的审查；③专利评价、评估；④专利资产运营，包括专利权转让、许可贸易、运用实施，专利作价投资，专利权质押等；⑤企业技术活动中形成的与专利申请相关的技术档案的管理及对技术人员业务活动的规范；⑥对涉及专利技术开发权益的流动人员相关活动的规范；⑦专利权保护，包括专利侵权监视、专利诉讼及专利权边境保护等；⑧其他企业专利产权管理事项。

据 Baldwin（1997）对于 1991 年到 1997 年间加拿大企业创新和技术进步（包括大企业和小型和中小型企业）的研究发现：①随着企业规模的不断扩大，重视专利管理的程度将逐渐增加；②企业重视专利的开发和管理，与行业本身、开放程度，行业的技术生命周期阶段，竞争环境的激烈程度等等，都会影响专利管理工作。此外，该行业的技术创新主要体现在开发新产品或性能新的生产工艺或生产方法，也影响专利管理的行为；③除了企业规模，企业所在行业和技术的类型，国际化程度等因素也影响企业的专利管理，正常情况下，国际化程度比较高的企业，专利管理往往比纯粹的国内企业更好。

在此，主要介绍围绕专利权的取得、实施和运营进行的管理。

一、专利权取得管理

在对企业专利权进行管理的活动中，专利权取得管理，是企业专利管理的基础。企业取得专利权主要有二种途径：一是将企业自己的发明创造申请专利，获得专利权，这是企业取得专利权的通常途径。二是通过获取专利申请权，进而申请专利获得专利权，或直接购买他人的专利权行使相关权利。

通过对企业的发明创造申请专利获得专利权，需要企业对自身技术水平和研发能力

〔1〕冯晓青. 企业知识产权战略. 北京：知识产权出版社，2005：554～555.

有客观认识和了解，选择适合自己的专利战略。

对于技术力量强大的企业，可以基于对未来的技术发展方向的预测，为保持自己新技术、新产品的竞争优势，将其核心技术或基础研究的重大成果作为基本专利来保护，并控制该技术领域发展。在拥有了基本专利之后，继续对基本专利技术进行不断地改进和研究相关配套技术，并适时申请专利，形成基本专利技术系统保护。只有采用这种方法，才可能有效延长基本专利技术的生命周期，使企业获得长久的专利利益。对没有力量研究开发基本专利技术的企业，可以对他人的基本专利进行研究，发现缺陷，做出改进，然后提出申请获得专利权，进而利用外围专利技术同基本专利权人进行对抗。

通过购买专利申请权或者专利权取得专利权，近年来也日渐增多，不仅有外国企业，也有中国企业。早期的专利权购买活动，主要是企业从发明人或其他企业等专利所有人那里购买认为具有较大市场开发潜力或商业价值的专利，以提高企业技术水平，增强技术实力的战略。但随着专利权运作的深入，目前认为，购买专利权可以达到不同的目的：第一，垄断市场。一些资金雄厚的企业可将相关技术领域的全部专利买下来，使所有从事该领域的产品生产销售的主体必须经过他的允许和收费。这是企业购买专利的主要目的。第二，作为一种资本，收取使用费。购买专利后，企业以专利所有人的身份与其他企业签订专利实施许可合同，从而收取实施专利企业的使用费。第三，以购得的专利为武器，对专利使用者实施进攻，获取侵权赔偿金。近年来出现的“专利流氓”（patent troll）就是指这种不以实施为目的，为了获取侵权赔偿金而购买专利的实体。

此外，专利权的取得管理还涉及到对不同国家和地区专利权的获得。由于专利权是分国家和地区取得的，同时也是分国家和地区行使的。因此，企业在投资或产品输出某个国家或地区市场之前，就在该国家或地区申请相关专利，以达到保护未来投资和获得未来专利产品输出垄断权。该方式有助于实现对目标国家或地区未来市场上的产品的“专利圈地运动”，尽早获得了当地的专利权的保护，为未来产品在这个市场上的流通提供了法律保障。未来即使企业自己不在该国或地区从事这些专利技术相关的业务，也会给竞争对手形成专利技术壁垒。这种战略已经成为发达国家的大企业和众多跨国公司抢占国际市场最有效的手段之一。他们在准备进入某一国家或地区的市场之前，都会先在这些国家申请相关领域的系列专利，然后才会陆续配置资金进行后续生产销售等行为。

无论是基于何种目的，专利权的取得管理客观上都是为了实现企业对专利权的拥有。因此，除了申请或者购买活动，还要注意对专利权的维持，包括：按时缴纳专利年费、积极应对专利无效审查等。

企业对其获得的专利，应依法及时交纳年费，以维持其有效性。缴纳专利年费是专利权有效存续的一项要求，超出规定期限未缴费会导致专利权失效的后果。这一看似简单的管理，往往在关键时刻影响到企业股票发行上市等重大行为。2010 年，苏州恒久在创业版上市前夕，其拥有的有机光导管体（1）～（4）四项外观技术专利权被终止，同时终止专利权的还有一项有机光导体管实用新型技术专利，所有申请专利技术被终止专利权的原因皆为“未缴年费专利权终止”。这对于其创业板上市构成严重打击：证监会创业板发审委 2010 年第 35 次工作会议否决了苏州恒久首次公开发行股票并在创业板上市的二次上会申请。“发审会审核认为，苏州恒久光电科技股份有限公司招股说明书和申报文件中披露的全部5项专利及2项正在申请专利的法律状态与事实不符。苏州恒久目前全部产品均使用被终止的4项外观设计专利，50%的产品使用被终止的1项实用新型专利。总体上看，5项专利被终止对申请人存在不利影响[1]。”

由于专利维持费也是一笔不小的开支，构成企业专利成本，因此很多企业在持有专利一定年限但法定期限届满之前，主动选择以不缴纳年费的方式放弃或终止专利，这种选择决定的做出，不能简单下结论，而需要周密的论证确认并建立管理档案，这也是专利权取得管理的组成部分。

二、专利权实施管理

国家知识产权局2012年专利调查显示，2011年中国授权专利总体实施率为70%，其中企业为82.1%。从专利类型来看，企业发明专利的实施率为76.5%，实用新型的实施率为86.2%，外观设计的实施率为86%[2]。

专利权产品化是将专利技术应用于实际的生产，企业将其专利投入到生产经营实践中，使之产品化，并通过市场运营途径实现商业化的过程。这种实施是企业自己对专利的利用，直接是将专利权产品化、市场化和产业化，取得经济效益，多数企业申请专利之后首要目的是自行实施专利权。自行实施的优点是可以凭借法律赋予知识产权人的垄断权，获取市场竞争优势。

在专利权实施管理中，还包括对专利权实施期间专利有效性受到挑战的应对、对侵犯专利权的行为进行反击的活动。前者主要指参与专利无效宣告程序，后者则是指发动侵权诉讼，维护专利权持有人利益。之所以将这些活动归为专利权实施管理，是因为这些活动往往是针对有市场价值的专利发动，伴随着专利权的实施才会出现。专利的实施以及随之产生的各种交易活动，都是市场行为，没有市场价值的技术发明很难出现专利权的纠纷。

三、专利权运营管理

专利获得授权之后，除了自行实施，还需要寻找其他方式流动起来，才可以为企业创造更多财富。毕竟，一般的专利权人都只能在一个小的市场实现独占，只有通过运营专利权，扩张市场，才能保证收益的增加。目前，主要的专利运营方式是转让和许可，还包括专利资本化运营。

在专利转让方面，运营管理的主要作用在于合理评估专利权价值，选择合适的转让或购买时机。

专利许可则是通过谈判、支付使用费的方式，允许他人使用专利的一种运营方式。主要包括：独家许可、排他许可、一般许可。此外，近年来还出现了双向交叉许可和专利联盟方式许可。

所谓双向交叉许可是一种基于谈判的，相互有条件或无条件容许对方使用本企业专

〔1〕 相关报道见 http：//finance. qq. com/a/20100612/000046. htm.
〔2〕 毛昊等. 中国企业专利实施和产业化问题研究. 科学学研究，2013（12）.

利技术的协定。这种协定可以规避双方相互阻止新技术开发、新产品生产或引起诉讼等阻碍市场竞争行为的产生。在签订包含有许可费的交叉许可协定后，双方都不必担心自己的技术或产品会引起侵权诉讼或支付不必要的许可费。

专利联盟则是指组成联盟的各成员为了合作许可专利，而将各自的专利转移到一个共同组成的联盟实体中。专利联盟一方面可以使联盟各方的专利利用成为可能，另一方面可以使各方的专利资源的价值在使用中得到充分展示。

此外，专利权的资本营运涉及专利权的资本化运作，将专利权作为投资工具和融资工具，主要包括：以专利出资、质押贷款以及证券化等。

问题与思考：

1. 从专利法立法宗旨角度分析专利法律制度在激励创新、促进技术进步中所发挥的作用?

2. 试论我国职务发明创造专利申请权及专利权归属制度?

3. 专利权的权利内容及其限制?

4. 专利权保护范围如何确定?

第四章 专利文献检索与应用

第一节 专利文献

一、专利文献的概念和特征

（一）专利文献概述

1. 专利文献的概念

专利文献是指实行专利制度的国家及国际性专利组织在审批专利过程中产生的官方文件及其出版物的总称。专利文献是专利制度的产物，是人类科学技术的宝库，其中蕴藏着丰富的技术、法律和经济信息。

通常所说的专利文献，主要指的是专利申请人递交的关于其发明创造的内容和专利权利要求的书面文件，这种说明书就是专利的原始资料。狭义的专利文献是指与专利有关的专利文件，包括专利申请说明书、专利说明书、专利证明书以及申请、批准专利的其他文件等。广义的专利文献除前述内容外，还包括专利局和有关机构出版的各种专利文献检索工具，如专利公报、专利索引、专利分类表等，专利文献的核心是专利说明书。

2. 专利文献的类别

现代专利文献可分为三大类型：一次专利文献、二次专利文献和三次专利文献。一次专利文献是指各种形式的专利说明书。二次专利文献，即刊载专利文献、专利题录、专利索引以及各种专利事务的专利局官方出版物，主要指专利公报及专利索引，相当于题录或摘要。三次专利文献是用于按发明技术主题分类和检索一次专利文献的工具，即专利分类表及分类表索引等。

3. 专利文献编号

专利文献编号经历几次升级。现行专利文献编号标准主要是 ZC 0006—2003《专利申请号标准》及 ZC 0007—2004《专利文献号标准》。

1）申请号

根据 ZC 0006—2003《专利申请号标准》规定，专利申请号用 12 位阿拉伯数字表示，包括申请年号、申请种类号和申请流水号 3 个部分。按照由左向右的次序，专利申请号中的第 1～4 位数字表示受理专利申请的年号，第 5 位数字表示专利申请的种类，第 6～12 位数字（共 7 位）为申请流水号，表示受理专利申请的相对顺序。专利申请号中使用的每一位阿拉伯数字均为十进制。12 位数字后面紧跟一个圆点，圆点后面是校验位。

专利申请号中的年号采用公元纪年，例如 2004 表示专利申请的受理年份为公元 2004 年。

专利申请号中的申请种类号用 1 位数字表示，所使用数字的含义规定如下："1" 表示发明专利申请；"2" 表示实用新型专利申请；"3" 表示外观设计专利申请；"8" 表示进入中国国家阶段的 PCT 发明专利申请；"9" 表示进入中国国家阶段的 PCT 实用新型专利申请。

专利申请号中的申请流水号用 7 位连续数字表示，一般按照升序使用，例如从 0000001 开始，顺序递增，直至 9999999。

2003 年 10 月 1 日起申请号升位。各类申请号参见表 4-1。

表 4-1　2003 年 10 月 1 日起升位后的申请号

申请种类	申请号
发明专利申请	2004 1 0000001.4
进入中国国家阶段的 PCT 发明专利申请	2004 8 0000001.0
实用新型专利申请	2004 2 0000001.9
进入中国国家阶段的 PCT 实用新型专利申请	2004 9 0000001.3
外观设计专利申请	2004 3 0000001.5

2）专利号

专利文献号用 9 位阿拉伯数字表示，包括申请种类号和流水号两个部分。专利文献号中的第 1 位数字表示申请种类号；第 2～9 位数字（共 8 位）为文献流水号，表示文献公布或公告的排列顺序。

专利文献号中的申请种类号用 1 位阿拉伯数字表示。所使用的数字含义规定如下："1" 表示发明专利申请；"2" 表示实用新型专利申请；"3" 表示外观设计专利申请。

中国国家代码 CN 和专利文献种类标识代码均不构成专利文献号的组成部分。然而，为了完整地标识一篇专利文献的出版国家以及在不同程序中的公布或公告，应将中国国家代码 CN、专利文献号、相应的专利文献种类标识代码（参见 ZC 0008—2004《专利文献种类标识代码标准》）联合使用。排列顺序应为：中国国家代码 CN、专利文献号、专利文献种类标识代码。如果需要，可以在中国国家代码 CN 与专利文献号、专利文献号与专利文献种类标识代码之间分别使用 1 位单字节空格。如下所示：

CN XXXXXXXXX A　　CN XXXXXXXXX B
CN XXXXXXXXX C　　CN XXXXXXXXX U
CN XXXXXXXXX Y　　CN XXXXXXXXX S

（注：A、B、C、U、Y、S 为专利文献种类标识代码）

具体文献号参见表 4-2。

表 4-2　2007 年 7 月和 8 月升位后的文献号

专利文献种类	号码升位日	号码升位卷期号	升位起始号
发明专利申请公布说明书	2007-7-18	23 卷 29 期	CN 100998275 A
发明专利说明书	2007-8-29	23 卷 35 期	CN 100333628 C
实用新型专利说明书	2007-8-29	23 卷 35 期	CN 200938735 Y
外观设计专利（单行本）	2007-8-29	23 卷 35 期	CN 300683009 D

3）公开/公告号

专利公告号与授权之后获得专利编号一致。

按文献流水号排序，均采用 9 位数编号，前面加国际通用中国国家代码（CN），第一位数字用来区分 3 种不同专利。"1" 表示发明专利，"2" 表示实用新型，"3" 表示外观设计专利。后 8 位数字表示当年的各种专利文献的流水号，流水号后标的英文字母表示各种专利说明书的类别或该专利的法律状态。申请号、公告号参见图 4-1。

【申请号】200730171288X
【申请日】2007. 07. 17
【名称】包装袋
【公开（公告）号】CN300815426
【公开（公告）日】2008. 08. 13
【主分类号】09－05
【分案原申请号】
【分类号】09－05
【颁证日】
【优先权】
【申请（专利权）人】东莞市宏立基线缆实业有限公司
【地址】523050 广东省东莞市茶山镇塘角大贵子工业区
【发明（设计）人】谢顺英
【国际申请】
【国际公布】
【进入国家日期】
【专利代理机构】深圳市顺天达专利商标代理有限公司
【代理人】蒋海燕
【摘要】1. 本外观设计产品是平面产品，省略其他视力。2. 采用透明材料制作。

图 4-1　专利的申请号和公告号

4. 专利文献介质

目前，世界上约有一百六十多个国家和地区设有专利机构并出版专利资料，我国自 1980 年 1 月经国务院批准成立专利局起，就陆续出版、发行专利文献。中国专利文献说明书的存储介质有如下几种形式：

（1）纸件

（2）缩微制品

①胶卷型（microfilm）：依文献顺序号排列；

②平片型（microfiche）：按国际专利分类号排列。

（3）光盘

（4）计算机磁盘

（二）专利文献的特点

与其他科技文献相比，专利文献主要表现有以下特点：

1. 内容广泛、完整和详尽

专利文献是人类关于科学技术和应用的发展史的记录，各个时期的新发明、新技术、新工艺和新设备大都反映在专利文献中。因此，专利文献涉及的学科范围十分广泛，内容全面、具体、详细，便于使用者掌握专利的某项技术及细节，并据以实施。

目前，世界上约有 90 个国家、地区、国际性专利组织用大约 30 种官方文字出版专利文献。专利文献几乎涵盖人类生产活动的全部技术领域[1]。

2. 承载技术、法律和经济信息

每一件专利文献都记载着解决一项技术课题的新方案，同时也包含发明创造所有权和权利要求范围的法律状况。通过查阅专利文献，可以找到购买许可证的对象和地址，也可根据专利的分布情况，分析技术销售的规模、潜在市场行情、发明的经济效益和国际竞争范围。

3. 技术内容新颖、先进和实用

专利文献报道了从生活日用品到尖端科技的一切应用技术和技术科学的内容，反映了国内外首创的最新成果和技术。我国专利法规定，专利说明书的内容必须具备新颖性、创造性和实用性。新颖性指该项发明创造从未公开发表、使用，也未被公众所知；创造性指该发明创造比同一领域的技术先进，具有独创性，发明专利还要求具有实质性的特点和显著的进步；实用性则指该发明创造可以转化为生产力并产生良好的效果。

大多数国家专利局采用先申请原则，致使申请人在发明完成之后尽早提交申请，以防他人捷足先登。同时，由于新颖性是可专利性的首要条件，因此，发明创造多以专利文献而非其他科技文献形式公布于众。

4. 格式规范

世界各国出版的专利说明书文件结构一致，均包括扉页、权利要求、说明书、附图等几部分内容。扉页采用国际通用的 INID（Internationally Agreed Numbers for the Identification of Bibliographic Data）代码标识著录项目，引导读者了解和寻找发明人、申请人、请求保护的国家、专利权的授予等有关信息。权利要求说明技术特征，表述请求保护的范围。说明书清楚、完整地描述发明创造内容。附图用于对文字说明的补充。

（三）专利文献的作用

专利文献是融技术、法律、经济情报为一体的反映科学技术发展状态的最全面、最系统的信息资源。由于专利文献兼具法律保护与资源公开两大功能，人人都可以利用它。其利用价值主要表现在以下几个方面。

1. 专利文献是科学技术信息的重要载体

科技人员或企业的研发人员通过查找专利文献能够了解技术发展的最新信息，提高

〔1〕 陈雅芝等. 信息检索. 北京：清华大学出版社，2006：1.

科研工作的起点，获得技术创新灵感，得以避免重复研究，少走弯路，加速新技术、新产品的开发；同时，在申请专利之前，通过专利文献的检索，可以初步进行“三性”判断，提高专利申请的质量。

2. 专利文献是防范或处理专利纠纷的必要工具

企业在开发新产品、新技术、新工艺，进行技术改造、技术转让、引进国内外技术，以及开展进出口贸易时，进行相关专利文献的检索和分析，有助于避免侵犯他人的专利权利以及由此带来的麻烦或经济损失。例如企业在产品或工艺开发的早期就相关专利文献进行初步侵权检索，如果发现产品或方法可能侵犯他人拥有的专利权，可立即改变产品或工艺，或者停止开发与经营。

3. 专利文献是企业发展的重要信息资源

企业通过专利文献的检索，以及对专利文献信息的分析研究，不仅可以知悉同行业的产品发展水平，预测行业技术的发展趋势，还可以了解竞争对手在国内外市场上所占的市场份额、核心技术竞争力、专利战略意图和技术发展动态，从而修正企业的研发方向，制定有效的生产与营销策略。

4. 专利文献是政府决策的参考依据

各级政府部门通过专利文献的检索，对专利文献中的相关数据进行统计、分析和比较，可以获取一个地区乃至一个国家经济发展各阶段具体数据对比资料，为政府科技与经济决策提供参考与预测依据[1]。

二、专利文献的构成

专利文献的核心是专利说明书，其主要作用是公开技术信息和限定专利权的范围。任何专利信息用户在检索专利文献时，最终要获取的也是这种全文出版的专利文件。

（一）专利说明书的构成

目前各国专利说明书的内容已逐渐趋于一致，并形成了固定的格式，一般由 3 部分构成：标头部分（扉页或称著录项目）、权利要求部分、正文部分（说明书，可能附加附图）[2]，如图 4-2 所示。

1. 著录项目

著录项目即专利说明书的扉页，包括专利申请人、申请日期、申请公开日期、审查公告日期、批准专利的授权日期、发明创造的名称、发明技术内容的摘要以及具有代表性的附图或化学公式等。对享有优先权的申请，还有优先权的申请日、申请号及申请国等内容。为便于识别各著录项目，方便计算机处理和检索，各著录事项前标有巴黎联盟专利局情报检索国际合作委员会（ICIREPAT）制定的国际标准代码 INID，由括号及两位数字构成，现列举部分编号如下：

[11] 文献号（或专利号）

---

〔1〕 张义刚. 浅谈文献检索在专利工作中的地位和作用. 现代情报，2003，(5).

〔2〕 陈雅芝等. 信息检索. 清华大学出版社，2006：1.

［21］专利申请号

［22］专利申请日期

［30］国际优先权案项目

［31］优先申请号

［32］优先申请日期

［33］优先申请国家

［40］公布日期

［51］国际专利分类号（Int. cl，右上角的阿拉伯数字代表《国际专利分类表》的版本）

［71］申请人姓名（或公司名称）

［72］发明人姓名

图 4-2 为 2007 年 8 月以前申请的实用新型专利说明书的著录项目。图 4-3 为 2007 年 8 月以后申请的实用新型专利说明书的著录项目。两者的差别仅仅在于专利号的编码不同。

[19] 中华人民共和国国家知识产权局　　　　[51] Int. Cl^7
G09F 21/04
G09F 9/33

[12] 实用新型专利说明书

[21] ZL 专利号　03232973.3

[45] 授权公告日　2004 年 1 月 7 日　　　　[11] 授权公告号　CN 2598085Y

[22] 申请日　2003.01.23　[21] 申请号　03232973.3
[73] 专利权人　雍　政
地址　610041 四川省成都市洗面桥街 16 号成都强星机电技术研究所
[72] 设计人　雍　政

[74] 专利代理机构　成都立信专利事务所有限公司
代理人　濮家蔚

权利要求书 1 页　说明书 4 页　附图 1 页

[54] 实用新型名称　车载式交通警示指挥装置
[57] 摘要

本实用新型涉及一种车载式交通警示指挥装置，其结构为在交通处理车辆上经连接结构设置有具有警示指挥信号标志显示功能的显示结构单元体。本实用新型装置的特点在于灵活机动，特别适合于在交通事故、交通堵塞等突发性或临时性交通事件的处理现场使用。

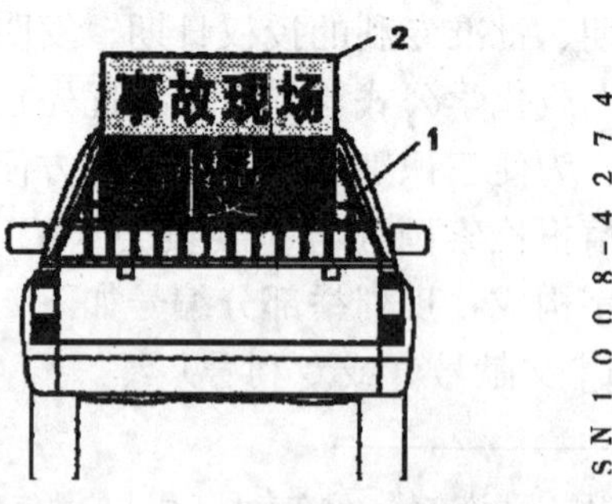

SN1008-4274

图 4-2　2007 年 8 月前实用新型专利说明书著录项目

[19] 中华人民共和国国家知识产权局

[51] Int. Cl.
H04N 5/64 (2006.01)
H05K 9/00 (2006.01)

[12] 实用新型专利说明书

专利号 ZL 200820301016.6

[45] 授权公告日 2009 年 7 月 22 日　　[11] 授权公告号 CN 201278565Y

[22] 申请日 2008.6.4
[21] 申请号 200820301016.6
[30] 优先权
[32] 2007.7.10 [33] CN [31] 200720200636.6
[73] 专利权人 四川长虹电器股份有限公司
地址 621000 四川省绵阳市高新区绵兴东路35 号
[72] 发明人 李位全 陈 洁

[74] 专利代理机构 成都虹桥专利事务所
代理人 蒲 敏

图 4-3　2007 年 8 月后实用新型专利说明书著录项目

2. 权利要求书

权利要求书确定专利技术要保护的具体特征和范围，是法律信息的集中反映，也是处理专利纠纷的法律依据。一般是将发明的内容概括成若干条，第一条是总的介绍专利的主要内容，后几条是具体的内容（图 4-4）。权利要求书的编号与专利编号相同。

03232973.3　　**权 利 要 求 书**　　第1/1页

1. 车载式交通警示指挥装置，其特征是在交通处理车辆上经连接结构（3）结合有具有警示指挥信号标志显示功能的显示结构单元体（2）。

2. 如权利要求 1 所述的车载式交通警示指挥装置，其特征是所说的显示结构单元体（2）为只作单方向显示的结构体形式。

3. 如权利要求 1 所述的车载式交通警示指挥装置，其特征是所说的显示结构单元体（2）为至少作两个方向显示的结构体形式。

4. 如权利要求 1 所述的车载式交通警示指挥装置，其特征是所说的显示结构单元体（2）为由至少两个子结构单元经铰接结构（4）相互连接成的可翻折形式的结构。

5. 如权利要求 1 所述的车载式交通警示指挥装置，其特征是所说的显示结构单元体（2）上的警示指挥信号标志为可由操控机构控制的发光二极管显示结构。

6. 如权利要求 1 至 5 之一所述的车载式交通警示指挥装置，其特征是所说的显示结构单元体（2）与交通处理车辆相结合的连接结构（3）为可与车辆上的固定支承结构（1）相连接的连接结构。

图 4-4　权利要求书

3. 正文

正文又称说明书。发明创造的全部技术信息通过正文部分公之于世，是技术信息的集中反映，也是解决技术问题的关键部分，正文部分内容一般可划分为 5 个方面：①前言：发明背景介绍或专利权人介绍；②同类专利存在的问题；③本专利要解决的问题及其优点；④专利内容：对原料、制造条件等的解释；⑤实例：包括使用设备、原料制备、配方、生产条件、结果等。

图 4-5 为一个实用新型专利申请说明书的正文的第一页。有的专利说明书还附有必要的附图和检索报告（图 4-6）。

03232973.3 说 明 书 第1/4页

车载式交通警示指挥装置

技术领域

本实用新型涉及的是一种车载式交通警示指挥装置，特别是可供在交通事故、堵塞及其它突发性或临时性的交通事件处理现场和/或交通巡逻车使用的交通警示指挥装置。

背景技术

城市道路交通秩序的维持和保障，除必不可少的各种固定式指挥装置外，临时性和/或突发性的各种交通事故、堵塞等事件的发生常不可避免，如不及时尽快处理，势必会较长时间地影响正常秩序的恢复，造成较大损失和不良影响。在这些突发性和/或临时性交通事件的处理现场，目前的处理方式，除设置必要的临时性交通隔离标志外，主要是靠警员在现场进行指挥和疏导。由于这些现场的秩序多较为混乱，单靠警员的人力指挥，·不仅费时费力，且通常效率不高，正常交通

图 4-5 实用新型专利说明书正文第一页

03232973.3 说 明 书 附 图 第1/1页

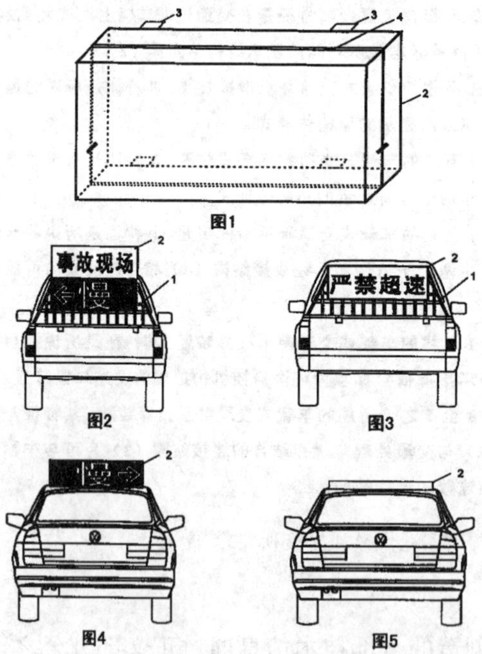

图1

事故现场

慢

严禁超速

图2 图3

慢

图4 图5

图 4-6 说明书附图

（二）专利说明书的种类

专利在申请、审查到专利权授予的过程中，说明书要经过几次修改，专利局在审查批准的过程中对几个不同版本的说明书都要编辑出版，主要有发明专利申请公开说明书、发明专利说明书、实用新型专利说明书和外观设计授权公告等〔1〕。

1. 发明专利申请公开说明书

《发明专利申请公开说明书》报道的是经初步审查合格、没有进行实质审查、未授予专利权的发明专利申请的一次信息，每周出版一次。我国专利法规定，对发明专利申请实行早期公开、延迟审查制度。发明专利申请提出后，经初步审查（形式审查）合格，自申请日起满十八个月即行公布，出版《发明专利申请公开说明书》。

2. 发明专利说明书

《发明专利说明书》是经过实质审查并授予专利权的发明专利的一次信息，每周出版一次。因为发明专利要经过实质审查，所以从申请之日起到专利权的获得，往往要经过几年的时间。在这段时间里，有的发明人会对其发明做一些修改，使其更具有先进性，所以，在专利授权时，国家知识产权局对曾做较大修改的发明出版《发明专利说明书》，也就是说，同一件专利的《发明专利说明书》比《发明专利申请公开说明书》更具有先进性和参考价值。

3. 实用新型专利说明书

我国专利法规定，实用新型专利申请只需通过初步审查即可获得专利权。《实用新型专利说明书》是经初步审查并授予专利权的实用新型专利的一次信息，每周出版一次。

4. 外观设计授权公告

外观设计专利申请经初审合格即可授予专利权，自 1993 年 1 月 1 日起开始在外观设计公报中公告。自 2006 年 1 月 1 日起，国家知识产权局开始出版外观设计专利单行本，由扉页和外观设计图片或者照片页构成。

三、国际专利分类法

（一）国际专利分类法的产生和发展

各国制定本国的专利分类法，是为了更好地管理和使用逐年增多的专利文献，从而逐渐形成了一种按技术内容或技术主题划分专利文献的方法。不少发达国家从建立专利制度，制定专利分类法到使用国际专利分类，已有一百多年历史。表 4-3 展示了部分发达国家专利法及分类法发展历程。

〔1〕陈雅芝等. 信息检索. 北京：清华大学出版社，2006：1.

表 4-3 部分发达国家专利法及分类法发展历程[1]

国别	专利法始建年代	国家分类法始建年代	IPC 始用年代
英国	1624 年	1880 年	1967 年
美国	1790 年	1831 年	1969 年
法国	1791 年	1904 年	1968 年
前苏联	1812 年	1896 年	1970 年
日本	1855 年	1893 年	1964 年
德国（西德）	1877 年	1877 年	1971 年
瑞士	1887 年	1908 年	1971 年

目前，世界上主要的专利分类体系可归纳为以下几种：《国际专利分类表》《美国专利分类表》《英国专利分类表》和德温特出版公司编制的分类体系。但各国的专利分类法均不相同。为了迅速、准确地在全球范围内的海量专利说明书中找到有关课题的专利文献，就需要一种统一的、通行的方法来进行专利文献的查找。在这种背景下，国际专利分类法应运而生。

国际专利分类法的产生，.不仅表明了资本主义国际市场的形成，也表明发达国家之间对专利技术交流和合作方面的需求。如今，为许多国家普遍采用的分类表是《国际专利分类表》，只有英、美等少数国家仍在采用自己的专利分类表，但在说明书及相应的检索工具的著录中都附有国际专利分类号。因此，利用国际专利分类号可以顺利检索到有关课题的资料。国际专利分类法是专利制度趋向国际化、统一化的必然产物，是一个标准化和统一化管理及使用专利文献的国际分类方法。

（二）国际专利分类表

国际专利分类法（International Patent Classification，IPC）是一种国际通用的管理和利用专利文献的工具。1952 年，欧洲理事会成立了一个“分类小组”，1954 年 12 月 19 日，欧洲理事会的一些国家：法国、德国、英国、意大利、瑞士、荷兰、瑞典等签订了《关于发明专利国际分类法欧洲协定》。1967 年，BIRPI（世界知识产权组织 WIPO 的前身）接受欧洲专利专家委员会建议，将该欧洲专利分类法作为国际专利分类法。1968 年 9 月，第一版 IPC 生效。1971 年 3 月 24 日，《巴黎公约》成员国在法国斯特拉斯堡召开全体会议，签署了《国际专利分类斯特拉斯堡协定》，从此，WIPO 成为 IPC 的唯一管理机构，确定 IPC 为《巴黎公约》成员国的统一的专利分类法。我国于 1997 年 6 月正式加入 IPC。

（三）国际专利分类法方法

1. 国际专利分类法的层级结构

为了更好地满足不同类型使用者的需求，世界知识产权组织（WIPO）在 1999～2005 年对国际专利分类表进行了改革，将第 8 版 IPC 分成基本版和高级版两级结构。第 8 版 IPC 基本版约 20 000 条，包括部、大类、小类、大组和在某些技术领域的少量

〔1〕 田艳．国际专利分类与专利文献．专利文献研究，2001（1），（3）．

多点组的小组。其中，8 个部分别以 A、B、C、D、E、F、G、H 表示，各部的内容参见表 4-4。第 8 版 IPC 高级版约 70 000 条，包括基本版以及对基本版进一步细分的条目。高级版供属于 PCT 最低文献量的工业产权局和大的工业产权局使用，用来对大量专利文献进行分类。我国国家知识产权局专利局采用 IPC 高级版。

表 4-4　国际专利分类中八大部内容

部	内　容
A 部	生活需要
B 部	作业；运输
C 部	化学；冶金
D 部	纺织；造纸
E 部	固定建筑物
F 部	机械工程、照明、加热、武器、爆破
G 部	物理
H 部	电学

2. 各层级的标记方法

类目采用字母－数字－字母－数字混合标记法：

“部”——用字母表示；

“大类”——用数字表示；

“小类”——用字母表示；

“组”——用数字表示；

“主组”和“分组”之间用“/”分开。

完整的分类标记符号如图 4-7 所示。

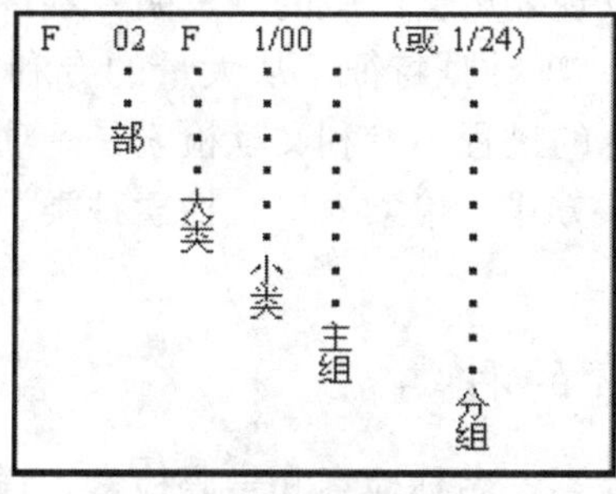

图 4-7　分类标记符

从分类表上可知，国际专利分类表的细分并不限于 5 级，有些分组与分组之间有从属级别关系，一般用圆点和缩位的办法继续细分：①其等级完全由类名前的圆点个数决定，而不是根据分组的编号来决定；②为了避免重复，圆点也用来替代那些等级直接比它高一级的组的类名。

【例 4-1】分类号 F02F1/32 分类分析

按照如上原则，分类号 F02F1/32 的等级分类分析结果如表 4-5 所示。

表 4-5 分类号 F02F1/32 的等级分类分析

部	F	机械工程；照明；加热；武器；爆破
大类	F02	燃气发动机
小类	F02F	燃气发动机的汽缸、活塞或曲轴箱；燃烧发动机的密封装置
主组	F02F1/00	汽缸；汽缸盖
一点分组	F02F1/24	·汽缸盖
二点分组	1/26	· ·具有冷却装置
三点分组	1/28	· · ·用于空冷
四点分组	1/30	· · · ·散热片式汽缸盖
五点分组	1/32	· · · · ·汽缸盖是顶阀式

根据检索和分析结果，分类号 F02F1/32 的内容是指燃气发动机上的一种具有冷却装置、用于空冷、形状是散热片式的一种顶阀式的汽缸盖[1]。

第二节 专利文献检索

一、专利文献检索概述

（一）专利文献检索的概念

专利文献检索是有关专利信息的查找，它是从事专利文献工作的人们在长期的工作实践中概括出来的一种特指查找专利资料活动的术语。

根据前苏联国家发明与发现委员会出版的《发明专利许可证工作及专利情报术语词典》，专利文献检索是指根据一项数据特征，从大量的专利文献或专利数据库中挑选符合某一特定要求的文献或信息的过程。专利文献检索是一项复杂的工作，是由多种因素构成的，如：检索系统、检索方式、检索入口、检索种类、检索目的、检索范围以及检索经验等①。

（二）专利文献检索的种类

专利文献检索包括主题检索、名称检索和号码检索。详细划分参见图 4-8。

1. 主题检索

主题词检索是指从某一技术主题对专利信息进行查找的工作。

分类号检索：是手工检索的基本检索方式。

〔1〕 陈雅芝等. 信息检索. 北京：清华大学出版社，2006：1.

① 此处内容引自中华人民共和国国家知识产权局网站，http：//www. sipo. gov. cn。

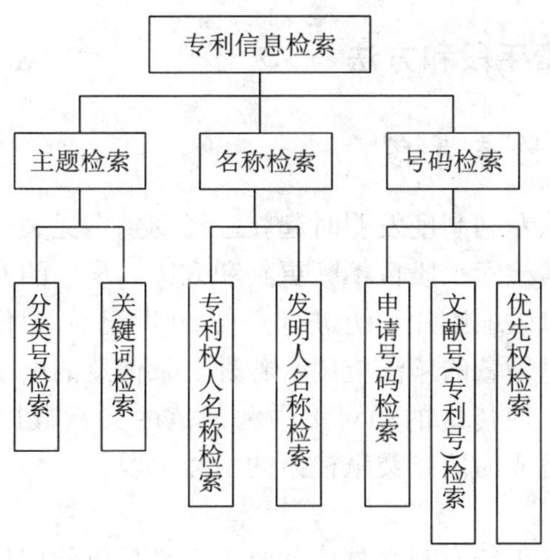

图 4-8 专利文献检索途径

关键词检索：一种是指利用专利技术主题的关键词，直接从关键词检索入口开始，利用计算机查找含有该关键词的专利文献；另一种是指分类检索做前期准备，利用按专利技术主题的关键词编排的专利分类表关键词索引，从关键词入手，查找该关键词在专利分类中的分类位置，再结合专利分类表，确定所需查找的技术主题的分类号。

2. 名称检索

名称检索是利用已知的专利权人、专利受让人、专利申请人或者发明人的名称作为专利检索线索，对专利文献进行查找的工作。

专利权人名称检索：以某一专利申请人、专利权人或者专利受让人名字作为专利检索线索，查找该专利申请人、专利权人或者专利受让人拥有的某一特定或全部专利或专利申请的有关信息。

发明人名称检索：发明人、设计人检索是指以某一发明专利或者实用新型专利的发明人、外观设计专利的设计人的名字作为专利检索线索，查找该发明人或设计人拥有的某一特定或全部专利或专利申请的有关信息。

3. 号码检索

号码检索是以某一专利或者专利申请的特定号码作为专利检索线索，查找该专利或者专利申请的有关信息。

申请号检索：以某一专利或者专利申请的申请号作为专利检索线索，查找该专利或者专利申请的文献号或有关信息。

优先权检索：以某一专利或者专利申请的优先权作为专利检索线索，查找该专利或者专利申请的文献号或有关信息。

文献号（专利号）检索：以某一专利或者专利申请的文献号作为专利检索线索，查找该专利或者专利申请的其他有关信息。

二、专利文献检索手段和方法

（一）专利文献检索手段

专利文献检索手段从专利制度发明时起就已经受到广泛关注。随着科技进步和专利文献本身的爆炸增长，其检索手段也不断更新和升级。早期的专利文献检索主要依赖于印刷型检索工具，辅之以微缩胶片系统进行。自 20 世纪 90 年代以来，随着计算机、数字技术及网络技术在信息领域的广泛应用，各种文献信息的电子化、数字化给传统的信息管理带来了巨大影响，使传统的相对集中和规范的文献数据库及其检索系统面临挑战。数字化检索已经日益成为信息文献检索的主流手段。

1. 印刷型检索工具

利用印刷型检索工具进行专利文献检索是人们最早就使用的一种检索方式。人们利用各种检索工具，如《中国专利索引》，自 1986 年一分为二的《分类年度索引》和《申请人、专利权人年度索引》，以及 1997 年开始增加的《申请号、专利号索引》等工具，通过分类号、申请号、专利号、申请人及专利权人等各种途径检索所需要的专利文献信息，从而达到查找专利原文的目的。但随着计算机、数字化等技术的广泛应用，手工检索已逐渐被其他现代化的检索取代。

2. 光盘库检索

伴随专利文献资料的大量增加和电子办公的迅速普及，专利技术全文资料文献已经制作成了 CD-ROM 光盘版。如《中国专利数据库》收录了 1985 年 5 月以来的发明专利和实用新型的全文说明书，是目前最完整、最准确的专利图文信息库，至今共有一百多万项专利全文说明书，同时发行了更加先进、容量更大的 DVD 版本。《中国专利数据库》已成为国内生产、教学、科研中不可缺少的文献信息源。为解决多用户同时检索的需求，目前我国大多数高校图书馆已将其挂在校园网上，扩大了专利文献光盘版数据库的使用范围。

3. 联机数据库检索

在网络技术尚未得到高度发展的 20 世纪 70 年代，一些国家和商业性联机检索系统已在小范围内实现信息资源共享，即国际联机检索系统。其中较为著名的几大国际联机检索系统有：DIALOG、STN、QUESTLORBIT 及 DATA -STAR 等（其中 DATA -STAR 现已与 DIALOG 合并）。随着计算机技术的发展，联机检索系统也在发展、完善，在世界各地拥有了越来越多的用户，在很大程度上满足了用户快速、方便地检索各种信息资料的要求。随着 20 世纪 90 年代因特网网络技术的快速发展，用户可免费从网上获取的资源不断丰富，尤其是 20 世纪末各工业产权局开始提供的免费专利数据资源，对这些商业性国际联机检索系统的信息服务在一定程度上造成了一些冲击，但这些世界著名的国际联机检索系统多年来不断地开发和强化检索功能，以更新、更快捷、更大信息量来迎接各种挑战，推动着联机检索技术的发展。尽管联机系统使用费用比较昂贵，但从检索资源的信息量大、系统性、完整性、准确性、深度加工和标引、强大的检索功能、显示和统计、数据更新更快等功能而言，商业联机检索系统仍然有其发展的潜力与市场。

1）DIALOG 联机系统

在众多的联机数据库检索系统中，DIALOG 联机系统是目前世界上最大的数据库系统，拥有九百多个不同类型的数据库，DIALOG 系统的用户遍及全世界一百多个国家，其中纯专利数据库和含有专利信息的综合性数据库近 30 个。20 世纪 90 年代中期以来，虽然面临各种基于网络面向最终用户的新型数据库的冲击，但因 DIALOG 数据库内容覆盖基础科学和工程技术各个学科领域，文献类型囊括了期刊、学术会议、专利、技术报告、标准等公开发表的全部形式，数据库时间跨度超过 10～15 年，更新周期一般为 1 周；又因其在长期的发展过程中已形成了一套完善的指令系统、严密的逻辑组配关系和截词方法，并具有灵活的字段检索和响应时间快等诸多优点，在文献检索中仍被广泛采用并占据主导地位[1]。

2）国际科学技术信息网

国际科学技术信息网（The Scientific & Technical Information Network）简称 STN International，该系统是世界上第一个由多个国家合作开发的国际联机检索系统，专门报道科学技术信息。STN 也是世界上第一个实现图形检索的系统，于 1983 年创建，由美国的化学文摘社（CAS），德国的卡尔斯鲁尔专业情报中心（FIZ Karlsruhe）和日本科技情报中心（JICST）共同联合开发研建，采用广域网互联方式将位于美国、德国和日本的 3 大主机系统的所有数据库互联，用户只需与其中 1 台主机联机，就可以实现 3 大主机联机检索，共享 STN 系统内丰富的信息资源。目前 STN 系统内已有各类专业数据库两百多个，内容涉及化学、能源、物理、数学、生命科学、冶金、生物技术、工程，还有知识产权和商业信息等，大约 3.5 亿的文献覆盖全球各个技术领域，其中专利文献约有 3 000 万件。

3）QUESTEL · ORBIT 联机检索

该系统是世界上主要联机信息提供商之一。QUESTEL · ORBIT 的历史开始于 20 世纪 60 年代末，美国系统公司为美国医学图书馆开发了联机检索系统软件，也就是 ORBIT 的基础，1972 年 ORBIT 成为最早的商业联机检索服务之一。1994 年，法国电信集团的一个子公司 QUESTEL 购买了 ORBIT 联机服务部分，ORBIT 专利数据库极大丰富了 QUESTEL 的科学、专利、商标和专利资源的收藏。1999 年公司将 QUESTEL 和 ORBIT 系统合并成为一个平台，创建了 QUESTEL · ORBIT。目前，QUESTEL · ORBIT 系统拥有一百多个数据库，提供的信息涉及知识产权（包括专利、商标、外观设计和因特网域名）、科学和技术、商业、新闻、人文学科和社会科学等领域。QUESTEL · ORBIT 系统的特点是知识产权信息丰富，收录的商标数据库有 19 个，专利数据库超过 30 个（含 69 个国家的专利信息）。

4. 互联网检索

互联网以其巨大的信息量，无处不在的接入便利性以及价格的便宜等无可比拟的优势带给人们前所未有的新体验。为了能够快速准确地查询专利信息，通过互联网接入联机检索系统常用的专利检索手段有两种：

---

[1] 孟煜，张玲儿等. 多种检索手段在信息检索中的应用. 图书馆学刊，2003，(2)：47～48.

（1）利用著名机构或图书馆的导航功能接入联机数据库。一些著名机构或图书馆精心挑选一些提供专利检索的权威网站以超链接的方式放在其主页上，用来为网民导航。因此，登陆这些网站也会帮助我们很好地查询所需的专利信息。

（2）利用网上电子图书馆接入联机数据库。网上电子图书馆是搜索引擎站点的发展和完善，不同的是电子图书馆的信息有较强的针对性，其信息资源是针对特定的用户而精心挑选的，可以提高专业用户的网上专利查询效果。此外，电子图书馆通常提供基于VPN方式的访问渠道，以保障被授权用户可以免费访问大量平常需要付费才可访问的丰富的网络资源。

（二）专利文献检索方法

1. 专利文献检索入口

专利文献检索入口是检索专利文献的依据。

作为纸载体和缩微载体检索系统，检索入口主要有：国际专利分类号、各国专利分类号、申请人、发明人、设计人、专利文献号、申请号。

随着电子检索系统的产生，一些非专利文献著录项目的信息性词汇和标识也被列入专利文献检索入口之中，如：主题词、化学分子式、范畴分类号、出让人、文摘号等。

1）专利分类号

专利分类号是从技术主题角度检索专利文献的主要检索入口。人们可以从某一专利分类号入手检索出同属于该分类号所代表的技术领域的一组专利文献。专利分类号的确定，可以使用分类关键词索引和专利分类表结合进行。从分类号进行检索，可以提高文献的查全率。作为检索入口，专利分类号包括：国际专利分类号、各国专利分类号和特定出版物使用的特定分类号。确定国际专利分类号的方法包括：

（1）直接法。直接利用《国际专利分类法》查找课题专利分类号的方法。即先确定课题大致所属的部，使用这个部所在的分册，按照目录中给出的大类、小类、主组、小组逐级向下查找。

（2）关键词索引法。《关键词索引》是通过事物名称查找国际专利分类号的一个辅助性索引工具。这种索引中的关键词按汉语拼音的字顺排列，其后列出IPC类号。通过关键字就可以找到IPC类号。

（3）间接法。通过阅读已有的专利说明书查找专利分类号，也可通过查找专业性报道专利的检索工具间接地得到，例如《化学文摘》。

2）名称

名称检索入口主要涉及：专利申请人、专利受让人、专利权人、专利出让人、发明人、设计人等。他们既可以是自然人，也可以是法人。人们可以以此入手检索出属于该专利申请人或者专利受让人、专利权人、专利出让人、发明人、设计人的一件或者一批专利文献。

3）专利文献号

专利文献号是具有唯一性的用于索取专利文献的依据，是从号码角度检索专利文献的检索入口，包括：公开号、公告号、专利号。人们可以以此入手检索同族专利或者查询该专利的法律状态。我们可以根据某一专利的专利号码进一步查找该专利的文摘或者全文，还可以检索到它的同族专利或者相同专利，还可以进一步得到分类号和优先权信息，从而扩大检索范围。

4）专利申请号

人们可以从某一专利申请号入手检索该专利的公开号或者申请公告号、审定公告号、授权公告号、专利号等，同样可以从某一专利申请号入手检索同族专利或者查询该专利的法律状态。

5）主题词

主题词检索入口是通过主题词的方法查找相关技术主题的专利文献。主题词也称为关键词，通常为计算机检索入口。主题词可分为标引词和非标引词。标引词是指经过专门标引加工筛选出来的主题词，它包括机器标引和手工标引生成的主题词。非标引词也称自由词，在中文计算机检索系统中还包括单字。

6）优先权项

优先权项是指同族专利中基本专利的申请号、申请国别、申请日期。由于同族专利或相同专利都有相同的优先权项，故通过优先权项可以方便、快捷地检索出同一发明的全部同族专利。通过某一项发明创造的同族专利数量及申请国别，可以对该项技术的潜在经济价值进行评价，为技术引进提供依据，为产品出口避开对方的专利保护区提供情报。在实际中，可以直接从某一确定的检索入口进行检索，也可以将多个检索入口结合起来进行检索。为了扩大检索范围，可以从检出的专利中寻找更多的检索入口，继续进行检索。

2. 专利文献检索主要方法

如果进行检索时，已知的检索线索是技术主题，则检索的基本思路及方式如下：初步找出几篇文献，深入分析技术主题，选择主题词，利用被检索技术的若干主题词进行初步检索；确定相关的国际专利分类号，对照国际专利分类表，选择所有可能的分类位置，确定主分类或副分类；确定同义词、近义词，根据初步检索结果进一步找出相关关键词；确定完整的检索提问式并检索，根据 IPC 号、关键词及其同义词、近义词进一步组配检索；根据检索结果，浏览其文摘，进行筛选；根据需要，将相关文献的专利说明书找出，对其进行深入分析，以此修改检索提问式，进行扩大检索。

1）技术主题分析方法

主题分析是进行专利技术信息检索的第一步，检索效率的高低，取决于主题分析的优劣。

通常，发明创造的技术主题涉及三个方面的判断：其一，产品发明或方法发明的判断；其二，功能性发明或应用性发明的判断；其三，发明创造的具体结构或者内容的判断。

（1）对产品和方法进行分析。发明创造的技术主题包括两大类型：产品发明和方法发明。产品发明包括比如物品（机械、器具、装置、设备、仪器、部件、元件等），材料（合金、玻璃、水泥、油墨、涂料、组合物等）。方法发明包括比如产品的制造方法（产品的机械制造方法、化学制造法和生物制造法等），其他方法（通讯方法、测试方法、计量方法、修理方法、使用方法等)。在选择关键词时，对于产品发明，要选择该产品的名称做关键词；对于方法发明，关键词只选择该产品的名称是不够的，但“方法”“制造”等是很泛指的词，它们不能给检索增添实际内容，因此只能用其进行分类或与产品名称组配，而不用作关键词。国际专利分类为产品发明和方法发明分别设立了相应的分类位置。

(2) 对功能性与应用性进行分析。发明有功能性发明和应用性发明之分。功能性发明是指有关事物的内在性质或功能，与使用在哪一个特殊领域无关，或者不提使用范围，或者其功能在技术上不受使用范围影响；应用性发明是指有关事物的特殊用途应用，其构成与特殊使用范围有关，在技术上受范围影响。分析检索的技术主题就要弄清楚检索目的是侧重于具有某种结构或功能而不考虑其应用领域的专利技术，还是侧重于具有特殊用途或者特殊应用领域的专利技术。国际专利分类中设立了功能性分类设置和应用性分类位置。

(3) 对具体结构或内容进行分析。每项发明创造都有其特定的内容或者结构。当要检索具有特定结构或内容的发明创造，或者某项发明创造的特定结构或内容时，所选择的关键词就是该发明创造的名称及特定结构的名称。

【例 4-2】检索“数字高清晰度电视”。该项检索课题的技术主题是涉及一种产品的制造方法，另外，产品并不是普通的电视机，而是高清晰度的数字化的电视机或电视系统。因此选择的主题词为：数字、高清晰 * 、电视 * (“ * ”为截词检索符)。在国际专利分类表中找出 H04N 的类名是“图像通信，例如电视”。

检索表达式： (数字 and 高清晰 * and 电视 *) or IPC = H04N01/5 or IPC = H04N11/24

2) 主题词应用方法

主题词在检索中主要有两个方面的作用：作为检索入口直接用于主题检索；帮助确定专利分类位置。

(1) 运用主题词，直接检索课题。主题词主要有两类：规范化词(标引词)和非规范化词(自由词)。前者是指词表中的词，后者指词表以外，经常出现在标题和文摘中的词。有些计算机检索系统中的主题词是规范化词，它们有相应的主题词表，如中国专利文摘数据库(CNPAT)等。这时选择主题词，应使用其相应的主题词表。有些检索系统中的主题词是非规范化的，如中外专利数据库，这时要任意选词作为主题词。主题词检索入口可与其他检索入口进行逻辑组配检索，还可与其他检索入口，如专利分类号、专利权人或发明人，进行逻辑组配检索，从而限制检索范围，提高检索的准确度。

【例 4-3】检索“金属散热器”。本检索的技术主题是一种产品——散热器，制造材料是金属。所选择的主题词为：①散热器：英文为 radiator，但注意 radiator 的汉语意思为散热器、暖气片、(汽车)等水箱、振荡器；②金属：也可以是“合金”，甚至可以是铁、铜、铝。所以主题词应定为：metal，steel，Cu，copper，AL，aluminum ，alloy。另外，用分类号过滤清除 radiator 所表示的(汽车等)水箱、振荡器等的专利文献。国际专利分类号 F28 的类名是一般热交换，检索表达式为：radiator and (metal or steel or Cu or copper or AL or aluminum or alloy) and IPC=F28 * 。

（2）运用主题词，确定专利分类位置。检索者可以借助辅助分类工具书——“关键词索引”或“分类表索引”进行分类。

【例 4-4】检索“陶瓷的制造技术”。该检索课题包含“陶瓷”产品本身，以及它的相应的制造技术。其范围较宽，确定分类有一定难度，选择“陶瓷”为关键词，用《国际专利分类表关键词索引》对照，可以获得如下结果：

陶瓷	C04B
加工	B28D1/00
浸渍	C04B41/04
金属化	C04B41/14
原料调剂（配制、配方）	C04B33/02

（3）注意运用同义词和区分多义词。在专利检索中，很重要的一个要求就是要考虑同义词。在查询的时候，一定要充分考虑各种各样的同义词，否则会漏掉一些内容。但是要直接找到这些同义词有时候又比较困难，所以要先通过关键词查询完成初步检索，然后进行 IPC 分类。如果分类比较集中，可以阅读该分类的定义，从中找出同义词；如果比较分散或者初步结果比较少，需要阅读这些说明书，然后从中分析出同义词。有些时候，同义词的引入可能会产生一些歧义。例如：要查找石家庄某个年度申请的专利书目，我们首先会直接查询“石家庄”的对应记录，但是石家庄是个大的地域，下面还有很多县市，所以如果仅仅使用石家庄就会漏掉一些信息，必须采用“石家庄＋正定＋平山＋无极＋…＋赵县”进行检索。同时，为了防止重名现象出现，我们还需要加上“河北”这样字样的限制。

3）专利分类号确定方法

为了检索更全面，在确定专利分类号时，要将与技术主题相关的所有可能的分类号都确定下来。例如，检索一个产品发明时，要确定与该产品有关的分类号、与该产品的制造有关的分类号、与该产品功能有关的分类号、与该产品应用有关的分类号。

在专利分类号的确定中，还应注意到国际专利分类表的版本变化。由于国际专利分类表每 5 年修订 1 次，而许多查新课题都涉及一些新兴技术领域，必须注意到其相应分类号在历次修订中的变化，否则按现行版本中的分类号去检索多年前的专利文献，势必造成漏检。

利用专利分类号，保证检索的查全率和查准率。在进行计算机检索时，为能检索得全面并消除人为因素，将分类确定到小类即可。若检索出的文献数量太多，即分类范围太大，可用一个或者几个主题词分类加以限制。这样既可避免漏检现象，也可以使一般检索者不再感觉分类困难。

4）专利说明书的筛选方法

专利文献包含三方面的信息：技术信息、法律信息、外在信息。不同检索用户对信息的需求不同。对于进行新产品、新技术开发和研究的检索者，他最关心的是技术信息，因此在阅读专利文献时，要着重阅读“说明书”的各部分内容。关心专利保护范围的检索者，最感兴趣的是法律信息，因此在阅读专利文献时，应该着重阅读“权利要求书”。准备进行扩大检索等工作的检索者，要了解的是专利文献的外在信息，在阅读专利文献时，重点阅读“扉页”即可。

5）扩大检索的方法

通过阅读专利文献，从中获得有关信息，以此为线索进行再检索。专利文献的“扉页”中的著录项目“（50）国际专利分类号”“（52）本国专利分类号”“（58）审查时检索范围”“（71）申请人姓名”“（72）发明人姓名”，均可为扩大检索提供有用信息；另外“扉页”中的著录项目“（56）已发表过的有关技术水平的文献”，以及专利文献的检索报告，均可提供一些与检索主题有关的专利文献的文献号，利用这些文献的文献号，逐一阅读专利说明书，即可扩大检索。

三、中国专利文献检索

（一）专利文献印刷型检索工具

为了给用户提供快速、系统地查找专利信息的手段，有关部门编制了多种检索工具。我国具有权威性的印刷型专利检索工具主要包括《中国专利公报》和《中国专利索引》。

1.《中国专利公报》

《中国专利公报》是国家知识产权局每周定期公开出版的受理、审查和授权公告的唯一法定刊物，每星期三出版，分《发明专利公报》《实用新型专利公报》《外观设计专利公报》三种。它集经济、法律和技术信息为一体，反映了在中国申请专利保护的国内外最新发明创造成果，对促进科技发展、快速传播科技信息起着难以估量的作用①。

《中国专利公报》主要刊载专利申请公开、专利权授予、专利事务、授权公告索引等多项内容。

1）中国专利公报的特点

（1）法律效力：是人民法院审理专利案件的重要证物，也是签订合同的合法依据。

（2）惟一性：知识产权出版社为法定惟一出版公报单位，其他单位均无权出版。

（3）共同性：美国、日本、欧盟各国专利商标局均出版类似出版物。

（4）不可替代性：其他任何出版物无权替代，是国家知识产权局与美国、日本、欧盟各国专利局互换保存的专利文献资料。

（5）客观公正性：客观反映每个专利申请人及授权人的专利全程法律状态。

（6）史料性：为专利申请人、专利权人珍贵的历史资料。

《中国专利公报》是企业、图书馆、大中院校查询专利文献，及时、准确地掌握相关领域专利动态的重要资料，也是专利申请人、专利权人及时、准确了解自己专利的法律状态和处理专利相关事务（专利转让、许可、实施等）的有力工具。

2）中国专利公报的内容

（1）《发明专利公报》。《发明专利公报》报道的内容如下：

①发明专利申请公布。报道发明专利申请的名称、申请人及内容摘要等，属于

---

① 此处引自中华人民共和国国家知识产权局网站，http：//www. sipo. gov. cn。

文摘。

②国际专利申请公布。是指国际专利申请时，其“指定国”中有中国的 PCT 申请，属于文摘。

③发明专利权授予。该部分报道的是经实质审查并授予专利权的发明，属于题录类型。

④申请公布索引。包括 IPC 索引、申请号索引、申请人索引、公开号/申请号对照表，便于用户从不同角度查找发明专利的公开号。

⑤授权公告索引。包括 IPC 索引、专利号索引、专利权人索引、授权公告号/专利号对照表。便于用户从不同角度查找授权公告号。

(2)《实用新型专利公报》。包括“专利权授予”“授权公告索引”及“专利事务”等内容。

(3)《外观设计专利公报》。其内容与《实用新型专利公报》基本一致。

3）检索方法

我国的“发明专利”“实用新型专利”和“外观设计专利”均有分类途径、号码途径和申请人途径。现分述如下：

(1) 分类途径。

①分析课题，确定专利文献的技术主题范围，用《国际专利分类表》查出部、类、组的完整分类号。

②根据 IPC 分类号，利用《中国专利公报》中的“专利申请公布”“国际专利申请公布”或“专利权授予”直接查找专利信息。

(2) 申请人（专利权人）途径。

① 先根据申请人（专利权人）、申请专利的年代和类型，确定待查的《中国专利公报》的时间范围和专利类型。

②使用《中国专利公报》中“申请公布索引”的“申请人索引”或“授权公告索引”的“专利权人索引”，查得公开号或授权公告号，然后在《中国专利公报》中进一步查找专利信息。

(3) 号码途径。

根据已知的申请号（专利号），使用《中国专利公报》的“申请号索引”或“专利号索引”，查得公开号或授权公告号，然后在“专利公报”中进一步查找专利信息。以上 3 种方法均可以获得专利的公开号，利用公开号即可向专利文献服务部门索取专利说明书。

2.《中国专利索引》

《中国专利索引》是由知识产权出版社出版的专利文献检索工具。从 1986 年起分两册出版，即《分类年度索引》和《申请人、专利权人年度索引》，1997 年开始增加《申请号、专利号索引》。它报道当年《发明专利公报》《实用新型专利公报》和《外观设计专利公报》三种公报上公布的所有专利文献。

1）《分类号索引》

该索引是一个以类检索专利信息的检索工具，它的类目按《国际专利分类表》排列。用户根据查找的技术领域所属的分类号，从该索引中可以检索出专利申请的公开号、申请人（专利权人）、发明名称及所刊登的《中国专利公报》卷期号。然后根据这些线索查找专利文摘或获取专利说明书。

2)《申请人、专利权人索引》

这是一个从申请人（专利权人）途径检索专利信息的检索工具。本索引按申请人（专利权人）姓名或译名的汉语拼音顺序排列。用户可以根据申请人（专利权人）的姓名或译名，从该索引中查出专利申请的公开号、国际专利分类号或国际外观设计分类号、发明名称及所刊载的公报卷期号。

3)《申请号、专利号索引》

该索引按照申请号（专利号）的数字顺序进行编排，便于用户从申请号（专利号）入手检索专利信息。

4）检索方法

（1）据已知的条件选择《中国专利索引》的分册。

（2）用户可根据专利类型及申请状态在分册“发明专利申请公开”“发明专利权授予”“实用新型专利权授予”及“外观设计专利权授予”相应的部分中查找。

（3）根据检索到的公报卷期号，在《中国专利公报》中查看专利的文摘信息。

（4）按照专利号或公开号获取说明书原文。

（二）中国专利文献网络检索系统

检索中国专利文献的网站很多，包括中国国家知识产权局网站（http：//www.sipo.gov.cn），中国专利信息网（http：//www.patent.com.cn），中国专利文献数据库（http：//www.cnpat.com.cn）和中国知识产权网（http：//www.cnipr.com）。在这里讨论前两种具有权威性的、检索功能强大的专利网站。

1. 中国国家知识产权局网站

1）基本概况

系统由中国国家知识产权局和中国专利信息中心创建维护，从2001年11月1日开始对社会公众提供专利检索服务。用户可以免费获得1985年我国颁布专利法以来公布的所有专利文献。系统每周三更新。由于它是一个政府官方网站，而公布专利文献又是一项法定的政府行为，从网络版的专利信息角度看，它具有如下特点：

（1）提供中国专利信息全、新、快。

（2）供菜单检索和IPC分类检索，同时IPC分类检索兼容关键词检索。

（3）免费提供专利说明书全文。

（4）可以检索最新几期的《中国专利公报》电子版。

2）检索方法

通过网址http：//www.sipo.gov.cn进入国家知识产权局网站，然后选择中文版进入该网站的主页，单击页面上的“专利检索”子航条，即进入专利检索界面，如图4-9所示①。它提供菜单检索和IPC分类检索两种方式。

① 此处引自中国专利信息网，http：//www.patent.com.cn。

图 4-9　国家知识产权局网站检索界面

（1）菜单检索。数据库为菜单检索提供了 17 个检索字段，如图 4-9 所示。检索字段不同，其输入方法也不相同。

菜单检索的检索方法与具体操作步骤如下：

①在一个或多个字段的文本框中输入关键词（可以模糊输入）。各检索字段之间全部为逻辑 and 运算。

②每个文本框内可以输入多个关键词，各关键词之间允许使用布尔逻辑运算符即 and、or 和 not。

③单击“确定”按钮，系统会在新打开的窗口中列出检索结果。

【例 4-5】查找四川“长虹”公司申请的名称中包含“等离子”或者“PDP”的发明专利。

①在菜单检索界面，选择专利类型为“发明专利”和“实用新型专利”单选按钮。

②根据已知条件不能明确“长虹”公司的完整名称，所以选择模糊输入。在“申请（专利权）人”文本框中输入“长虹%公司”。%代表任意字符串，*代表一个字符。

③在“地址”文本框输入“四川”。

④在“名称”文本框输入“等离子 or PDP”。

⑤单击“确定”按钮即可执行检索。检索结果为“发明专利”0 条，“实用新型专利”2 条，分别是“等离子电视机玻璃压紧件”和“用于等离子电视机的压条”2 件发明专利。

（2）IPC 分类检索。国家知识产权局网站提供了 IPC 分类检索功能，在很大程度上提高了查全率，同时兼容关键词检索功能，缩小检索范围，提高查准率。

图 4-10 IPC 分类检索界面

IPC 分类检索的检索方法与步骤如下：

①单击菜单检索界面左侧的“IPC 分类检索”按钮，系统便进入“IPC 分类”检索界面，如图 4-10 所示。系统列出 IPC8 个部的分类号及类名，从类名的说明文字中可以了解该类的分类思想。单击分类号，逐步缩小检索范围。

②确定了分类号和类目以后，系统在页面的右侧列出对应类下的所有发明及实用新型专利（无外观设计专利）的数量、申请号和专利名称。用户可以选择专利类型，系统默认查找全部专利。

③在左侧“关键词”文本框中输入一个或多个关键词，关键词之间可以使用布尔逻辑运算符和优先运算符表示它们的逻辑关系及运算顺序，然后单击“搜索”按钮，即得到分类号与关键词组配检索结果。检索结果按照先发明后实用新型的顺序排列。

【例 4-6】查找“悬索桥主缆与吊杆钢绞线的连接”的发明和实用新型的中国专利信息。

分析课题：如果利用菜单检索查找该课题，那么查全率和查准率都非常低。如果利用 IPC 分类检索，可以大大提高检索效果。该课题的关键是查找出它在《国际专利分类表》中的小类类号，然后利用关键词之间的逻辑组配进行检索。分析课题，确定它的学科范围应该属于“E 固定建筑物”，明确该课题的关键词汇是“悬索桥”“吊杆钢绞线”，为了提高查全率，我们选用“悬索桥”“吊杆钢绞线”和“连接”3 个词作为本课题的关键词。

检索步骤：

①在 IPC 分类检索界面左侧的 8 个部中，确定符合该课题的部及类名为“E 固定建筑物（建筑、采矿）”。

②单击类名，在新打开的页面，系统列出 E 部的大类类号及类名。确定该课题属于“E01 道路、铁路或桥梁的建筑”。

③单击“E01 道路、铁路或桥梁的建筑”，系统列出 E01 大类所属的小类类号及类名。确定该课题属于“E01D 桥梁”。

④单击“E01D 桥梁”左侧的“搜”，单击弹出式菜单“专利检索”下箭头，选中“名称”。

⑤在输入界面的文本框中输入检索式“悬索桥 and 吊杆钢绞线 and 连接”，单击“搜索”按钮，即可检索到符合题意的专利信息。如“悬索桥主缆与吊杆钢绞线的连接方法”。

3）检索结果显示及处理

国家知识产权局网站对检索结果显示提供 3 种方式。

（1）检索结果列表。在检索结果显示页，检索结果依发明、实用新型及外观设计专利顺序显示专利的数量、申请号及专利名称，每页最多列出 10 条记录。

（2）文摘及题录信息。单击专利检索结果列表页面的专利名称可直接进入该专利的文摘及题录信息显示页，如图 4-11 所示。根据专利的题录和摘要，用户可以大致了解该专利的基本概况。根据界面左侧的“共＊页”旁的文字可以判断出专利申请处于哪个阶段。如“申请公开”表示该申请还未获得专利权，若是“发明”“实用新型”或“外观设计”，则表示该申请已经获得专利权。

申请（专利）号：01130444.8

+大 中 小

■ 申请公开说明书（7）页　■ 审定授权说明书（7）页

申　请　号：	01130444.8	申　请　日：	2001.11.16
名　　称：	悬索桥主缆与吊杆钢绞线的连接方法		
公开（公告）号：	CN1420234	公开(公告)日：	2003.05.28
主 分 类 号：	E01D19/16	分案原申请号：	
分　类　号：	E01D19/16		
颁　证　日：		优　先　权：	
申请(专利权)人：	柳州市建筑机械总厂		
地　　址：	545005广西壮族自治区柳州市龙泉路3号		
发 明 (设计)人：	谢正元;吴志勇;严李荣;陈谦	国 际 申 请：	
国 际 公 布：		进入国家日期：	
专利 代理 机构：		代　理　人：	

摘要

一种悬索桥主缆与吊杆钢绞线的连接方法，包括以下步骤：1、使索夹5紧贴主缆7，从主缆7中分出的索夹牵引钢绞线6与锚具1.球面垫圈2、螺栓3组成的索夹防滑动机构拉住索夹5，使索夹5不能下滑；2.将吊杆钢绞线8的一端通过固定端锚具10固定在桥梁梁体9下；3.将吊杆钢绞线8的中间部分跨过索夹5并通过螺栓3、压盖4固定在半圆形的索夹5上；4.将跨过索夹5的吊杆钢绞线8的另一端通过锚具10固定在桥梁梁体9下。该连接方法安全可靠、施工简便，更能保证悬索桥主缆与吊杆钢绞线的连接性能。

图 4-11　专利的文摘及题录信息显示页

(3) 专利说明书。单击专利文摘及题录信息显示界面左侧的“共*页”超链接，即可免费浏览相应的专利说明书全文。说明书由扉页、“权利要求书”、“说明书”及“附图”4部分构成。单击屏幕上的“下一页”按钮，可逐页浏览。也可在上部的文本框中直接输入要跳转到的页号后单击“go”按钮浏览相应的内容。

2. 中国专利信息网

1）概况

中国专利信息网由国家知识产权局专利检索咨询中心拥有。国家知识产权局专利检索咨询中心成立于1993年，前身是中国专利局专利检索咨询中心，2001年5月更名为国家知识产权局专利检索咨询中心，是目前国内科技及知识产权领域提供专利文献检索、专利事务咨询、专利及科技文献翻译、非专利文献加工等服务的权威机构。

作为专利信息的综合性网络平台，中国专利信息网于1997年10月建立，是国内较早提供专利信息服务的网站。该网站具有中国专利文摘检索、中国专利英文文摘检索，以及中文专利全文下载功能，并采用会员制管理方式向社会公众提供网上检索、网上咨询、检索技术、邮件管理等服务。

中国专利信息网具有以下特点：①检索功能强大，提供简单检索、菜单检索、逻辑组配检索三种检索方式。②在逻辑组配检索方式下，每个检索式中的优先运算符可以达到两层。③免费提供专利的题录和文摘信息，付费用户可以浏览并下载专利说明书全文。

2）检索方法

可通过 http：//www.patent.com.cn 或 http：//www.patents.com.cn 登录中国专利信息网站主页，单击“专利检索”导航条即进入检索页面，如图4-12所示。

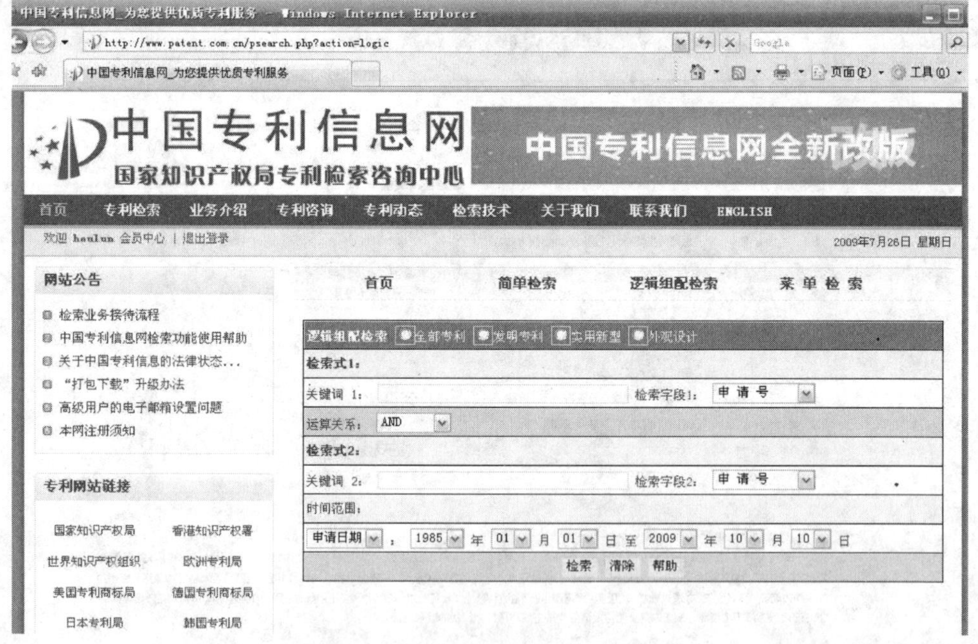

图4-12 中国专利信息网检索界面

它提供简单检索、逻辑组配检索和菜单检索 3 种检索方式，默认状态是逻辑组配检索。

检索前需要注册。根据需求注册，可注册为免费用户、高级用户等。

（1）简单检索方法。用户可以从网站首页“简单检索”下的“关键词”文本框输入检索词进行简单检索，也可以单击主页的“专利检索”导航条后，在新打开的页面左侧选择简单检索方式。简单检索界面如图 4-13 所示。

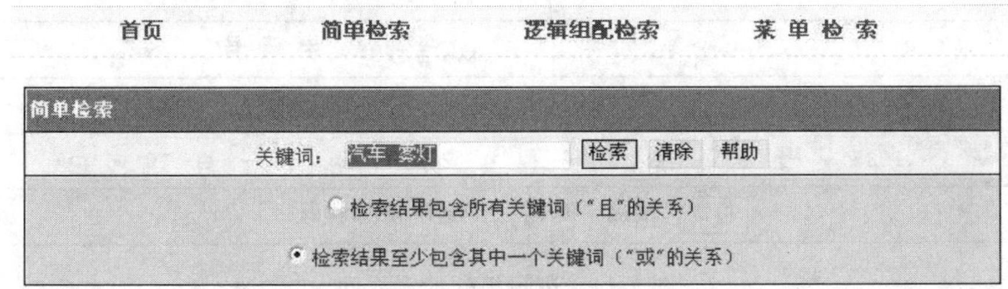

图 4-13　简单检索界面

简单检索方式只允许输入文本字段，不包括日期型字段，如公告日、申请日、国际分类号等。检索是在专利文献的题录、文摘及权利要求中进行。

简单检索的检索方法与操作步骤如下：

①在“关键词”文本框内输入一个或多个检索词，各检索词之间用空格隔开，如“汽车雾灯”。

②选择文本框下方的单选按钮。

检索结果包含所有检索词（“且”的关系）：系统默认的逻辑关系是“且”（即“与”），即检索结果包含全部检索词，如输入“汽车雾灯”，选择“且”，可以检索出同时包含“汽车”和“雾灯”两个检索词的专利，如“汽车前雾灯”。

检索结果中至少包含其中一个关键字（“或的关系”）：如果选择“或”，表示检索结果中至少包含其中的一个关键字，如“汽车前雾灯”“汽车后保险杠”“雾灯”等。

③单击“检索”按钮，系统会在新打开的窗口中列出检索结果。

（2）逻辑组配检索。单击主页的“专利检索”导航条后，新打开的页面就是逻辑组配检索界面，如图 4-14 所示。逻辑组配检索具有简单检索和菜单检索不可比拟的灵活性和高效性，可以更准确地检索出用户所需的专利信息。

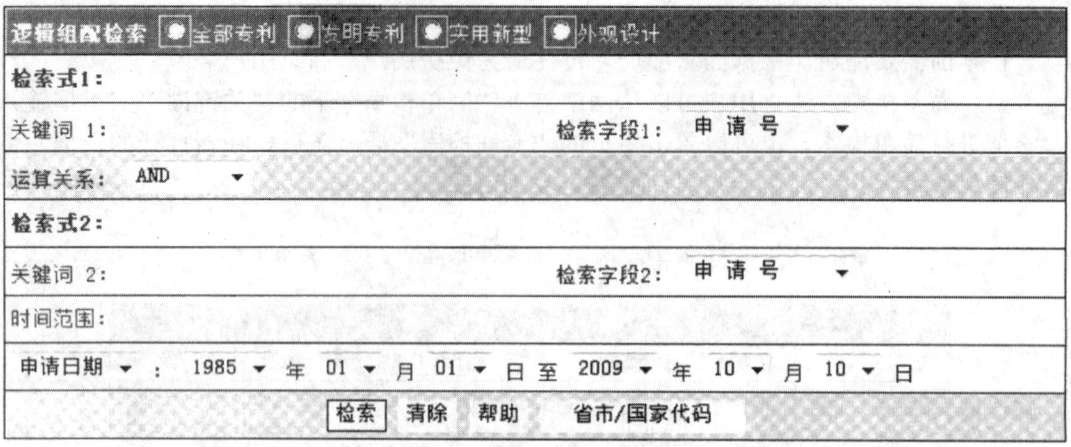

图 4-14 逻辑组配检索界面

检索技巧：

①在图 4-12 中，“关键词 1”和“关键词 2”的文本框中分别可以输入多个关键词，关键词之间可以进行 and、or 及 not 的逻辑组配。

②可以通过优先运算符（即圆括号）来限定多个关键词之间 and、or 及 not 的优先级。

③“检索式 1”与“检索式 2”之间可以进行 and、or 及 not 的逻辑组配。

检索方法与步骤：

①选择专利类型，系统默认为“全部专利”。

②在“检索式 1”的“关键词 1”文本框中输入一个或多个关键词，各关键词之间使用逻辑运算符，同时可以利用优先运算符来限定优先运算级。

③选择“检索字段 1”下拉列表选项，限定“关键词 1”的搜索范围。检索字段与“菜单检索”的检索点相同。

④选择“运算关系”下拉列表中的选项，确定“检索式 1”和“检索式 2”之间的逻辑组配关系。

⑤“检索式 2”的输入方法与“检索式 1”相同。

⑥选择“时间范围”，从而限定检索范围。

⑦单击“检索”按钮，即可执行检索。

中国专利信息网提供的三种检索方式都可以进行模糊查询，也称前方一致或右截词，即系统自动查找具有相同词干的词，例如输入检索词“汽车”，可检出“汽车”“汽车安全带”“汽车雾灯”等信息。输入申请号的前 7 位 9510213，可检出 98102130、98102131，98102139 等共 10 件专利。

【例 4-7】查找四川大学合并前后的全部专利申请。

课题分析：

四川大学由原来的“四川大学”“成都科技大学”和“华西医科大学”合并而成，所以在检索时应该将所有的名称考虑进去，防止漏检。

检索步骤：

①在“检索式 1”的“关键词 1”文本框中输入“四川大学 or 成都科技大学 or 华西医科大学”。

②选择“检索字段 1”的下拉列表选项，限定检索式的搜索范围为“申请人”。

③在“检索式 2”的“关键词 2”文本框中输入“四川大学 or 成都科技大学 or 华西医科大学”。

④选择“检索字段 2”的下拉列表选项，限定检索式的搜索范围为“申请人”。

⑤选择“运算关系”下拉列表选项，确定“检索式 1”和“检索式 2”之间的逻辑组配符号为 or。

⑥选择“时间范围”为 1985 年 4 月 1 日至今。

⑦单击“检索”按钮，在新打开的窗口中可以获得检索结果。

(3) 菜单检索。单击主页的“专利检索”导航条后，用户可以在新打开的页面选择“菜单检索”方式。菜单检索界面提供了 17 个字段的检索入口，如图 4-15 所示。用户可以选择一个或多个检索字段输入相应的检索内容。每个检索字段之间默认的逻辑关系为“且”。部分字段右边有输入格式的提示信息。其检索方法与国家知识产权局网站的菜单检索基本相同。

首页　简单检索　逻辑组配检索　菜 单 检 索

菜单检索	
申 请 号：	(8位数或12位) 例：98100001或200310120170
公 告 号：	(7位数) 例：1109760
公 开 号：	(7位数) 例：1197116
国际分类号：	例：A61K 35/78
公 开 日：	(8位数) 例：1998年10月28日，输入为19981028
公 告 日：	(8位数) 例：1998年10月28日，输入为19981028
授 权 日：	(8位数) 例：2004年06月16日，输入为20040616
国家省市：	
发明名称：	
申 请 人：	
发 明 人：	
联 系 地 址：	
代 理 人：	
代理机构：	例：三友、中科
代理机构地址：	
权利要求：	
摘 要：	

检索　清除　帮助

图 4-15　菜单检索界面

3) 检索结果显示与处理

以上三种检索方式所产生的结果均提供三种页面显示：检索结果列表、题录或文摘信息及专利说明书。

(1) 检索结果列表。任何一种检索方式在填写好检索式之后，单击“检索”按钮便进入检索结果列表页。该页显示检索结果命中总数、专利号及专利名称，命中的关键词和命中的专利数量均用红色显示。它还为用户提供了翻页、每屏显示结果数量及二次检索的功能。用户可以在检索结果页选择“重新检索”或“在结果中检索”单选按钮进行检索。“重新检索”指输入关键词进行新的检索；“在结果中检索”是用本次输入的关键词在上一次的检索结果中进行再检索，可以帮助用户缩小检索范围，进行更有效的查询。

(2) 文摘或题录信息。在检索结果列表中，单击专利名称，系统便进入专利文摘或题录信息显示页，用户可以了解该件专利的大致情况。

(3) 专利说明书。进入题录及文摘信息显示页后，付费用户可以从底部菜单的三个选项中选择一项：

①浏览全文（需要插件）。

②浏览全文（不需要插件）。

③打包下载全文。

单击“浏览全文”即可浏览并下载专利说明书。不过专利全文均为扫描图像形式，浏览前用户必须下载浏览器插件。

四、国外专利文献检索

（一）德温特世界专利索引（WPI）

1. 概况

1）德温特专利检索概况

德温特出版公司（Derwent Publication Ltd.）是一家专门从事专利文献搜集、摘录、标引、报道和提供原文等服务的商业性出版机构。德温特主要专利检索印刷型出版物有各种专利目录、文摘、累积索引等专利检索工具（同时提供各种文摘卡片、计算机检索磁带、缩微平片、胶片，以及联机信息产品和WEB产品）。目前全球的科研人员、全球500强企业的研发人员、世界各国几乎所有主要的专利机构（知识产权局）、情报专家、业务发展人员都在使用Derwent所提供的情报资源。

德温特最初出版的专利文献为《英国专利文摘》（British Patent Abstracts），随后出版美、苏、法等12种分国专利文摘；1970年开始出版《中心专利索引》（Central Patent Index），即现在的《化工专利索引》（Chemical Patent Index，CPI）；1974年创刊《世界专利索引》（World Patent Index，WPI）并以“WPI索引周报”（World Patent Index Gazette，WPIG）系列和“WPI文摘周报”（WPI Alerting Abstracts Bulletin）系列出版。“WPI索引周报”系列因以题录的形式报道，故也称为“WPI题录周报”。

目前，德温特出版公司的专利信息报道范围覆盖整个工业技术领域，其出版物除“WPI题录周报”系列和“WPI文摘周报”系列外，还有《优先权周报》（WPI Weekly Priority Concordance）、《WPI累积索引》及按国别出版的《分国专利文摘》（PABC）

等。英国德温特公司出版的专利索引体系具有报道国家广、专业面全、出版迅速、检索途径多、文种单一等优点，在世界上各种专利检索工具中占有重要的地位。

2）德温特专利检索工具特点

德温特专利检索工具是一种使用价值颇高的多国专利检索工具。与其他各国的专利检索工具相比，它具有以下几个特点：

（1）覆盖国家地区面广。德温特专利检索体系报道了 28 个国家、2 个国际专利组织及 2 种刊物的文献。既有周报，又有齐全的累积索引，检索范围广，查全率高。

（2）检索语言统一。德温特公司对世界上众多国家出版的专利文献统一用英语编写。因此，只需用英语一个语种就可以检索 28 个国家、2 个国际专利组织及 2 种刊物的专利题录和文摘。

（3）实现跨国同族专利索引检索。德温特专利检索工具除报道申请者在某一主要国家或某一国际性专利组织所申请的基本专利外，还报道与该基本专利内容相同的、在其他国家申请的相同专利，并附有查同族专利的索引。这大大方便了检索人员按适合自己的语种选用专利文献，解决未收藏的专利的利用问题，同时也可了解某一发明专利的专利权的国际垄断范围。

（4）出版速度快。一般在专利说明书发表后 1 个月左右，即在德温特出版物中加以报道。德温特出版物除印刷型检索刊物外，还有缩微胶卷、光盘产品和网络数据库等，形式多样，可以满足不同用户需要。

2. 德温特分类和检索方法

德温特检索系统收录全面、报道广泛、体系完整，已为各国普遍采用，成为系统查找世界各国专利文献的最重要的检索工具。德温特公司出版报道的专利文献除利用 IPC 分类外，还使用德温特自编分类系统对其进行分类。德温特分类系统属于应用性分类系统，满足了大众查找专利的需求。

1）德温特分类方法

德温特分类表首先将所有的技术领域划分为三部分：化学（Chemical）、工程（Engineering）、电子与电气（Electronic & Electrical）。部之下再分为主类，并以大写英文字母表示，如：

A~L：代表化学的 12 个主类；

P、Q：代表工程的一般（General）和机械（Mechanical）2 个主类（P 又分为 P1~P8 层级，Q 分为 Q1~Q7 层级）；

S~X：表示电子与电气的 6 个主类。

主类之下再细分为层级与次类，其中化学的 12 个主类再分为 138 个次类；工程的 2 个主类有 103 个次类；电子与电气的 6 个主类则进一步分为 50 个次类。

Derwent 分类法的分类格式采用层级方式，即从大类、次类、主目到次目。大类的分类格式为 Z##（Z 代表 Derwent 分类法中的主类英文字母，## 代表两位阿拉伯数字）；次类为大类后加上“-”记号，以一个英文字母及两位阿拉伯数字表示；次类下再区分为主目及次目，主目为一英文字母，次目则为一个阿拉伯数字再加上一个英文字母来表示。若以 A 代表英文字母，n 代表阿拉伯数字，一个完整的 Derwent 分类号应该表示为：Ann-AnnAnA。

【例 4-8】分类号 U13−C04B1A 分析。U13 为大类“Integrated circuits”，C04 为次类“With repetitive structures”，B 为主目“For RAM's and electrically alterable ROM's”，1A 为次目“Dynamic RAM”。

Derwent 专利分类表的分类层次相当清楚，其分类架构及编排格式与 IPC 相当类似，如大类均为由一位英文大写字母加上两位阿拉伯数字组成。

2）检索方法

在检索时，首先根据主题查找其所属的主类，然后再在其下查大类。

【例 4-9】查找有关沙发、床、椅方面的课题。首先利用 Derwent 分类表确定其所属主类为 P：人类生活必需品；在 P 下继续查，找到 P2：个人用品、家用产品；在 P2 下即可查到 P26 为“沙发、床、椅”，其大类号即为 P26。根据大类号 P26 就可到 Derwent 检索工具相应的类目去查有关的专利文献了。

3. 德温特专利检索体系

德温特专利检索体系刊物众多，体系庞大，至今已形成由 2 大部分（索引与文摘），6 个系统（WPI、WPA、CPI、EPI、EPA、Others），约 20 个支系 347 个分册组成的相当完备的世界专利文献检索体系。本书仅介绍下列常用的主要检索刊物：世界专利索引（WPI），世界专利文摘（WPA），中心专利索引（CPI）和电气专利索引（EPI）。

1）世界专利索引（WPI）

《世界专利索引》又称《题录周报》。从 1988 年第 36 期起，《题录周报》封面名称由原来的 World Patents Index Gazette 改为 WPI Gazette。德温特公司于 1974 年开始出版 WPI，用题录形式报道上述 28 个国家，2 个专利组织以及 2 种刊物的专利。《WPI 题录周报》以题录形式快速报道德温特公司收录的全部专利信息，每周出版 1 次，但该刊自 2000 年起停止出版。

《WPI 题录周报》按专业分为 4 个分册，它们分别是：

P 分册：一般技术（Section P：General），包括农业、轻工、医药、一般加工工艺与设备、光学、摄影等；

Q 分册：机械（Section Q：Mechanical），包括运输、建筑、机械工程、机械零件、动力机械、照、明、加热等；

R（或 S~X）分册：电气（Section R：Electrical），包括仪器仪表、计算机和自动控制、测试技术、电工和电子元器件、电力工程和通讯等；

CH（或 A~L）分册：化学化工（Section CH：Chemical），包括一般化学、化工、聚合物、药品、农药、食品、化妆品、洗涤剂、纺织、造纸、印刷、涂层、石油、燃料、原子能、爆炸物、耐火材料、冶金等。

2）世界专利文摘（WPA）

《WPI 文摘周报》以文摘形式报道专利信息，其出版时间比《题录周报》晚 3 周左右，主要有：《一般和机械专利索引》（G&MPI）、《化工专利索引》（CPI）、《电气专利索引》（EPI），对应《WPI 题录周报》4 个分册。从形式上分为 2 种：一是快报型文摘（Alerting Abstracts Bulletin），报道所有专业范围的专利，每条文摘 100 个词左右。特点是出版周期较快，距说明书公布时间约 5～8 周，文摘内容简单明了，叙述发明的主要特点、用途和优点，有时也摘录实施例。二是文献型文摘（Documentation Abstracts Journals），主要用来报道化工专业的基本专利，每条文摘约在 250～400 个词左右。所摘录的内容比快报型专利文摘详细得多。通过这种文摘能够比较具体地了解专利的实质内容，能较准确地判断原文的参考价值；原文无法取得或语言看不懂的，可以通过它得到主要数据和某些启发，它比较适合科研单位使用，文摘报道时间为说明书出版后 7 周以内，和快报型文摘相差不多。

文摘周报中的文摘著录方式视专利种类不同而稍有变化。《化工专利索引》文摘先按德温特分类号排列，其次按国家（先排主要国家，再在“Other”条下排其他国家），再按专利号排。其他分册先按德温特分类号大号排，再按国别和专利号排列。著录项目有：专利权人代码 、德温特分类号、德温特入藏号、专利号、专利标题、语种（有时）、专利权人名称、优先权项、专利公布日期、IPC 分类号、指定专利权有效国家、详细文摘、页数、示意图、引用专利文献、二级登记号等。

(1)《一般和机械专利索引》(GMPI)。该索引的前身是《世界专利文摘》(分类版)，1988 年改为现名，简称 GMPI。包括有《GMPI 文摘周报》的 4 个分册和《速报文摘胶卷：一般与机械部分》。

(2)《化工专利索引》(CPI)。该索引的前身是《中心专利索引》，1986 年改为现名，简称 CPI。报道化学化工和冶金文献的专利文献。该系列有数十个分册，十多个品种。

(3)《CPI 文摘周报》。有分国排序本和分类排序本 2 种，各 12 个分册，提供短文摘，又称 CPI 速报版。最后部分有 3 个索引：专利权人索引、登记号索引和专利号索引。

(4)《文献工作文摘杂志》。该杂志共 12 个分册，为周报，全部收录“基本专利”，原称《基本专利文摘》。另外还有综合性的胶卷版和胶片版。CPI 各分册的文摘或题录均按德温特分类号顺序编排；在同一类下，按专利号中的专利国别字顺排；国别相同，按专利号由小到大排。而与专利权人代码和德温特登记号及国际专利分类号（IPC）均无关。所以，检索 IPC 时，必须知道德温特分类号和专利号。若从 IPC 号和专利权人途径检索文摘，必须使用 WPI，得出德温特分类号和专利号，才能实现。

(5)《EPI 文摘周报》(EPI)。电气专利索引（Electrical Patents Index，EPI）于 1988 年改称为《EPI 文摘周报》，有分国排序本和分类排序本 2 种各 6 个分册，分别用英文字母 S~X 来表示。用于专门查电气电子方面的专利文献。最后有 4 个索引：专利权人索引、登记号索引、专利号索引和手工代码索引。

3）德温特累积索引

该累积索引有季度、年度、三年度、五年度等累积索引。包括：

(1) 专利权人累积索引。

(2) 国际专利分类号累积索引。

(3) 登记号累积索引。

(4) 相同专利累积索引。

(5) 优先权累积索引。

累积索引的著录格式与 WPI 题录周报基本相同。

4. WPI 的检索方法

《世界专利索引》包括 4 种索引，即专利权人索引、国际专利分类索引、登记号索引和专利号索引。这实际上是检索各国专利文献的 4 条途径。

如果不知道任何线索，可通过分类途径进行。分类途径的主要步骤为：分析课题确定 IPC 号→查 WPI、IPC 索引，确定德温特分类号、专利号→查 CPI、GMPI、EPI 文摘→选择记录专利号→根据专利号查专利说明书。下面介绍 WPI 的 4 种索引用法。

1) 专利权人索引（Patentee Index）

(1) 专利权人定义及其代码。所谓专利权人，是指获得并占有某项专利权的人。专利权人大多是公司（企业)、团体机构，也有少部分专利权为个人所占有，因而也有把专利权人索引称为公司索引的。专利权人索引的主要用途是：查找某一公司（企业）或个人在各国的专利申请情况。德温特公司为所报道的每件专利申请者编制了 4 个字母组成的代码，代码编制方式有 2 种：一种是按德温特公司出版的代码手册（Derwent Company Code Manual）确定公司代码；公司代码手册未包含的公司按编码规则自已确定代码。代码确定原则一般是取其名称中具有实意的词的前 4 个字母或几个实意词的词头。

如：Abbott Machine Co——ABBM

Hewlett-Packard LTD——HEWP

Astra Pharm Prod Inc——ASTR

①大公司：在公司代码手册中能查到的公司称为大公司，也称标准专利权人（Standard Patentee)，公司代码后不加任何标记。

②小公司：其他的公司称为小公司，或非标准专利权人（Non-Standard Patentee)，公司代码后加“-”。

③个人代码需自已编制，代码后加“/”表示。

④前苏联机构，代码后加“=”表示。

(2) 使用“专利权人索引”的检索步骤。

①“专利权人索引”先按专利权人的代码字顺排，代码相同时，再按优先申请日期顺序排列。使用专利权人索引，关键是确定专利权人代码和德温特分册分类号。

②确定要查找的专利权人的原文名称。如果专利权人是日本、中国等非英语种国家的公司和个人，则需要把其原文名称译成英文。

③按专利权人原文名称的字母顺序，在《公司代码手册》中查出其相应的代码，或根据编码规则自行确定代码。

④用已经查得的或自编的专利权人代码，在 WPI《题录周报》有关分册的《专利权人索引》中，按代码字顺即可逐期查检该专利权人在各国所申请的专利。《题录周报》有关分册，是按专业领域而定的。如查找美国“通用电气公司”（General Electric Co.）在各国申请的有关专利，则可使用《题录周报》电气分册。

⑤通过《专利权人索引》查得所需专利题录后，如欲再查阅专利说明书原文，凭专

利号即可向有关收藏单位索取说明书原文。

(3)“专利权人索引”的使用。

①单独使用。从已知专利权人（公司或个人）代码，查找专利题名、专利号和有关著录项目，再根据专利号索取专利说明书原文。

②配合其他索引使用。根据已知的专利权人代码，从“专利权人索引”中查得有关专利的优先申请项和登记号及国际专利分类号，据此，可转查“登记号索引”“优选案索引”和“IPC 索引”。通过“登记号索引”或“优先案索引”得到该专利的全部相同专利，通过“IPC 索引”得到同类专利。

③配合《文摘周报》使用。从“专利权人索引”中查得有关专利的题名、专利号及刊载专利文摘的分册分类号，然后利用同册同期的《文摘周报》，查阅专利文摘，筛选后再查找专利说明书。

2）国际专利分类索引（IPC Index）

(1）使用国际专利分类索引的检索步骤。“国际专利分类索引”提供用国际上通用的专利分类法来查找文献的检索途径。它是 WPI《题录周报》的第二种索引。该索引按《国际专利分类表》中的字母顺序和阿拉伯数字大小排列。使用“国际专利分类索引”的检索步骤如下。

第一步：确定 IPC 类号。

确定所查专利的关键词。

按确定的关键词字顺，从关键词索引（Official Catchword Index）查出相应的前三级类号。

按已查得的 IPC 类号在《国际专利分类表》的相应部类中再细查其主组和分组的类号，得到与所查专利相对应的完整的 IPC 分类号。

第二步：确定德温特分册分类号，然后利用该分册的 IPC 索引进行检索。

第三步：查得所需专利题录后，若能确定为课题所需，即可根据专利号向有关收藏单位索取专利说明书。

(2)“国际专利分类索引”使用。

①单独使用。从已知的 IPC 类号查到专利题名和有关著录项目，根据专利号可索取专利说明书。

②配合其他索引使用。根据已知的 IPC 类号在“IPC 索引”中查得有关专利权人名称，这样可进一步查阅“公司代码手册”，得其四字代码，再利用“专利权人索引”，追溯检索该专利权人所拥有的有关专利文献。同样，也可根据在“IPC 索引”中查得的有关专利登记号，转查“登记号索引”，查得同族专利，以便选用。

③配合文摘刊物使用。由 IPC 类号在“IPC 索引”中查得有关专利的题目、专利号和分册分类号，据此，利用同册同期的“文摘周报”，查阅专利文摘，筛选后再索取专利说明书。

3）登记号索引（Accession Number Index）

(1）登记号索引的作用。登记号索引是德温特公司的独创，它对每一基本专利都给一个登记号。德温特公司用完全相同的登记号刊出由不同国家批准的同一内容的发明专利，即每件相同专利都以其基本专利的登记号为自己的登记号。也就是说基本专利和相同专利的登记号为同一个。由于基本专利和相同专利内容是基本相同的，因而可以把基本专利和该基本专利的相同专利看成是一个专利族，而登记号则为这一专利族的标记，通过登记号我们就可以查找同族专利。由于同族专利收录了许多国家的专利，语种不同，因此掌握一件专利的同族专利可以帮助检索人员按外语语种选用文献，解决未收藏的专利的利用问题，同时也可了解一件发明专利的专利权的国际垄断范围。

(2) 登记号索引的编排及检索。登记号索引是按德温特登记号的年份和登记号的大小顺序编排的。其查找方法是：

①先在 WPI《题录周报》中查得相同专利的德温特登记号。这里要说明的是，只有相同专利才能查到其同族专利，而基本专利如果是首次刊出的专利，其同族专利尚未报道出来，故暂时查不到。

②在同册同期的 WPI《题录周报》的“登记号索引”中，按查得的登记号年份字母代号的字顺和登记号的大小顺序即可查得其同族专利。

(3)“登记号索引”的使用。

①单独使用。由登记号在“登记号索引”中查出同族专利，在同族专利中选择语种熟悉和容易取得专利说明书原文的专利号，再索取专利说明书。

②配合文摘刊物使用。根据“登记号索引”中查得的德温特分册分类号、专利号和报道这一专利的年期号，在《文摘周报》中查阅文摘，筛选后再索取专利说明书。

4) Patent Number Index（专利号索引）

(1)“专利号索引”的编排体例。专利号由国别代码和阿拉伯数字组成，“专利号索引”按专利国家的英文字母顺序排列，同一国家下面再按专利号大小顺序排列。各册各期《题录周报》中报道的所有专利都能在同册同期周报的“专利号索引”中查到。查找方法相当简便，先按专利国家的英文字母顺序查找，再按专利号大小顺序即可查得。

(2)“专利号索引”的使用。

①配合其他索引使用。由专利号在“专利号索引”中查得它的登记号，据此可转查“登记号索引”，从中查得全部相同专利，以便使用。

②配合其他索引和文摘刊物使用。根据在“专利号索引”中查得的专利权人代码，在“专利权人索引”查得有关专利的题目、专利号和报道该专利的分册分类号，这样就可在《文摘周报》中查阅文摘，筛选后再索取专利说明书。

（二）德温特世界专利创新索引（DII）

1. 概况

1) 德温特世界专利创新索引（DII）概况

德温特世界专利创新索引（Derwent Innovation Index，DII）是美国科学信息研究所（ISD）最新推出的基于因特网环境的数据库产品。Derwent Innovations Index 将 Derwent World Patents Index（WPI，德温特世界专利索引）和 Patents Citation Index（PCI，专利引文索引）有机地整合在一起，用户不仅可以通过它检索专利信息，而且可以通过这个数据库检索到专利的引用情况。用户还可以利用 Derwent Chemistry Resources 展开化学结构检索。数据可以回溯到 1963 年，是检索全球专利的最权威的数据库①。同时，通过专利间引用与被引用这条线索可以帮助用户迅速跟踪技术的最新进展；更可以利用其与 ISI Web of Science 的连接，深入理解基础研究与应用技术的互动与发展，进一步推动研究向应用的转化。这两部分的结合使用，不仅可以帮助科研开发人员了解一项应用基础研究成果如何变成专利，从而受到保护并形成潜在的商业价值；而且可以了解一项专利又是如何从最初的研究发展而来，以及基础研究转化为专利的方法和途径。

2）DII 数据库主要特点

（1）数据每周更新，通过选择查询范围，可检索全部年份、特定年份或最新的专利资料。

（2）提供 Patents Cited by Inventor 和 Patents Cited by Examiner，可查找引用专利的情况。

（3）提供 Citing Patents 可查找该专利被引用的情况，从而能迅速追踪到一项专利技术自诞生以来最新的进展情况。

（4）提供 Articles cited by Inventor 和 Articles cited by Examiner，建立了专利与相关文献之间的链接，从而可以揭示一项专利的理论和技术起源。

（5）检索结果可按日期、发明人、专利代理机构的名称或代码排序。

（6）独立地与 ISI Web of Science 双向连接，揭示出基础研究与技术创新的互动。

3）数据来源

DII 数据库的信息来自全球 41 个国家和地区，覆盖了 1 500 万条基本发明专利和 3 500万条专利，每年增加 150 万篇专利。同时，DWPI 覆盖了以下各个领域的专利：

（1）农业和兽药（1965 年至今）

（2）电子电气（1974 年至今）

（3）化工（1970 年至今）

（4）药物（1963 年至今）

（5）聚合物（1966 年至今）

2. DII 检索方法

DII 网址是 http：//www. thomsonscientific. com。进入该网站后，可在左下角点击“Chinese”进入中文界面获得相关信息。

1）进入检索界面

登录网址 http：//www. thomsonscientific. com，在右下角选择产品“PatentWeb”，单击“GO”按钮，就可进入登录界面，输入用户名与口令，然后选择“Derwent Innovation Index”即可进入该数据库的检索界面，如图 4-16 所示。

在检索界面上，列出了 3 种可供选择的数据库：Chemical（化学）、Electrical and Electronic（电子与电气）和 Engineering（工程）；列出了可供选择的检索时间范围限定，有 Latest、Year、From…to 共 3 种时间设置方式；提供了 3 种检索方式：Form

① 此处引自汤森路透科技集团，http：//www. thomsonscientific. com. cn/products/patent/dii. htm。

Search（一般检索）、Expert Search（高级检索）和 Cited Patent Search（引用专利检索），单击界面上的导航条即可在3种检索方式之间进行切换。

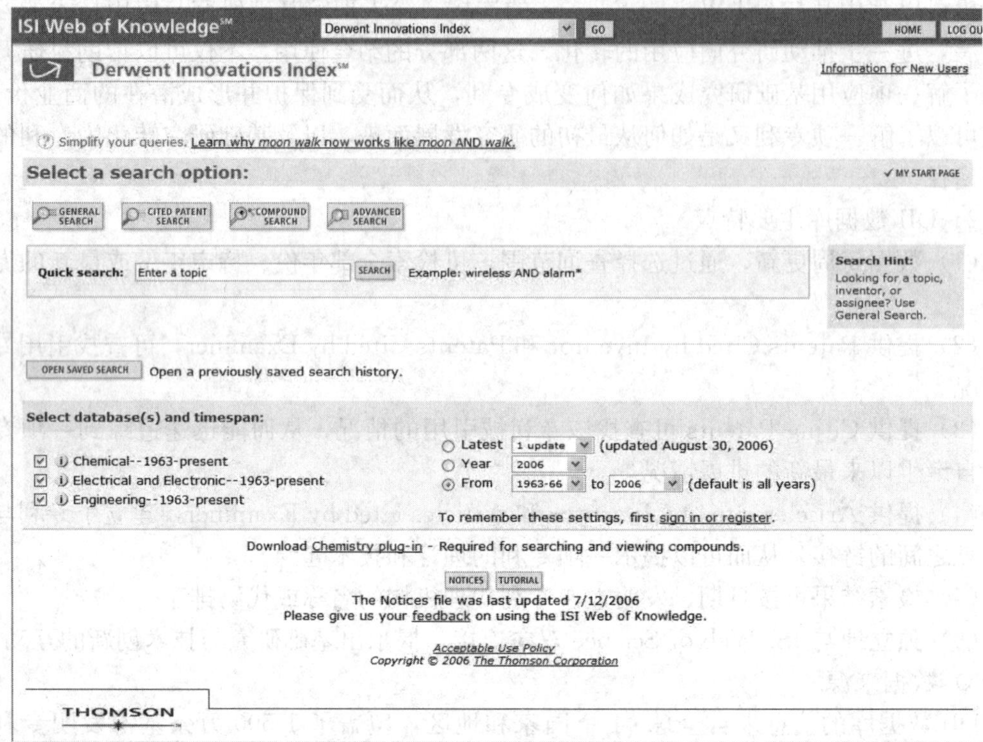

图 4-16 DII 检索界面

在进行检索前首先须选择要检索的子数据库，如果不做选择，系统默认为检索所有子数据库；其次根据需要选择要检索的时间范围；最后确定检索方式是做一般检索、高级检索，还是引用专利检索。单击“NEW SESSION”按钮，可清除以前所有检索格式、标记记录和检索历史，开始重新检索。

2）检索方式

(1) Form Search（一般检索）。

单击导航条上的“Form Search”按钮，所出现的检索界面就是 Form Search。

Form Search（一般检索）可通过 Topic（主题）、Assignee（专利权人）、Inventor（发明人）、Patent Number（专利号）、International Patent Classification（国际专利分类号）、Derwent Class Code（德温特分类号）、Derwent Manual Code（德温特手工代码）和 Derwent Primary Accession Number（德温特入藏登记号）8个字段来进行不同途径的检索。

(2) Cited Patent Search（引用专利检索）。

单击一般检索界面顶部导航条上的“Cited Search”按钮，则系统进入到 Cited Patent Search（引用专利检索）界面。

Cited Patent Search（引用专利检索）可通过 Cited Patent Number（被引专利号）、

Cited Assignee（被引入专利权人）、Cited Inventor（被引专利发明人）和 Cited Derwent Primary Accession Number（被引专利的德温特入藏登记号）4 个字段来进行不同途径的检索。与一般检索相同，该系统既可以进行单一字段的检索，也可以进行多字段检索，各检索字段间系统自动进行逻辑 and（与）的组配，且检索结果的排序设置和检索策略的保存方式也相同。通过引用专利检索，我们可以查询引用了该专利的其他专利文献。

(3) Expert Search（高级检索）。

单击导航条上的“Expert search”按钮，则系统进入到 Expert search（高级检索）界面。

高级检索界面只有一个检索条件输入框，用户可以使用字段代码和布尔逻辑运算符构造功能更强、更复杂的检索式进行检索，Booleans 布尔逻辑运算符和 Field Tags 字段代码在页面右方。在执行了 2 次检索之后，也可使用检索步骤序号和逻辑算符构造检索式来检索。

（三）Internet 上的其他国外专利数据库

Internet 上可利用的国外专利数据库比较多，且大多可免费使用。下面简要介绍网上几个主要国外专利数据库的概况。

1. USPTO 网站专利检索

1）概况

USPTO 是 The United States Patent and Trade Mark Office（美国专利和商标局）的简称，是美国专利和商标局提供的基于 Web 的网上免费专利信息、数据库检索系统，网址为 http：//patents. uspto. gov。USPTO 是美国政府参与的一个非商业性联邦机构，主要服务内容是办理专利和商标，传递专利和商标信息。美国专利数据库提供 1976 年以来发布的所有专利文献，可免费检索并获取文摘与全文。该网站允许用户检索自 1976 年以来所有美国专利的全文和图像资料。

USPTO 网站有两个数据库可供检索：全文数据库和目录库。

目录库只能检索专利的扉页，其上记录有发明人姓名、专利号、专利标题、专利公布日期、专利摘要、参考专利表等项著录内容。全文库可以检索专利中所有的内容。每个库都有三种检索方式，即布尔逻辑检索、高级检索和专利号检索。

2）进入检索菜单方法

(1) 打开 http：//patents. uspto. gov，进入主页。

(2) 单击左边“Patents”。

(3) 单击“Jump to”下面的“Search Patents”，进入检索页面，见图 4-17。

(4) 如果查询已批准专利，进入左边“PATFT”；如果查询申请专利，进入右边“AppFT”。

图 4-17　USPTO 检索界面

3）USPTO 检索途径

（1）快速检索（Quick Search）。是以设计好的提问框形式要求用户输入检索词并用鼠标选择检索字段，该检索界面简单直观，易于初学掌握。

（2）高级检索（Advanced Search）。要求用户自己用布尔逻辑算符和字段名组配检索式，虽然较前者复杂，但可以灵活表达检索提问。

（3）专利号检索（Patent Number Search）。以专利号为入口进行检索，检索结果包括权利要求、说明书等。一条美国专利文献的具体款目有：专利号、专利公布日期、专利名称、摘要、发明人、专利权人、专利申请号、申请日期、美国专利分类号、国际专利分类号、主审查员、专利代理、原始申请文件、权利要求、说明书（技术领域、发明背景、技术构成、绘图简要描述、详细说明、实例）、专利法律状态、美国及国外的相关专利等。

2. 欧洲专利局 esp@cenet 专利检索

1）概况

esp@cenet 是 Europe's Network of Patent Databases 的简称，是 The European Patent Organization（欧洲专利组织）通过其 18 个成员国的专利机构和欧洲专利局在因特网上免费向用户提供专利文献检索的站点，其网址为 http：//ep. espacenet. com。如图 4-18 所示。

该网站服务的具体内容包括检索最近 2 年内由欧洲专利局和欧洲专利组织成员国出

版的专利，世界知识产权组织出版的 PCT 专利的著录信息以及专利的全文扫描图像。esp@cenet 还提供欧洲专利局所收集的 1920 年以来的世界各国专利信息的检索，其中 1970 年以后所收集的专利都有英文的标题和摘要可供检索。

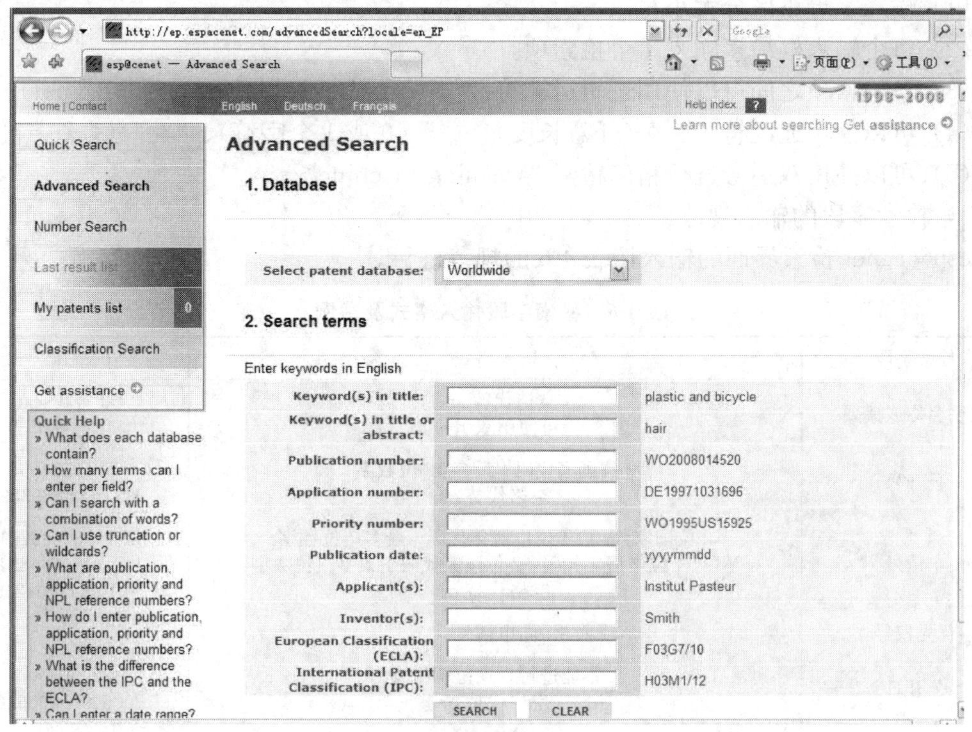

图 4-18　esp@cenet 网站检索界面

2）检索资源数据库

esp@cenet 提供了 4 种不同的检索入口，用于检索不同的专利数据库。

（1）Search in European（EP）Patents。可以检索近两年 EPO 公布的专利文献。可检索专利的题录，下载和显示专利全文的扫描图像，数据库每周星期三更新 1 次。

（2）Search in PCT（WO）Patents。用于检索最近 2 年由世界知识产权组织（WIPO）出版的 PCT 专利，数据库通常每周更新 1 次。

（3）Search the Worldwide Patents。用于检索由欧洲专利局收集的全部专利数据。其中包括 81 个国家和地区的专利文献数据（截至 2007 年 3 月），世界上 63 个国家或地区近 30 年来的专题题录数据，20 个国家自 1920 年以来的专利扫描图像以及 10 个专利机构的专利英文摘要和全文。

（4）Search in Japanese Patents。用于检索由欧洲专利局收集的自 1976 年 10 月 1 日以来日本专利英文文摘数据库，并可显示 1980 年以来的日本专利的首页的扫描图。

esp@cenet 所提供的检索专利的功能非常丰富，可以检索的字段包括专利出版号、申请号、出版日期、申请人、发明人、国际专利分类号、标题、摘要。如果是多个字段指定检索条件，那么这些字段之间默认的逻辑关系是逻辑“与”，即满足所有条件的专利才能被检索出来[1]。

3）检索策略

为了更精确地实现检索目标，使用 esp@cenet 检索时可用如下检索关键字和符号：

(1) 输入字母不区分大小写。

(2) 每个输入框最多输入 4 个检索项。

(3) 各检索项之间可以使用逻辑运算符“与”(and)、“或”(or)、“非”(not)。

(4) 可以使用通配符“*”(任意长度)、“?”(0 或 1 个字符)、“#”(1 个字符)。

(5) 可以使用双引号进行精确检索“washing machine”。

4）检索字段的输入规范

esp@cenet 检索界面的输入按表 4-6 的规范进行。

表 4-6 检索字段输入格式及举例

检索字段	输入格式	举例
发明名称或摘要	空格代替 and 可使用双引号	car and seat “car seat”
公开号	2 位国家代码+最多 12 位数字 空格代替 or	EP1023455 WO2006089389
申请号	2 位国家代码+4 位申请年代码+最多 7 位数字 WO+4 位申请年代码+2 位国家代码+最多 5 位数字 空格代替 or	EP19980305281 US19950696861 WO1994JP01249
优先权号	同申请号	
公开日	不能进行日期范围检索 空格代替 or	20060930 200609 200610
申请人	可以是人名或公司名称 空格代替 and	IBM
ECLA 分类号	空格代替 and	A61K8/81C4
IPC 分类号	空格代替 and	A61M5/32

3. IBM 网站专利检索

1）概况

IBM 专利检索网站是美国 IBM 公司在 Internet 上提供的一个重要的专利检索资源，其网址为 http：//www. patents. ibm. com。与 USPTO 网站不同，在 IBM 网站上，可以检索 1971 年以来所有美国专利的扉页、权项部分，以及浏览专利全文的图片形式，并且还可检索日本专利数据库、欧洲专利数据库和 PCT 国际专利数据库。目前，IBM 检索网站的新网址是：http：//www. delphion. com，这是由于在 2000 年 5 月 24 日 IBM 和 Internet Capital Group 合并成了新公司 Delphion。该新公司接收了 IBM 已有的专利检索网站，但启用了上述新网址。

IBM 系统的最大优点是可以阅读专利的详细描述，并观看专利图表。

[1] 希考科 D. 何绍华，王非等译. Internet 专利检索指南. 沈阳：辽宁科学技术出版社，2003：67.

2）检索途径

它提供有4种检索方式：简单检索、专利号检索、布尔逻辑检索和高级检索[1]。

（1）简单检索：直接输入关键词查询相关的专利号及专利名称。

（2）专利号检索：按用户输入的专利号提取专利摘要及全文。

（3）布尔检索：用户可在下拉菜单中，对专利名称、摘要、权利要求、发明人、代理机构和任意项等7个项目进行限定，输入关键词，选择最大检索结果的数量，并执行“与、或、非（and、or、not）”的布尔检索操作，实现较复杂的检索。

（4）高级检索：用户可在任意项、发明人、受让人、专利名称、摘要、权利要求和代理机构相应项填入关键词检索特指的专利。高级检索与布尔检索的不同之处是：可以进行两项以上的“与（and）”检索，其优点是查准率更高；但各项之间无法执行“或非（or、not）”操作。

这是一个较好的查找美国专利的网址。用户还可查看欧洲申请和授权的专利、日本专利文摘、世界专利组织的专利以及IBM公司的技术通报等。

五、谷歌专利文献检索

谷歌搜索引擎不仅提供了文字、图片、音频、视频等强的搜索工具，还具有专利搜索的功能。

Google一直致力于收集重要信息，以便向世界各地的人提供帮助。通过Google专利，您可以在线查找、搜索和阅读已提交至美国或欧洲专利局的数以百万计的创意。所有通过Google专利提供的文档都源自美国专利商标局（USPTO）和欧洲专利局（EPO）。Google专利涵盖所有来自USPTO和EPO的已授专利和专利应用。美国专利应用可追溯到1790年，EPO专利应用可追溯到1978年。

在Google搜索中或在任意专利页面顶部的搜索框中选择“专利”，就可以搜索美国专利的全文。还可以从高级专利搜索页面开始，根据条件（例如专利号、发明者、分类和申请日期）进行搜索。

谷歌专利搜索的网址是：http：//www. google. com/patents/。

（一）快速专利搜索

1. 搜索关键字

输入专利的关键字即可得到如下结果：

---

[1] 希考科D. 何绍华，王非等译. Internet专利检索指南. 沈阳：辽宁科学技术出版社，2003：67.

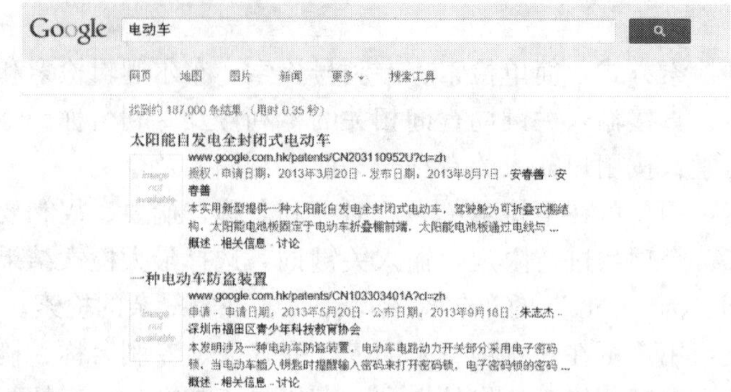

2. 搜索专利申请号

如果知道专利申请号，在谷歌专利搜索首页输入专利申请号 CN 201320127757，回车后即可得到如下结果：

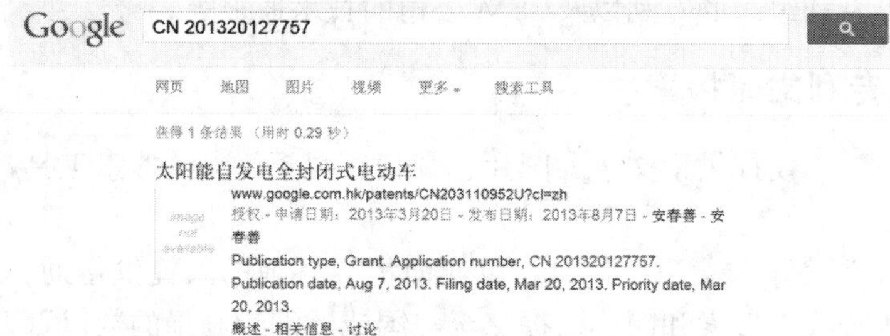

3. 搜索专利公开号

例如，输入专利公开号 CN203110952U，即可得到如下结果：

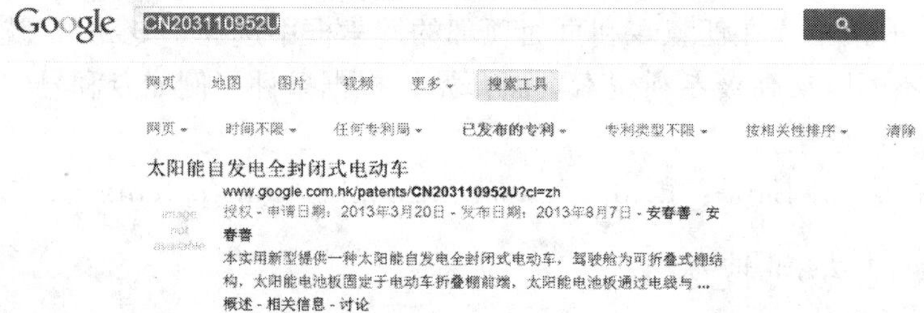

4. 搜索专利权人

例如，知道专利权人的姓名，搜索“安春善”可得如下结果：

（二）基本功能

1. 查看专利内容

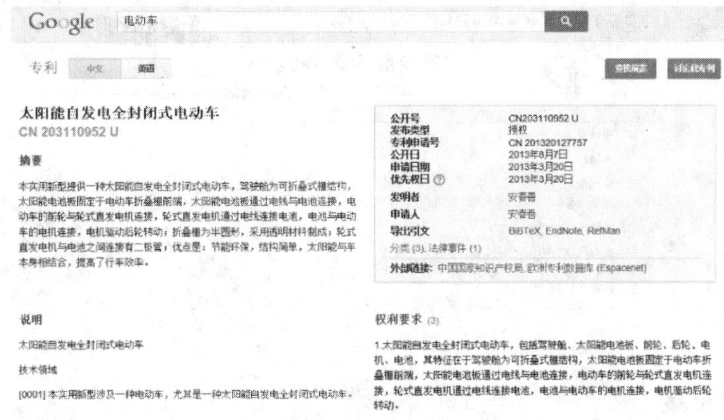

2. 前案专利搜索

1）前案专利搜索含义

通常，仅当发明富有创新性时，才会被授予专利。确定创新性很困难，需要对很多来源进行大量的搜索工作，因此谷歌构建了“查找前案”（Prior Art Finder）搜索，它让同时搜索多个来源变得轻松。可以在找到的专利页面中点击“查找前案”按钮进行试用。“查找前案”可以从专利文本中识别出关键词组，并将其组合成搜索查询，然后显示来自 Google 专利、Google 学术搜索、Google 图书以及其他网络内容的结果。

2）过滤条件及排名

“查找前案”还可以让您按照日期进行过滤，为您显示特定专利申请日期之前的内容。Google 根据各种来源估计创建日期：对于专利，创建日期为授权机构确定的申请日期；对于图书、杂志和文章，创建日期为出版商和图书馆确定的出版日期；对于网络内容，创建日期则通过各种条件确定（例如 Google 首次在线搜索到该内容的日期和该内容本身提到的日期）。

与 Google 搜索一样，我们按照结果与指定搜索查询的相关性对其进行排名。此系统使用结合多条线索的算法确定搜索结果的顺序，不受人为干预。

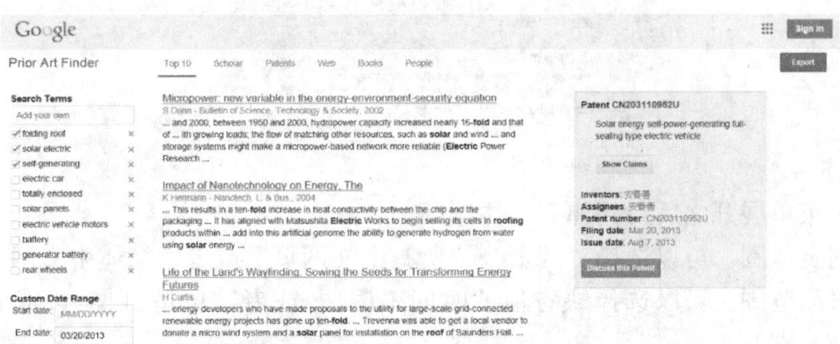

3. PDF 原始文档下载

您可以下载美国专利的 PDF 格式文件，方法为：点击专利页面右上方附近的“下载 PDF”按钮。

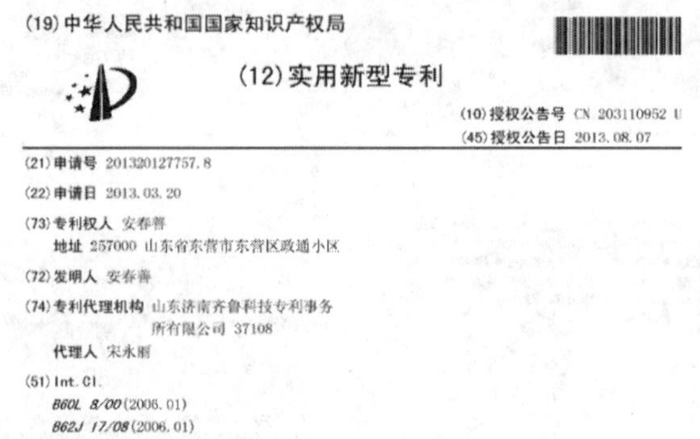
(19) 中华人民共和国国家知识产权局

(12) 实用新型专利

(10) 授权公告号 CN 203110952 U
(45) 授权公告日 2013.08.07

(21) 申请号 201320127757.8
(22) 申请日 2013.03.20
(73) 专利权人 安春菁
地址 257000 山东省东营市东营区政通小区
(72) 发明人 安春菁
(74) 专利代理机构 山东济南齐鲁科技专利事务所有限公司 37108
代理人 宋永丽
(51) Int. Cl.
B60L 8/00 (2006.01)
B62J 17/08 (2006.01)

4. 专利文档批量下载

许多研究机构和主要的法律事务所依靠批量数据一次性分析数以千计或数以百万计的专利。因此，Google 和 USPTO 结为合作伙伴，免费向所有人提供专利和商标数据的批量文件下载。以前，此类信息仅在 USPTO 网站上以单个文件的形式提供，或通过 CD、DVD 或数字磁带批量提供，价格从几十美元到几千美元不等。现在，所有人都可以通过访问 http：//www. google. com/googlebooks/uspto. html 免费获取此类信息。

（三）搜索工具和过滤条件的使用

首先打开谷歌专利搜索，输入“电动车”，然后回车。在如下界面中单击“搜索工具”，即可得到过滤条件主菜单。它们包括：“网页”、“时间”、“专利国别”、“专利状态”、“专利类型”和“排序”这几个选项。

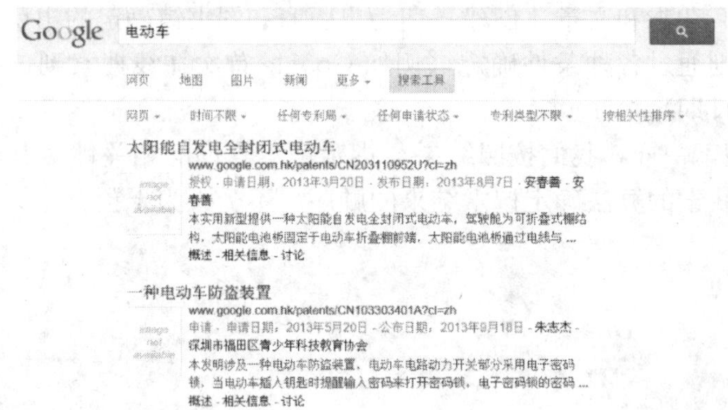

各个主菜单展开之后得到如下具体选项：

（1）网页范围。可以选择“网页”、“所有中文网页”或者“简体中文网页”。

（2）时间范围。可以选择缺省值“时间不限”，或者“申请日期”，或者“发布日期”。

（3）专利国家或地区选择。可以选择“美国”，“欧洲”、“全球”、“中国”、“德国”、

“加拿大”等。

（4）专利状态选择。可以选择处于申请状态的“任何申请状态”、“专利申请”和“已发布的专利”。

（5）专利类型选择。可选的类型包括“实用专利”、“创意专利”、“植物”、“防卫性公告”、“其他改进”、“依法注册的发明”以及“专利类型不限”。缺省值为“专利类型不限”。

（6）按相关性排序。排序有三种形式（见下图），按“按申请日期：由早到晚”、“按申请日期：由晚到早”或者缺省值“按相关性排序”。

按相关性排序 ▾

✔ 按相关性排序
按申请日期：由晚到早
按申请日期：由早到晚

（四）专利搜索功能菜单

双击选中某个专利，如太阳能自发电全封闭式电动车（CN 203110952 U）即进入如下菜单。现在有几个选项可以操作：

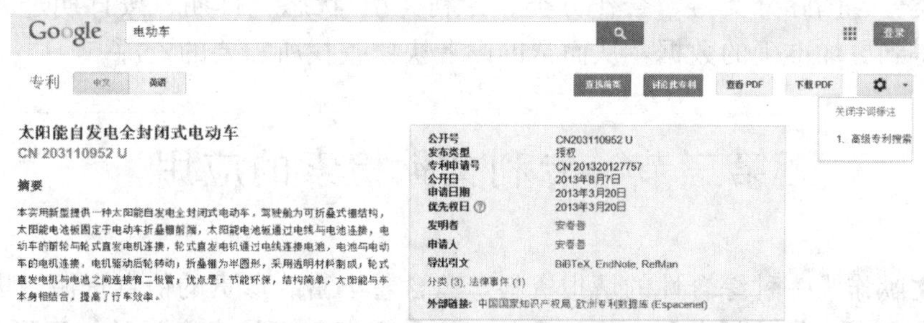

（1）专利的语种。可以选“中文”或者“英语”

（2）查找前案。可以查找该专利之前的相关专利。

（3）讨论此专利。可以查看其它读者对此专利的评价。

（4）查看 PDF。可以查看正式专利的 PDF 文档。

（5）下载 PDF。可以下载正式专利的 PDF 文档到本地。

（6）登录。如果读者有 Gmail 邮箱，登陆之后将享受谷歌的诸多服务。

（7）高级专利搜索。打开高级专利搜索可以使用一系列开关对专利文档进行高级搜索（参见下文）。

（五）高级专利搜索

高级搜索界面，提供了更加准确的定位操作，尤其是在不知道专利权的详细关键字又希望能查找到相关专利时。通过日期、发明人等信息，可以实现快速搜索，这样大大提高了资料搜索查找的效率。

Google 专利搜索提供了多种搜索方式，如可以通过关键词、专利号、专利发明人、专利权人等进行搜索，浏览 Google 数据库内所有专利的全文内容。另外，还提供了一些高级选项，用户可以根据美国分类或者国际分类，还能使用申请日期或批准日期，当然，“-”、“OR” 等其他一些常用的搜索参数也是支持的。

首先进入任何一个专利界面，然后点击右边 符号的下箭头，弹出“高级专利搜索”选项，单击该选项即可得到如下高级专利搜索界面。

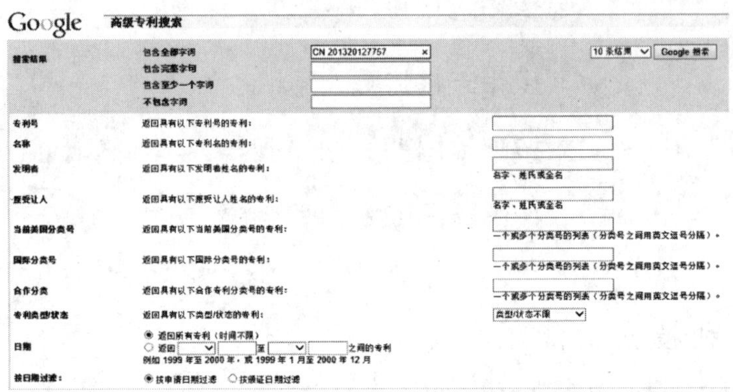

现在可以通过如下参数精准控制专利检索：专利号、名称、发明者、原受让人、当前美国分类号、国际分类号、合作分类、专利类型/状态、日期、按日期过滤等等。这样，可以得到更加准确的数据，从而帮助读者快速查找所需要的资源。

第三节　专利文献检索的应用

专利文献作为一种综合性的情报资料，蕴含着丰富、珍贵的信息资源，堪称巨大的知识与技术宝库。优秀的专利文献是具备高信息密度与高技术含量的知识形态产品[1]。运用专利检索手段充分实现专利文献的利用价值，是专利工作的重要组成部分。专利文献检索工作通常服务于不同的文献利用目的，具体应用在以下几个方面：专利技术信息检索、专利性检索、侵权检索、专利法律状态检索、同族专利检索。

一、专利技术信息检索[2]

（一）专利技术信息检索的概念与分类

专利技术信息检索是从事专利文献工作的人们在长期的工作实践中概括出来的一种

[1] 王继顺，凌德和．论专利文献的利用．安徽科技，1997 (6)．
[2] 吴泉洲．专利检索种类初探．www.sipo.gov.cn [2008]．

特指查找专利资料活动的术语。简言之，专利技术信息检索就是有关专利技术信息的查找。1986 年前苏联国家发明与发现委员会出版的《发明专利许可证工作及专利情报术语词典》，曾就专利技术信息检索给出如下定义：专利技术信息检索即根据一项数据特征，从大量的专利文献或专利数据库中挑选符合某一特定要求的文献或信息的过程。

这一过程一般包括九个步骤：第一步分析检索主题，确定检索主题的名称；第二步选择中外文主题词或关键词，找出同一主题的不同包括语；第三步选择专利分类号，确定检索入口；第四步选择检索的方式；第五步选择检索系统；第六步记录检索结果，包括文献号、文件种类代码、国别代码、发明名称；第七步根据文献号找到专利说明书，阅读、筛选；第八步根据需要可扩大检索；第九步写出检索报告。

专利技术信息检索又可分为两种情况：追溯检索和定题检索。

1. 追溯检索

追溯检索是指人们利用检索工具，由近而远地查找专利技术信息的工作。根据检索顺序还可以把追溯检索分为初步检索和扩大检索。当人们进行专利技术信息的追溯检索时，利用检索工具由近而远地完成一个检索过程，再根据第一个检索过程的结果进一步检索，前一个检索过程称为初步检索，后一个检索过程称为扩大检索。两种检索是相对而言的，并非在任何情况下都要进行扩大检索。

2. 定题检索

定题检索是指在追溯检索的基础上，定期从专利数据库中检索出上述追溯检索日之后出现的新的专利文献的工作。

（二）专利技术信息检索的意义

专利技术信息检索用途广泛，从科研成果鉴定、新技术引进、新产品开发、科研立项到研发管理部门决策等，常常都离不开专利信息检索。尤其是科研立项与技术攻关工作中，专利技术信息检索工作意义最为重大，因为许多发明创造正是在他人已有发明创造的基础上发展起来的，或者从中获得了宝贵的启发与借鉴。专利技术信息检索的意义具体表现在以下几方面。

1. 为科研立项奠定基础

当研究人员为科研立项收集技术信息时，通过追溯检索可以尽可能多地获取与科研项目有关的专利技术资料，从而确定所选择的研究课题是否具有立项研究的价值，并通过分析已有专利的技术内容提高研究的起点，因此专利信息检索有助于选准课题方向，减少重复劳动。

2. 为科技攻关开启思路

追溯检索能够反映出前人在同一技术领域遇到的关键问题及其解决技术难点的具体方案；而定题检索使得研究人员在科研过程的各个阶段可以随时监视国内外与其科研课题相关的新科技动态。当科研人员遇到技术难题时，专利技术信息检索有助于找到该技术难题的突破口或最佳技术解决方案。

3. 为引进技术保驾护航

企业在引进国外先进技术时，往往需要针对准备引进的技术进行专利技术信息追溯检索，将追溯检索的结果和准备引进的技术进行比较，对准备引进的技术的水平做出判断，从而帮助决策者做出正确选择[1]。

4. 为战略决策提供依据

企业制定战略时，可以进行专利技术信息追溯检索，以收集本企业所涉及的技术领域的所有专利，全面了解专利技术市场，便于企业对整个市场进行分析，从而较准确地预测市场的未来发展趋势，科学地制定出企业的发展战略，进而做到在市场竞争中知己知彼，百战不殆。例如，海尔公司在平时对专利技术的跟踪检索过程中，通过追溯检索发现风冷式冰箱技术的申请量、申请厂家数呈上升趋势，于是海尔公司经过进一步的市场分析，预测风冷式冰箱将成为冰箱市场的主流产品，遂决定将风冷式冰箱作为重点研发方向。

5. 为技术创新提供帮助

企业开展技术创新工作，在创新开始前有必要进行专利技术信息追溯检索，以便科学立项；创新进行中则有必要进行专利技术信息定题检索，随时监视该项创新的技术发展动态，便于随时调整创新的方向。如上例中的海尔公司通过追溯检索决定立项开发风冷式冰箱新技术，随后海尔公司利用各种专利数据库定题检索有关冰箱风道的各国专利及相关的技术动态，就风扇安置、送风面、风道内设置等技术关键点找出了前人已有的各种技术解决方案，并优选出关键文献进行组合比较，在消化吸收专利文献技术信息的基础上创新设计出海尔风冷式冰箱的新技术方案，确保了海尔日后在风冷式冰箱市场上的领先地位。

二、专利性检索

（一）专利性检索的概念与分类

专利性检索也被称为查新检索是为了判断一项发明创造是否具备新颖性、创造性而进行的检索，属于技术主题检索，即通过对发明创造的技术主题进行对比文献的查找来完成的。根据检索要达到的目的，专利性检索可以分为新颖性检索和创造性检索。

1. 新颖性检索

新颖性检索是指为确定申请专利的发明创造是否具有新颖性，从发明创造的主题对包括专利文献在内的全世界范围内的各种公开出版物进行的检索，其目的是找出可进行新颖性对比的文献。通常是找出一篇最接近的对比文件进行新颖性比对。

根据 PCT 最低文献量的规定，新颖性应检索范围是：1920 年以来的 8 国两组织（美国、日本、英国、德国、法国、瑞士、前苏联（俄罗斯）、韩国、欧洲专利局、世界知识产权组织）的专利文献；1920 年以来的讲英语、法语、德语、西班牙语的国家不要求优先权的专利文献；近五年的 100 多种科技期刊；中国专利文献及中国的科技期刊。

新颖性检索要求达到高查全率，在全面检索的基础上，保证查准率。因此新颖性检索要求尽可能扩大检索范围，首先保证查全，在大范围的基础上对检索结果进行筛选。

[1] 国家知识产权局专利局文献部．专利技术信息检索．www.cqipo.gov.cn/download [2009].

如果在检索中发现有一篇文献中的现有技术与申请专利方案的特征相同或者包含了申请方案的特征时，则可以认定该篇文献足以破坏申请专利方案的新颖性。

为了进行准确检索，在确定主题词时，应将能反映技术主题的词汇选择出来。对于每一个主题词，还要找出它的所有同义词、缩略词。在确定分类时，应将所有与该技术主题相关的分类位置找出来。

例如，某公司曾在2001年就“一种以涡轮为动力的井下高压喷射钻具”进行新颖性检索，检索日期为2001年2月15日。整个检索步骤为：

第一步，分析课题的技术内容。该发明涉及了一种钻井装置，包括一个钻头和一个增压泵，其特征在于：该装置还包括一个涡轮机，由来自钻杆的钻井液压驱动旋转，而涡轮机输出轴驱动增压泵，从增压泵排出的液体用于破碎岩石；另外，所述钻头包括两个水眼，从小眼排出的液体用于破碎岩石，从大眼排出的液体用于沾井底岩屑。

第二步，确定检索用主题词。①涡轮，turbine；②喷嘴，nozzle；③射流，jet，spray，inject。注意“钻井”“井下”“钻头”不能作为主题词，因为其概念已经包含在E21B的类名中了。E21B的类名是“土层或者岩石的钻进；从井中开采油、气、水、可溶解或熔化物质或矿物泥浆”。

第三步，确定分类号。①E21B：土层或岩石的钻进；从井中开采油、气、水、可溶解或熔化物质或矿物泥浆。②E21B10/18：以钻井液导管或喷嘴为特征的岩心钻头。③E21B10/60：以钻井液导管或喷嘴为特征的钻头。④E21B7/18：以夹带或不夹带弹丸的液体或气体喷射钻井。

第四步，利用中外专利检索数据库检索中国专利。检索表达式为：

涡轮 and IPC=E21B or IPC=E21B10/18 or IPC=E21B10/60 or IPC=E21B7/18

第五步，利用中外专利检索数据库和国家知识产权局所有的外国专利数据库，检索国外专利。检索表达式为：

(turbine and nozzle and jet or spray or inject) and IPC=E21B or IPC=E21B10/18 or IPC=E21B10/60 or IPC=E21B7/18

2. 创造性检索

创造性检索是指为确定发明创造是否具备创造性，对各种公开出版物进行的检索，创造性检索是在新颖性检索的基础上进行的，只有当新颖性检索中未发现破坏新颖性的文献时，再继续进行创造性检索，目的是要找出与创造性相关的文献。通常是找出几篇最接近的对比文件结合起来进行创造性比对。

根据我国专利法律规定，创造性是指同申请日以前已有的技术相比，该发明有突出的实质性特点和显著的进步，该实用新型有实质性特点和进步。因此，判断创造性时，一般可从两篇或者两篇以上对比文献中，分别抽出其特点与申请专利的发明创造进行比较。如果由这些文献中分别抽出的特点，能组合出申请专利的发明创造，那么，申请专利的发明创造的创造性就被破坏了。

创造性检索的方法可参照上述新颖性检索的方法进行，实际检索过程中，一般新颖性检索与创造性检索是一起进行的。常用检索方法包括三个步骤：第一步，确定初步检索词。确定主题词及其相互关系，然后确定关键词，关键词是发明相对现有技术有实质性区别的技术特征，对于每一个主题词和关键词，还要找出它的所有同义词、近义词和缩略词；第二步，确定检索策略。首先确定分类，专利文献使用的是IPC国际分类，共八个大类，若干个小类，小类下又有组，应将所有与技术主题相关的分类位置找出来。然后进行初步检索，浏览其结果，参考其中的分类号和描述词，以便于准确选择主题词和分类号。接下来选择检索数据库，先检索专利文献，再检索非专利文献；先检索该技术发达国家的文献，再检索其他主要国家、中国、次要国家的文献。最后确定最终检索式，在选择的数据库范围内，根据关键词及其同义词，进行缩小范围检索；第三步，专利性判断。据获得的检索结果，找出最相关的对比文件，进行新颖性和创造性判断。

（二）专利性检索的意义

专利性检索是专利申请人、专利审查员、专利代理人及有关人员在申请专利、审批专利以及申报国家各类奖项时的一个重要环节。专利性检索的意义在于达到去伪存真的目的，可避免和减少申请者与审理当局双方在人力、财力和时间上的浪费。对于审查当局来说，专利性检索是决定授予专利与否的必要步骤；而就专利申请者而言，专利性检索是较好地撰写专利说明书、提升专利申请质量的一项必不可少的工作。

三、侵权检索〔1〕

（一）侵权检索的概念与分类

侵权检索是与工业生产活动密切相关的检索。在工业生产活动中，侵权纠纷时有发生，侵权检索即是为找出可能受到某项工业活动侵害的专利而进行的检索，包括防止侵权检索和被动侵权检索。

1. 防止侵权检索

防止侵权检索是指为避免发生专利纠纷而主动对某一新技术、新产品进行专利检索，其目的是要找出可能受到其侵害的专利。

防止侵权检索的文献类型应包括世界各国和知识产权组织的发明、实用新型或外观设计专利。就检索工具的出版形态而言，包括：各专利组织和各国专利局定期出版的专利公报和索引、各专利组织和各国专利局网站上的数据库、商业化综合性专利数据库（包括光盘版、网络版和联机版）。外观设计专利没有专门的综合性索引工具，主要依靠世界各国专利局建立的本国互联网数据库和出版的外观设计公报。

防止侵权检索的时间范围应当自检索日起向前追溯二十年，对于可续展的专利，检索时间范围则还应向前推。这是因为一般情况下，各国专利的最长保护周期为二十年，而二十年前的专利技术已经进入公知技术领域，一般可以无限制地实施。至于检索的国家和地区范围，则视生产、销售产品的国家或地区而定。防止侵权检索完成之后，应将检索项目的技术要点与检出的密切相关文献进行分析比较，根据发明和实用新型专利侵权判定的原则、外观设计的侵权判定原则，对可能存在的专利侵权风险进行提示。针对

〔1〕 路炜，肖沪卫. 专利侵权检索与分析报告的规范研究. 图书情报工作，2008（2）.

那些确实对产品实施构成侵权障碍的专利文献，则进一步进行法律状态检索。

2. 被动侵权检索

被动侵权检索包括无效证据检索和不侵权抗辩检索：

（1）无效证据检索。无效证据检索是针对授权专利进行的检索，目的是从现有技术文献中找出能够破坏授权专利新颖性或创造性的文献，常用于无效请求前的证据搜集。

（2）不侵权抗辩检索。不侵权抗辩检索是针对侵权指控的对抗性检索，目的是从现有技术文献中找出能够说明被控侵权对象属于现有技术的文献，常用于专利诉讼中证明不侵权的证据收集。

被动侵权检索的文献类型应包括各种出版物。专利法意义上的出版物是指记载有技术或设计内容的独立存在的传播载体，并且应当表明或者有其他证据证明其公开发表或出版的时间。符合上述含义的出版物可以是各种印刷的、打字的纸件，例如专利文献、科技杂志、科技书籍、学术论文、专业文献、教科书、技术手册、正式公布的会议记录或者技术报告、报纸、产品样本、产品目录、广告宣传册等，也可以是用电、光、磁、照相等方法制成的视听资料，例如缩微胶片、影片、照相底片、录像带、磁带、唱片、光盘等，还可以是以互联网或其他在线数据库形式存在的文件等。对于印有“内部资料”“内部发行”等字样的出版物，确系在特定范围内发行并要求保密的，不属于公开出版物。出版物的印刷日视为公开日，有其他证据证明其他公开日的除外。

被动侵权检索的时间界限应参照专利新颖性判断中“现有技术”的时间界限，即专利申请日，享有优先权的则指优先权日。广义上说，申请日以前公开的技术内容都属于现有技术，但申请日当天公开的技术内容不包括在现有技术范围内。根据我国《专利法》第三次修改的规定，取消了“对现有技术”的地域性限制，例如按照中国专利法，地域界限应为全世界范围。

根据被动侵权检索的结果，可以判断“存疑”专利权的期限、专利权是否终止、专利权是否在有效的保护地域范围。对于法律状态有效的专利，应当配合专利性检索，判断是否存在请求宣告其专利权无效的理由。

（二）侵权检索的意义

近年来，我国已成为专利侵权案件的多发地区且专利侵权案件呈高发态势。国家知识产权局专利行政执法部门每年受理的专利侵权纠纷均在 1 300 件以上，且知识产权纠纷的规模越来越大，索要的专利费和赔偿额越来越高；纠纷范围越来越广，从传统产业到生物制药、芯片等高科技产业，所涉及的产业和部门越来越多；纠纷发生越来越频繁，手段越来越隐蔽，专利往往隐藏在标准和技术壁垒之后发挥作用；外国企业往往结成产业同盟对我国整个行业或主导企业提起诉讼。在这些侵权案件中，除故意侵权外，也有许多案件属于非故意侵权，即因为企业专利意识不高，在实施生产或销售前未进行专利检索而致。因此，侵权检索已被视为：

（1）防范纠纷的有效措施。在一项新的工业生产活动（如准备生产一种新产品，或准备在某一生产过程中采用一种新方法或新工艺）开始之前，为防止侵犯别人的专利权从而发生专利纠纷，人们有必要进行防止侵权检索。以上文提到的海尔公司风冷式冰箱研发为例，海尔公司在研发立项之际，进行了防止侵权检索，在明确了已有技术专利权保护范围的基础上进行了创新设计，采用一个风扇三面送风，风道内设置自动风量调节阀门的方案，既吸收了现有专利技术的优点，又在整体上与现行有效的专利不同，从而有效地避免了专利侵权。

（2）处理纠纷的必要手段。当侵权人不知道其生产的某项新产品或采用的某项新工艺、新方法是有效专利而被别人指控侵权时，为证实自己侵权与否，以及为寻求被动侵权的自我保护，就有必要进行被动侵权检索。

（3）合规管理的重要内容。专利侵权纠纷的高发，已经引起了国家产业、科研管理部门的高度重视。例如，自 2005 年 5 月 1 日起施行的新《药品注册管理办法》第 11 条规定：申请人应当对其申请注册的药物或者使用的处方、工艺、用途等，提供申请人或者他人在中国的专利及其权属状态的说明；他人在中国存在专利的，申请人应当提交对他人的专利不构成侵权的声明。这些法律法规的出台表明：专利侵权检索与分析不仅是企业的自觉需求，同时也正在逐渐被纳入政府管理的重要内容。

四、专利法律状态检索

（一）专利法律状态检索的概念与分类

专利法律状态检索是指对一项专利或专利申请当前所处的状态进行的检索，其目的是了解专利申请是否授权、授权专利是否有效、专利权人是否变更以及与专利法律状态相关的信息。依照检索目的，专利法律状态检索又可细分三类：①专利有效性检索，即对一项专利或专利申请当前所处的状态进行的检索，其目的是了解该项专利是否有效；②专利地域性检索，即对一项发明创造都在那些国家和地区申请了专利进行的检索，其目的是确定该项专利申请的国家范围；③权利人变更检索，即指对一项已经获得专利授权的发明创造，在授权之后，权利人是否发生变更的检索，即在当前情况下，该项专利的真正权利人。

通常专利法律状态检索所获得的信息有以下几种情况（表 4-7）。

表 4-7 专利法律状态检索信息

	法律状态	信息解读
1	专利权有效	在检索当日或日前，被检索的专利已获权，并且至检索日之后的下一个交费日前专利是有效的
2	专利权有效期届满	在检索当日或日前，被检索的专利已获权，但至检索当日或日前专利权有效期已超过专利法规定的期限（包括超过扩展的期限）
3	专利申请尚未授权	在检索当日或日前，被检索的专利申请尚未公布，或已公布但尚未授予专利权
4	专利申请撤回	在检索当日或日前，被检索的专利申请被申请人主动撤回或被专利机构判定视为撤回，该法律状态称为专利申请撤回
5	专利申请被驳回	在检索当日或日前，被检索的专利申请被专利机构驳回
6	专利权终止	在检索当日或日前，被检索的专利虽已获权，但由于未交专利费而在专利权有效期尚未届满时提前失效

续表 1

	法律状态	信息解读
7	专利权无效	在检索当日或日前，被检索的专利曾获权，但由于无效宣告理由成立，专利权被专利机构判定为无效
8	专利权转移	在检索当日或日前，被检索的专利或专利申请发生专利权人或专利申请人变更
9	专利权的视为放弃	专利局作出授予专利权的通知后，申请人在规定期限之内未办理登记手续的，视为放弃取得专利权的权利

中国专利法律状态检索，只须进入中国知识产权局门户网站（WWW. SIPO. GOV. CN)，点击“法律状态查询”，在检索提示框中填入申请（专利）号、法律状态公告日，网页上即会显示一项专利或专利申请当前的状态。例如，检索中国专利 03278141. 5 的操作步骤为：①输入网址 http：//search. sipo. gov. cn/sipo/zljs/searchflzt. jsp；②在申请（专利）号提示框输入：03278141 或 03278141.5。③浏览检索结果。法律状态类型：专利权的终止（未缴年费专利权终止）；法律状态公告日：2008. 10. 15。

美国专利法律状态检索网址为 http：//portal. uspto. gov/external/portal/pair，检索字段包括专利申请号、专利申请公开号、专利号等。

日本专利法律状态检索网址为 http：//www. ipdl. inpit. go. jp/homepg. ipdl，法律状态检索项有号码对照索引、范围指定检索、最终处理对照索引；审判信息检索项有审查决定公报数据库、审查决定快报、审判决定取消诉讼判例集。

欧洲专利法律状态检索网址为 https：//register. epoline. org/espacenet/regviewer? lng=en。检索字段检索提示框：专利公开号[1]。

（二）专利法律状态检索的意义

由于专利从申请到审查、审查过后获得的专利权在保护期内维持，以及专利权的转让等，这一系列的专利程序所涉及的专利法律状态是动态的；因此，通过专利法律状态检索，掌握专利的即时法律状态，对于技术创新及技术贸易等方面的决策具有相当重要的现实意义，体现在：

(1) 便利技术贸易的高效开展。技术贸易工作中，进行专利法律状态检索非常必要，是掌握对方专利技术的法律保护状态的重要依据。通过专利法律状态检索，专利的有效性、专利地域性以及权利人变更等情况一目了然，使得技术引进方不仅在价格谈判时心中有数，还能够防止购买过期或即将过期的专利而造成不必要的经济损失。例如我国某公司在引进英国皮尔金顿公司浮法玻璃技术时，通过专利法律状态检索，及时发现与引进技术相关的 137 项专利已有 51 项失效。依据检索获得的这一确切信息，中方在谈判中占据了主动，迫使英方公司将价格由原来索要的 2 500 万英镑降为 52.5 万英镑。

(2) 挖掘失效专利的“富矿”价值。失效专利被视为技术“富矿”，专利法律状态

〔1〕 孙靓. 网上专利法律状态检索的意义及方法. 安徽科技，2010 (8).

检索能够促进失效专利的有效利用。专利的保护是有期限的，一旦过期即为失效专利，实践中还有一些专利是因为其他原因失效，然而专利虽失效，凝结于专利之中的发明创造点不会自行消失。一些技术相当成熟，在专利失效之后仍然能够在市场竞争中发挥出巨大的潜能，还有一些技术在申请专利的当时可能就是超前的技术，只是由于受到各种条件的限制未能充分发挥出效能来，因此对于这些失效专利中的技术加以挖掘、利用，意义重大。特别是发达国家的某些技术与中国相比可能有10年到20年的差距，发达国家失效的专利技术对于我国一些企业而言，很可能仍然适用。通过法律状态检索，我国的中小企业能够及时发现一些具有较高经济、技术价值的失效专利，并根据自身的实际情况，有效开发与利用这座富矿，这不失为一条简捷、经济的发展途径。

五、同族专利检索

（一）同族专利检索的概念与专利族的分类

1. 专利族、同族专利

由于专利保护的地域性和早期公开、延迟审查的专利审批制度形成了一组由不同或相同国家出版的内容相同或基本相同的专利文献。每组专利文献中的每件专利说明书之间，通过一种特殊的联系媒介——优先权相互联系在一起。所谓优先权，是巴黎公约各成员国给予本联盟任一国家的专利申请人的一种优惠权，即巴黎公约缔约国的专利申请人已在某成员国第一次正式就一项发明创造申请专利，当申请人就该发明创造在规定的时间内向巴黎公约其他缔约国申请专利时，申请人有权享有第一次申请的申请日期。发明和实用新型的优先权期限为12个月，外观设计的优先权期限为6个月。

优先权是同族专利之间的联系要素。至少有一个优先权相同、在不同国家或国际性专利组织中，多次申请、多次公布或批准的，内容相同或基本相同的一组专利文献，称为专利族（patent family)。在同一专利族中每件专利文献被称作专利族成员（patent family members)。

同一专利族中的每件专利文献互为同族专利文献，在同一专利族中第一个申请的专利文献称基本专利文献。全世界每年公布的100万件专利说明书中，约有35万件到40万件是基本专利文献。但英国德温特出版公司对基本专利另有其自己的规定，它将该公司先收到的主要国家的专利作为基本专利，后收到的同一发明的专利作为同族专利。以下是一个同族专利的示例[1]：

美国专利 US4588244A（申请日：1985年1月14日）

日本专利 JP61198582A（申请日：1985年11月30日）

德国专利 GB2169759A（申请日：1986年1月3日）

法国专利 FR2576156A（申请日：1986年1月13日）

其中共同的优先权为：优先申请国家——美国，优先申请日期——1985年1月14日，优先申请号——690915。

---

〔1〕 吴泉州．专利文献与专利分类．http：//www.cqipo.gov.cn/download/zldlr/04．ppt 1728K［2007］．

在这一组专利当中，美国专利（US4588244A）为基本专利，其他国家的专利（JP61198582A、GB2169759A 和 FR2576156A）均以美国专利申请为优先权，并与其共同构成一组同族专利，即一个专利族。其中的每件专利都是该同族专利的成员，简称“同族专利”。

2. 专利族的分类

WIPO《工业产权信息与文献手册》将专利族分为 6 种：简单专利族，复杂专利族，扩展专利族，本国专利族，内部专利族和人工专利族。

1）简单专利族（simple patent family）

在同一个专利族中，专利族成员以共同的一个或几个专利申请为优先权，这样的专利族为简单专利族。

表 4-8　简单专利族示例

专利族成员	原始申请
A1319372B	CH13201/72
CH538767A	CH13201/72（首次申请）
DE2323735A1	CH13201/72
ES418590A1	CH13201/72
FR2199213A1	CH13201/72
FR2199213B1	CH13201/72
JP49－68240A2	CH13201/72
SE380138B	CH13201/72
U3851217A	CH13201/72

如表 4-8 所示，该表中的所有专利文献有且仅有一个优先权 CH13201/72，因此这些专利文献构成了一个简单专利族。

2）复杂专利族（complex patent family）

在同一个专利族中，专利族成员至少以一个共同的专利申请为优先权，这样的专利族为复杂专利族。

表 4-9　复杂专利族示例

专利族成员	原始申请	
AU56113/73A1	GB24668/72	GB56003/72
BE799945A1	GB24668/72	GB56003/72
CA1021320A1	GB24668/72	GB56003/72
CH593981A1	GB24668/72	GB56003/72
DE2326795A1	GB24668/72	GB56003/72
DK143603B	GB24668/72	GB56003/72
DK143603C	GB24668/72	GB56003/72
ES415069A1	GB24668/72	GB56003/72

续表 1

专利族成员	原始申请
FR2185394A1	GB24668/72　GB56003/72
FR2185394B1	GB24668/72　GB56003/72
GB1437088A	GB24668/72（首次申请）　GB56003/72
JP49－490692A2	GB24668/72　GB56003/72
NL7 307311A	GB24668/72　GB56003/72
SE7604104A	GB24668/72　GB56003/72
US3941774A	GB24668/72　GB56003/72
ZA733408A	GB24668/72

表 4-9 中的所有专利文献均有一个相同的优先权 GB24668/72，除最后一篇 ZA733408A 外，其它专利文献还另有一个相同的优先权 GB24668/72，因此这些专利文献构成了一个复杂专利族。

3）扩展专利族（extended patent family）

在同一个专利族中，每个专利族成员与该组中的一个及以上其他专利族成员，至少共同以一个专利申请为优先权，他们所构成的专利族为扩展专利族。

表 4-10　扩展专利族示例

专利族成员	原始申请
EP200874A1	DE3514301
JP61-242026A2	DE3514301
US4670093A	DE354301　DE3610333
EP240776A1	DE3610333
JP62-232129A2	DE3610333

表 4-10 中的专利文献优先权有了较大区别。其中 EP200874AI 和 JP61 — 242026A2 仅有优先权 DE3514301，而 EP240776AI 和 JP62 — 232129A2 仅有优先权 DE3610333 这两组专利文献的优先权完全不同。但是由于 US4670093A 的优先权为 DE35143ol 和 DE3610333，因此根据扩展专利族的定义，US4670093A 就是连接以上两组专利文献的桥梁。

4）本国专利族（national patent family）

本国专利族是指在同一个专利族中，每个专利族成员均为同一国家的专利文献，这些专利文献属于同一原始申请的增补专利、继续申请、部分继续申请、分案申请等，但不包括同一专利申请在不同审批阶段出版的专利文献。

表 4-11　本国专利族示例

专利族成员	原始申请
US5978890A	US08/779471
US6240494B1	US09/212410
US6647476B2	US08/779471（部分继续申请） US09/212410（分案申请）

在一些国家，例如美国，某一发明在申请后授权前的期间内申请人可以就该发明提出新的申请，以修改和补充原专利申请继续申请（continuation applieation）和部分继续申请（continuation-in-part applieation）都是对同样的发明提出的二次申请，其原始申请首先必须是一个正式的专利申请并且原始申请处于等待批准的阶段。继续申请中所揭示的内容必须与原始申请中相同：而部分继续申请增加了原始申请中没有揭示的内容使原始申请内容只为部分继续申请的一个部分。分案申请是指根据专利申请单一性原则申请人把申请中不属于一个总的发明构思的独立发明创造成果从原申请案中分割出来，另外提出一件或数件申请的行为。

由于继续申请、分案申请等原因。势必会产生一批相互关联的专利文献。这些专利文献就可以组成本国专利族。例如表 4-11 中所示文献 US5978890A 的申请号为 US08/779471，文献，US6240494B1 的申请号为 US09/212410，这两个申请均为原始申请文献。US6647476B2 是申请 US08/779471 的部分继续申请，同时又是 US09/212410 的分案申请。因此，这三篇专利文献可以构成一个专利族即本国专利族。但是，需要注意的是，本国专利族不包括同一专利申请在不同审批阶段出版的专利文献。

5）内部专利族（domestic patent family）

内部专利族指仅由一个专利机构在不同审批程序中对同一原始申请出版的一组专利文献所构成的专利族。

表 4-12　内部专利族示例

专利族成员	原始申请
CN1244336A	CN99115543.2
CN1076578C	CN99115543.2

同一专利申请在不同审批阶段出版的专利文献可以构成内部专利族，例如表 4-12 中的中国发明专利申请，申请后 18 个月要进行专利申请的公开程序。发明专利申请 CN99115543.2 提出后，经初步审查合格自申请日（或优先权日）起满 18 个月即行公布并出版发明专利申请公开说明书 CN124336A 这是一种未经实质审查，尚未授予专利权的说明书。当该发明专利申请经实审合格被授予专利权时，即出版发明专利说明书 CN1076578C，这是一种经过实质审查，被授予专利权的说明书。这两篇专利文献为同一个专利机构公布的同一专利申请的不同公布级的专利文献，构成内部专利族。

6）人工专利族（artificial patent family）

人工专利族也称智能专利族、非常规专利族，即内容基本相同但并非以共同的一个或几个专利申请为优先权，而是根据专利文献的技术内容，人为地进行归类组成的一组由不同国家出版的专利文献构成的专利族，但实际上在这些专利文献之间没有任何优先权联系。

表 4-13　人工专利族示例

专利族成员	原始申请
DE2701000	?
FR2368000	?
GB1554000	?

表 4-13 中的三篇专利文献，其优先权完全不相同，没有任何优先权联系，但由于这些专利文献描述了同样的发明创造，内容相同或基本相同，因此我们人为地将其归类到一起，使之成为一种很特殊的专利族即人工专利族。

3. 同族专利检索

同族专利检索，是对一项专利或专利申请在其他国家申请专利并被公布等有关情况进行的检索，该检索的目的是找出该专利或专利申请在其他国家公布的文献（专利）号。

同族专利检索首先确定检索依据，再选择检索工具，最后通过检索工具检出专利族。方法有：①以优先权号码和日期作为检索依据，从优先权检索专利族；②从文献号或专利号检索专利族。

以欧洲专利申请公开说明书 EP500823 检索为例。这是一项关于抗疟疾病的药物发明，其说明书扉页标明，这项发明专利的优先权国家为中国。优先申请日期和优先申请号有两个，分别是 1990 年 8 月 8 日，90106722；1991 年 4 月 24 日，91102575。

根据以上数据通过“PFS”检索的结果如下：该项发明除在中国申请专利以外，还在下列国家（地区）或国际组织申请了专利。它们是：非洲地区（英语国家）工业产权组织，世界专利（指定国有澳大利亚、加拿大、芬兰、匈牙利、日本、韩国、丹麦、西班牙、法国、英国、希腊、意大利、卢森堡、荷兰、瑞典、列支敦士登），还有葡萄牙、南非、以色列、新西兰、埃及、爱尔兰、美国、中国香港。这项专利申请几乎涵盖了世界各主要发达国家以及第三世界中的疟疾病高发地区，构成了专利申请地域的一张工业产权的保护网，最大限度地保护了专利权人的利益。根据“PFS”中“KD”文献种类的等级标注，表明该专利已在欧洲专利局、美国、日本、爱尔兰、澳大利亚、葡萄牙等国得到了专利权〔1〕。

专利族检索过程通常结合对同族专利的解析工作，即收集、整理、排序、归纳每件同族专利的优先权数据以及分案、（部分）继续、再颁专利、增补专利等国内申请数据及其多次公布数据，从而得到可以理解的清晰的专利族信息。由于专利族检索结果是专利著录项目以及说明书全文，其同族专利的实质内涵没有在检索结果中反映出来，这就

〔1〕 中国知识产权培训中心．专利族检索．http：//files. ciptc. org. cn/elms/upload/ course/ ciptc/jiansuo/6－2－5－2. html［2009］.

需要在得到检索结果后再对每件专利族成员进行进一步分析直至找到其实质内涵，并将其用于解决具体问题。在实际应用中，需要根据预期达到的目的采取不同的分析方法。

例如在产品出口时，检索预期目的是防止产品出口后侵犯他人的专利权，因此需要检索地域信息，作同族专利的法律状态检索分析。首先，要找出相关专利的已经公布的同族专利，再找出相关专利的潜在的同族专利（指国际专利申请或地区性专利或专利申请中被指定的尚无公开出版物的国家的专利或专利申请。由于这种同族专利尚无出版物和专利文献编号，因此，潜在的同族专利检索是指找出相关专利的国际申请或地区性专利或专利申请的指定国信息）。检索潜在的同族专利时，通过国际申请或地区性专利或专利申请的说明书扉页上的指定国著录项目即可获得其全部信息找到所有的专利之后，再对这些专利的有效性进行检索，即进行法律状态检索。其目的是要找到与出口产品相关的所有专利的法律状态，即确定所有专利是否是授权、有效、视为撤回、视为放弃、届满等状态。

又比如检索预期目的是为了解决阅读专利文献时的语言障碍，则作简单专利族类型的检索，找到简单专利族类型的专利族成员。检索完成后首先看检索结果中是否有自己熟悉的语言的专利文献，再看二者之间是否有区别，分别调阅全文说明书，比较申请人名称、权利要求数量等信息是否相同。如果比较后完全一致，就可以比较放心地参考所以熟悉的语言撰写的专利文献了。

再如检索预期目的是了解对手的情况，以制定自己的企业竞争策略，则需要检索扩展类型的专利族，尽可能全地找到所有的同族专利成员。得到检索结果后，首先看检索结果中有多少专利族成员，源于多少个专利申请；再看该专利族在一个国家的专利申请数量多少。之后再分析这些专利族成员之间的关系；最后，分析出竞争对手的专利保护情况以及市场信息等，据此确定企业竞争策略[1]。

（二）同族专利检索的意义

随着经济全球化进程的不断深入，专利的全球化趋势也在加快。在此背景下，同族专利检索的价值日益凸显，主要表现在以下几方面：

1. 提供专利的市场覆盖率信息

虽然知识产权的保护呈现国际化趋势，且产生了各种知识产权国际条约，特别是WTO的《与贸易有关的知识产权协定》（TRIPS 协定）使知识产权的保护趋于一致，但由于各国经济、技术发展水平存在较大差异，专利法仍属于国内法。要获得在某国的专利权，必须向该国专利主管部门申请。即使申请 PCT、EP 专利，也还必须指定专利申请国。目前世界上只有非洲知识产权组织（OAT ）在成员国之间实行统一的专利制度，申请人只要向该组织提出专利申请，便可根据共同的专利法，在所有成员国中获得专利保护。因此一项专利要获得更大范围的保护，必须在欲获得专利权的国家或地区分别申请。同一专利在不同国家或地区获得专利权的信息主要通过同族专利信息获得。

---

〔1〕 赵沛丰，赵欣．同族专利信息分析与应用（上）．中国发明与专利，2010（8）．

2. 提供全面准确的专利法律状态信息

在当今经济、技术贸易全球化的环境下，企业的经济行为必须符合知识产权保护规则，对同族专利信息的获取可帮助企业在制定进出口业务策略时根据专利权的法律状态，制定相应的对策，以避免产生专利纠纷。特别是同一专利在不同国家或地区的申请、审查、授权、撤销、失效、延长等信息，与各国或地区的专利法内容及申请人的专利策略有关，同族专利的法律状态不尽相同，其差异往往大于专利技术本身，更值得企业关注。

3. 有助于企业对专利技术的理解、消化与吸收

同族专利虽然内容基本相同，但同一专利在不同国家或地区的申请因专利法的差别及申请人专利策略的不同，其说明书内容也有一定差别，通过同族专利中各国说明书的描述差别，可分析其技术或权利要求上的差别，全面了解专利的技术内容和权利要求。特别是对接续专利、部分接续专利、分案专利、增补专利、再颁专利、相关专利等信息的分析，可了解该专利的技术演变过程，特别是对需要分案申请的系列专利的技术内容能有全面的了解〔1〕。因此，专利族群检索可以用来判断该专利的价值，使人们可以选择自己熟悉文字的专利说明书阅读，且有助于人们清楚了解一项专利在各国所请求的专利范围有何差异。

问题与思考：

1. 论述专利文献在企业知识产权管理中的作用及价值。
2. 论述专利文献检索的分类及应用。
3. 请分析侵权检索与专利法律状态检索的区别。

〔1〕 黄继东. 同族专利及其检索. 情报科学，2002 (7).

第五章　商标权

第一节　商标概述

一、商标的含义和功能

（一）商标的含义

“商标”是19世纪传入我国的一个外来词，英文为“Trademark”。我国对此曾有“商标”“商牌”“贸易牌号”“货牌”等译法，后来逐渐统一固定译为“商标”。

关于商标的含义，国际范围内有多种不同的表述。法国《工业、商业和服务业商标法》规定：“一切用于识别任何企业的产品、物品或服务的有形标记都可视为工业、商业或服务业商标[1]。”1981年《日本商标法》规定：商标“系指数字、图形、符号或他们的结合，或者他们与色彩的结合，作为以生产、加工、证明或者转让商品为业者在其商品上所使用的标志[2]。”英国《不列颠百科全书》将商标表述为：“工商企业用以标定自己的商品并区别于其他企业制造或者出售的商品的明显标志或图案[3]。”TRIPs协议第15条第1款对商标的含义做了如下表述：任何标记或标记的组合，只要能够将一切企业的货物或服务区别于其他企业的货物或服务，即能构成商标。上述关于商标含义的表述虽然有一定区别，但都表明了商标的本质特征，即：商标是区分不同生产经营者的商品或服务的一种标志。

在2013年商标法修订以前，我国学者大多将商标定义为：“商标，是指能够将不同的经营者所提供的商品或者服务区别开来，并可为视觉所感知的显著标记”，强调商标是一种可视性标志。如今《商标法》第8条规定：“任何能够将自然人、法人或者其他组织的商品与他人的商品区别开的标志，包括文字、图形、字母、数字、三维标志、颜色组合和声音等，以及上述要素的组合，均可以作为商标申请注册。”由此可知，可视性已非商标必须具备的要素。日后，广大消费者熟知的QQ消息声、诺基亚、英特尔等常见的声音标识将可以作为商标注册。对商标的概念，我们可以从以下两方面理解。

第一，商标是商品或服务的生产经营者使用于商品或服务项目的标记。商标的所有人或使用人是商品的生产者、经营者或服务的提供者；商标的使用对象是商品或服务，商标是商品或者服务项目的标记。在社会生活中，人们为了识别某种事物，常常需要使

---

〔1〕工商行政管理总局商标局．外国商标法．北京：中国社会科学出版社，1984：299.
〔2〕工商行政管理总局商标局．外国商标法．北京：中国社会科学出版社，1984：388.
〔3〕不列颠百科全书编委员会．不列颠百科全书．17．北京：中国大百科全书出版社，1999：170.

用某种标记，以便与相同或者类似的事物相区分。例如国徽代表国家、校徽代表学校，此外还有许多标识文化、体育、科学研究等事业或者活动的各种标记。这些标记的使用对象不是商品，使用的目的也不是营利。商标是依附于商品或服务上的标记，其识别对象是经营者提供的商品或者服务，依附性是商标最基本的特征。因此，离开一定的经营对象，不管其标记图案构思如何巧妙，设计如何新颖，也起不到识别商品或者服务项目的作用，这样的标记不能成为商标。商标的这一特点，使得它与国家、军队、政党、社团、文化体育组织等的标记相区别，也与其他不同商品和商业服务相联系的单纯美术作品相区别。

第二，商标是识别商品或者服务来源的标记。商标依附于商品或服务项目，用以识别其来自不同的经营者，这是商标最基本的功能。使用于商品生产或商业服务领域的标记，并不都是商标，如表示商品光洁度的符号、表示商品毒性的符号、表示金银器纯度的符号、质量认证标记等。这些标记是表示商品某种性质或质量的通用标记，不能起到区别不同商品生产者、经营者或商业服务者及其商品或服务的作用，因此也不是商标。为了实现区分来源的作用，商标不能是商品或者服务项目的通用名称，也不能是直接描述产品或者服务的标记符号，而应当是具有鲜明个性、便于与其他同类商品或服务区分开来的显著标记。显著性是商标的又一基本特征。

（二）商标的功能

就商标的功能而言，不同群体的认知是不同的，但大体上可以包含以下三种功能。

1. 来源标示功能

商标的首要功能是区分商品或服务的来源，即通过商标将相同或类似的商品或服务的经营者区分开来。商标的这一功能又称为识别功能。在一个国家里，几十家甚至几百家企业生产经营同一种商品的情况是经常发生的，同时可能还有国外输入的同类商品。在这种情况下，区别同种或类似的商品的生产经营者，其重要的标志就是商标。通过商标，消费者可将相同或类似的商品或服务的提供者区分开来，将标识某种商标的商品总是和特定的生产经营者联系在一起，因此商标起着标示商品来源的作用。

2. 品质保证功能

品质保证功能又称质量或担保功能，是指相同的商标标示的商品或者服务，其质量应该具有同一性。由于商标能够把商品或者服务同它的生产者或提供者密切地联系在一起，而消费者在选购商品或接受服务时注重的是商品的质量或经营者的形象，因此，商品或服务质量成为生产经营者在市场竞争中的根本保证。生产经营者为了提高信誉、巩固和扩大市场、在市场竞争中立于不败之地，就必然要努力去提高商品或服务的质量。在现实中，牌子倒了，整个企业难以为继的现象时有出现。因此，商标的使用可以使生产经营者体会到市场竞争的压力，关注商品质量，从而起到了保证商品或服务品质的作用。

传统的商标理论认为，来源标示是商标最原始最重要的功能，但后来这种理论受到学者批评。事实上，商品上的商标可能并非由生产者附加，而是由进口商所附加，他们并未参与此项商品制造，很可能只是在商品上打上商标，随即投入市场，例如国内的一些通路商。也就是说，现代经济中，制造者与消费者之间的关系越来越疏远，二者分处不同国度也属寻常，消费者再也不可能像以往那样去分辨制造商即商品的来源。而且随着商标授权制度的推行，同一商标所标示的商品有了不同的来源，既来自许可人也来自被许可人（而且可能是多个不同的被许可人）。因此，所谓的“相同的商标所标示的商品，应有相同的来源”，也不再是一个普遍的公式。

实际上，消费者也许并不关心商品的真正出处，他们所关注的是相同商标所标示的商品应具有相同的品质。由此，商标的品质保证功能愈来愈受到人们的重视。

3. 广告功能

现代的商业宣传往往以商标为中心，通过商标发布商品信息、推介商品，突出醒目，简明易记，能吸引消费者的注意力，加深其对商品的印象。商标吸引了消费者，消费者借助商标选择商品，商标的作用便显而易见。在现实中，商标成为无声的广告，更显出商品的优势。

二、商标的分类

分类是对概念认识的深化，按照不同的标准，可以对商标进行不同的分类。

（一）视觉商标和非视觉商标

根据商标的构成要素可以将商标分为视觉商标和非视觉商标。视觉商标是人们可以通过视觉感知的商标，又可以分为平面商标和立体商标。非视觉商标是指人们无法通过视觉感知，而是要通过听觉、嗅觉去感知的商标，又可以分为听觉商标和嗅觉商标。人们所熟知的商标大部分是视觉商标。但事实上，通过听觉和嗅觉标志也能起到区分商品或服务来源的作用，因此听觉和嗅觉等非视觉标识也可以作为商标使用。一些发达国家甚至已经在商标法中明确规定，非视觉商标可以作为商标注册并获得保护。如澳大利亚1995年修订的《商标法》就明确规定，可以作为商标的标志可以包括声音和气味。再如，英国1994年修订的《商标法》也允许注册气味商标和声音商标。我国2013年修订的《商标法》已经吸纳声音商标可申请商标注册，说明我国的商标保护水平已逐步与国际接轨。至于嗅觉商标，暂未允许申请注册，但若能够起到区别商品或服务来源的作用，可以作为非注册商标使用，虽不能享有商标专用权，仍可依据《反不正当竞争法》获得一定程度的保护。

（二）平面商标和立体商标

在视觉商标中，根据商标的二维和三维形态，可以进一步分为平面商标和立体商标。

1. 平面商标

平面商标又可以按照其构成要素分为文字商标、图形商标、组合商标三种。

文字商标是指以纯文字符号构成的商标。文字商标中的文字，应当做广义理解，可以是语言文字，也可以是字母和数字；可以是中文，也可以是外文；中文文字可以是汉字，也可以是汉语拼音和少数民族文字。如“海尔”“同仁堂”“TCL”“555”等。文字商标具有便于呼叫、表意性强等特点，但不如图形商标那么形象。

图形商标是指由单纯的平面图形构成的商标。图形的取材范围非常广泛，可以是人物形象、山川河流，也可以是飞禽走兽、花鸟虫鱼；可以是具体实在的事物，也可以是抽象虚构的事物。如中国工商银行注册的钱币型商标、腾讯公司注册的企鹅图形商标。图形商标重在表形，优点是生动形象、便于记忆；缺点是不便于称呼、表意性不强。因而单独使用图形商标者日渐减少。

组合商标是由文字、图形共同组合而成的商标，如中国电信的商标。组合商标的特点是图文并茂、鲜明生动。此种商标能够发挥各构成元素的长处，相互补充，相得益彰，因而使用十分广泛。组合商标要求文字与图形应密切联系、协调统一。

2. 立体商标

立体商标是指以占据一定空间的三维标志构成的商标。三维标志比平面形象更加直观，对视觉产生的冲击效果更强，也便于消费者借此辨认和选购商品，能够实现商标的基本功能，因此可以作为商标。如麦当劳门口的“麦当劳小丑”、劳斯莱斯车头上竖立的“小飞人”、可口可乐的富有特色的曲线形瓶身等都是比较典型的立体商标。我国商标法早在 2001 年第二次修订时，便允许三维标志作为商标申请注册。

（三）商品商标和服务商标

根据商标标示对象不同，可以将商标划分为商品商标和服务商标。

商品商标是使用于生产、制造、加工、拣选或者经销的商品上的商标。在 1993 年商标法修改前的相当长时间内，我国商标法仅保护商品商标。商品商标的使用者为商品经营者，包括商品的生产者和商品的销售者。因此，商品商标又可以进一步分为制造商标和销售商标。制造商标是商品生产者在自己生产制造的商品上所使用的商标，其作用在于区分商品的制造者。日常生活中人们所看到的商品商标大多为制造商标，如“联想”“IBM”“长虹”等，均用于识别商品的制造商。销售商标是指销售者在自己销售的商品上使用的商标，又称为商业商标或推销商标。这种商标往往是具有较强实力的销售商在自己销售的商品上使用，以将自己销售的商品与他人销售的同类商品加以区分，宣传自己的商业信誉。如英国最大的“马莎”超市，在自己经销的许多商品上都印上了“马莎”商标。销售商标在我国的使用主要在一些大型超市，如沃尔玛等。当一种商品既使用了制造商标，又有销售商标的时候，此种商品上的两种商标就分别起到了宣传生产厂家和经销商的作用。这种情况大都反映了生产厂商与经销商之间的良好合作关系。

服务商标是提供服务的经营者在其向社会提供的服务项目上使用的商标，也称为服务标记。服务商标的作用是将自己的服务与其他经营者提供的同类服务区别开来。如“中国移动通信”“中国东方航空”就是典型的服务商标。传统的商标法并不保护服务商标，随着市场经济的发展，服务项目被普遍认为是一种特殊商品，也需要使用商标加以区别。于是，1946 年美国《兰哈姆法》首次提出了对服务商标进行保护。此后，各国纷纷效仿，TRIPs 和 1958 年修订的《巴黎公约》也增加了对服务商标保护的规定。我国于 1993 年第一次修改《商标法》时增加了对服务商标保护的规定，该法第 4 条第 3 款规定：本法有关商品商标的规定，适用于服务商标。

（四）注册商标和未注册商标

根据是否注册，商标可划分为注册商标和未注册商标。注册商标是经主管机关核准注册的商标，不管是实行注册取得制度的国家，还是采取使用取得制度的国家，注册商标都受法律保护，只是保护的程度有所不同。在实行注册取得制度的国家，注册是取得商标权的根据，注册商标的专有权是可靠的。在实行使用取得制度的国家，注册商标的专有权可能被使用在先的他人的权利所推翻，但商标注册人在诉讼中处于有利的地位，要求撤销注册商标的人必须提供证据。超过法定期间无人提出异议或异议不成立，注册商标的专有权便不可争议。

未注册商标是指未经核准注册的商标。在实行全面注册制度的国家，未注册商标不准使用。在实行自愿注册制度的国家，未注册商标可以使用，但一般不能取得专有权。在实行使用取得制度的国家，未注册商标通过使用，就可以在其使用范围内产生专有权。我国实行自愿注册制度，依商标法规定，未注册商标的使用不得对抗注册商标，未注册商标一旦被他人注册便会被禁止使用。因此，只要不是临时使用商标，最好申请注册。

（五）普通商标、集体商标和证明商标

根据商标注册人的身份和商标的作用，可以将商标分为普通商标、集体商标和证明商标。

普通商标是指普通经营者可以自行注册，以区别商品或服务的经营者的商标。前述的商品商标和服务商标都是普通商标。

集体商标是指以工商业团体、协会或者其他组织名义注册，供该组织成员在工商业活动中使用，以表明使用者在该组织中的成员资格的商标。集体商标注册人的集体成员，在履行该集体商标使用管理规则规定的手续后，可以使用该集体商标。集体商标的作用是向消费者表明使用该商标的集体组织成员所经营的商品或服务项目具有共同特点。集体商标不得转让，并且只能由该集体组织的成员使用。例如，中国东方丝绸市场协会申请注册的“盛泽织造”“绸都染整”就是两个集体商标，已经国家工商总局正式公告核准注册。据报道，“盛泽织造”成为我国纺织业织物类产品首例集体商标，“绸都染整”成为我国纺织业首例服务类集体商标。

证明商标是指由对某种商品或服务具有检测和监督能力的组织注册并控制，而由该组织以外的单位或者个人使用于其商品或者服务，用以证明该商品或者服务的原产地、原料、制造方法、质量或者其他特定品质的标志。例如绿色食品标志、国际纯羊毛标志、真皮标志、碘盐标志等。使用证明商标须经商标注册人认证许可，经营的商品必须符合证明商标使用章程规定的条件。证明商标具有区别商品或服务特定品质以及保障商品或服务质量的特殊功能，因而在一些国家又被称为“保证商标”。证明商标的使用，可以促进商品质量的提高，加强商品的竞争力，保护消费者权益。

（六）等级商标和防卫商标

这是根据商标所具有的特殊功能或作用而进行的归类划分。

等级商标是指同一个经营者在自己生产经营的不同规格、质量的同类商品上使用的系列商标。等级商标的作用在于区别同一企业生产的不同规格、不同质量的同类商品，以便消费者鉴别选购。例如青岛同泰橡胶厂生产的轮胎，因规格不同，分别使用“骆驼”“金鹿”“工农”等商标。等级商标可以一并申请注册，一并转让或许可他人使用，其中某一个商标被注销或撤销，并不影响其他商标的存在，因而等级商标中的系列商标具有相对的独立性。

防卫商标是指为了防止他人的使用或注册对自己的核心商标构成威胁或造成损害而进行注册的商标，包括联合商标和防御商标两种形式。

联合商标是指同一个商标所有人在相同或类似商品上申请注册两个或者两个以上的近似商标，其中最先注册的为正商标，其余的为联合商标。例如，商标所有人注册了“娃哈哈”“哈娃哈”“哈哈娃”“娃娃哈”等商标，其中“娃哈哈”为正商标，其他的为联合商标。注册联合商标的目的在于保护正商标，防止他人使用或注册与其正商标相近似的商标，从而影响正商标的显著性。商标所有人只要使用正商标，即视为全部联合商标的使用。联合商标中的每一个商标不能单独转让，而必须全部一同转让或许可他人使用。

防御商标是指同一商标所有人把自己的商标同时注册在其他非同种或非类似的商品上的商标。例如，可口可乐公司先将“可口可乐”注册使用于碳酸饮料，然后又在其他33类商品上注册“可口可乐”商标。注册防御商标的目的是为了防止他人在不同类别的商品或服务商使用其商标。防御商标既有防止消费者误认商品或服务来源的作用，又有防止其商标被淡化的作用。

三、商标与其他商业标记的区别

商标是工商业标记之一，除此以外，还有商号、地理标记、商品包装和装潢、商务标语、商品名称，以及其他特殊标记。这些标记一般也使用于商品或服务上，与商标既有联系又有区别，分辨它们之间的异同，有利于进一步认识商标的特征和作用。

（一）商标与装潢

商品装潢，是指为宣传和美化商品而附加的装饰。商标与商品装潢往往同时出现在商品或其包装上，为同一商品服务；二者一般都由文字、图形、颜色及其组合构成图样。美观大方、新颖别致的装潢设计既能美化商品，更能够引起消费者的注意和兴趣，激发购买欲望。经过较长时间的使用，当购买者把装潢与商品紧密联系在一起时，装潢也具有识别商品的作用。但是，装潢和商标存在明显的区别。

第一，使用目的不同。使用商标的目的主要是识别不同经营者的商品或者服务项目；使用商品装潢的目的在于说明或美化商品，刺激消费者的需求欲望。

第二，构图设计不同。商标构图力求简洁、明快，突出其显著特征，以达到识别经营对象的目的，其所使用的文字、图形、数字、字母、三维标志、颜色组合以及上述要素的组合不得直接表示商品的质量、原材料、功能、用途等；而商品装潢着力于渲染、美化商品，浓墨重彩，图案绚丽，以便吸引消费者，其内容一般须与商品的内容相一致。例如不能用“牛”的文字或图形作为牛肉罐头的商标，而商品装潢则不受此限制。

第三，专有性和稳定性不同。装潢不具专有性，无须注册登记，使用者可以根据市场销售的需要和消费者审美情趣的变化，随时变动或改进装潢图案和文字，而无需经过批准。商标一旦依法注册，商标所有者即取得一种专有性权利——商标权，同时商标经过注册后非经主管机关核准不得随意改变。

第四，保护的法律依据不同。在我国，注册商标受《商标法》保护；知名商品特有的装潢受《反不正当竞争法》保护；若商品装潢设计具备作品的独创性还可以受到《著作权法》保护。

（二）商标与商号

依照我国现行法律规定，商号是企业名称中的一部分。一般情况下，企业名称应当由行政区划、字号（商号）、行业、组织形式 4 部分依次组成。可见，商号即商业字号，是企业名称中的特征部分，是经营者在营业上表示自己的名称。商号与商标有着紧密的联系，许多国内外享有盛名的企业都将自己的商号和商标统一起来，达到既标识商品又代表企业的目的，两者相得益彰，如国外的“柯达”“迪尼斯”“松下”，中国的“海尔”“李宁”等。这样不仅在宣传上可以达到事半功倍的效果，而且可以同时以两种不同的权利寻求保护。但是，商号和商标之间有着确定的区别，不能混为一谈。

第一，识别的对象不同。商标是用来标示经营者所提供的商品或服务的，是特定商品或服务的标志，而商号则是用来标示商品或服务的经营者自身的，是营业主体本身的标志。

第二，可拥有的数量不同。一个经营者可以拥有多个商标，但企业名称只能有一个，因而商号也只有一个。

第三，构成要素不同。商标的构成要素可以是文字、图形、数字、字母、三维标志、颜色组合以及上述要素的组合，而商号只能用文字来表示。

第四，取得方式不同。商标不经注册可以使用，商号不经登记不得使用。企业名称登记是工商业组织取得市场主体资格的前提条件，在企业名称名义下，经营者从事工商活动，享受权利承担义务。从这个意义上讲，商号具有人身权属性。

第五，法律依据和法律效力不同。一方面，商标主要依据《商标法》保护，而商号主要依据《民法通则》《企业名称登记管理规定》等来保护；另一方面，商号和商标登记注册后所产生的法律效力不同。商号依法登记后，所享有的企业名称专用权限于登记主管机关所辖范围，而商标经注册登记后在全国范围内享有商标专用权。

（三）商标与地理标志

根据我国《商标法》第 16 条第 2 款的规定，地理标志是指标示某商品来源于某地区，该商品的特定质量、信誉或者其他特征，主要由该地区的自然因素或者人文因素所决定的标志。如“吐鲁番葡萄”“景德镇瓷器”“绍兴黄酒”“南京云锦”等。地理标志也有一定的识别作用，但与商标仍然存在明显区别。

第一，功能不同。地理标志表明商品产于何地，并通过产地表明产品所具有的质量和特色，不具有识别不同经营者的同一种商品或服务的功能。商标表明商品或服务是由哪一个经营者生产或者经销的，但并不能说明产品质量。

第二，专有性不同。属于地理标志所标示地理范围内的相关经营者在履行一定手续后，都可以使用该地理标志，而普通商标一经注册，即取得商标专用权，未经商标权人许可，任何人不得使用。

第三，地理标志一般不得转让或许可使用，注册商标依法可以转让或许可他人使用。

（四）商标与商务标语

商务标语，又称为商务口号，是经营者为了推销自己的商品或服务而使用于商品或者服务上的宣传广告用语或口号。它常常与商标配合出现于商品装潢或广告、宣传材料上。例如“选择中国银行，实现心中理想”（中国银行）、“一切皆有可能”（李宁公司）、“我选择我喜欢”（安踏公司）、“海尔真诚到永远”（海尔公司）、“鄂尔多斯温暖全世界”（鄂尔多斯集团）等。独特的商务标语不仅可以和商标一样发挥识别商品或服务的作用，而且有时还能起到商标本身难以达到的宣传效果。[1] 但商务标语毕竟不是商标，二者存在明显区别。

第一，商务标语的内容多涉及商品或服务的质量，且可以适当夸张，商标则是不允许的。

第二，商务标语虽具有一定识别商品或服务的功能，但不及商标的区分功能强。

第三，商务用语一般不能由原创人独占使用，商标则以商标权人的独占使用为特征。尽管具有独特性的商务标语可以为某一经营者独占使用，但它无法向商标一样通过注册取得商标专用权。

第四，商务标语的稳定性差，常常因时因地改变，而商标则不能随意变更。

第五，具有独创性和文学艺术价值的商务标语可以受著作权法保护，并可依据《反不正当竞争法》禁止他人抄袭，但不受商标法保护。

（五）商标与特殊标志

所谓特殊标志，是指经国务院批准举办的全国性或国际性的文化、体育、科学研究及其他社会公益活动中所使用的，由文字、图形组成的名称及缩写、会徽、吉祥物等标志。例如奥林匹克五环标志、奥林匹克徽记、希望工程标志就属于特殊标志。特殊标志的构成要素与商标类似，也要求具有显著性，便于识别，并可使用在商品及其包装上或商品广告中，但它与商标有着明显区别。

第一，所有人不同。特殊标志的所有人是经国务院批准举办的全国性和国际性的文

[1] 刘春田. 知识产权法. 北京：高等教育出版社，北京大学出版社，2007：246.

化体育、科学研究及其他社会公益活动的组织者或筹备者，而不是以营利为目的的经营者。如奥林匹克五环图案标志、奥林匹克旗、奥林匹克格言、奥林匹克徽记、奥林匹克会歌等标志的所有人是国际奥林匹克委员会。而商标的所有人是以营利为目的的商品或服务的经营者。

第二，使用的范围不同。特殊标志的所有人对其标志享有专有权，可以在与所有人公益活动相关的广告、纪念品及其他物品上使用该标志，并可许可他人为商业目的而将该标志用于商品或者服务项目上。但通过商品上使用特殊标志募得的资金必须用于特殊标志所服务的社会公益事业。而商标是经营者在工商业活动中使用的，是以营利为目的的。

第三，使用的目的不同。特殊标志的使用目的是将所募集的资金，用于特殊标志所服务的社会公益事业，商标的使用目的是商品的生产者或经营者为了出售自己的商品，为了盈利。即使在商品上使用特殊标志，也并不具有区别商品不同来源的功能和品质保证的功能，而是表明该商品或者服务的经营者取得了标志所有人的许可，或者与标志所标示的事业或活动之间有支持关系、赞助关系。因此，经营者在商品上使用特殊标志的同时，还应当使用商标来表明商品的来源。

第四，保护的法律依据不同。特殊标志主要依据《特殊标志管理条例》进行保护，一般不得转让；商标主要依据《商标法》进行保护，一般可以依法转让。

（六）商标与域名

域名，是指在互联网上为了区别网络中的各台计算机，用来表示其地址的字符型标识，由字母、数字组成。网络中的地址分为 IP 地址系统和域名地址系统。这两套地址系统其实是一一对应的关系。IP 地址用二进制数来表示，由 4 个小于 256 的数字组成，数字之间用点间隔，例如 192.168.1.9 表示一个 IP 地址。由于 IP 地址是数字标识，使用时难以记忆和书写，因此在 IP 地址的基础上又发展出一种符号化的地址方案，来代替数字型的 IP 地址。每一个符号化的地址都与特定的 IP 地址对应，这样网络上的资源访问起来就容易得多了。这个与网络上的数字型 IP 地址相对应的字符型地址，就被称为域名。如电子科技大学的域名为 http：//www.uestc.edu.cn。

域名是识别网上主体身份的标志，商标是区别商品或服务的标志，二者都具有标识性和排他性，并且都具有广告宣传的功能。但是，域名和商标之间有明显的区别，主要表现在以下几个方面。

第一，适用的对象不同。商标是用来标识商品或服务的，只能用在商品或服务上；而域名是用来标识计算机用户的，计算机用户不是商品。

第二，唯一性不同。商标的标识性源于其显著性，商标所要避免的混淆和冲突，以一定商品或服务为界，当不同经营者生产或经营的商品或提供的服务根本不同时，两个或者两个以上完全相同的商标可以同时获得注册，例如“天坛”“熊猫”只要各自的商品类别不同，平行使用，相安无事。域名的标识性是由它的唯一性保障的，“互联网无国界”也使得域名具有不受地域限制的特征，更没有商品或服务类别的限制。不论法律主体从事的业务属何种类，也不论是否分别处于不同的国家或地区，都不能注册相同的域名。

第三，排他性不同。已注册商标在不同种类的商品或服务上，或在申请注册的地域范围之外，或是超出注册的有效期，其排他性灭失。已注册域名只要按时缴纳维护费就可以在全球范围内，无限期地与所有已注册或将注册的域名相排斥，既无地域性也无时效性。

第四，取得的原则不同。商标取得的原则因国家而异，有的国家采取注册在先原则，有的国家采取使用在先原则，有的国家采取混合原则。使用域名必须注册，域名采取注册在先原则，不先注册就不得在因特网上使用。

第五，构成要素不同。商标的构成要素可以是文字、图形、数字、字母、三维标志、颜色组合以及上述要素的组合；域名则只能由数字、字母、连接符构成①。

四、商标制度的历史沿革

公元前一千多年以前，古埃及的工匠就在其制造和出售的工具、陶器和其他物品上刻上自己的标记，表明这些产品是他们制造的。在欧洲，商标最早起源于西班牙。当时的游牧部落把烙印打在自己的牲畜上，以区别不同主人的牲畜。在中国，东周时期便出现了“杜康”作为酒的标志；东汉铁器上铸有“川”字作为产品标记；在南北朝后期的北周的文物中，就有以陶器工匠“郭彦”书名的粗制陶器标记；到了宋代，山东济南有一家刘家针铺，就以白兔作为商品的标记，是我国迄今发现使用最早、设计图案较为完整的商标图样。随着13世纪欧洲行会的盛行，商品经济也有了较快的发展，一些产品制造者和行会都有特定的印章作为自己生产的商品标记，以后逐渐演变为图形商标。到了十七八世纪，商标使用范围更广，商标的形式也日益完备，但还没有产生独立的商标制度。

现代意义上的商标制度始于19世纪资本主义时期。在资本主义条件下，商品经济高度发达，市场竞争机制完备，商标已经成为资本家进行竞争、垄断市场、牟取暴利的一种工具。为了保护商品经营者的合法权益，保护消费者的合法利益，制止不法者假冒他人商标的侵权行为，许多资本主义国家从19世纪50年代起先后制定了调整商标关系的专门法律。法国1857年制定的《关于以使用原则和不审查原则为内容的制造标记和商标的法律》是世界上最早的一部保护商标的全国性法律。各主要资本主义国家在19世纪后期颁布的商标法，完成了商标保护制度从刑事保护为主到民事保护为主，从一般民事保护（侵权行为保护）到商标作为一种工业产权并由专门的商标法保护的发展过程。为了适应国际经济技术交流的需要，1883年，法国、德国、比利时等11国发起缔结了《保护工业产权巴黎公约》，从而建立起商标保护的国际性规则。

我国自明朝中叶起到清朝时期，曾出现过商标涉讼案件。1904年清政府颁布的《商标注册试办章程》，是旧中国的第一个商标法令。其中规定，对于商标侵权案件，帝国主义列强有领事裁判权，是典型的半殖民地法律。1930年国民党政府制定公布的商标法，后经过多次修改，现仍适用于台湾地区。

① 参见域名与商标的区别，http：//www.legalcare.cn/zhuanti/newsd.asp？id=7407。

新中国成立后，废除了旧商标法，并着手建立新的商标法律制度。我国的商标保护制度经历了一个由自愿注册到强制注册再到自愿注册的发展过程。1950 年 7 月和 9 月政务院分别颁布了《商标注册暂行条例》和《商标注册暂行条例实行细则》，实行了自愿注册原则，注册有效期为二十年。1963 年公布了《商标管理条例》及其实行细则，采用全面注册原则，规定凡在商品上使用的商标必须注册，未使用注册商标的商品不得出厂销售。

1982 年 8 月 23 日，全国人大常委会第 22 次会议通过了新中国第一部商标法，该法自 1983 年 3 月 1 日起施行。商标法确定了以下基本原则：①保护商标专用权；②保护消费者利益；③保护公平竞争；④注册自愿。这部商标法在改革开放中，对发展我国商品经济发挥了重要作用。随着我国商品经济的发展，为了适应对内搞活、对外开放的需要，1993 年 2 月 22 日第七届全国人大常委会第 30 次会议通过了《关于修改中华人民共和国商标法的决定》，对 1982 年商标法进行了第一次修订，主要是增加了保护服务商标和对不当注册商标撤销的规定，加强了对商标侵权行为的打击力度。修改后的商标法更好地贯彻了保护公平竞争、保护注册商标专用权的原则。随着我国社会主义市场经济的发展，并适应我国加入世界贸易组织的需要，2001 年 10 月 27 日经第九届全国人大常委会第 24 次会议审议，通过了商标法第二次修正案，新商标法自 2001 年 12 月 1 日起施行。2002 年 8 月 3 日新的《商标法实施条例》由国务院公布实施。修订后的商标法在以下几个方面有显著的变化：①扩大了商标权的客体和主体。立体标志可作为商标注册，商标注册申请人不再排除自然人。②明确规定了驰名商标的认定和保护。③增设地理标志的保护，明确了地理标志和商标的关系。④完善了商标权的取得和维持程序。禁止恶意抢注注册商标，将行政裁决置于司法审查之中。⑤强化商标权的保护，增加了新的侵权行为类型①。2013 年 8 月 30 日第十二届全国人民代表大会常务委员会第四次会议做出《关于修改〈中华人民共和国商标法〉的决定》，对现行商标法进行了第三次修正。本次修订的内容主要体现在以下几个方面：一是强调商标使用，完善注册制度；二是规范商标注册实体条件；三是优化商标注册程序；四是加强商标行政管理；五是加强商标专用权保护。为配合新商标法的实施，国务院与 2014 年 4 月 29 日颁布了修订后的《商标法实施条例》，并于 2014 年 5 月 1 日正式实施。

第二节 商标注册的条件

根据我国商标法的规定，申请注册的商标必须符合下列条件，才能获准注册。

一、商标注册的必备条件

2013 年商标法的第三次修订，进一步规范了商标注册的实体条件。一个重大变化就是不再要求商标具有可视性，扩大了商标注册的范围，允许声音商标申请注册。按照

① 参见 http://www.iprcn.com/jpkc_0507_jxzy.asp?idname=12&page=53。

修订后商标法的要求，注册商标需要具备的条件就是显著性。

我国《商标法》第 9 条规定："申请注册的商标，应当有显著特征，便于识别，并不得与他人在先取得的合法权利相冲突"。

显著特征，也称显著性、区别性、识别性，是指用于特定商品或服务的标志具有的能够将这种商品或服务的经营者与其他同种商品、类似商品或服务的经营者加以区分的特性。显著性是对商标最基本的要求，是商标赖以存在的基础。缺乏显著性的标志不能作为商标注册，各国商标法和国际公约都毫无例外地将显著性规定为商标注册的必备条件。商标的显著性分为两种情况：固有显著性与获得显著性。

1. 固有显著性

固有显著性，是指特定标志所具有的区别相关商品或者服务经营者的固有属性，即创设商标时选择用作商标的标志本身具备显著性，它来自于一个标志的正确创设或选用。从理论上讲，显著性取决于商标标志与其所指代的商品或服务的密切程度，联系越密切，显著性越低，反之，显著性越高。从法律上讲，只要没有包含禁止使用的标志，且不存在法定的障碍，即达到最低限度的显著性要求。

2. 获得显著性

获得显著性或称"第二含义"，是商标法的一个术语，意指一个缺乏固有显著性的标志通过长期连续使用而产生新的含义，具备识别商品的能力时，该标志即被视为具备了显著特征，可以注册。我国原商标法没有规定商标的获得显著性，但商标主管部门实际运用这一规则处理过某些特例。如对"黑又亮"（鞋油）、"两面针"（中草药牙膏）、"五粮液"（酒）等商标给予注册保护，说明商标主管部门已经认可了商标的显著性可以通过使用取得，并取得了一些可供遵循的经验。现行商标法第 11 条确立了获得显著性规则，依据该条规定，通用名称、描述性标志和其他缺乏显著性的标志，如果通过使用克服了不能注册的障碍，取得了"第二含义"，便可以作为商标注册。

二、商标注册的禁止条件

（一）禁止作为商标使用的标志

根据我国《商标法》第 10 条、第 13 条、第 15 条等的规定，下列标志不仅不能作为商标注册，也不能作为商标使用。

1. 与特定官方标志相同或近似的标志

为了保持官方标志的尊严，防止利用官方标志产生欺骗公众的现象，我国商标法禁止在商标中使用以下标志：①同中华人民共和国的国家名称、国旗、国徽、国歌、军旗、军歌、勋章等相同或者近似的，以及同中央国家机关的名称、标志、所在地特定地点的名称或者标志性建筑物的名称、图形相同的；②同外国的国家名称、国旗、国徽、军旗相同或者近似的，但该国政府同意的除外；③同政府间国际组织的名称、旗帜、徽记相同或者近似的，但经该组织同意或者不易误导公众的除外；④与表明实施控制、予以保证的官方标志、检验印记相同或者近似的，但经授权的除外；⑤同"红十字""红新月"的名称、标志相同或者近似的。

禁止将上述标志作为商标使用是我国根据《巴黎公约》应当承担的国际义务，目的是维护国家、国际组织或团体的尊严，体现对各国政府及国际组织的尊重，同时也是为了防止产生欺骗公众的现象。

2. 有违公共秩序和善良风俗的标志

(1) 带有民族歧视性的标志。我国是一个多民族国家，尊重少数民族的风俗、习惯，严禁带有民族歧视内容的标志作为商标，是维护民族团结和国家稳定的需要。这一规定也应当然延及国外的民族和种族。例如 Darkie 是英语“黑鬼”的意思，是对黑人的蔑称，不能作为商标使用。

(2) 夸大宣传并带有欺骗性的标志。商标本身具有一定的广告宣传效果，因此一般性的吹嘘商品或服务的质量是允许的，如“永久”牌自行车、“帮宝适”牌纸尿裤等。但带有欺骗性，容易使公众对商品的质量等特点或者产地产生误认的，不能作为商标使用，如在烟草制品上使用“健康”牌，在仿金制品上使用“24K”等。

(3) 有害于社会主义道德风尚或者有其他不良影响的标志。这是一个非常宽泛的规定，应当根据具体情况进行判断。那些宣扬封建迷信、色情暴力、伤害民族感情、鼓吹危害国家安全和统一以及其他违背公认的道德风尚和善良风俗的标志均可归入此类，而不得作为商标使用。

3. 特定的地名

商标法第 10 条第 2 款规定：“县级以上行政区划的地名或者公众知晓的外国地名，不得作为商标。但是，地名具有其他含义或者作为集体商标、证明商标组成部分的除外；已经注册的使用地名的商标继续有效。”

4. 误导性的地理标志

《商标法》第 16 条规定，商标中有商品的地理标志，而该商品并非来源于该标志所标示的地区，误导公众的，不予注册并禁止使用；但是，已经善意取得注册的继续有效。

5. 他人的驰名商标

《商标法》第 13 条规定，就相同或者类似商品注册的商标是复制、摹仿或者翻译他人未在中国注册的驰名商标，容易导致混淆的，不予注册并禁止使用。就不相同或者不相类似商品申请注册的商标是复制、摹仿或者翻译他人已经在中国注册的驰名商标，误导公众，致使该驰名商标注册人的利益可能受到损害的，不予注册并禁止使用。

6. 损害被代理（表）人权益的商标

我国《商标法》第 15 条规定：未经授权，代理人或者代表人以自己的名义将被代理人或者被代表人的商标进行注册，被代理人或者被代表人提出异议的，不予注册并禁止使用。

（二）禁止作为商标注册的标志

1. 缺乏显著性的标志

《商标法》第 11 条规定了三种不能作为商标注册的标志。一是仅有本商品的通用名称、图形、型号的；二是仅直接表示商品的质量、主要原料、功能、用途、重量、数量及其他特点的；三是其他缺乏显著特征的。但前述所列标志经过使用取得显著特征，并便于识别的，可以作为商标注册。

2. 特定的三维标志

根据《商标法》第 12 条规定，三维标志，仅由商品自身的性质产生的形状、为获得技术效果而需有的商品形状或者使商品具有实质性价值的形状，不得注册。

3. 与他人已经注册或初步审定的商标相同或近似的标志

《商标法》第 30 条规定，对将与他人在同一种商品或者类似商品上已经注册或者初步审定的商标相同或者近似的商标申请注册的，由商标局驳回申请，不予公告；已经公告后，经商标局裁定异议成立的，不予核准注册。此外，根据《商标法》第 50 条规定，注册商标被撤销或者期满不再续展的，自撤销之日起一年内，与该商标相同或者近似的商标注册申请不能被核准。

4. 侵犯他人在先权利的标志

（1）以不正当手段抢注他人已有一定影响的商标。在实行注册取得商标权的国家，均面临“商标抢注”问题。我国发生过不少抢注他人在先使用多年，具有一定影响的未注册商标的事件，被抢注者反而被控侵权，不得不高价购回被抢注的商标。这种抢注行为具有明显的恶意，不仅违反了诚实信用的商业道德，也破坏了公平竞争的市场秩序。因此，我国《商标法》第 32 条规定，申请商标注册不得以不正当手段抢先注册他人已经使用并有一定影响的商标。

（2）侵犯他人其他在先权利的标志。他人的其他在先权利，是指在商标注册申请人提出商标注册申请之前，他人已有的合法权利，包括著作权、地理标志权、商号权、外观设计专利权、姓名权、肖像权等。这些权利客体的共同性在于，均为文字、图形、图案、数字或组合形象化标识。我国《商标法》第 9 条规定，申请注册的商标，不得与他人在先取得的合法权利相冲突。

案例 5-1 “阿里巴巴 alibaba”商标注册争议案

北京正普公司于 2001 年注册了“阿里巴巴 alibaba”商标，指定使用在第 39 类服务项目上。阿里巴巴网络公司认为正普公司是以不正当手段抢先注册了其已经使用并有一定影响的商标，向商标评审委员会申请撤销争议商标。商标评审委员会和法院均认定：1998 年“alibaba 阿里巴巴”网站就已开通。经过一段时间的使用和宣传，以“alibaba 阿里巴巴”为名称的网站在计算机网络使用者等相关用户中享有一定的知名度，消费者能将“alibaba 阿里巴巴”作为该网站所提供服务的标识，使“alibaba 阿里巴巴”客观上起到了区分不同网站提供的互联网服务的作用，成为有一定影响的未注册服务商标。而正普公司注册的“阿里巴巴 alibaba”与之近似，而且其注册的服务与阿里巴巴公司提供的与网络有关的服务在性质和对象等方面相近，容易使相关公众对其服务来源产生混淆误认。而在正普公司注册商标之前，“alibaba 阿里巴巴”网站已经在相关公众中享有一定的知名度，作为同一行业经营者的正普公司应当知晓“alibaba 阿里巴巴”系他人的计算机网络服务标识。北京正普公司将阿里巴巴网络公司在先的域名主要部分或网络名称“阿里巴巴”及“alibaba”在相同或类似服务上注册为商标具有恶意，导致相关公众对不同的计算机网络服务来源产生混淆和误认，损害了阿里巴巴网络公司的在先权益，其主观上具有恶意。因此，正普公司的行为已构成《商标法》第 31 条所禁止的“以不正当手段抢先注册他人已经使用并具有一定影响的商标”，应予以撤销[1]。

第三节　商标注册的原则与程序

一、商标注册的原则

（一）诚实信用原则

2013 年商标法修订的一个重要变化就是明确将诚实信用原则引入商标法，其法定表述为“申请注册和使用商标，应当遵循诚实信用原则”（商标法第 7 条）。诚实信用原则在民法中有“帝王条款”的美誉，此次商标法修订将民事活动应遵循的基本原则明确写入商标法，目的在于倡导市场主体从事有关商标的活动时应诚实守信，同时对当前日益猖獗的商标抢注行为予以规制，对于构建整个社会的诚信机制亦大有裨益。可以预见的是，该条款将在日后的商标确权以及维权案中作为兜底条款被大量适用。而在现行商标法中，第 15 条、第 19 条、第 36 条、第 45 条、第 47 条、第 60 条、第 63 条等条文中对恶意注册、恶意使用、恶意侵权等行为的规定都体现了诚实信用原则的要求。

（二）自愿注册原则

自愿注册，是指商标是否进行注册完全取决于商标使用人自己的意愿。自愿注册原则是一种国际惯例，符合知识产权的私权性质，为世界上大多数国家商标法所采用。依自愿注册原则，商标无论注册与否均可使用，但注册商标和未注册商标在法律上地位不同。注册商标享有专用权，未注册商标不具有受法律保护的专用权。

我国对商标注册实行自愿注册原则。《商标法》第 4 条规定，自然人、法人或者其他组织对其生产、制造、加工、拣选或者经销的商品，需要取得商标专用权的，应当向商标局申请商品商标注册。同时还规定服务商标适用商品商标的规定。以上规定表明商标是否注册取决于当事人自己的意愿，不论商标是否注册都不影响其生产和销售。与此同时，从确保人民健康、维护社会秩序出发，《商标法》第 6 条规定，法律、行政法规规定必须使用注册商标的商品，必须申请商标注册，未经核准注册的，不得在市场销售。我国 1991 年《烟草专卖法》规定，卷烟、雪茄烟和有包装的烟丝必须申请商标注册，未经核准注册的，不得在市场上销售。1984 年《药品管理法》曾规定，除中药材、中药饮片外，药品必须使用注册商标；未经核准注册的，不得在市场上销售。但 2001 年修改后的《药品管理法》取消了这一规定。与此相适应，2002 年《商标法实施条例》取消了人用药品的商标的强制注册规定。因此，目前我国必须使用注册商标的只有烟草

〔1〕 王迁．知识产权法教程．北京：中国人民大学出版社，2007：453.

制品，包括卷烟、雪茄烟和有包装的烟丝。法律规定必须使用注册商标而未使用的，工商行政管理机关有权责令限期申请注册，并可以禁止其商品销售和广告宣传，封存或收缴其商标标识以及根据情节处以罚款。

（三）申请在先原则

申请在先原则，是指两个或两个以上的申请人，在相同或类似的商品上以相同或者近似的商标申请注册时，商标权授予最先申请的人。

与申请在先原则相对应的是使用在先原则。根据使用在先原则，两个或两个以上的申请人，在相同或类似的商品上以相同或者近似的商标申请注册时，商标权授予最先使用的人。采用申请在先原则简便易行，权利获得后比较稳定，而且可以鼓励、支持企业及时进行商标注册，引导企业重视和爱护自己的无形资产，避免自己原创的商标成为他人抢注对象。因此，绝大多数国家采用此原则。

我国商标法第 31 条规定，两个或者两个以上的申请人，在同一种商品或者类似商品上，以相同或者近似的商标申请注册的，初步审定并公告申请在先的商标；同一天申请的，初步审定并公告使用在先的商标，驳回其他人的申请，不予公告。这一规定明确了我国实行的是以申请在先原则为主，以使用在先为补充的审核制度。根据这一规定，在适用申请在先原则时，应当注意以下两个问题：

第一，“申请在先”是以申请日为判断标准。申请人的申请日期，以商标局收到申请文件的日期为准。申请人享有优先权的，优先权日为申请日。申请日十分重要，一旦发生争议，申请日的先后就成为确定商标权归属的法律依据。

第二，同一日申请的，初步审定并公告使用在先的商标。这是对先申请原则的补充或例外规定。根据《商标法实施条例》第 19 条的规定，两个或者两个以上的申请人，在同一种商品或者类似商品上，分别以相同或者近似的商标在同一天申请注册的，各申请人应当自收到商标局通知之日起三十日内提交其申请注册前在先使用该商标的证据。关于商标的使用方式，根据原商标法实施条例的说明，包括将商标用于商品、商品包装或者容器以及商品交易文书上，或者将商标用于广告宣传、展览以及其他商业活动中。

第三，同日使用或均未使用的解决办法。《商标法实施条例》第 19 条规定，同日使用或者均未使用的，各申请人可以自收到商标局通知之日起三十日内自行协商，并将书面协议报送商标局；不愿协商或者协商不成的，商标局通知各申请人以抽签的方式确定一个申请人，驳回其他人的注册申请。商标局已经通知但申请人未参加抽签的，视为放弃申请，商标局应当书面通知未参加抽签的申请人。

（四）优先权原则

优先权是巴黎公约赋予其成员国国民申请工业产权时在申请日期上的优先利益。根据巴黎公约第 4 条、第 11 条的规定，商标注册申请的优先权，时间为六个月；对在国际展览会上首次展出的商品的临时保护，可以给予优先权，时间也是六个月。世界上大多数国家都承认优先权原则。我国修改以前的商标法没有规定优先权，只是在商标法实施细则中做了相关规定。2001 年商标法修改后增加了两条有关优先权的规定。据此，商标注册优先权的发生事由有两个：一个是“首次申请”，一个是“首次使用”。

(1) 首次申请而产生的优先权。即在国外提出商标注册申请后又在中国提出商标注册申请的，可以享有优先权。商标法第 25 条规定，商标注册申请人自其商标在外国第一次提出商标注册申请之日起六个月内，又在中国就相同商品以同一商标提出商标注册申请的，依照该外国同中国签订的协议或者共同参加的国际条约，或者按照相互承认优先权的原则，可以享有优先权。

(2) 首次使用而产生的优先权。即商标在展览会展出商品上首次使用的，可以享有优先权，因此又可以称为展览优先权。商标法第 26 条规定，商标在中国政府主办的或者承认的国际展览会展出的商品上首次使用的，自该商品展出之日起六个月内，该商标的注册申请人可以享有优先权。

需要强调的是，前述两种优先权并不是自动产生的，优先权实际上是一种请求权。申请人要求优先权的，应当在提出商标注册申请的时候提出书面声明，并且在三个月内提交第一次提出的商标注册申请文件的副本或者展出其商品的展览会名称、在展出商品上使用该商标的证据、展出日期等证明文件；未提出优先权声明或者逾期未提交证明文件的，视为未要求优先权。

二、商标注册的程序

(一) 商标注册的申请

1. 商标注册申请人

注册商标的申请人可以是任何民事主体。自然人、法人或者其他组织对其生产、制造、加工、拣选或者经销的商品或者对其提供的服务项目，需要取得商标专用权的，应当向商标局申请商标注册。

申请人也可以是两个以上的自然人、法人或者其他组织。多个主体共同向商标局申请注册同一商标的，共同享有和行使该商标专用权。

外国人在我国申请商标注册的，应当按其所属国和我国签订的协议或者共同参加的国际条约办理，或者按对等原则办理。

申请商标注册的国内申请人可以自己直接到商标局办理注册申请手续，也可以委托商标代理机构办理。外国人或者外国企业在我国申请注册商标和办理其他商标事宜的，必须委托我国政府认可的商标代理机构代理。商标代理机构拥有办理商标法律事务的专业知识和工作经验的专职代理人，可以提供优质、高效、专业的商标代理服务。因此，对外国申请人这一程序上的要求是为了保护外国申请人的合法权益、保证商标法律事务的质量和提高商标注册机关的工作效率。这也是大多数国家的通行做法。

2. 商标注册申请文件

根据我国《商标法》和《商标法实施条例》的规定，首次申请商标注册，申请人应当向商标局提交申请书、商标图样、证明文件，缴纳申请费。

1) 申请书

申请商标注册，应当按照公布的商品和服务分类表按类申请。每件商标注册申请应当向商标局提交《商标注册申请书》1 份。商品分类表是划分商品及服务类别以便商标注册管理的重要依据。我国现采用的是商标注册用商品和服务国际分类表，即尼斯分类。申请书是商标注册的重要法律文件，应当列明当事人的姓名或者名称、地址、国籍等基本情况，加盖申请人的印章，自然人必须签字。申请集体商标、证明商标以及三维标志、颜色组合商标的，应当在申请书中予以声明。

2）商标图样

每件商标应提交商标图样 5 份，指定颜色的，并应当提交着色图样 5 份、黑白稿 1 份。商标图样必须清晰、便于粘贴，用光洁耐用的纸张印制或者用照片代替，长或者宽应当不大于 10 厘米，不小于 5 厘米。以三维标志申请注册商标的应当在申请书中予以声明，并提交能够确定三维形状的图样。以颜色组合申请注册商标，应同时提交文字说明。商标为外文或者包含外文的，应当说明含义。

3）证明文件

与申请书同时提交的证明文件包括：申请人身份证明，自然人应当提交能够证明其身份的有效证件的复印件，法人应提交《营业执照》副本或经发证机关签章的《营业执照》复印件；用人物肖像作为商标申请注册的，申请人必须提供经公证机关公证过的肖像权人的授权书；办理人用药品商标注册，应当附送卫生行政部门发给的《药品生产企业许可证》或者《药品经营企业许可证》；申请卷烟、雪茄烟和有包装烟丝的商标注册申请，应当附送国家烟草主管机关批准生产的证明文件；办理集体商标注册申请的，应附送申请人主体资格证明和商标使用管理规则；办理证明商标注册申请的，应当提交申请人主体资格证明、国家或者省级主管部门出具的证明申请人对指定的商品或服务具有检测和监督能力的文件；要求优先权的，应提交能够证明优先权日的证明文件。

4）缴纳申请费用

按规定缴纳申请费用也是商标注册申请人的基本义务。

3. 另行申请、重新申请和变更申请

1）另行申请

《商标法》第 23 条规定，注册商标需要在核定使用范围之外的商品上取得商标专用权的，应当另行提出注册申请。商标是与具体商品紧密相连的，注册商标的使用范围以核定使用的商品为准。因此，即使已经注册的商标，如果需要在同一类商品的其他商品上使用，仍然需要提出商标注册申请，以使注册商标专有权延伸至其他商品。

需要特别指出的是，原商标法规定在商标注册申请时，应遵循一件申请一件商标一类商品的原则，如果在不同类别的商品上申请注册同一商标的，应当按照商品分类表提出注册申请。2013 年修订的《商标法》第 22 条规定，商标注册申请人可以通过一份申请就多个类别的商品申请注册同一商标。此规定被称为"一标多类"，是我国商标申请制度与国际接轨的一次重大变革。设置这一制度的出发点在于方便申请人针对同一商标在多个类别的注册申请，这对规模较大，跨类经营较多以及注重保护性商标注册的企业无疑是很好的制度。

2）重新申请

《商标法》第 24 条规定，注册商标需要改变其标志的，应当重新提出注册申请。经核准注册的商标标志，其效力只及于核准注册的商标标识，一旦超出这个范围，法律就不给予保护了。改变商标文字、图形或者标志形状，意味着改变整个商标，形成一个新的商标，因此必须重新注册才能取得该新商标的专有权。

3）变更申请

《商标法》第41条规定，注册商标需要变更注册人的名义、地址或者其他注册事项的，应当提出变更申请。这里所涉及的商标变更仅指注册人因某种原因需要改变名义或姓名、地址或者其他事项的，不包括使用商标的商品范围的变更和商标权利的转让。注册人自然状况发生变化及时进行变更注册，保证《商标注册簿》中的记载与实际情况保持一致，这是维护商标权正当行使所必需的。

（二）商标注册的审核

商标注册的审核程序大致可分为以下几个阶段：审查阶段（包括形式审查和实质审查）、初步审定公告阶段、异议阶段、核准注册阶段以及发生商标争议时的复审阶段。

1. 形式审查

（1）形式审查的内容。形式审查，又称书面审查，是商标主管机关对商标注册申请的文件、手续是否符合法律规定的审查。通过形式审查认为文件填写准确、规范，手续齐备的即予以受理，并编写申请号，发给《受理通知书》。

（2）申请的补正。在形式审查过程中，商标局发现申请文件中存在非实质性问题的，通知当事人加以弥补，例如申请人名称与印章或证件不一致、申请书未附商标图样等情况。申请人接到商标局的补正通知后，应及时按规定进行补正，并按时将申请文件交送商标局。

（3）申请的退回。商标局经过形式审查，对申请手续不齐备或者未按规定填写申请书件的，予以退回，申请日期不予保留。对商标局要求补正的，如申请人未作补正或者超过期限补正的，商标局也予以退回，申请日期不予保留。

2. 实质审查

实质审查是对商标是否符合注册条件的审查。商标法规定审查主要是指实质审查。实质审查包括前述必备条件和禁止条件的审查，此不赘述。

3. 初步审定和公告异议

申请注册的商标经过实质审查，凡符合商标法有关规定的，予以初步审定和公告。初步审定的商标不等于核准注册，还需要经过公告异议程序才能决定是否核准注册。对于初步审定的商标在《商标公告》上公布，这一公布称为初步审定公告。

4. 异议程序

商标初步审定公告之日起三个月内，任何人都可以对初步审定的商标提出异议。异议申请由商标局受理。商标局在对异议进行裁定时，必须听取异议人和被异议人陈述事实和理由，经调查核实后，自公告期满之日起十二个月内作出是否准予注册的决定，并书面通知异议人和被异议人。商标局作出准予注册决定的，发给商标注册证，并予公告。异议人不服的，可以依照商标法第44条、第45条的规定向商标评审委员会请求宣告注册商标无效。商标局作出不予注册决定，被异议人不服的，可以自收到通知之日起十五日内向商标评审委员会申请复审。商标评审委员会应当自收到申请之日起十二个月内做出复审决定，并书面通知异议人和被异议人。被异议人对商标评审委员会的决定不服的，可以自收到通知之日起三十日内向人民法院起诉，人民法院应当通知异议人作为第三人参加诉讼。

异议程序的目的是征询社会对初步审定商标的意见，实行商标审查工作的社会监督，有利于维护有关当事人的合法权益，有助于及时纠正商标审查工作中的偏差。商标法的上述修订对原有的异议复审制度进行了部分调整，对于被异议人而言减少了商标确权过程的障碍，有利于被异议商标及时伙权；而对于异议人来说，如果异议不成立将不再具有提出异议复审的权利。同时，新《商标法》第 33 条将有权依据相对理由提出异议的主体，由原来的"任何人"修改为"认为这一商标注册申请侵犯了其在先权利的在先权利人或者利害关系人"。但针对违反禁用和禁止注册条款的商标，新《商标法》继续保留了"任何人"可以提出异议的规定。这一修改能够在一定程度上杜绝部分恶意的异议申请，避免他人利用异议制度故意拖延商标注册的时间。

5. 核准注册

商标注册申请经初步审定公告后，公告期满无异议的，予以核准注册，发给商标注册证，并予公告。经审查异议不成立而准予注册的商标，商标注册申请人取得商标专用权的时间自初步审定公告三个月期满之日起至准予注册决定做出前，对他人在同一种或者类似商品上使用与该商标相同或者近似的标志的行为不具有追溯力；但是，因该使用人的恶意给商标注册人造成的损失，应当给予赔偿。

（三）注册商标的续展

1. 续展的概念和意义

注册商标的有效期为十年，自核准注册之日起计算。在有效期内，商标注册人对该商标享有排他性权利，有效期届满，商标注册人的权利即告终止。

注册商标的续展，是指通过法定程序延续注册商标的有效期限，是注册人继续保持其注册商标专用权的权利。因此注册商标续展制度的作用在于将有期限的商标权延续下去。商标的识别作用是以商标的实际使用为依据，商标只要在使用，就理应受到法律的保护。TRIPs 第 18 条明确规定，"注册商标可以无限次续展"。注册商标的续展是商标法中的一个重要制度，其意义在于使注册商标所有人长期不间断地享有商标权，进而树立良好的商标信誉；有利于经营者保证商品或服务的质量，从而维护消费者的利益，维护市场经济秩序。

2. 续展的条件

根据新《商标法》第 40 条规定，申请续展注册，应当在注册商标有效期届满前十二个月内办理，这十二个月为续展期。如果在续展期未能提出续展注册申请的，可再给予六个月的期限，在此期限内商标所有人仍可以申请续展注册，这六个月称为宽展期。如果在宽展期内仍未提出续展注册的申请，宽展期届满后，商标局则注销该注册商标。该注册商标的所有权利即在有效期届满时自动失效。法律之所以规定宽展期，旨在慎重地保护商标所有人的权利，使商标所有人不至于因不可抗力或者其他正当事由错过时机而丧失商标权。

在宽展期内注册商标是否具有法律效力？是否还受法律保护？对于这一问题，最高人民法院在《关于审理商标民事纠纷案件适用法律若干问题的解释》第5条规定，商标注册人或者利害关系人在注册商标续展宽展期内提出续展申请，未获核准前，以他人侵犯其注册商标专用权提起诉讼的，人民法院应当受理。

3. 续展的程序

续展注册商标应履行法定程序。注册商标有效期届满之前，注册人如果需要继续使用该注册商标的，应当向商标局提出商标续展注册申请。商标局收到续展注册申请后，原则上不进行实质审查，而只是对续展注册申请进行必要的形式审查，认为符合规定的，即予以核准，将原来的《商标注册证》加注返还，并予以公告。如果认为不符合规定的，不准其续展，并以书面形式驳回申请。申请人对商标局驳回续展注册申请不服的，还可以在收到驳回通知之日起十五日内，向商标评审委员会申请复审。

4. 续展的有效期

根据《商标法》和《商标法实施条例》的规定，每次续展注册的有效期为十年，而且续展次数没有限制，续展注册商标的有效期自该商标上一届有效期满次日起计算。

案例5-2 天津狗不理包子饮食（集团）公司诉哈尔滨天龙阁饭店、高渊侵犯商标专用权纠纷案

1980年7月，天津狗不理包子饮食（集团）公司（以下简称狗不理包子饮食公司）取得中华人民共和国工商行政管理局第138850号狗不理牌商标注册证。1991年1月7日，被告高渊的委托代理人董凤利与被告哈尔滨市天龙阁饭店（以下简称天龙阁饭店）法定代表人陶德签订合作协议1份。1991年3月，被告天龙阁饭店开业后，即在该店门上方悬挂“正宗天津狗不理包子第四代传人高耀林、第五代传人高渊”为内容的牌匾1块，并聘请高渊为该店厨师。该店自1991年3月起经营包子。

哈尔滨市香坊区人民法院经审理认为，两被告签订合作协议和制作、悬挂上述牌匾的行为，是宣传“狗不理”创始人高贵友的第四代和第五代传人高耀林和高渊的个人身份，均不是在包子或者类似商品上使用与原告注册商标相同或者近似的商标、商品名称或商品装潢。故原告所认为的两被告侵犯其注册商标使用权的事实，证据不足。原告要求两被告停止侵权行为和在报纸上公开道歉及赔偿经济损失的请求，不予支持。判决驳回原告的诉讼请求。

狗不理包子饮食公司不服第一审判决，以原审判决认定事实不清，适用法律不当，有违公平原则为由，提出上诉。哈尔滨市中级人民法院经审理认为，本案事实清楚，被上诉人高渊和哈尔滨天龙阁饭店制作并悬挂的牌匾是对人的身份的宣传，而不是对上诉人注册商标的宣传，且被上诉人并未在包子或类似商品上使用与上诉人商标相同或相似的商标、商品名称、商品装潢，因此认定被上诉人侵犯上诉人商标专用权，证据不足，对上诉人的上诉请求不予支持。原审法院认定事实清楚，适用法律正确。判决驳回上诉维持原判决。

狗不理包子饮食公司仍不服，以天龙阁饭店和高渊已经构成商标侵权为理由，向黑龙江省高级人民法院申请再审。

黑龙江省高级人民法院经审理查明，原一、二审法院认定的事实基本清楚。另查明，原审被上诉人天龙阁饭店门上方悬挂的牌匾中间大字是“天津狗不理包子”，上是“正宗”下是“第四代传人高耀林、第五代传人高渊”均为小字，未悬挂天龙阁饭店牌匾。原审上诉人天津狗不理包子饮食公司于1980年7月已经取得国家工商局商标注册证；1993年3月1日，国家工商局又批准该商标续展10年。在本案审理期间，经委托国家工商局鉴定，认为天龙阁饭店和高渊签订合作协议和制作、悬挂前述牌匾已经构成了商标侵权。

黑龙江省高级人民法院认为，“狗不理”商标是原审上诉人狗不理包子饮食公司在国家工商局注册的有效商标，依法享有专有权并受法律保护。原审被上诉人高渊虽自称为狗不理包子创始人的后代，但其不享有“狗不理”商标的使用权，亦无权与天龙阁饭店签订有关“狗不理”商标权使用方面的协议。原审被上诉人天龙阁饭店和高渊制作并悬挂牌匾，是为了经营饭店，不是为了宣传“狗不理”包子的传人。因此，天龙阁饭店未经狗不理包子饮食公司的许可，擅自制作并使用“狗不理”商标，属于《中华人民共和国商标法》第38条第（1）项规定的“未经注册商标所有人的许可，在同一种商品或者类似商品上使用与其注册商标相同或者近似商标”的商标侵权行为，构成对狗不理包子饮食公司的商标专用权的侵害。依照《中华人民共和国民法通则》第134条第1款第（1）、（7）、（10）项的规定，天龙阁饭店和高渊应当停止侵害，赔礼道歉，并赔偿因此给狗不理包子饮食公司造成的损失①。

第四节 商标权及其限制

一、商标权的含义与特征

商标权是商标所有人依法对其注册商标所享有的专有权。商标权作为一项重要的知识产权，具有以下特征：

（1）商标权是一种排他性的支配权。商标权类似于财产所有权，商标权人可以对其注册商标享有专有使用权、转让权、许可权，并可以禁止他人未经许可而使用，因而是一种排他性的支配权。

（2）商标权具有相对永久性。知识产权中的大部分权利都有严格的期限限制，保护期届满，权利就自动终止，不能再延续。商标权虽然也有期限限制，但如前所述，商标权可以申请续展，且续展次数不受限制。若每次续展相互衔接，则商标权就永远受法律保护。

（3）商标权是单一的财产权利。与著作权具有人身权和财产权的双重属性不同，商标权仅为财产权利，不涉及人身权利。

① 参见中国法院网，http：//www.chinacourt.org。

二、商标权的内容

商标权的内容，即商标权的权利体系，是指商标权人对其注册商标依法享有的一系列权利，包括专有使用权、禁止权、使用许可权、转让权、续展权等。

（一）专有使用权

专有使用权，是指商标权人自己使用其注册商标的权利。这种权利是商标权中最基本的权利，是商标权的核心内容，是积极意义上的商标权。商标权的其他内容都是由此派生出来的。商标的使用，包括将商标用于商品、商品包装或者容器以及商品交易文书上，或者将商标用于广告宣传、展览以及其他商业活动中。使用注册商标，可以在商品、商品包装、说明书或者其他附着物上标明"注册商标"或者注册标记。注册标记包括（注外加○）和（R外加○）。使用注册标记，应当标注在商标的右上角或者右下角。

需要注意的是，专有使用权具有相对性，只能在法律规定的范围内使用。我国商标法第56条规定，注册商标的专用权，以核准注册的商标和核定使用的商品为限。因此，注册商标只能在注册时所核定的商品或服务项目上使用，而不能在与核定使用的商品或服务类似的商品或服务项目上使用；商标权只能使用核准注册的商标，不得使用与注册商标相近似的商标。

（二）禁止权

禁止权是指商标权人禁止他人未经许可擅自使用其注册商标的权利。它是与专有使用权相对应的消极的权利，体现了商标权的排他性。

需要说明的是，根据商标法的规定，专用权的范围和禁止权的范围是不一样的。我国《商标法》第57条规定了7种侵犯商标权的行为，第一种为"未经商标注册人的许可，在同一种商品上使用与其注册商标相同的商标的"；第二种为"未经商标注册人的许可，在同一种商品上使用与其注册商标近似的商标，或者在类似商品上使用与其注册商标相同或者近似的商标，容易导致混淆的"。显然，商标权人专用权的范围比禁止权的范围小。也就是经常提到的"行"与"禁"的范围不同。这就是说，禁止权的效力范围及于"类似商品"和"近似的商标"。商标法的这一规定，有利于更好地保护商标权人和消费者的利益，防止不正当竞争。

（三）使用许可权

使用许可权是指注册商标所有人许可他人使用其注册商标的权利。使用许可权通过商标所有人与被许可人订立商标使用许可合同的方式行使。

1. 注册商标使用许可的含义及类型

商标权的使用许可是指商标权人通过签订商标使用许可合同，许可他人使用其注册商标，同时收取一定的许可使用费的行为。注册商标的许可使用是商品生产、销售及服务领域中普遍适用的商标使用形式，是企业扩大市场占有率，增加商标知名度的有效方法。同时，它也对优化资源结构起着积极的作用，因而实施得当对国家、集体、广大消费者、合同双方都十分有益。

注册商标使用许可分独占使用许可、排他使用许可和普通使用许可三种。独占使用许可是指许可人允许被许可人在规定的期限、地域内独家使用某一注册商标，许可人不得使用也不得将同一注册商标再许可他人使用；排他使用许可是指许可人允许被许可人在规定期限、地域内使用某一注册商标，许可人自己可以使用该注册商标但不得另行许可他人使用该注册商标；普通使用许可是指许可人允许被许可人在规定的期限、地域内使用某一注册商标，同时，许可人保留自己在该地区内使用该注册商标和再授予第三人使用该注册商标的权利。

根据 2002 年最高人民法院《关于审理商标民事纠纷案件适用法律若干问题的解释》第 4 条第 2 款的规定，在发生注册商标专用权被侵害时，独占使用许可合同的被许可人可以向人民法院提起诉讼；排他使用许可合同的被许可人可以和商标注册人共同起诉，也可以在商标注册人不起诉的情况下，自行提起诉讼；普通使用许可合同的被许可人经商标注册人明确授权，可以提起诉讼。

2. 使用许可合同的内容和形式

注册商标的使用许可应通过许可人与被许可人签订使用许可合同来实现。结合我国《合同法》和《商标法》的规定，商标使用许可合同一般应包括以下内容：①许可人和被许可人的姓名或名称、地址；②许可使用的注册商标的基本情况；③使用许可的方式；④使用费数额和支付方式；⑤被许可人销售商品的范围；⑥许可人监督商品质量的措施和被许可人保证商品质量的措施；⑦许可使用的期限；⑧违约责任；⑨解决争议的办法；⑩双方认为需要约定的其他事项。

使用许可合同应当采用书面形式。许可他人使用其注册商标的，许可人应当自商标使用许可合同签订之日起三个月内将其商标使用许可报送商标局备案，由商标局公告。未经备案的，除当事人另有约定的以外，不影响使用许可合同的效力，但该使用许可不得对抗善意第三人。

3. 注册商标使用许可的限制

（1）许可人应当监督被许可人使用其注册商标的商品质量，被许可人应当保证使用该注册商标的商品质量。许可人在与被许可人签订许可使用合同前就应对被许可人的生产经营能力作全面了解，以保证被许可人生产的产品与注册商标所有人自己生产的产品质量一致，否则不仅注册商标所有人的声誉会受到损害，而且注册商标所有人还要承担连带责任。

（2）经许可使用他人注册商标的，必须在使用该注册商标的商品上标明被许可人的名称和商品产地。对服务商标而言，由于具有无形特性，使服务商标被许可人无法直接在其提供的服务上标明其名称和地址，但服务商标被许可人应当以其他适当方式让消费者了解名称和地址，比如在其提供服务场所的显著位置标明，在其提供服务的工具上标明或在交付消费者的商业文书上标明等。这项规定的目的是为了使消费者对自己购买的商品有一个清楚的了解，避免误导消费者。违反这条规定的由被许可人所在地工商行政管理部门责令限期改正，收缴其商标标识，并可根据情节处以罚款。

（四）转让权

转让权是指商标所有人依法将其注册商标转让给他人所有的权利。转让权通过商标所有人与受让人订立注册商标转让合同的方式行使。

1. 商标权转让的含义

注册商标的转让即注册商标所有人依法将其因注册商标产生的商标权转让给他人所有。通过转让，原注册商标所有人不再享有该注册商标的专用权，受让人成为该注册商标的所有人，享有商标专用权。

2. 商标权转让的程序

注册商标转让需签订注册商标转让合同，合同一般包括以下内容：①转让人和受让人的姓名或名称、地址；②注册商标名称及所使用的商品或服务的种类；③注册商标证号码及有效期；④转让费数额及支付方式；⑤违约责任；⑥解决争议的方式；⑦双方认为需要约定的其他内容。

转让合同应采用书面形式。转让人和受让人应当向商标局提交转让注册商标申请书。转让注册商标申请手续由受让人办理。商标局核准注册商标转让申请后，予以公告，受让人自公告之日起享有商标权。

3. 注册商标转让的限制

（1）受让人必须具备注册商标申请人的资格，包括依法成立的企业、事业单位、社会团体、个体工商户、个人合伙及自然人，符合法律规定的外国人或外国企业。受让的注册商标必须用于其生产、制造、加工、拣选或经销的商品，或用于其提供的服务项目，转让人用药品或烟草制品的注册商标时，受让人还必须附送相应的商品生产主管部门的证明文件。

（2）商标注册人对其在同一种或类似商品中注册的相同或近似的商标，应当一并办理转让手续，以免出现混乱。对容易导致混淆或者其他不良影响的转让注册商标申请，商标局可不予核准。

（3）已经许可他人使用的商标不得随意转让。许可他人使用注册商标是许可人与被许可人通过签订合同来实现的，许可人之所以能够许可他人使用注册商标是基于其拥有的商标权，许可人要转让这种权利，许可使用合同即失去了存在的前提，这将有可能损害被许可人的合法权益。因此，只有征得被许可人同意后才可以将注册商标转让给他人。

（4）受让人必须保证使用该注册商标的商品质量。否则，商标管理部门有权予以相应处罚，甚至撤销该注册商标。

（5）集体商标不得转让。

（6）联合商标不得分开转让。

（7）共同所有的商标，任何一个共有人或部分共有人不得私自转让。

三、商标权的限制

（一）商标权限制的含义

商标权限制，是指在某些情况下为了协调商标权人与社会公众之间的利益平衡，防止商标权人的权利与他人利益相冲突，法律对商标权的行使和保护作出的必要限制。商标权作为法律所赋予的知识产权中的一种，与著作权、专利权一样应受到一定的限制。从立法上看，商标权限制远不如著作权法和专利法对权利限制的规定那样具有普遍性。在2002年《商标法实施条例》颁布之前，我国商标的立法只对商标独占权和禁用权作出了规定，对于商标权的限制几乎没有涉及，使得商标权的限制成为立法上的空白。然而，任何权利都是有界限的，没有限制的权利就会被滥用，从而威胁公共利益。随着对商标权保护的不断加强，商标权利限制成为一个不容忽视的问题。2002年颁布的《商标法实施条例》终于对权利限制问题作出了规定。

（二）商标权限制的事由

结合《商标法实施条例》的规定以及商标法理论和实践，商标权限制的事由主要包括以下几种。

1. 描述性使用

描述性使用，或称叙述性使用，是指虽然使用了他人商标中的文字或图形，但却并非用其指示商品或服务的特定来源，而是对商品或服务本身的描述[1]。

描述性使用作为一种最重要的侵权抗辩事由适用于叙述性商标。叙述性商标由普通词汇构成，对商品或服务的质量、原料、功能、用途、重量、数量等特点进行了直接描述，或者是含有地名的商标，往往缺乏固有显著性。尽管叙述性商标经过使用取得了“第二含义”，具备了显著性，可以作为商标注册，但并未使其“原有含义”消失，因此经营者乃至任何人为了说明商品或服务的特征、性能、用途而在原有意义上对该叙述性词汇进行使用是必须的且正当的，不应当受到限制。如果对这类商标权的行使不予必要限制，造成对叙述性词汇的过度保护，就会妨碍其他经营者对公共资源的使用，获得显著性规则也就会因此而失去存在的合理根据。

基于上述理由，20世纪90年代开始的全球性商标法修改进程中，一些国家和地区的法律增加了有关商标权限制的规定，其中具有代表性的是欧共体商标条例，该条例第6条规定，商标所有人无权制止第三方在商业中使用自己的名称或地址，有关品种、质量、数量、价值、原产地等特点的标志，只要上述使用符合工商业务中诚实惯例。日本、意大利、英国的商标法经修改后也增加了类似规定。世界贸易组织《知识产权协议》也规定了商标权的有限例外。该协议第17条规定，成员可规定商标权的有限例外，诸如对说明性词汇的合理使用之类，只要这种例外顾及了商标所有人及第三方的合法利益。

描述性使用在我国《商标法》中得到了体现。该法第59条规定，注册商标中含有

---

〔1〕 王迁．知识产权法教程．北京：中国人民大学出版社，2007：486．

的本商品的通用名称、图形、型号或者直接表示商品的质量、主要原料、功能、用途、重量、数量及其他特点，或者含有地名，注册商标专用权人无权禁止他人正当使用。

2. 指示性使用

指示性使用是指使用他人商标中的文字或图形的目的是为了说明自己提供的商品或服务的用途或服务的对象，而不是为了让消费者误认为自己提供的商品或服务来源于商标权人。经营者为了指示商品或服务的用途，而指示性地在商品上使用了他人的商标，但使用者主观上并无使用该文字和图形作为商标的意图，而且在客观上不足以标识商品的来源，不会造成消费者对商品或服务来源的混淆，那么这种使用就应当被允许。指示性使用多见于零配件销售和保养维修服务中，例如“奔驰汽车维修”，这种店铺名称中使用商标是为了表明本店服务项目，就属于指示性使用。

3. 比较广告中使用

使用人在广告中将自己的产品与商标所有人的产品相媲美，亦即比较广告。在比较广告中，往往会使用他人的注册商标。由于比较广告具有两面性，我国法律并未一概禁止比较广告。因此对比内容客观真实、不贬损竞争对手的商业信誉和商品声誉的比较广告应当允许。

4. 商标权用尽

商标权用尽，又称“商标权穷竭”，是指对于经商标权人许可或以其他方式将带有商标的产品合法投放市场后，任何人将该带有商标的商品再次出售或以其他方式提供给公众，包括在为此目的进行的广告宣传中使用商标，商标权人无权禁止。商标权用尽的意义在于保障商品正常流通，促进贸易的开展。如果没有这种限制，商标权人可能利用商标控制商品流通，分割市场，保持垄断地位或维持高价。这对其他经营者以及消费者来说显然是不利的。

商标权具有地域性，故商标权在一国内用尽并不存在争议。但是商标权国内用尽是否导致在其他国家当然用尽，即国际用尽的问题，则分歧很大。

案例 5-3 力士香皂平行进口案

1999 年，佛山海关发现原产地为泰国的“LUX”香皂正准备进口至中国，而“LUX 力士”是英国联合利华公司在中国的注册商标。海关怀疑该批香皂为侵权商品并予以扣留。随后联合利华公司起诉该批香皂的进口商未经许可进口销售泰国产的“LUX”香皂，侵犯了其商标专用权。而被告则认为进口的“LUX”香皂是经“LUX”商标权人授权在泰国销售的，因此来源合法，利华公司对该批香皂已经“商标权用尽”。而广州市中级人民法院经审理后仍然判定：未经商标权人许可而在相同商品上使用相同商标构成侵权行为。

5. 非商业性使用

描述性使用、指示性使用、比较广告和商标权用尽都属于商标的商业性使用。广义的商标权的限制还包括对商标的非商业性使用，例如在新闻报道及评论中使用商标、对商标的滑稽模仿等。

6. 商标在先使用人在原使用范围内继续使用

商标注册人申请商标注册前，他人已经在用一种商品或类似商品上先于商标注册人使用与注册商标相同或近似并有一定影响的商标，该使用人可在原有范围内继续使用该商标，但可被要求附加适当标记。

第五节 商标专用权的消灭

商标专用权的消灭是指因为某种法定原因导致商标权人不再享有商标专用权。商标专用权消灭的原因有注册商标的无效宣告、注册商标的撤销、注册商标的注销三种情形。

一、注册商标的无效宣告

我国《商标法》最初未规定商标无效制度，因而削弱了商标注册的质量，产生了一些权利冲突或者注册不当的商标。1993 年第一次修订商标法增加了商标注册撤销程序。第二次修订商标法再次完善了注册商标撤销制度。但是，当时我国商标法未使用商标权无效或者注册无效的概念，而是使用“撤销”注册商标的概念。2013 年我国第三次修订商标法，引入宣告注册商标无效的程序。

（一）任何人均可申请宣告注册商标无效的情形

根据《商标法》第 44 条规定，已经注册的商标，违反《商标法》第 10 条、第 11 条、第 12 条规定的，或者是以欺骗手段或者其他不正当手段取得注册的，由商标局宣告该注册商标无效；其他单位或者个人可以请求商标评审委员会宣告该注册商标无效。

商标局做出宣告注册商标无效的决定，应当书面通知当事人。当事人对商标局的决定不服的，可以自收到通知之日起十五日内向商标评审委员会申请复审。商标评审委员会应当自收到申请之日起九个月内做出决定，并书面通知当事人。有特殊情况需要延长的，经国务院工商行政管理部门批准，可以延长三个月。当事人对商标评审委员会的决定不服的，可以自收到通知之日起三十日内向人民法院起诉。

其他单位或者个人请求商标评审委员会宣告注册商标无效的，商标评审委员会收到申请后，应当书面通知有关当事人，并限期提出答辩。商标评审委员会应当自收到申请之日起九个月内做出维持注册商标或者宣告注册商标无效的裁定，并书面通知当事人。有特殊情况需要延长的，经国务院工商行政管理部门批准，可以延长三个月。当事人对商标评审委员会的裁定不服的，可以自收到通知之日起三十日内向人民法院起诉。人民法院应当通知商标裁定程序的对方当事人作为第三人参加诉讼。

由此可见《商标法》第 44 条规定的无效宣告主要是注册不当而引起的无效宣告。具体包括 4 种情形：①使用了《商标法》第 10 条所规定的不得作为商标的禁用标识的；②使用了《商标法》第 11 条规定的不得作为商标注册的禁用标志的；③使用了《商标法》第 12 条规定的申请立体商标注册禁用的标志的；④以欺骗手段或者其他不正当手段取得注册商标的。特别需要指出的是在上述 4 种情形下，不仅商标局可以依照职权作出宣告注册商标无效的裁定，任何单位和个人也都可以请求商标局或者商标评审委员会裁定撤销该注册商标。

（二）在先权利人、利害关系人得以宣告注册商标无效的情形

《商标法》第 45 条规定，已经注册的商标，违反本法第 13 条第二款和第三款、第 15 条、第 16 条第一款、第 30 条、第 31 条、第 32 条规定的，自商标注册之日起五年内，在先权利人或者利害关系人可以请求商标评审委员会宣告该注册商标无效。对恶意注册的，驰名商标所有人不受五年的时间限制。

商标评审委员会收到宣告注册商标无效的申请后，应当书面通知有关当事人，并限期提出答辩。商标评审委员会应当自收到申请之日起十二个月内做出维持注册商标或者宣告注册商标无效的裁定，并书面通知当事人。有特殊情况需要延长的，经国务院工商行政管理部门批准，可以延长六个月。当事人对商标评审委员会的裁定不服的，可以自收到通知之日起三十日内向人民法院起诉。人民法院应当通知商标裁定程序的对方当事人作为第三人参加诉讼。

商标评审委员会在依照前款规定对无效宣告请求进行审查的过程中，所涉及的在先权利的确定必须以人民法院正在审理或者行政机关正在处理的另一案件的结果为依据的，可以中止审查。中止原因消除后，应当恢复审查程序。

《商标法》第 45 条规定是因注册商标争议而引发的无效宣告。具体包括以下 5 种情形：①是复制、摹仿或者翻译他人未在中国注册的驰名商标，容易导致混淆的；②是复制、摹仿或者翻译他人已经在中国注册的驰名商标，误导公众，致使该驰名商标注册人的利益可能受到损害的；③未经授权，代理人或者代表人以自己的名义将被代理人或者被代表人的商标进行注册，被代理人或者被代表人提出异议的；④商标中有商品的地理标志，而该商品并非来源于该标志所标示的地区，误导公众的，但是，善意取得注册的除外；⑤申请商标注册损害他人现有的在先权利，或者以不正当手段抢先注册他人已经使用并有一定影响的商标。需要特别注意的是在先权利人或者利害关系人应自商标注册之日起五年内，请求商标评审委员会宣告该注册商标无效。对恶意注册的，驰名商标所有人不受五年的时间限制。

（三）注册商标被宣告无效的法律效果

根据《商标法》第 40 条规定，被宣告无效的注册商标，由商标局予以公告，该注册商标专用权视为自始即不存在。该注册商标专用权视为自始即不存在。

宣告注册商标无效的决定或者裁定，对宣告无效前人民法院做出并已执行的商标侵权案件的判决、裁定、调解书和工商行政管理部门做出并已执行的商标侵权案件的处理决定以及已经履行的商标转让或者使用许可合同不具有追溯力。但是，因商标注册人的恶意给他人造成的损失，应当给予赔偿。

依照前款规定不返还商标侵权赔偿金、商标转让费、商标使用费，明显违反公平原

则的，应当全部或者部分返还。

二、注册商标的撤销

注册商标的撤销是指商标注册人在使用注册商标的过程中，违反商标法规定不当使用注册商标，由商标局依法撤销其注册商标的制度。根据《商标法》第 49 条的规定，商标注册人在使用注册商标的过程中，自行改变注册商标、注册人名义、地址或者其他注册事项的，由地方工商行政管理部门责令限期改正；期满不改正的，由商标局撤销其注册商标。注册商标成为其核定使用的商品的通用名称或者没有正当理由连续三年不使用的，任何单位或者个人可以向商标局申请撤销该注册商标。商标局应当自收到申请之日起九个月内做出决定。有特殊情况需要延长的，经国务院工商行政管理部门批准，可以延长三个月。

被撤销的注册商标，由商标局予以公告，该注册商标专用权自公告之日起终止。

三、注册商标的注销

注册商标的注销是指商标局依据商标注册人或公众的申请，或者依据注册商标有效期满的事实，将其注册商标从《商标注册簿》中注销，从而使被注销的注册商标的专用权终止的法律程序。

根据注销的原因，注册商标的注销包括以下两类：一是因有效期届满而注销；二是因注册人申请而注销。

（一）因注册商标有效期届满而注销

根据《商标法》第 40 条的规定，注册商标有效期满，需要继续使用的，应当在期满前十二个月申请续展注册；在此期间未能提出申请的，可以给予六个月的宽展期。商标注册人在宽展期仍未提出续展申请的，商标局在其注册簿上注销该注册商标。

（二）因注册人申请而注销

商标注册人主动申请注销其注册商标的，按照《商标法实施条例》第 73 条的规定向商标局提出申请，可以整体注销其注册商标，也可以注销部分指定商品或服务项目上的商标。注销申请经商标局核准后，该注册商标专用权或该注册商标专用权在部分指定商品上的效力自注销申请之日起终止。

此外还需说明的是，注册商标被撤销、被宣告无效或者期满不再续展的，自撤销、宣告无效或者注销之日起一年内，商标局对与该商标相同或者近似的商标注册申请，不予核准。

第六节 商标权的保护

一、商标侵权行为

商标侵权行为是指行为人未经商标所有人同意，擅自使用与注册相同或近似的标志，或者干涉、妨碍商标所有人使用注册商标、损害商标权人合法权益的行为。

依商标法第 57 条规定，有下列行为之一的，均构成商标侵权行为。

（一）未经商标注册人的许可，在同一种商品上使用使用与注册商标相同的商标

这种行为又称为使用侵权，发生在商品生产领域，侵害人为商品制造商或服务项目提供者。使用侵权行为直接侵犯了商标权人的禁止权，是一种最典型、最直接的侵权行为，也是数量最多、最常见的商标侵权行为。这种行为往往造成商品或服务来源的混淆，不仅损害商标权人的利益，也损害消费者的利益。侵权使用和注册商标所有人对商标的使用方式和范围一致，包括将商标直接用于商品或服务项目上和在各种商业活动中使用商标。

（二）未经商标注册人的许可，在同一种商品上使用与其注册商标近似的商标，或者在类似商品上使用与其注册商标相同或者近似的商标，容易导致混淆的

新《商标法》第 57 条将原《商标法》第 52 条中“在同一种商品或者类似商品上使用与注册商标相同或者近似的商标”的侵权情形进行了细分，对于不属于在“同一种商品上使用相同商标”情形的侵权判定上增加了“容易导致混淆”的判定要件。作为商标权利人，在今后的维权案件中，对于他人不属于在“同一种商品上使用相同商标”的商标使用行为，如果要想获得最终的侵权认定，需要注意在理由阐述及证据材料的组织上不要忽视对涉案商标的使用满足“容易导致混淆”这一要件的论述及证明。

根据 2014 年公布新《商标法实施条例》第 76 条的规定，在同一种商品或者类似商品上将与他人注册商标相同或者近似的标志作为商品名称或者商品装潢使用，误导公众的，属于本处规定的侵犯注册商标专用权的行为。

（三）销售侵犯注册商标专用权的商品的

这种行为属于流通领域的商标侵权行为，又称为销售侵权。这种侵权行为的主体是商品经销商。商标侵权人的全部目的在于牟取暴利，侵权产品只有通过销售渠道卖出后，这一目的才能实现，仅有制假者是难以完成的，必须有销售者的帮助。禁止和制裁经销侵权商品的行为，无异于在流通环节上设置一道法律屏障，使侵权人的目的难以得逞，减少侵权行为对社会造成的危害。

需要注意的是，商标法第 64 条第 2 款规定，销售不知道是侵犯注册商标专用权的

商品，能证明该商品是自己合法取得并说明提供者的，不承担赔偿责任，也即学理上所称的“善意侵权”。依此规定，销售侵权行为的构成，不以销售者是否存在“明知”或“应知”的主观过错而论。只要行为人实施了销售侵犯商标权的商品的行为，即以侵犯商标权的行为而论。但构成侵权行为的并不一定都要承担赔偿责任，因为在实践中确实存在销售者并不知道或无法知道所销售的商品是侵犯商标专用权商品的情况，如果要求善意侵权人也要承担赔偿责任，有失公平。因此《商标法》第 64 条第 2 款规定了善意侵权人能证明该商品是自己合法取得并说明提供者的，不承担赔偿责任。

根据新《商标法实施条例》第 79 条的规定，下列情形属于商标法规定的能证明该商品是自己合法取得的情形：①有供货单位合法签章的供货清单和货款收据且经查证属实或者供货单位认可的；②有供销双方签订的进货合同且经查证已真实履行的；③有合法进货发票且发票记载事项与涉案商品对应的；④其他能够证明合法取得涉案商品的情形。

（四）伪造、擅自制造他人注册商标标识或者销售伪造、擅自制造他人注册商标标识

这种侵权行为是商标标识侵权问题，包括“制作”和“销售”两种行为。具体包括 3 种情况：一是伪造注册商标标识，即仿造他人的商标标识；二是擅自制造注册商标标识，即未经商标权人委托或授权印制其注册商标标识，或虽有商标权人的授权或委托，但超出授权或委托的范围，印制其注册商标标识；三是销售伪造、擅自制造的注册商标标识。

这种侵权行为本身并不是使用注册商标的行为，但是很容易成为使用侵权的前提，如果不对这种行为进行制止，使用侵权行为将是必然发生的。按照我国商标印制管理法规的规定，商标印制单位必须是依法登记，并经其所在地县级以上工商机关确定为“指定印制商标单位”的企业或个体工商户。印制单位在承揽商标印制业务时，应当查验商标印制委托人提供的有关证明文件。印制的商标图标应与有关证书上的商标标识一致。严格禁止买卖商标标识。印制过程中的废次商标标识必须销毁。因此，擅自制造或销售注册商标标识的，不论哪一种形式，都违反法律规定，构成商标侵权行为。

（五）未经商标注册人同意，更换其注册商标并将该更换商标的商品又投入市场的

这种行为在理论上称为“反向假冒”。乍看起来，商标反向假冒直接针对的是产品而非商标，似乎不应当认定为商标侵权行为。1994 年发生的“枫叶”诉“鳄鱼”反向假冒纠纷案就引起了我国知识产权学界的广泛争议。在该案中，“鳄鱼”服装经销商将其购进的北京服装厂制作的“枫叶”牌服装，撕去“枫叶”商标标识，更换上“鳄鱼”商标，再行加价出售。北京服装厂因此起诉了“鳄鱼”服装经销商。关于此案，当时理论界有两种观点：一种认为该行为不构成商标侵权行为，另一种认为构成商标侵权行为。

仔细分析可以发现，反向假冒有违公平竞争和诚实信用的法律原则，切断了商标权

人的商标与商品之间的联系，使商标权人失去了利用商标树立产品声誉的机会，不利于企业实施名牌战略，损害了商标权人的利益，造成商品流通秩序混乱。同时，反向假冒也会在消费者中造成混淆，进而损害消费者的利益。因此，我国现行商标法借鉴了发达国家商标法的做法，明确规定反向假冒构成商标侵权行为。此项规定是立法上的一个进步，使理论界多年来关于反向假冒的争议有了统一的认识，在司法实践中有了法律依据，标志着我国商标保护水平的提高。

（六）故意为侵犯他人商标专用权行为提供便利条件，帮助他人实施侵犯商标专用权的行为

这类行为实质上是在帮助他人侵权，所以被一些学者称为帮助侵权或者间接侵权。这种侵权行为的构成，必须是行为人有主观上的故意，仅仅是过失并不构成侵权。这种故意应当是行为人明知他人的行为构成侵权，而不仅仅是明知他人有有关行为。应当注意，这类侵权行为的构成，还必须有前述直接侵权行为的存在。如果最后证明没有直接侵权行为，则这类行为也不构成侵权。

根据《商标法实施条例》第 75 条的规定，为侵犯他人商标专用权提供仓储、运输、邮寄、印制、隐匿、经营场所、网络商品交易平台等，属于商标法第 57 条第六项规定的提供便利条件。

（七）其他侵权行为

其他侵权行为，是指在上述侵权行为之外可能给注册商标专用权造成损害的行为。这是一个兜底条款，为今后出现新的侵权行为表现时，通过行政立法或者最高人民法院司法解释作出规定留下余地。

原《商标法实施条例》规定的两种其他侵权行为在本次商标法修订中已被商标法吸纳规定为侵权行为。最高人民法院在《关于审理商标民事纠纷案件若干问题的解释》第 1 条中曾规定了 3 种“给他人注册商标专用权造成其他损害的行为”：①将与他人注册商标相同或者相近似的文字作为企业的字号在相同或者类似商品上突出使用，容易使相关公众产生误认的；②复制、摹仿、翻译他人注册的驰名商标或其主要部分在不相同或者不相类似商品上作为商标使用，误导公众，致使该驰名商标注册人的利益可能受到损害的；③将与他人注册商标相同或者相近似的文字注册为域名，并且通过该域名进行相关商品交易的电子商务，容易使相关公众产生误认的。其中第 1 种行为已由商标法第 58 条明确规定：将他人注册商标、未注册的驰名商标作为企业名称中的字号使用，误导公众，构成不正当竞争行为的，依照《中华人民共和国反不正当竞争法》处理。

二、商标侵权纠纷的解决方式

（一）协商解决

商标侵权纠纷属于民事纠纷，可以由当事人协商解决。协商解决纠纷省时省力，节约成本，并且易于执行。但协商解决必须建立在双方自愿的基础上，不能有任何强

制性。

（二）调解解决

商标纠纷发生后，应当事人的请求，工商行政管理部门可以就赔偿数额进行调解。调解是在双方当事人自愿的基础上进行，并且调解结果没有强制约束力。调解不成或调解达成协议但不履行的，被侵权人可以以侵权人为被告，提起民事诉讼。

（三）行政处理

对侵犯注册商标专用权的行为，被侵权人可以向县级以上工商行政管理机关投诉，请求工商行政管理机关对侵权案件进行查处。

根据《商标法实施条例》的规定，对侵犯注册商标专用权的，任何人都可以向侵权人所在地或侵权行为地工商行政管理机关投诉或举报。

县级以上工商行政管理部门根据已经取得的违法嫌疑证据或者举报，对涉嫌侵犯他人注册商标专用权的行为进行查处时，可以行使下列职权：①询问有关当事人，调查侵犯他人注册商标专用权有关的情况；②查阅、复制当事人与侵权活动有关的合同、发票、账簿以及其他有关资料；③对当事人涉嫌从事侵犯他人注册商标专用权活动的场所实施现场检查；④检查与侵权活动有关的物品；⑤对有证据证明是侵犯他人注册商标专用权的物品，可以查封或者扣押。工商行政管理部门依法行使职权时，当事人应当予以配合、协助，不得拒绝、阻挠。

工商行政管理部门在受理商标侵权案件后，认定侵权行为成立的，可根据法律规定采取以下处理措施：责令停止侵权，没收、销毁侵权商品和专门用于制造侵权商品、伪造注册商标标识的工具，并可处以罚款。涉嫌犯罪的，应当及时移送司法机关依法处理。当事人对行政处罚处理决定不服的，可以自收到处理通知之日起十五日内依照《中华人民共和国行政诉讼法》向人民法院提起行政诉讼；侵权人期满不起诉又不履行的，工商行政管理部门可以申请人民法院强制执行。

工商行政管理部门在处理商标侵权案件中可以根据当事人的请求，就侵犯商标专用权的赔偿额进行调解；调解不成的，当事人可以依照《中华人民共和国民事诉讼法》向人民法院提起民事诉讼。

（四）诉讼解决

商标侵权引起纠纷的，商标注册人或者利害关系人可以向人民法院起诉，由人民法院解决。

1. 商标侵权案件的管辖

根据 2001 年《最高人民法院关于审理商标案件有关管辖和法律适用范围问题的解释》的规定，商标民事纠纷第一审案件，由中级以上人民法院管辖。各高级人民法院根据本辖区的实际情况，经最高人民法院批准，可以在较大城市确定 1～2 个基层人民法院受理第一审商标民事纠纷案件。

根据《最高人民法院关于审理商标民事纠纷案件试用法律若干问题的解释》第 6 条

和第 7 条的规定，因侵犯注册商标专用权行为提起的民事诉讼，由商标法第 13 条、第 57 条所规定侵权行为的实施地、侵权商品的储藏地或者查封扣押地、被告住所地人民法院管辖。侵权商品的储藏地，是指大量或者经常性储存、隐匿侵权商品所在地；查封扣押地，是指海关、工商等行政机关依法查封、扣押侵权商品所在地。对涉及不同侵权行为实施地的多个被告提起的共同诉讼，原告可以选择其中一个被告的侵权行为实施地人民法院管辖；仅对其中某一被告提起的诉讼，该被告侵权行为实施地的人民法院有管辖权。

2. 诉前临时保护措施

为了及时制止商标侵权行为，有效保护商标权，我国《商标法》规定了诉前禁令、财产保全和证据保全三种临时保护措施。

《商标法》第 65 条规定，商标注册人或者利害关系人有证据证明他人正在实施或者即将实施侵犯其注册商标专用权的行为，如不及时制止，将会使其合法权益受到难以弥补的损害的，可以在起诉前向人民法院申请采取责令停止有关行为和财产保全的措施。

《商标法》第 66 条规定，利害关系人可以在起诉前向人民法院申请保全证据。人民法院接受申请后，必须在四十八小时内做出裁定；裁定采取保全措施的，应当立即开始执行。人民法院可以责令申请人提供担保，申请人不提供担保的，驳回申请。申请人在人民法院采取保全措施后十五日内不起诉的，人民法院应当解除保全措施。

3. 诉讼时效

《最高人民法院关于审理商标民事纠纷案件适用法律若干问题的解释》第 18 条规定，侵犯注册商标专用权的诉讼时效为两年，自商标注册人或者利害权利人知道或者应当知道侵权行为之日起计算。商标注册人或者利害关系人超过两年起诉的，如果侵权行为在起诉时仍在持续，在该注册商标专用权有效期限内，人民法院应当判决被告停止侵权行为，侵权损害赔偿数额应当自权利人向人民法院起诉之日起向前推算两年计算。

三、商标侵权的法律责任

侵犯商标权应当承担的法律责任包括民事责任、行政责任和刑事责任。

（一）侵权行为的民事责任

（1）停止侵害。根据我国《商标法》的规定，只要有侵权行为存在，不论其是否造成商标权人的实际经济损失，不论侵权行为持续时间长短，表现形式如何，商标权人都有权要求侵权人立即停止侵权行为。

（2）消除影响。侵权人的行为损害了商标权人的商誉时，商标权人有权要求侵权人采取有效方式消除影响，挽回声誉。

（3）赔偿损失。赔偿损失是侵权人承担民事责任的主要方式。只要侵权行为给商标权人造成了财产损失，就应当根据损失的大小给予经济补偿。根据《商标法》第 63 条的规定，侵权赔偿的数额有四种计算方法：

第一，按照侵权人在侵权期间因侵权所获得的利益计算。侵权人因侵权所获得的利益，可以根据侵权商品销售量与该商品单位利润乘积计算；该商品单位利润无法查明的，按照注册商标商品的单位利润计算。

第二，按照被侵权人在被侵权期间因被侵权所受到的损失计算。因被侵权所受到的损失，可以根据权利人因侵权所造成商品销售减少量或者侵权商品销售量与该注册商标商品的单位利润乘积计算，包括被侵权人为制止侵权行为所支付的合理开支。以上两种计算方法可由被侵权人选择其中之一，但不可两者同时采用。

第三，权利人的损失或者侵权人获得的利益难以确定的，参照该商标许可使用的倍数合理确定。

新《商标法》加强了对恶意侵权行为的打击力度，引入了惩罚性赔偿制度。规定对于恶意侵犯商标专用权，情节严重的，可以在按照上述三种方法确定数额的一倍以上三倍以下确定赔偿数额。赔偿数额应当包括权利人为制止侵权行为所支付的合理开支。惩罚性赔偿的规定针对以往实践中权利人维权成本过高，进行维权往往得不偿失的现象，对于商标权利人维护合法权益，打击商标侵权行为起到积极作用。

第四，按照法定赔偿额计算。根据《商标法》第 63 条第 3 款的规定，侵权人因侵权所得利益，或者被侵权人因被侵权所受损失、注册商标许可使用费难以确定的，由人民法院根据侵权行为的情节判决给予三百万元以下的赔偿。人民法院在确定赔偿数额时，应当考虑侵权行为的性质、期间、后果，商标的声誉，商标使用许可费的数额，商标使用许可的种类、时间、范围及制止侵权行为的合理开支等因素综合确定。

(4) 其他责任方式。人民法院在审理商标侵权案件中，还可以根据《民法通则》第 134 条、《商标法》第 60 条的规定，结合案件具体情况，判决侵权人承担其他民事责任，还可以作出罚款、收缴侵权物品等民事制裁决定。

特别指出的是，《商标法》第 63 条第 2 款还规定，在商标侵权诉讼中，人民法院为确定赔偿数额，在权利人已经尽力举证，而与侵权行为相关的账簿、资料主要由侵权人掌握的情况下，可以责令侵权人提供与侵权行为相关的账簿、资料，侵权人不提供或者提供虚假的账簿、资料的，人民法院可以参考权利人的主张和提供的证据判定侵权赔偿数额。此举大大减轻了商标权利人在主张侵权赔偿时的举证负担，使人民法院在确定赔偿数额时更有法可依，对打击商标侵权行为具有积极意义。

（二）侵权行为的行政责任

工商行政管理部门处理商标侵权纠纷，认定侵权行为成立的，可以责令停止侵权行为，还可以处以罚款。对侵犯注册商标专用权的行为，尚未构成犯罪的，工商行政管理机关可根据情节处以非法经营额三倍以下的罚款；非法经营额无法计算的，罚款数额为十万元以下。

（三）侵权行为的刑事责任

侵犯商标权情节严重或违法所得数额较大，构成犯罪的，还要依法追究侵权人的刑事责任。我国刑法第 213、214 和 215 条规定了 3 种侵犯商标权的犯罪及其刑事责任：

(1) 假冒注册商标罪。未经注册商标所有人许可，在同一种商品上使用与其注册商标相同的商标，情节严重的，处三年以下有期徒刑或者拘役，并处或者单处罚金；情节特别严重的，处三年以上七年以下有期徒刑，并处罚金。

(2) 销售假冒注册商标商品罪。销售明知是假冒注册商标的商品，销售金额数额较大的，处三年以下有期徒刑或者拘役，并处或者单处罚金；销售金额数额巨大的，处三年以上七年以下有期徒刑，并处罚金。

(3) 伪造、擅自制造他人注册商标标识罪。伪造、擅自制造他人注册商标标识或者销售伪造、擅自制造的注册商标标识，情节严重的，处三年以下有期徒刑、拘役或者管制，并处或者单处罚金；情节特别严重的，处三年以上七年以下有期徒刑，并处罚金。

单位犯以上罪行，对单位判处罚金，对直接负责的主管人员和其他直接责任人员，依照上述规定处罚。

案例 5-4 ipad 商标侵权纠纷案

2010 年，苹果向深圳市中级人民法院起诉唯冠，请求判决 iPad 商标权的所有权，并向深圳唯冠索赔相关费用。该案在 2010 年 4 月 19 日受理，并于 2011 年 2 月 23 日、8 月 21 日、10 月 18 日三次开庭审理。深圳市中级人民法院作出一审判决：驳回苹果公司的全部诉讼请求，并由苹果方承担案件受理费人民币 4. 56 万元。2012 年 2 月 29 日，iPad 商标权权属纠纷案在广东省高级人民法院二审开庭。庭审中双方言辞犀利对抗激烈，庭审结束后，法院没有当庭宣判。该案引发了法律界人士和社会公众的广泛关注，由此引出的争论也旷日持久。以下我们将该案的前因后果和案情发展按照时间顺序简要阐述。

(1) 2000 年唯冠国际控股有限公司（以下简称“唯冠控股”）旗下子公司唯冠科技（深圳）有限公司，在中国申请 ipad 文字商标和文字图形结合商标，2001 年被核准注册，获得商标专用权。

(2) 唯冠控股系香港上市公司。2001 年至 2004 年，唯冠控股旗下另一子公司唯冠电子股份有限公司（以下简称“中国台湾唯冠”）在欧盟和韩国、墨西哥、新加坡等国家及地区共获得 8 个“ipad”相关注册商标专用权。

(3) 2005 年前后，苹果公司策划平板电脑产品进入欧洲市场之时，得知 ipad 商标归台湾唯冠所有，曾以撤销闲置不用商标等理由向英国商标局提出申请，希望获得 ipad 商标，但在英国败诉。2009 年 8 月，英国 IP 公司开始与台湾唯冠接触，谈判台湾唯冠转让其全球所有的 ipad 商标，也就是除了自己注册的 8 个 ipad 商标以外，还包括深圳唯冠的两个 ipad 商标。

(4) 2009 年 12 月 23 日，英国 IP 公司以 35000 英镑从台湾唯冠购得 ipad 商标。

(5) 2010 年 4 月 3 日，苹果公司标有 ipad 商标的平板电脑产品在美国上市。

(6) 2010 年 4 月 7 日，苹果公司与英国 IP 公司签订转让协议，以象征性的 10 英镑价格转让包括涉案商标在内的所有商标。

(7) 2010 年 9 月 17 日，苹果公司 ipad 产品进入中国市场。由于苹果公司认为深圳唯冠拒不履行其转让涉案商标的义务，2010 年 6 月，苹果公司联合英国 IP 公司将深圳唯冠诉至深圳中院，请求法院判令 ipad 商标的专用权归原告所有，并赔偿其经济损失

400万元。

(8) 深圳中院于2010年4月19日受理此案。此案的争议焦点是，被告深圳唯冠认为，商标转让协议发生在英国IP公司与台湾唯冠之间，对被告拥有的两个在中国注册商标进行转让，虽然协议列明标的，但显然是无权处置，对深圳唯冠没有法律约束力。而原告认为涉案转让商标协议属于集体转让交易，台湾唯冠签署的转让合同对深圳唯冠构成表见代理，故商标转让合同有效。

(9) 一审法院审理后认为，原告方通过商业获取他人的商标，应当负有更高的注意义务，应当按照我国法律的规定，与商标权利人订立商标转让合同，并办理必要的商标转让手续。而本案商标转让合同系英国IP公司与台湾唯冠签订，且与深圳唯冠之间的表见代理亦不成立，故法院驳回了原告的诉讼请求。

(10) 2012年2月29日，广东省高级人民法院公开开庭对ipad商标权权属纠纷案进行二审。深圳唯冠和苹果公司就英国IP公司与唯冠公司是否形成商标转让，以及深圳唯冠是否受商标转让协议的约束两个焦点进行了举证和质证，争议的焦点集中在深圳唯冠是否参与转让了中国大陆注册的两个ipad商标。7月2日，广东省高院对外公布，苹果公司已与深圳唯冠就ipad商标案达成和解，苹果公司将为此支付6000万美元，称已于6月25日向深圳唯冠与苹果公司送达民事调解书，该调解书已经正式生效。随着ipad商标案达成和解，针对苹果公司及其经销商的一系列起诉、查封等行为也已停止。

四、驰名商标的特殊保护

（一）驰名商标的含义

“驰名商标”最早出现在1883年签订的《保护工业产权巴黎公约》，作为专有名词，已逐渐得到举世的公认。一般认为，驰名商标是指在某一国家或地区有一定影响、质量优异、商品有相当规模的销售量、销售范围广泛、商标使用时间较持久、知名度高的商标。对于驰名商标的认定标准，各国及国际公约上都不统一。

根据我国《驰名商标认定和保护规定》第2条的规定，驰名商标是指在中国为相关公众广为知晓并享有较高声誉的商标。相关公众包括与使用商标所标示的某类商品或者服务有关的消费者，生产前述商品或者提供服务的其他经营者以及经销渠道中所涉及的销售者和相关人员等。

（二）驰名商标特殊保护的依据——反淡化理论

传统的商标保护主要是针对商标的区别功能而设计，其理论依据为混淆理论。从历史上看，混淆是对商标权最严重的侵害，它破坏了商标识别商品或服务来源的功能，也破坏了商标的品质保证功能。为确保商标所具有的可辨识、确认和区别于不同商品或服务的显著性特征，避免混淆和欺骗，法律赋予在先使用人或注册人一种独占权，即禁止任何人未经权利人许可而使用可能在消费者中造成混淆的相同或相似的商标。因此，防止混淆是商标保护的出发点和归宿。前述的商标侵权行为正是建立在这样的理论基础之上的。对普通商标而言，制止混淆就足以保护商标权。但是随着社会的发展，制止混淆已不能解决所有问题。现代社会商标功能日益扩大，除了传统的功能外，商标还具有广告宣传和市场竞争的功能。特别是驰名商标，由于在相关公众中拥有较高知名度，凝聚了良好声誉，因而具有表现和彰显使用者身份及地位的功能，日益成为企业以无形资产进行市场竞争的重要工具。将驰名商标用于非类似商品、无竞争关系的商品上，并不会导致消费者的混淆、误认，但这种使用却可能减损驰名商标的声誉和竞争力，并可能使驰名商标被淡化。在这样的背景下，仅用传统商标法对驰名商标进行保护可能会导致不公平的后果。对驰名商标的保护不能单以制止混淆为标准，因此，反淡化理论应运而生。

反淡化的出发点是保护商标的良好声誉、独特个性及其巨大的广告价值，其依据在于驰名商标特有的受保护利益。商标淡化不是一般的侵权，并不要求商品类似，也不考虑公众混淆、误认的可能性。只有高度驰名且显著性强的商标才具有这种受保护的利益，因而反淡化是给予驰名商标的一种特殊保护 。正如最早实行反淡化保护的德国法院所概括的，之所以要给予这种反淡化保护，是因为该显著商标的所有人，完全有正当理由继续维持他花费大量时间和金钱的独特地位，任何可能危及他的商标的独创性和显著性，以及由此产生的广告效应的行为都应当禁止。保护的目的不在于避免任何形式的混淆，而是为了使积累的资产免遭侵害〔1〕。

“淡化”在英文中表达为“dilution”，原意指稀释。反淡化理论最早出现于欧洲，但反淡化立法和实务最为成熟的是美国。早在20世纪20年代，学者就提出反淡化的必要性。在立法上，自1947年马萨诸塞州制定了第一个州反淡化法之后，有二十多个州制定了州一级商标反淡化法。1996年美国国会通过《联邦商标反淡化法》，成为世界上唯一一个对商标淡化制定专门法的国家〔2〕。所谓淡化，根据美国《联邦反淡化法》的定义，是指“减损、削弱著名商标识别性和显著能力的行为，而不管驰名商标所有人和使用人之间是否存在竞争关系，或者存在混淆或误解的可能性”。我国商标法中没有出现淡化、反淡化的措辞，但新商标法的反淡化倾向已有所体现，《商标法实施条例》和最高法院《关于审理商标民事纠纷案件适用法律若干问题的解释》对造成混淆以外其他侵权行为的规定，更进一步体现了反淡化的见解。因此不可否认我国商标法已提供了反淡化保护的法律依据。

可见，反淡化理论丰富了商标保护理论，扩大了商标权保护范围，在当代商标保护中发挥着积极作用。

（三）驰名商标的认定

1. 认定标准

根据《商标法》第14条的规定，对驰名商标认定应考虑5个方面的因素：①相关公众对该商标知晓程度；②该商标使用的持续时间；③该商标的任何宣传工作的持续时

〔1〕 吴汉东．知识产权法．北京：法律出版社，2007：278～279．
〔2〕 吴汉东．知识产权法．北京：法律出版社，2007：279．

间、程度和地理范围；④该商标作为驰名商标受保护的记录；⑤该商标驰名的其他因素。

2. 认定方式

我国驰名商标的认定方式确立了行政认定（商标局和商标评审委员会）和司法认定两条途径，认定的原则秉承了国际通行的“个案认定，被动保护”的原则。商标局的确认是非终局性的，人民法院的确认则具有终局效力。

2003 年《驰名商标认定和保护规定》的颁布，使得以前成批认定驰名商标的做法被废除，代之以国际上通行的“被动认定”“个案认定”的方式，即在发生侵权或权利冲突时，由有关行政机关确认商标是否驰名，以便决定是否给予扩大的保护，对驰名商标由过去的突出管理改变为更加注重对驰名商标的保护。根据《驰名商标认定和保护规定》的规定，商标权人的商标权受到以下损害时，商标注册人可以向案件发生地的市（地、州）以上工商行政管理部门提出禁止使用的书面请求，并提交证明其商标驰名的有关材料，同时抄报其所在地省级工商行政管理部门：①他人就相同或者类似商品申请注册的商标是复制、摹仿或者翻译他人未在中国注册的驰名商标，容易导致混淆的；②他人就不相同或者不相类似商品申请注册的商标是复制、摹仿或者翻译他人已经在中国注册的驰名商标，误导公众，致使该驰名商标注册人的利益可能受到损害的。

申请人应提供相应的证明材料。这些证明材料主要包括：①证明相关公众对该商标知晓程序的有关材料；②证明该商标使用持续时间的有关材料，包括该商标使用、注册的历史和范围的有关材料；③证明该商标的任何宣传工作的持续时间、程序和地理范围的有关材料，包括广告宣传和促销活动的方式、地域范围、宣传媒体的种类以及广告投放量等有关材料；④证明该商标作为驰名商标受保护记录的有关材料，包括该商标曾在中国或其他国家和地区作为驰名商标受保护的有关材料；⑤证明该商标驰名的其他证据材料，包括使用该商标的主要商品近三年的产量、销售量、销售收入、利税、销售区域等有关材料。

工商行政管理部门在商标管理工作中收到保护驰名商标的申请后，应该对是否属于以上规定情形进行审查。对认为属于上述情形的案件，市（地、州）工商行政管理部门应当自受理当事人请求之日起十五个工作日内，将全部案件材料报送所在地省（自治区、直辖市）工商行政管理部门，并向当事人出具受理案件通知书；省（自治区、直辖市）工商行政管理部门应当自受理当事人请求之日起十五个工作日内报送商标局。当事人所在地省级工商行政管理部门认为所发生的案件属于上述情形的，也可以报送商标局。商标局应当自收到有关案件材料之日起六个月内作出认定，并将认定结果通知案件发生地的省（自治区、直辖市）工商行政管理部门，抄送当事人所在地的省（自治区、直辖市）工商行政局。

根据《商标法》第 14 条的规定，商标驰名认定适用三种情况：①在商标注册审查、工商行政管理部门查处商标违法案件过程中，当事人主张驰名商标权利的，商标局根据审查、处理案件的需要，可予以认定；②在商标争议处理过程中，当事人主张享有驰名商标权利的，商标评审委员会根据处理案件的需要，可对商标驰名情况作出认定；③在商标民事、行政案件审理过程中，当事人主张享有驰名商标权利，最高人民法院指定的人民法院根据审理案件需要，可对商标驰名情况作出认定。

2001 年 7 月 17 日，最高人民法院颁布了《关于审理涉及计算机网络域名民事纠纷案件适用法律若干问题的解释》。该解释第 6 条规定，法院审理域名纠纷案件，根据当事人的请求以及案件的具体情况，可以对涉及的注册商标是否驰名依法作出认定，从而赋予了法院审查或认定驰名商标的职能。2002 年 10 月 12 日，最高人民法院颁布的《关于审理商标民事纠纷案件适用法律若干问题的解释》第 22 条规定，人民法院在审理商标纠纷案件中，根据当事人的请求和案件的具体情况，可以对涉及的注册商标是否驰名依法作出认定。认定驰名商标，应当依照商标法第 14 条的规定进行。当事人对曾经被行政主管机关或者人民法院认定的驰名商标请求保护的，对方当事人对涉及的商标驰名不持异议，人民法院不再审查。提出异议的，人民法院依照商标法第 14 条的规定审查。从而确立了法院对驰名商标进行司法保护的审判机制。

（四）驰名商标的特殊保护措施

驰名商标的特殊保护是各国根据参加的国际公约和本国法律，对本国或其他成员国商标主管部门认为已在该国成为驰名商标的商标，给予的有别于一般商标的特别保护。为有效保护驰名商标所有人的合法利益，《商标法》及相关法律文件根据国际公约的有关规定，明确了驰名商标的特殊保护措施，具体表现在以下四个方面。

1. 对未注册的驰名商标进行保护

《商标法》第 13 条第 2 款规定，就相同或者类似商品申请注册的商标是复制、摹仿或者翻译他人未在中国注册的驰名商标，容易导致混淆的，不予注册并禁止使用。

《最高人民法院关于审理商标民事纠纷案件适用法律若干问题的解释》第 2 条的规定，依据《商标法》第 13 条第 2 款的规定，复制、摹仿、翻译他人未在中国注册的驰名商标或其主要部分，在相同或者类似商品上作为商标使用，容易导致混淆的，应当承担停止侵害的民事法律责任。

2. 对已注册的驰名商标进行跨类保护

《商标法》第 13 条第 3 款规定就不相同或者不相类似商品申请注册的商标是复制、摹仿或者翻译他人已经在中国注册的驰名商标，误导公众，致使该驰名商标注册人的利益可能受到损害的，不予注册并禁止使用。

《最高人民法院关于审理商标民事纠纷案件适用法律若干问题的解释》第 1 条第 2 项的规定，复制、摹仿、翻译他人注册的驰名商标或其主要部分在不相同或者不类似商品上突出使用，误导公众，致使该驰名商标注册人的利益可能受到损害的，驰名商标注册人有权请求工商行政管理部门予以制止。

《巴黎公约》对于驰名商标的保护范围仅限于相同或类似的商品，没有涉及在不同商品或服务上使用或注册驰名商标如何对待的问题。但 TRIPs 规定，如果某一注册商标满足驰名的条件，那么其权利人不仅对他人在同类商品或服务上申请与注册驰名商标相同或类似的商标可以提出异议，请求驳回其注册，而且有权禁止他人在不同类的商品或服务上使用与驰名商标相同或近似的商标。这一规定现已被各国国内法广泛接受。

3. 宣告注册商标无效的保护

《商标法》第45条第1款规定，已经注册的商标，违反本法第13条第2款和第3款、第15条、第16条第1款、第30条、第31条、第32条规定的，自商标注册之日起五年内，在先权利人或者利害关系人可以请求商标评审委员会宣告该注册商标无效。对恶意注册的，驰名商标所有人不受五年的时间限制。

4. 禁止作为商号使用

根据《驰名商标认定和保护规定》第13条的规定，当事人认为他人将其驰名商标作为企业名称登记，可能欺骗公众或者对公众造成误解的，可以向企业名称主管机关申请撤销该企业名称登记，企业名称登记主管机关应当依照《企业名称登记管理规定》处理。

实践中，驰名商标被淡化的方式还有很多，例如将他人的驰名商标用作商品名称、商品装潢、网络域名，丑化驰名商标等。我国商标法的现行规定不足以防止驰名商标的淡化，应建立全方位的反淡化制度。

（五）驰名商标的异化

需要特别指出，驰名商标原本是加强对较高知名度商标保护的一种法律概念，但长期以来，市场经营者将驰名商标作为一种荣誉使用在产品上或者宣传活动中，市场对驰名商标这种广告效应的旺盛需求，在一定程度上助长了饱受诟病的驰名商标制度异化问题。2013年修订商标法除了加强对驰名商标的保护，打击对驰名商标淡化行为外，也对学理上讨论较多的驰名商标异化问题做出的回应。《商标法》第14条第5款规定，“生产、经营者不得将驰名商标字样用于商品、商品包装或者容器上，或者用于广告宣传、展览以及其他商业活动中”，违反此规定的，根据《商标法》第53条规定，可由地方工商行政管理部门责令改正，处十万元罚款。此次新《商标法》增加对驰名商标宣传和使用行为的禁止性规定，旨在将驰名商标回归为一种法律符号，而非一种荣誉称号。

案例5-5 美国宝洁公司诉北京市天地电子集团侵犯商标权案

宝洁公司是“TIDE”注册商标专用权人，该公司还获准注册了“Tide/汰渍”文字和图形组合商标，商标有效期至2009年9月6日。经过公司不懈努力，使用TIDE商标的产品在中国已经家喻户晓，拥有较高的市场份额和消费群体，享有很高的知名度和美誉度。公司还在世界上160多个国家和地区注册了370个“TIDE”和“TIDE图形”商标。“TIDE”不仅是中国的著名洗衣粉品牌，也是世界最大的洗衣粉品牌。公司为宣传“TIDE”商标品牌投入了巨额广告费用。“TIDE”商标已经成为国内、国际市场上享有较高知名度和较高信誉、为广大消费者所熟知的驰名商标。在实践中，国家工商行政管理局商标局也将其作为全国重点商标进行保护。随着电子商务的崛起和网络资源的开发和利用，公司在国际互联网上注册了“www. tide. com”域名。但当公司拟在中国互联网上以“Tide”注册时，发现北京市天地电子集团（下简称天地集团）已经抢先注册了域名“www. tide. com. cn”。宝洁公司认为，天地集团明知“Tide”系该公司享有商标专用权的驰名商标，却抢先注册了与其商标、商号或名称毫无联系的“www. tide. com. cn”域名。其行为使该公司无法在网络媒体上利用自己的驰名商标创造商机，降低了“TIDE”商标的广告价值，导致消费者的混淆，淡化了“TIDE”驰名商标，损害了该公司的合法权益。天地集团的行为侵犯了公司的商标权，请求法院判令天地集团立即停止商标侵权行为，停止使用并撤销其已注册使用的“www. tide. com. cn”域名。

天地集团辩称：公司注册 tide 域名并不违反法律规定。首先，公司的产品涉及的是电子信息领域，而宝洁公司的产品涉及的是洗涤用品，属毫不相干的行业；其次，为方便对外交往和宣传，公司于 1994 年参照译者、译意合理的原则，采用了“TIDE”英文名并广泛使用；再次，经公司多年努力，产品已有很高的市场占有率，“天地”在业界具有很大影响力，根本无必要抢注宝洁公司的商标为域名。公司域名与宝洁公司的商标相同纯系巧合，且系国际互联网域名只能用英文注册造成的结果。

一审北京市第一中级人民法院认为：宝洁公司对“TIDE”文字商标、“Tide/汰渍”文字和图形的组合商标享有专用权，受我国商标法的保护。鉴于“Tide/汰渍”商标已为我国相关公众所熟知的事实，宝洁公司在本案中关于“Tide/汰渍”商标属驰名商标的主张，法院予以支持。被告天地集团关于“TIDE”商标未经行政认定程序，不属驰名商标的主张没有法律依据，本院不予支持。天地集团在明知“TIDE”为宝洁公司的驰名商标的情况下，注册包含有宝洁公司驰名商标“TIDE”的“www. tide. com. cn”域名在互联网上使用，足以导致公众误以为该域名的持有者与“TIDE”商标存在某种联系，引起公众对其出处的混淆。尽管进入天地集团的网页后，访问者不会对天地集团与宝洁公司产生联系，但天地集团将 tide 作为域名使用的行为，使“TIDE”的显著性降低，必然导致该商标的淡化。同时，天地集团注册“www. tide. com. cn”域名的行为，阻止了宝洁公司将其驰名商标以最简洁的方式用于域名注册，妨碍了宝洁公司在中国互联网上使用自己的商标进行商业活动。因此，被告天地集团注册和使用 tide 域名的行为已构成对宝洁公司驰名商标专用权的侵犯，应承担相应的侵权责任。

天地集团不服一审判决，向北京市高级人民法院提起上诉。理由是：①一审法院将宝洁公司的“TIDE”注册商标认定为驰名商标，没有法律依据；②双方所处的经营领域不同，天地集团使用“www. tide. com. cn”域名不会导致消费者误认；③天地集团自 1993 年至今一直使用“TIDE”作为企业名称的一部分，无侵犯宝洁公司商标权的故意。天地集团基于企业自身的追求和企业名称的结合将“www. tide. com. cn”作为域名注册是有正当理由的，无恶意抢注之意。

二审北京市高院认为：宝洁公司提交的中国商标局颁发的商标注册证，可以证明宝洁公司为多种形式的“Tide”和“汰渍”注册商标的专用权人。天地集团提交的证据可以证明该集团在 1993 年将“TIDE”作为其销售微机的名称使用；1997 年 6 月将“TIDE”在美国作为其英文名称的组成部分使用。上述证据可以证明，天地集团自 1993 年开始在经营活动中使用“TIDE”一词，应认为该集团与“TIDE”一词有联系，该集团在 1998 年注册并使用“www. tide. com. cn”域名有正当理由。天地集团注册并使用“www. tide. com. cn”域名的行为没有构成对宝洁公司注册商标专用权的侵犯。鉴于天地集团并未侵犯宝洁公司注册商标专用权，在本案中认定"Tide"注册商标是否为驰名商标、天地集团注册并使用"www. tide. com. cn"域名是否会造成相关公众对该集团与宝洁公司的混淆已无必要。天地集团的上诉理由成立，其上诉请求，法院予以支持[①]。

问题与思考：

1. 商标与商号有何区别与联系？
2. 我国商标注册为何实行先申请原则？
3. 如何认定恶意抢注行为？
4. 如何认定商标的显著性？
5. 谈谈我国驰名商标的保护现状与存在的问题。

① 参见中国法院网，http：//www. chinacourt. org/html/article/200206/10/4415. shtml。

第六章 商业秘密

第一节 商业秘密概述

一、商业秘密的含义

商业秘密，从字面来看即商业上的机密或秘密。规范的定义如我国《反不正当竞争法》第 10 条第 2 款对商业秘密的界定："商业秘密，是指不为公众所知悉，能为权利人带来经济利益、具有实用性并经权利人采取保密措施的技术信息和经营信息。"商业秘密属于知识产权法的保护对象，这一点在世界贸易组织《与贸易有关的知识产权协议》(TRIPs) 中进一步明确。该协议第 1 部分第 1 条中划出了协议所包含的知识产权的范围，其中第 7 项是未披露过信息的保护。这里未披露过的信息即指商业秘密。

商业秘密的范围包括但不限于：设计图纸（含草图)、试验结果和试验记录、产品配方、制作工艺、制作方法、样品、数据、计算机程序、管理诀窍、客户名单、货源情报、产销策略、招投标中的标底及标书内容等信息。商业秘密主要针对两类信息，即技术信息和经营信息。技术信息可以是有特定的完整的技术内容，构成一项产品、工艺、材料及其改进的技术方案，也可以是某一产品、工艺、材料等技术或产品中的部分技术要素。经营信息指经营管理中的包括财务、投资、采购、销售、人事、组织等各类信息。客户名单是其中一项重要内容，通常是指客户的名称、地址、联系方式以及交易的习惯、意向、内容等构成的区别于相关公知信息的特殊客户信息，包括汇集众多客户的客户名册，以及保持长期稳定交易关系的特定客户。

二、商业秘密构成要件

只有符合一定条件的信息才构成法律所保护的商业秘密。本书认为商业秘密的构成要件有三个，即不为公众所知悉、实用性、采取保密措施。

（一）不为公众所知悉，即秘密性

该要件在美国称为新颖性，日本称为"非公知"，德国称"未经公开"。虽然名称不同，含义则相同，均指有关信息不为其所属领域的相关人员普遍知悉和容易获得。根据我国《最高人民法院关于审理不正当竞争民事案件应用法律若干问题的解释》[①] 第 9 条的规定，具有下列情形之一的，可以认定有关信息为公众所知悉：①该信息为其所属技

① 该司法解释于 2007 年 1 月 12 日发布并于 2007 年 2 月 1 日起施行。

术或者经济领域的人的一般常识或者行业惯例；②该信息仅涉及产品的尺寸、结构、材料、部件的简单组合等内容，进入市场后相关公众通过观察产品即可直接获得；③该信息已经在公开出版物或者其他媒体上公开披露；④该信息已通过公开的报告会、展览等方式公开；⑤该信息从其他公开渠道可以获得；⑥该信息无需付出一定的代价而容易获得。

理解“不为公众所知悉”需要注意以下几点：①这里的“公众”是指非特定的多数人。有人将“不为公众知悉”称为“相对秘密性”，该信息不为公众所知悉，但可能为权利人以外一定范围的人所知悉。只要是相对于非特定的多数人，它仍处于秘密状态即可。某种商业秘密可能出于生产、销售等的需要，必须被提供给一定范围的人群，通常包括企业员工、合伙人或供应商、经销商、设备维护人员等。只要上述人员对该项商业秘密所有人承担保密义务，该信息就不构成为公众知悉。②某种信息是否构成法律所保护的商业秘密并不取决于个人的主观认识。对于从公开渠道都可以获取，没有经过任何分析和加工的简单信息，或者从公开渠道直接获取的系所属行业中的公知知识或其简单变换，即便有关经营者认为是商业秘密，并对其采取了严格的保密措施，也不属于法律所保护的商业秘密。③法律只要求某一特定的商业秘密与业已存在的公开信息不同，并不要求该商业秘密是独一无二的，也不要求这种商业秘密是近期开发的信息。因此，某些技术即便已经具有很长的生产历史，比如我国传统的宣纸生产技术、景泰蓝生产技术，只要迄今为止此类技术不属于公知知识范畴，那么这类传统技术就仍然具有新颖性，具备商业秘密的条件，受法律保护〔1〕。

（二）实用性

实用性，也称商业价值性，是指有关信息具有现实的或者潜在的商业价值，能为其所有人带来经济优势或竞争优势。如果一项秘密与商业活动无关，不能在商业活动中运用，则不属于商业秘密，如军事秘密、政党竞选策略、宗教教义等。某种信息仅具有精神价值或社会价值等其他非商业价值，不能构成商业秘密。商业秘密对其控制人必是客观上有用，而不是主观上有用，即商业秘密与经济利益、竞争优势有直接因果关系，否则不具有实用性。构成商业秘密的信息应具有确定的可应用性，它不是抽象的概念、原理，而应是一种具体的方案或信息，持有人应能说明详细内容和划定明确界限，可以将之付诸实践。尚处于概念、原理阶段的设想因其不具有实用性而不受法律的保护。构成商业秘密的信息可以分为积极信息和消极信息。积极信息是指能直接运用于产业活动，产生经济价值的信息；消极信息是不能直接运用于产业活动但能给信息持有人带来竞争优势的信息，例如经研发被证实不宜采用的技术方案，该信息虽对其拥有者不能产生直接效用，但若被竞争者获知，则可从中得到借鉴，避免重蹈覆辙，防止人、财、物的无谓浪费，缩短研发时间，强化竞争优势。在此意义上，消极信息也可构成商业秘密〔2〕。

---

〔1〕 王春燕. 对商业秘密保护法律问题的再认识. 科技与法律，1996，(4).
〔2〕 吴汉东. 知识产权法. 北京：中国政法大学出版社，2007：324.

（三）权利人采取了合理的保密措施

某种信息能否成为法律所保护的商业秘密，不仅要求信息的所有人主观上将该信息视为秘密，还要求其客观上采取适当的保密措施以维持信息的秘密性，这是商业秘密构成中的核心要件。保密措施包括技术手段和制度手段，前者如设置保险柜、进行电脑复制与打印监控等；后者如订立保密协议、建立保密制度等[1]。这里所说的保密措施，是指所有人依据具体情势而采取的合理的措施，而非过分的或极端的措施。只要所采取的保密措施与具体的技术信息和经营信息的商业价值等情况相适应，足以防备可以预见的泄露，就应该认为是合理的。对于保密措施并不要求达到万无一失的程度。

根据《最高人民法院关于审理不正当竞争民事案件应用法律若干问题的解释》第11条的规定，人民法院应当根据所涉信息载体的特性、权利人保密的意愿、保密措施的可识别程度、他人通过正当方式获得的难易程度等因素，认定权利人是否采取了保密措施。具有下列情形之一，在正常情况下足以防止涉密信息泄漏的，应当认定权利人采取了保密措施：①限定涉密信息的知悉范围，只对必须知悉的相关人员告知其内容；②对于涉密信息载体采取加锁等防范措施；③在涉密信息的载体上标有保密标志；④对于涉密信息采用密码或者代码等；⑤签订保密协议；⑥对于涉密的机器、厂房、车间等场所限制来访者或者提出保密要求；⑦确保信息秘密的其他合理措施。

案例 6-1 杜邦公司诉克里斯托夫侵犯商业秘密案

杜邦公司在德克萨斯州的比尔蒙特开设了一家工厂，计划生产甲醇。由于工厂还在建设中，厂房尚未加顶。1969 年 3 月 19 日，受身份不明的第三人的雇佣，比尔蒙特的摄影师克里斯托夫兄弟驾驶飞机，在空中对杜邦公司的新建厂房进行了拍摄，其将所拍摄的 16 张照片交给了身份不明的第三人。当克里斯托夫兄弟在厂房上空拍摄时，引起了杜邦公司雇员的注意。他们很快就查明，飞机盘旋是为了拍摄，摄影师是克里斯托夫兄弟。杜邦公司立即与克里斯托夫兄弟联系，要求他们披露接受了照片的第三人的名称。但克里斯托夫兄弟拒绝披露。杜邦公司针对克里斯托夫兄弟提起了诉讼，诉称它在花费了巨额投资和进行了长时间的研究后，开发了一种高度机密的甲醇生产方法。这种方法的应用，会使原告在市场上占有竞争优势。原告没有以此申请专利，而是将之作为一项商业秘密来保护，并对保密给予了高度重视。被告进行拍照的工厂，就是准备以这种秘密方法来生产甲醇的工厂。由于工厂正在建设中，该生产方法的某些部分可以在空中直接看到。通过已经拍摄的照片，有关的技术人员可以推导出该生产甲醇的方法。因此，被告拍摄照片并将照片提供给不明身份的第三者，盗取了原告的商业秘密，侵犯了公司的权利。杜邦公司要求法院判决被告赔偿损失，并颁布禁令，禁止照片的进一步扩散，禁止对其生产甲醇的工厂进一步拍摄。被告则强调，飞机航行的领域是公共空域，任何私人不被禁止飞行。他们是在属于公有的空中拍摄处于公共领域的内容，并未违反

[1] 刘春田．知识产权法．北京：高等教育出版社，北京大学出版社，2007：370．

法律。杜邦公司的生产方法是暴露在公共视野中的，杜邦公司又没有用实际行动表明其工地不允许他人参观，比如在厂房上盖起大棚，或者装了高射机枪或雷达，因而其生产方法不属于采取了预防措施的秘密。

最后，法院判决被告侵犯了原告的商业秘密，并且指出只要商业秘密的所有人采取了合理的预防措施即符合法律的要求，有关的保密措施不必是过于繁重的或极端的措施。原告的工厂正在建设中，尽管在建设完成后，从空中不会再看到原告的生产过程，但现在却能够从空中观察到原告的商业秘密。在这种情况下，不能过分地要求原告在未完成建设的厂房上加上顶棚，以防他人从空中观察其生产工艺。法院还说：也许应当修建一般的栅栏和顶棚，以挡开投来的眼光，但我们不必要求商业秘密的发明人防备现在不可预测、不可察觉或不可预防的间谍行为。我们不能要求某人或某公司采取不合理的预防措施，去防止其他人去做他首先不应该去做的事情。我们可以要求合理的针对掠夺性眼睛的预防措施，但针插不进的堡垒是不合理的要求，我们没有理由将此种责任强加在产业发明者的头上，从而去保护他们的发明创造[1]。

三、技术秘密与专利的区别

商业秘密包括技术秘密与经营秘密。其中技术秘密有时被称作“专有技术”“技术诀窍”“KNOW-HOW”“非专利技术成果”等①。技术秘密与专利同属对技术方案的保护方式，应充分了解二者的差别，根据具体情况选择适用。

（一）技术秘密与专利的区别

（1）公开与保密之分。此为二者的本质区别。一项技术取得专利权是以将该技术公开为前提条件；而技术秘密是以保密为前提条件。由于专利技术是公开的技术，任何人皆可以通过公开的专利文献了解该技术内容，一方面有利于社会公众了解专利技术，另一方面也为一些人未经许可利用专利技术、侵犯专利权提供了便利。技术秘密没有公开技术的要求，他人无法轻易获得技术，则可免去因技术公开而引发被仿冒的危险。

（2）取得的条件与方式不同。一项发明创造需要持有人向专利局提出专利申请，并符合法律规定的创造性、新颖性与实用性的要求，才能被授予专利权。技术秘密的取得无需登记审查，只要具备不为公众所知悉、实用性、采取保密措施等条件即可成立，无需达到专利三性的标准。因此，技术秘密的技术水准高低不一。

（3）地域、时间限制的区别。专利具有严格的地域性与时间性限制。专利权是特定国家或地区专利授权机关授予权利人在该国家或地区范围内享有排他收益的权利，超出该主权区域，相应的发明创造就不享有专有权利，除非向其他主权区域另行申请授予专利权。为促进专利技术的传播，为社会创造最大的价值，专利权特设时间限制。发明专利的保护期自申请之日起二十年，实用新型专利的保护期自申请之日起十年。超过该保

[1] 李明德. 美国知识产权法. 北京：法律出版社，2003：108～117.

① 这些被人们广泛使用的术语如“专有技术”等一般被用来指称技术秘密，但都因缺乏法律明确界定，其含义具有不确切性，因而不宜在法律文件中使用。

护期限，专利技术进入公共领域，任何人皆可合法利用，原权利人无法继续取得独占利益。对技术秘密而言，其相关权益的取得不需特定主权机构的特别授予，也不存在地域性与时间性的限制。只要技术持有人能够采取妥善的保密措施，使技术处于秘密状态，则可在任何区域内获得其收益。技术秘密存在的时间也仅仅取决于持有人保守秘密的时间。

(4) 专有性不同。专利权人就其发明创造享有排他性的制造、使用、销售、许诺销售和进口的权利，任何人未经专利权人许可，不得利用其专利技术。任何人虽独立研发出相同的技术或虽能通过公开的专利文献了解专利技术的内容，却都不能利用该技术获得收益。专利权人可获得该专利的最大收益。技术秘密的专有性较弱，依据反不正当竞争法的规定，技术秘密的拥有人并没有被赋予专有的技术秘密权，法律只能禁止他人违背保密义务或以其他不正当手段获得、披露和使用有关的技术。对于他人以公平、诚实手段获得的相同的发明，如独立开发获得的技术或通过反向工程破解的技术，技术秘密的所有人无权禁止他人披露和使用。也就是说，对于同样内容的商业秘密，可能有不同的主体对其享有权利。

(5) 所需支出的费用不同。取得和维持一项专利，需要向专利授权部门缴纳专利申请费、维护费等费用。技术秘密的保护，无需支出这些费用，但却需要为采取合理的保密措施支出相应费用，如建立商业秘密管理机构、聘用专门管理人员、设置保密设施等。

（二）专利与技术秘密保护方式的选择

通过上述对专利与技术秘密的比较，发明创造的持有人可针对技术本身的特点并结合持有人的具体情况，选择适宜的保护方式。如对于保密困难或保密代价巨大的技术宜采取专利保护，对易于保密或保密代价不甚巨大的技术宜作为技术秘密加以保护。此外，技术水准低于申请专利的法定要求，但有市场价值的技术都可采用技术秘密的方式进行保护。对于一些大型复杂的技术，可选择专利与技术秘密结合使用。将核心技术作为技术秘密进行保密保护，而整体技术作为专利保护，可以避免技术被仿制、冒用，同时也可借助专利法律的保护有效获得独占的收益[1]。

第二节 侵犯商业秘密的行为及法律责任

一、侵害商业秘密的主要行为类型

(1) 以盗窃、利诱、胁迫或者其他不正当手段获取权利人的商业秘密。盗窃是直接获取方式，既可是窃取载有商业秘密的原件或复制件的通常盗窃行为，也可能是在网络上突破企业防火墙，非法进入企业计算机信息系统窃取商业秘密的黑客手段。利诱、胁迫等是间接获取方式，即诱使或迫使知悉商业秘密者泄露秘密。其他不正当方法包括欺

〔1〕 胡佐超，余平. 企业专利管理. 北京：北京理工大学出版社，2008：176.

诈、雇佣商业间谍刺探，暗中安装监控设备等立法难以穷尽的手段[1]。判断是否属于“不正当手段”，应以公认的商业道德和合乎常理的行为方式为标准，凡以违反商业道德、超越合理界限的方法获取商业秘密的，均构成侵权。

(2) 披露、使用或者允许他人使用以前项手段获取的权利人的商业秘密。这种侵权行为建立在不正当获取商业秘密的基础上，一般以非法牟利为目的，不排除特殊情形下的泄愤报复。行为人的主观动机并不影响侵权性质的认定，只要对不正当获取的商业秘密向他人披露、自己使用或者允许他人使用，均为侵权行为。

(3) 违反约定或者违反权利人有关保守商业秘密的要求，披露、使用或者允许他人使用其所掌握的商业秘密。这种情况与上述两种情况的主要区别在于，商业秘密的获取本身是合法的，属于违反信任关系的披露或使用。例如与权利人有业务关系的单位或个人违反合同约定或者违反权利人保守商业秘密的要求，披露、使用或者允许他人使用其所掌握的权利人的商业秘密；权利人的职工违反合同约定或者违反权利人保守商业秘密的要求，披露、使用或者允许他人使用其所掌握的权利人的商业秘密。

(4) 第三人明知或者应知前款所列违法行为，获取、使用或者披露他人的商业秘密，视为侵犯商业秘密。即第三人的恶意获取和使用构成侵犯商业秘密。构成第三人侵权有两个要件：主观要件即第三人对他人的违法行为“明知或应知”；客观要件是第三人自己客观上实施了违法行为，获取、使用或者披露他人的商业秘密。此类侵权行为应当是行为人被动地接受他人违法行为的结果。如行为人积极促成、唆使他人盗窃、引诱或以其他不正当手段获得权利人的商业秘密，其行为构成上述第一类、第二类侵权行为[2]。

二、不构成侵犯商业秘密的抗辩理由

面临侵犯商业秘密的指控，被指控人如果认为权利人主张的商业秘密不能成立，或者自己使用或披露的信息与权利人主张的商业秘密不相同，或者自己是从合法的来源或渠道获得商业秘密的，则应提交相关证据证明侵权不成立。具体来讲，可以从以下方面进行抗辩：

(1) 某信息不构成商业秘密。权利人主张其商业秘密遭受侵害，前提是存在法律认可的商业秘密，即某信息符合不为公众所知悉、实用性、采取合理保密措施等商业秘密构成要件。如果某信息不构成商业秘密，则不存在侵犯商业秘密的行为。针对侵权指控，被控侵权人可以从某信息从公开渠道容易获得，或者该信息没有商业价值、权利人没有采取合理的保密措施等方面主张不存在商业秘密，从而使侵权指控失去存在基础。

(2) 所使用或披露信息与权利人商业秘密不相同。商业秘密权利人提出侵权指控，必须举证证明侵权人使用的信息与权利人的商业秘密一致。因此，被控侵权人可以自己使用或披露的技术信息或经营信息与权利人的商业秘密实质上并不相同为由进行抗辩，主张不构成侵犯商业秘密。

---

〔1〕 刘春田. 知识产权法. 北京：高等教育出版社，北京大学出版社，2007：371.
〔2〕 张玉瑞. 商业秘密法学. 北京：中国法制出版社，2000：540.

(3) 独立开发。独立开发是一种通过自己的创造性智力劳动获得与他人商业秘密相同信息的行为，是经营者诚实劳动、合法竞争的重要形式。独立开发出与商业秘密相同的信息后，如果开发者采取保密措施，也可成为商业秘密权利人。商业秘密没有如同专利一般的专有性和排他性。专利只授予最先提出申请的人，其他人即便自行开发研制出相同的技术方案，也不得继续使用该项技术。商业秘密持有人只能禁止他人以不正当手段取得自己的秘密，而不得排斥其他人通过独立开发研制拥有同样的技术。例如甲、乙两人各自独立开发并拥有一项相同的技术秘密，一方面，甲、乙两人均不能排除对方使用该项技术秘密；另一方面，如果任何一人放弃该技术秘密，或者将其中的技术秘密申请专利，则有关信息处于公开状态，技术秘密不复存在。在这种情形下，另一人不能向公开信息方主张任何权利[1]。

(4) 反向工程。反向工程是一种通过对从公开渠道获取的产品进行拆卸、测绘等逆向工程分析，从而探得产品中所包含的技术信息的行为。由反向工程获得技术秘密不构成对权利人商业秘密的侵犯。反向工程必须符合以下条件，才能成为有效的抗辩：①合法取得产品，即用于分析研究的产品必须通过购买、接受赠与、继承等方式合法取得所有权，或通过租赁、保管、承揽等有效合同合法占有产品[2]。②不违反“黑箱封闭”条款。如果未获得商业秘密附着物所有权，而只是合法占有该物，并且根据与权利人明示或默示的约定不得将该物拆开或分解，则不能通过这种手段获取商业秘密，这就是“黑箱封闭”[3]。违反黑箱封闭条款获取商业秘密不仅构成违约，也构成侵犯商业秘密。③参加反向工程的人员不得已经接触并知悉他人商业秘密，也不得曾通过协议约定负有不得进行反向工程的义务，否则该反向工程将被认为违法。④在实施反向工程时，应当对全过程进行详细记载，并保存好相关记录证据，如图纸、照片、资料、分析、试验数据等，用作反向工程的事实证明。否则，在诉讼中，并没有证据证明存在反向工程，则反向工程作为合法来源的抗辩就不能成立。

(5) 从其他合法渠道获得商业秘密。通过签订许可合同或转让合同，从其他掌握该商业秘密的权利人处，合法获得商业秘密。

(6) 善意第三人的使用。如果第三人不知道也没有理由会知道所涉信息为他人商业秘密而加以使用或者披露，则因其无过错而不构成《反不正当竞争法》第 10 条第 2 款针对第三人所规定的侵犯商业秘密的行为。

三、侵犯商业秘密的法律责任

《民法通则》《反不正当竞争法》《关于禁止侵犯商业秘密行为的若干规定》及《刑法》有关条款规定了侵犯商业秘密的民事、行政和刑事责任。

(一) 民事责任

依据违反义务的性质是约定还是法定，侵犯商业秘密的民事责任包括违约责任和侵

〔1〕 王春燕. 对商业秘密保护法律问题的再认识. 科技与法律，1996，(4).
〔2〕 吴汉东. 知识产权法. 北京：中国政法大学出版社，2007：330.
〔3〕 张耕. 商业秘密法律保护研究. 重庆：重庆出版社，2002：174.

权责任。根据商业秘密保密合同负有保守商业秘密义务的一方当事人违反保密合同约定，泄露或者擅自使用其知悉的商业秘密，即构成违约，应承担违约责任。承担违约责任的主要形式是停止违约行为、支付违约金或赔偿损失。承担侵权责任的方式主要是停止侵权、赔偿损失以及返还商业秘密附着物。对于侵权人已经非法获得但尚未披露、使用或者允许第三人使用商业秘密的，侵权人不得披露、使用或者许可他人使用。人民法院对于侵犯商业秘密行为判决停止侵害的民事责任时，停止侵害的时间一般持续到该项商业秘密已为公众知悉时。依据前述规定判决停止侵害的时间如果明显不合理的，可以在依法保护权利人该项商业秘密竞争优势的情况下，判决侵权人在一定期限或者范围内停止使用该项商业秘密。关于损失赔偿额的确定，主要有以下方法：一是以权利人的实际损失额计算；二是在损失额难以计算时，以侵权人在侵权期间因侵权所获利润作为赔偿额；三是参照许可使用费赔偿；四是法定赔偿。因侵权行为导致商业秘密已为公众所知悉的，应当根据该项商业秘密的商业价值确定损害赔偿额。商业秘密的商业价值，根据其研究开发成本、实施该项商业秘密的收益、可得利益、可保持竞争优势的时间等因素确定。

（二）行政责任

根据国家工商行政管理局《关于禁止侵犯商业秘密行为的若干规定》，当企业认为其商业秘密受到侵害时，可以向工商行政管理机关申请查处侵权行为。对确认存在侵权行为的，工商行政管理部门可给予行政处罚，包括：①责令停止侵权；②根据情节处以一万元以上二十万元以下的罚款；③处理侵权物品，包括责令并监督侵权人将载有商业秘密的图纸、软件及其他有关资料返还权利人，监督侵权人销毁使用权利人商业秘密生产的、流入市场将会造成商业秘密公开的产品（但权利人同意以收购、销售等其他处理方式的除外）。对侵权人拒不执行处罚决定，继续实施侵权行为的，视为新的违法行为，从重予以处罚。

（三）刑事责任

根据《中华人民共和国刑法》第 219 条，侵犯商业秘密，并给商业秘密的权利人造成重大损失的，处三年以下有期徒刑或者拘役，并处或者单处罚金；造成特别严重后果的，处三年以上七年以下有期徒刑，并处罚金。《最高人民法院最高人民检察院关于办理侵犯知识产权刑事案件具体应用法律若干问题的解释》第 7 条规定，实施刑法第 219 条规定的行为之一，给商业秘密的权利人造成损失数额在五十万元以上的，属于“给商业秘密的权利人造成重大损失”，应当以侵犯商业秘密罪判处三年以下有期徒刑或者拘役，并处或者单处罚金。给商业秘密的权利人造成损失数额在二百五十万元以上的，属于刑法第 219 条规定的“造成特别严重后果”，应当以侵犯商业秘密罪判处三年以上七年以下有期徒刑，并处罚金。根据上述法律规定，侵犯商业秘密罪与非罪的重要界限在于是否对权利人造成重大损失。如果实施了侵犯商业秘密的行为，但并未造成重大损失，只能按照民事侵权处理，而不能认定构成犯罪，要求侵权人承担刑事责任。

案例 6-2 北京正普科技发展有限公司诉胡美凤、北京金祥普科技发展有限公司侵犯商业秘密纠纷案

原告北京正普科技发展有限公司系主要经营10元正版软件的公司。被告胡美凤于1998年11月进入该公司工作，并于2000年间担任客户部经理，直至2004年3月从正普离职。被告北京金祥普科技发展有限公司成立于2004年2月26日，股东为胡美凤和案外人李慧，其中胡美凤出资48万元，占公司注册资本80%，公司的主要经营项目亦为10元正版的软件。原告正普公司向法院起诉称，胡美凤因职务关系，掌握正普公司所有客户名单及商业运作模式等核心商业秘密。2004年3月，胡美凤将公司所有客户名单拷贝后离职，成立与正普公司客户资源、经营项目和运营模式均一样的公司。胡美凤违反正普公司的保密规定，将其掌握的原告商业秘密用于金祥普公司的经营，胡美凤和金祥普公司共同侵犯了正普公司的商业秘密。请求法院判令胡美凤与金祥普公司立即停止侵犯正普公司商业秘密的行为，连带赔偿正普公司经济损失233万元。被告胡美凤与金祥普公司辩称，胡美凤离职时并未拷贝正普公司客户名单，胡美凤与正普公司未签订保密协议或竞业禁止协议。金祥普公司正常经营所使用的客户名单来源于公知信息，而非正普公司的客户名单，不存在侵权行为。

法院经审理认为，正普公司管理系统中的客户名单等信息构成受法律保护的商业秘密。首先，该信息并非同行业普遍知悉的信息。尽管从公知渠道可以获得全国上万家出版机构或图书发行机构的名称、地址等信息，但正普公司的客户信息并不仅仅限于这些，而且这些公开了名称的单位并非当然成为其客户，其仍需通过自己的努力，通过自己与这些单位实际的联系以及实际的交易，才能把这些潜在的客户转化成真正的客户。正普公司客户信息中包含的信用级、月均销售、账期等信息，正是通过对这种在长期经营活动中实际发生的交易行为不断进行统计、分析和总结而得出的，而不是通过公知途径简单就可以得到的。故正普公司通过自己的经营努力而形成的、特定化了的客户名单具有秘密性。其次，该客户信息对正普公司具有实用价值。客户对于经营者的重要性不言而喻，而且正普公司的客户信息体现了其通过长期经营活动而总结出的客户的销售能力、信用等情况，有利于其发现对其有价值的客户，并且可以根据客户的具体情况安排发货种类、数量等，使正普公司相对于没有掌握该资源的其他同行业经营者获得竞争上的优势。第三，正普公司对该秘密信息采取了保密措施。正普公司为进入该系统的职员设置了用户名、密码和不同的权限，而且员工明知相互间拥有不同的权限、所看到的信息范围是不同的，这种技术上的措施足以使员工意识到其所接触的信息是公司所意图保密的，因此，该措施可以构成法律意义上的保密措施。正普公司制定的《员工手册》和《保密规定》中均对公司各层次职员的保密义务作了明确的规定，这同样构成了法律意义上的保密措施。胡美凤从正普公司离职前曾连续5年任该公司的客户部经理，基于职务的需要和便利，其应该对正普公司的客户资料有清楚的了解，同时也应明知该信息系正普公司的商业秘密，其对该信息负有保密义务。但其于离职前大量复制该客户信息，且其为法定代表人的金祥普公司的客户有80%为正普公司的客户。胡美凤利用不正当

手段获取并使用了正普公司商业秘密，侵权成立。法院判决胡美凤与金祥普公司立即停止使用原告客户名单，并赔偿原告经济损失150万元[1]。

案例6-3 深圳华为公司3名前员工窃取公司商业秘密案

被告人王志骏、刘宁、秦学军曾为华为公司员工，均为硕士研究生。其中，王志骏、刘宁于1997年5月被华为公司聘用，秦学军于1999年被华为公司聘用。3被告人均曾任职硬件工程师并参与了华为公司光网络设备的研发工作，在职时分别与华为公司签订了《员工聘用协议书》和《员工保密合同书》。2001年8~9月，刘宁、秦学军、王志骏分别以个人求学、家庭等原因，先后申请辞职，离开了华为公司。3人辞职时均与华为公司签订了《离职员工承诺书》，承诺不带走从华为公司获取的任何保密资料，未经华为公司书面同意不得向任何单位和个人透露该公司的商业秘密，不擅自使用华为公司商业秘密或利用华为公司商业秘密从事经营活动，自离职之日起1年内不得在与华为公司存在竞争关系的企业工作。但秦学军在离开华为公司时，将华为公司不为公众所知悉的部分技术机密文件带走。2001年7月，尚在华为公司工作的王志骏、刘宁就与贝尔公司在深圳市、上海市等地商谈合作开发生产盒式的2.5G光网络设备事宜。同年11月7日，王志骏、刘宁各出资人民币25万元，在上海市成立了沪科公司，并聘用了秦学军等20多名原在华为公司从事光网络技术研发的技术人员进入沪科公司工作。同年11月8日沪科公司与贝尔公司达成协议：由沪科公司提供盒式2.5G的光网络设备技术，贝尔公司则每月向沪科公司提供研发费用人民币588 010元，并负责组织生产及销售；产品利润由沪科公司与贝尔公司三七分成。2002年5月，王志骏、刘宁、秦学军等人违背其与华为公司签订的相关保密协议，利用其在华为公司工作期间掌握的以及被告人秦学军从华为公司窃取的光网络设备的相关技术资料，完成了有关产品技术文档的制作，并发送给贝尔公司。贝尔公司据此生产的产品，在市场上的销售额约人民币600万元。至同年10月双方终止合作止，沪科公司从贝尔公司获取研发费共计人民币588.01万元。2002年10月，沪科公司被UT斯达康公司整体收购，后者向沪科公司支付了人民币200万元现金，并授予沪科公司部分员工共计1 500万美元的股票期权。沪科被整编为UT斯达康的光网络部，对华为产品构成巨大威胁。

2004年12月6日，深圳市南山区法院一审判决：3名被告人均违反了其与华为公司签订的保密协议，共同给华为公司造成重大经济损失，构成侵犯商业秘密罪。王志骏和刘宁均被判处有期徒刑3年，各处罚金人民币5万元。秦学军被判处有期徒刑2年，并处罚金人民币3万元。已被冻结的沪科公司账户内款项，责令退赔给华为公司。南山区法院作出一审判决后，3名被告人不服，依法提起上诉。2005年5月19日，深圳市中级法院对3名上诉人及其律师提出的各种理由一一予以驳回，认为原审判决认定的事实清楚，证据充分、确实，定罪准确，量刑适当，程序合法，决定维持原判[2]。

---

[1] 北京市第一中级人民法院知识产权庭. 知识产权名案评析5. 北京：知识产权出版社，2008：264~265.

[2] 李南玲. 华为窃密案终审裁定 三被告因窃密罪被判刑. http://tech.sina.com.cn/it/2005－05－21/0641613673.shtml.

该案虽然华为前员工受到了法律的制裁，但华为由于员工窃密导致的损失是难以弥补的。华为称由此导致的技术许可使用费损失1.8亿元，更为重要的是相关技术领域的发展受到了严重影响。3G领域是华为重金投入、寄予厚望的技术领域，此次商业秘密的泄露和非法使用，导致其原本在光通信领域一筹莫展的竞争对手获得了较快发展，赢得了竞争优势。UT斯达康的NetRing系列，不会再被看成所谓华为OptiX的衍生产品，而是堪称未来的一代。由此，在3G和光通信市场上，UT斯达康借助沪科的力量提高了市场竞争力[1]。

第三节 人才流动与商业秘密保护

一、竞业禁止制度的必要性与合理性

商业秘密是企业的一项重要无形资产，其取得和丧失都事关企业的经济利益和竞争优势，尤其是核心商业秘密往往决定企业经营的成败。人才流动是人才资源的一种再分配，为市场竞争注入活力。人才流动是社会发展的客观要求，是社会进步的标志。现代科学技术的飞跃发展离不开人才的自由流动。但是，人才流动中，也经常出现人才将其掌握的原企业商业秘密一同带走，服务于原企业的竞争对手的情况。这种行为往往给原企业造成重大经济损失。为了防止这种不正当行为，保护企业的商业秘密，法律规定了竞业禁止制度。

竞业禁止，又称“竞业限制”、“竞业避让”或“不竞争条款”，是指为避免用人单位的商业秘密被侵犯，劳动者在劳动关系结束后的一定时期内，不得到生产同类产品或经营同类业务且具有竞争关系的其他用人单位兼职或任职，也不得自己生产与原单位有竞争关系的同类产品或经营同类业务。竞业禁止制度虽然一定程度上限制了人才自由流动，但对于维护公平的竞争环境是有利的。

企业与雇员订立竞业禁止协议，防止商业秘密被不正当地使用或披露，维护其在市场竞争中的优势以及其所享有的合法权益，具有正当性，但是，企业这一保护商业秘密的有效方式，却在一定程度上限制了雇员依照宪法和劳动法享有的劳动权、择业自由权。这些权利决定着社会个体的生存和发展，是基本人权，也是个体价值和社会价值实现的保障性权利。“跳槽”并从事自己最熟悉和最擅长的工作是其行使劳动权和择业自由权的体现。不合理的竞业禁止不仅会使劳动者维持本人乃至家人生计的需要不能得到满足，还会影响人力资源的有效配置，从而可能抑制科技进步和社会生产力的发展。因此，竞业禁止协议应当由企业与雇员经平等协商而达成，有效平衡双方利益。各国法律对于竞业禁止协议的适用对象、时间、补偿等都进行了规范，在保护商业秘密权利人合法利益的同时，防止企业利用其优势地位，扩大竞业禁止的程度和范围，损害雇员的劳动权、择业自由权。

[1] 胡佐超，余平. 企业专利管理. 北京：北京理工大学出版社，2008：179.

二、竞业禁止的规范内容

为了防止人才流动导致的商业秘密流失，二十世纪九十年代，我国一些部委及省市陆续在行政规章、地方性法规中对竞业禁止进行了规定。如 1996 年劳动部《关于企业职工流动若干问题的通知》规定："用人单位可以规定掌握商业秘密的职工在终止或解除劳动合同后一定期限内（不超过 3 年），不得到生产或经营同类业务的其他用人单位任职，也不得自己生产与原单位有竞争关系的同类产品或同类业务，但用人单位应当给予该职工一定数额的经济补偿。"1997 年国家科委《关于加强科技人员流动中技术秘密管理的若干意见》第 7 条规定："单位可与行政管理人员、科技人员和其他相关人员约定竞业限制。凡有这种约定的，单位应向有关人员支付一定数额的补偿费。负有竞业限制义务的人员有足够证据证明该单位未执行国家有关科技人员的政策，受到显失公平待遇以及单位违反竞业限制条款，不支付或无正当理由拖欠补偿费的，竞业限制条款自行终止。竞业限制期限不得超过 3 年。"《深圳经济特区企业技术秘密保护条例》、《珠海市企业技术秘密保护条例》、《上海市劳动合同条例》、《北京市劳动合同规定》分别对竞业限制的期限、补偿费等做了规定。

2007 年我国《劳动合同法》首次以法律形式确立了竞业禁止制度。该法第二十三条规定，用人单位与劳动者可以在劳动合同中约定保守用人单位的商业秘密和与知识产权相关的保密事项。对负有保密义务的劳动者，用人单位可以在劳动合同或者保密协议中与劳动者约定竞业限制条款，并约定在解除或者终止劳动合同后，在竞业限制期限内按月给予劳动者经济补偿。劳动者违反竞业限制约定的，应当按照约定向用人单位支付违约金。第二十四条规定，竞业限制的人员限于用人单位的高级管理人员、高级技术人员和其他负有保密义务的人员。竞业限制的范围、地域、期限由用人单位与劳动者约定，竞业限制的约定不得违反法律、法规的规定。在解除或者终止劳动合同后，前款规定的人员到与本单位生产或者经营同类产品、从事同类业务的有竞争关系的其他用人单位，或者自己开业生产或者经营同类产品、从事同类业务的竞业限制期限，不得超过二年。

确切地说，劳动合同法确立的是约定竞业禁止制度，雇员承担竞业禁止的义务源于合同的约定，即企业与掌握和了解本企业商业秘密的员工通过合同约定，在劳动关系终止后一定期限内不得自己经营与该企业有竞争关系的业务，也不得到与该企业存在竞争关系的其他企业任职，企业给予不竞业的离职员工以一定的经济补偿。约定竞业禁止主要有两种形式：一是在劳动合同中订立竞业禁止条款；二是订立单独的竞业禁止合同。此种条款或合同属任意性规范，系当事人意思自治和契约自由的产物，但一经达成协议并生效，则具有法律约束力，双方须依约切实履行，否则将承担违约责任。

需要指出的是，我国《公司法》等法律确立的法定竞业禁止制度与上述约定竞业禁止制度有根本区别。法定竞业禁止，是指依照法律规定而产生，义务人基于法律的直接规定而产生不竞业的义务。如《公司法》第 149 条第 5 款规定："董事、高级管理人员，未经股东会或者股东大会同意，不得利用职务便利为自己或者他人谋取属于公司的商业机会，不得自营或者为他人经营与所任职公司同类的业务。"《合伙企业法》第 32 条规定了合伙人不竞业义务。合伙人不得自营或者同他人合作经营与本合伙企业相竞争的业务。除合伙协议另有约定或者经全体合伙人一致同意外，合伙人不得同本合伙企业进行交易。合伙人不得从事损害本合伙企业利益的活动。法定竞业禁止与约定竞业禁止的根本区别在于制度目的不同。法定竞业禁止的目的是为了确保董事等高级管理人员对公司忠实，不得利用其特殊地位夺取属于公司的商业机会，不论公司有无商业秘密，不论董事等高级人员是否掌握公司商业秘密，都不得自营或者为他人经营与所任职公司同类的业务。约定竞业禁止则仅仅为了保护商业秘密。除此之外，法定竞业禁止的不竞业义务来源于法律规定，主要是针对高级管理人员，规范其在职期间的行为。而约定竞业禁止的不竞业义务来源于雇主与雇员的约定，主要针对的是掌握雇主商业秘密的雇员，规范其离职之后一定期间内的行为。

本书重点讨论的是与商业秘密保护直接相关的约定竞业禁止的问题。约定竞业禁止的目的在于保护商业秘密。不能脱离商业秘密保护，单纯为了限制竞争，与雇员约定竞业禁止。当与竞业禁止内容相关的商业秘密已为公众所知悉，或者已不能为本单位带来经济利益或竞争优势时，则竞业禁止协议自行终止。约定竞业禁止是防患于未然的事前救济，如果雇员与原单位签订有竞业限制协议，则即便是不透露原单位的商业秘密，该雇员在约定期限内也不得到有竞争关系的单位就职，即不得从事与原单位存在竞争关系的任何行为。就这一点而言，竞业禁止协议实质上是从源头上切断了雇员透露、使用原单位商业秘密的途径。约定竞业禁止是非常有效的保护商业秘密的方式，违反约定竞业禁止，不需要证明有侵犯商业秘密的行为，只需要证明原单位存在商业秘密，雇员与原单位签订有竞业禁止协议，雇员离职后到竞争对手处工作。可见，相比侵犯商业秘密的诉讼证明，违反竞业禁止的约定的证明难度低，胜诉可能性高。

三、竞业禁止协议的有效性审查

竞业禁止协议应当是用人单位与雇员经平等协商订立的，既实现了保护用人单位商业秘密的目的，也不会不合理地损害雇员的合法权益，使双方的利益得到平衡。然而，现实生活中，用人单位与雇员经济地位不平等，雇员明显处于弱势，可能为获得就业机会而不得已接受用人单位拟定的不合理的竞业禁止协议。司法实践中，当用人单位与雇员因竞业禁止发生纠纷时，法院首先会审查竞业禁止协议的有效性。如果竞业禁止协议不符合法律规定的条件，会被判决无效，雇员不受无效协议或条款的约束。具体而言，应当从以下几个方面审查竞业禁止协议的效力。

（一）竞业禁止协议应以“存在商业秘密”为前提条件

由于企业与员工签订竞业禁止协议的目的就在于保护企业的商业秘密，如果企业不存在商业秘密，则签订竞业禁止协议限制员工离职后的去向就失去了正当性理由，因此对于不存在需要保护的商业秘密的竞业禁止协议不应认定其具有法律效力。目前多数地方法院持该种观点，如北京地区法院认为“竞业禁止成立的前提必须是具有可保利益，即必须有商业秘密存在，没有商业秘密就不存在竞业禁止问题"[1]，浙江高院认为"竞业禁止必须出于合理目的，不能违反国家法律、法规，损害公共利益。竞业禁止的目的是为了保护权利人的商业秘密，而非通过竞业禁止来限制竞争"[2]，山东高院认为"竞业限制需针对必要的人，而且是出于保护权利人商业秘密的需要"[3]。

对商业秘密的认定，应当严格依据法律规定的商业秘密构成要件，特别注意要将受雇人在雇佣期间学习、掌握的一般知识、经验、技能，与企业拥有的商业秘密相区分。如果将这些内容作为商业秘密保护，势必会侵害雇员的劳动权、择业自由权，从根本上否定人才流动。

（二）竞业禁止协议应当以掌握用人单位商业秘密的雇员为对象

根据我国《劳动合同法》的规定，竞业限制的人员限于对单位负有保密义务的劳动者，具体包括用人单位的高级管理人员、高级技术人员和其他负有保密义务的人员。用人单位不得无限扩大竞业禁止的对象，如果与无法接触，不可能知悉单位商业秘密的雇员签订竞业禁止协议，该协议无效。

（三）竞业禁止协议约定的不竞业义务不能超过二年

根据我国《劳动合同法》的规定，竞业禁止的期限由用人单位与劳动者约定，但该期限不得超过二年。因此，如果用人单位与雇员约定的不竞业义务超过二年，该条款应被认定无效，二年时间届满，雇员不受该竞业禁止协议约束。

（四）竞业禁止协议应将不竞业义务限定为竞争性业务

根据我国《劳动合同法》的规定，竞业禁止的人员不得到与原单位生产或者经营同类产品、从事同类业务的有竞争关系的其他用人单位，或者自己开业生产或者经营同类产品，从事同类业务。也就是说，离职雇员不得在原单位的同类业务领域内从事竞争行为。如果竞业禁止协议限制离职雇员在与原单位无竞争关系的行业就业，该约定应属无效。另外，领域限制模糊的条款约定应属无效。如"禁止雇员在X年内，从事任何与本企业现在和将来的经营活动相冲突的行为"，这样一来，禁止的领域成为变量，使雇员处于极大不安之中，对雇员非常不公平[4]。

（五）竞业禁止协议应当明确约定给予劳动者合理补偿

竞业禁止限制雇员离职后，运用其最擅长的专业知识和技能从事与原单位竞争的职

---

〔1〕 北京高院民三庭．北京市法院审理不正当竞争纠纷案件的基本情况及主要做法//孔祥俊．商业秘密司法保护实务．北京：中国法制出版社，2012：293.

〔2〕 浙江高院民三庭．商业秘密司法保护问题的调研报告//孔祥俊．商业秘密司法保护实务．北京：中国法制出版社，2012：373.

〔3〕 山东高院民三庭．商业秘密司法保护问题的调研情况报告//孔祥俊．商业秘密司法保护实务．北京：中国法制出版社，2012：404.

〔4〕 张玉瑞．商业秘密法学．北京：中国法制出版社，2000：434.

业，必将大大减损其经济收益，甚至影响其生活来源，造成生活困难。如果竞业禁止协议不规定合理补偿的条款，也不实际履行补偿义务，协议将成为单方面保护用人单位商业秘密，无视雇员劳动权与择业自由权的不公平协议，不能产生法律效力，对劳动者不应当有约束力。

我国目前对于没有合理补偿条款的竞业禁止协议效力问题以及补偿费的支付标准，都无明确的法律规定，部分省、市的地方性法规中对此作了一定的规定，如《江苏省劳动合同条例》第 17 条第 1 款规定，“用人单位与负有保守商业秘密义务的劳动者，可以在劳动合同或者保密协议中约定竞业限制条款，并应当同时约定在解除或者终止劳动合同后，给予劳动者经济补偿。其中，年经济补偿额不得低于该劳动者离开用人单位前十二个月从该用人单位获得的报酬总额的三分之一。用人单位未按照约定给予劳动者经济补偿的，约定的竞业限制条款对劳动者不具有约束力”。司法实践中，部分法院以当地地方性行政法规为参照，确定竞业限制补偿金的最低支付标准。如江苏法院在考虑当地企业支付竞业限制补偿金的最低标注准时，一般会参照上述《江苏省劳动合同条例》的相应规定。我国应当通过总结实践中的经验，并借鉴国外立法[①]，完善竞业禁止的法律规定。

案例 6-4 南通大江化学有限公司诉朱慧忠竞业禁止合同纠纷案[②]

原告南通大江化学有限公司（以下简称大江公司）是主要从事干燥剂等化工产品生产、销售的企业。2003 年 8 月 4 日、2005 年 7 月 28 日，朱慧忠与大江公司签订劳动合同，大江公司安排朱慧忠具体从事干燥剂、脱氧剂的生产及相关设备的组装、维护、管理等工作。2004 年 12 月 31 日，朱慧忠与大江公司签订《企业员工保密合同》，该合同第五条约定，朱慧忠离职后三年内不得从事与大江公司业务相同行业的职业（包括但不限于股东、合伙人、董事、经理、从业人员、临时工、顾问）；合同同时还对竞业限制补偿金进行了约定。朱慧忠在大江公司工作期间，大江公司曾出资选送朱慧忠到日本接受有关脱氧剂项目的培训。2005 年 11 月 17 日，朱慧忠从大江公司离职到喜之郎公司工作，该公司的经营范围中包括生产、加工干燥剂。朱慧忠在该公司主要从事有关干燥剂项目的推进及机械设备的管理、维护工作。大江公司因认为朱慧忠违反了竞业禁止条款规定，要求朱慧忠承担违约责任。

法院认为：有效的竞业限制条款应当同时满足以下条件：1. 用人单位有明确的商业秘密；2. 与用人单位签订竞业限制条款的人员，应当是负有保密义务的用人单位的高级管理人员、高级技术人员和其他人员；3，用人单位与劳动者在签订竞业限制条款时，应同时约定在解除或者终止劳动合同后，给予劳动者合理的经济补偿。本案中，大江公司并未举证证明该公司拥有商业秘密及朱慧忠属于对该商业秘密负有保密义务的人，故本案竞业限制条款对朱慧忠没有约束力。

---

① 德国《商法》第 74 条规定：“雇主于竞业禁止期间，每年至少应支付受雇人离职前一年年收人二分之一作为为补偿费，否则该竞业禁止条款不生效力”。

② 参见江苏省高级人民法院（2008）苏民三终字第 0076 号判决书。

案例 6-5 苏州宗宗金属工艺饰品有限公司（以下简称宗宗公司）诉马德华、苏州俊德首饰工艺制品有限公司（以下简称俊德公司）不正当竞争纠纷案[①]

宗宗公司系从事生产销售各类金属工艺饰品、珠宝工艺饰品及钟表工艺饰品等的企业。2001 年 3 月 1 日，宗宗公司与马德华签订合约书，聘请马德华为宗宗公司副总经理，工作内容为行政生产，聘任期间为 2001 年 3 月 1 日至 2003 年 2 月 28 日，合约书同时约定马德华因解聘、辞职或退休等原因离职起二年内，不得自行经营从事与宗宗珠宝集团同类业务，或受雇于其他与宗宗珠宝集团同类业务之公司，更不得将公司业务机密、客户名单资料、生产技术向其他同类公司揭露。合约书还对其他事项进行了约定。2004 年 9 月，马德华与林俊男、马国华等七人成立俊德公司，马德华为法定代表人，该公司经营范围为生产各类金属首饰工艺品，销售公司自产产品。在诉讼中，宗宗公司未能举证其拥有具体商业秘密信息内容，亦确认未向马德华支付竞业限制补偿金。

法院认为，除去原告未能举证其商业秘密成立以外，本案中，宗宗公司在与马德华的竞业限制约定中，并未就相应补偿内容做出约定，在双方劳动关系终止后，也未对马德华给予实际补偿。据此，本案所涉竞业限制条款无效，马德华对此不应承担违约责任。

第四节 商业秘密的管理

一、商业秘密的日常管理

（一）企业商业秘密流失严重，亟待加强管理

商业秘密作为企业重要的无形资产，蕴涵着极大的商业价值。然而当前我国企业存在商业秘密流失严重的状况，不得不引起企业的高度重视。据分析，商业秘密流失主要通过以下途径：

1. 商业秘密因企业疏于管理而泄露

因企业疏于管理而泄露商业秘密一般表现为：①企业员工撰写并发表科技论文、参加技术研讨会、发表演讲，将企业重要的、有价值的信息向外界披露，导致该信息进入公有领域，无法为企业带来竞争优势；②在产品广告、媒体采访以及业务谈判中无意泄露企业秘密；③对企业的参观访问者不设防，导致其接触并泄露秘密；④因没有签订保密协议，而由知悉企业商业秘密的相关业务单位如合作者、供应商、评估机构等泄露；⑤记录商业秘密的载体如文件、电脑等因丢失、被盗等原因导致秘密信息被泄露等。

① 参见江苏省高级人民法院（2006）苏民三终字第 0018 号民事判决书。

2. 人员流动中的商业秘密流失

人才流动导致企业商业秘密流失一般有以下几种表现形式：①员工跳槽，将其掌握或窃取的原企业商业秘密出卖给新任职企业，或作为个人技术股参股到新企业，坐收红利；②员工离职，利用原企业的技术图纸、工艺诀窍、工艺流程、配方、原料来源、客户名单、营销渠道等商业秘密，招收职员，自立门户，另起炉灶，从事与原单位业务相同的经营或服务；③员工业余兼职，从事与单位相同的业务，泄露或利用原单位的商业秘密；④员工退休后重操旧业，把自己在原单位掌握的商业秘密用在新岗位上。

3. 被竞争对手等以不正当手段获取

竞争对手、专业窃密人员不正当攫取他人商业秘密的手段形形色色。例如：①针对竞争对手的现行高级管理人员和技术人员、中下层干部、熟练操作工人等可能掌握商业秘密的人员进行贿赂、收买、刺探、获取商业秘密；②通过与竞争对手联系的或定点的复印、打字商店勾结，搜集涉密的复印件或打印校对件；③以新闻采访为幌子，以记者的特殊身份套取商业秘密；④以捡垃圾为名义，专业搜集被商业秘密权利人废弃的、未经碎纸处理或销毁的涉密资料、样品等，对其加以综合分析整理；⑤以黑客手段非法进入他人计算机信息系统，提取秘密信息等。

综上，导致商业秘密流失严重的原因有两个方面。一方面，商业秘密具有重大经济价值，往往成为企业争夺的对象，一些企业不择手段侵夺他人商业秘密。随着商业竞争的加剧，侵犯他人商业秘密的不正当竞争行为呈增长趋势，而且花样翻新，令人防不胜防。另一方面，我国许多企业严重缺乏商业秘密保护意识，没有商业秘密管理制度，对于商业秘密无专人管理，将载有商业秘密的图纸、文件随意堆放，对涉密文件复制不加以限制，对于新闻采访和参观访问后向外发布的信息不进行审查。企业员工没有经过保密培训，不了解自己对企业应承担保密义务。工商行政管理机关曾经通过调查发现，有相当一部分国内企业不知道本单位的哪些信息属于商业秘密，有的根本没有采取任何保护措施，导致本应得到法律保护的技术信息和经营信息，因不具备商业秘密的法定构成要件而丧失有效的保护，教训深刻。而通过研发或转让，花费高昂代价获得的有价值信息，由于自我保护和防范意识不强，被泄露于竞争对手或公之于众，企业不仅难以收回其巨额研究开发资金，而且也难以维持其竞争优势，损失惨重。因此，企业必须重视和加强对商业秘密的管理，制定相关保密规章制度，并严格监督执行，尽可能防患于未然。

（二）商业秘密日常管理的内容

1. 制定单位保密管理制度

要建立、完善保护商业秘密的各项规章、制度，使商业秘密管理规范化、具体化。完善的商业秘密保护规章制度，有利于员工明确了解对企业商业秘密的保密义务，便于员工在实际工作中自觉维护企业利益，同时也表明企业对商业秘密采取了合理的保密措施。企业商业秘密的规章制度应涵盖企业商业秘密的范围、种类、商业秘密管理机构和人员、商业秘密保密级别、控制方式、涉密人员类别、涉密人员义务、商业秘密档案管理、商业秘密申报与审查，违反保密义务的责任等内容。具体而言，企业可以建立以下商业秘密保护的管理制度：①企业商业秘密保护机构与人员职责；②企业商业秘密认定机构与程序；③商业秘密使用、转让、解密、销毁制度；④对于存放公司商业秘密文件和资料的部门实行进出登记制度；⑤对外发布新产品信息和广告、参加国内外或同行业的技术交流会、座谈会、汇报会和发表论文的商业秘密审查制度；⑥企业员工保守商业秘密规定；⑦企业商业秘密投资的审查保护规定；⑧商业秘密争议处理制度、保密工作奖惩制度等[1]；⑨研发记录保密规定，研发人员对其在研发中所做的关于研发过程、技术成果、会议讨论等记录应当保密，并在研发完成后存档于公司相关管理部门；⑩保密培训制度。企业应确保保密管理制度发放到员工手里，通过组织员工学习，对员工进行保密教育，确保员工了解企业保密政策和保密制度，同时，企业应保存相应的培训记录。

2. 选取适当保密方法

企业应贯彻落实保密制度，针对不同的商业秘密采取适当的保密方法。例如：①确认需要保密的信息。法院审理侵犯商业秘密案件的第一步就是确定商业秘密内容，在此基础上进而审查被告是否侵权。审判实践中，有的案件当事人不能具体说明何为自己的秘密信息，有的则将公知信息作为自己的商业秘密，导致其权利主张无法成立。因此首先要将符合商业秘密构成要件的信息确认为保护对象。②区分保密信息等级，加盖"绝密""秘密"等保密标志。书面形式的秘密信息加盖保密标识、表明等级和保密期限。非书面形式的秘密可在易于识别的地方标注保密标识、保密等级和保密期限，对于不易标识的秘密信息，应当用保密义务人能够理解的其他有效方法予以确认。③确保所有的商业秘密文件放置在安全场所，对信息载体加锁或者采取其他物理防范措施。不得在无人值守情况下，将商业秘密文件放在会议室、复印和传真室等场所。④对有重要保密信息的区域，建立相应的保安系统、电子监控系统、防盗系统。⑤限制参观来访者参观活动区域或者对他们提出保密要求。⑥在配方含量、算法、程序代码等核心商业秘密上采取技术措施加密。⑦限定保密信息的知密范围，只向必须知道的员工公开，并与之订立保密协议。⑧对载有秘密信息的文件的接触、借阅、发放、复制、销毁等由专人负责，限制查阅信息资料的人员，限定资料发放的范围和数量，并对相关情况做书面记录[2]。⑨对于因错误等原因而需要销毁的保密文件或资料必须使用碎纸机销毁，或由与公司配合签约之专业厂商销毁处理，防止保密文件通过垃圾丢弃方式向外泄露。⑩防止从硬件设备上拷贝公司资料，限制安装软驱和移动硬盘接口。⑪对于一些重大秘密，尽可能将其关键部分进行分解，使每一涉密者只能接触到秘密中的一部分。⑫向员工公示商业秘密管理规章制度，通过在企业的宣传栏中张贴公示或组织员工培训等方式使员工知悉。这样才能达到制定规章制度的目的，也才能使规章制度产生法律上的效力。⑬员工离职应填写离职原因调查表、离职备忘录。离职备忘录记载离职人员之保密义务、竞业禁止义务及知识产权保密相关规定，同时由法务或知识产权部门告知离职员工其所应负担之义务，并监督员工交回其所保管的公司资料。

3. 与员工签订保密协议

企业应当在员工就业时与之签订专门的商业秘密保密协议，或者作为劳动合同的一

[1] 胡佐超，余平. 企业专利管理. 北京：北京理工大学出版社，2008：176.
[2] 董颖. 从商业秘密案例透视企业管理. 中国知识产权，2007，(12).

部分，在劳动合同中加入商业秘密的保密条款。保密协议应包括以下内容：①商业秘密权利归属。员工于职务上研究或开发之商业秘密，归单位所有。员工非职务之研究或开发产生的商业秘密，如利用了单位的资源或经验，归单位所有，由单位支付合理报酬。②保密内容和范围，如现有的开发成果和技术秘密及设计开发方案；单位所有的工艺技术资料、图纸和所有的财务资料及数据、单位采购计划、销售方案、计划及客户资料等。③具体保密要求。如员工必须严格遵守单位的保密制度及要求，防止泄露企业的商业秘密，不得直接或间接向单位内部、外部的人员泄露商业秘密；不得自行利用或协助任何第三人使用单位商业秘密信息；妥善保管和使用商业秘密文件资料；对有可能涉及企业商业秘密的作品，如为了发表论文、评定成果、职称等需要在较大范围内公开的，应事先取得企业相关管理部门的书面认可。④商业秘密保密的期限与范围。⑤违约责任等。

4. 与员工签订竞业禁止协议

为了防止人员流动导致商业秘密受侵害，企业往往要与单位里可能触及商业秘密的人员，包括高级研究开发人员、技术人员、经营管理人员、关键岗位的技术工人、市场计划和销售人员、财会人员、秘书等签订竞业禁止协议。协议往往包括以下内容：①在职期间不得在竞争企业兼职甚至任职。②在职期间不得自行组织公司与雇主竞争。③离职之前不得抢夺企业的客户。④不得引诱其他雇员离职。企业一些员工对其下属或同事的业务水平、工作能力、业务联系十分了解，其离职前后可能劝诱他们与其一同离开企业，为其服务或为新雇主服务，因而有必要对此进行规范。⑤离职后的特定时间和特定领域、区域内，离职者不得开展与企业竞争的业务或受雇于竞争公司。⑥补偿费的数额及支付方法。⑦违约责任。

企业与员工签订竞业禁止协议，需要注意以下事项，否则可能会造成对员工劳动权、择业自由权的侵害，并导致竞业禁止协议无效。①对于不直接接触企业商业秘密的一般工人和一般经营管理人员不宜采用。②竞业禁止的范围应当在雇员于原单位任职时接触或可能接触的商业秘密范围之内，一般应限定在不得开展与原雇主相同的业务或受雇于竞争单位。③必须在协议中明确规定合理的经济补偿及支付方式。④竞业禁止的期限不得超过二年。

5. 与相关人员签订保密协议。

对外经济交往是企业生存和发展的必要条件，但也正因为交往的存在，所以伴生着商业秘密被泄露的风险。克服这种风险最有效的法律手段就是签订保密合同，即不管从事何种交往行为，只要存在商业秘密被泄露的可能，就签订商业秘密保护合同。例如在企业与他人合作开发合同中约定，合作各方对共同开发完成的技术秘密均负有保密义务。在企业委托他人进行技术开发的合同中，应当约定开发中产生的商业秘密归属于委托方，受托人负有保密义务。在商业秘密许可合同中，许可人与被许可人必须明确约定保密条款。由于业务上的需要，企业的商业秘密还可能会被一些有业务往来的客户所了解，例如公司的原材料供应商、模具制作商、半成品生产商、销售商、创意策划、设计者、广告商、翻译人员、各类顾问、律师、银行职员、中介服务、评估、审计机构等，如不采取保密措施，这些单位或人员可能泄露商业秘密。因此，企业应注意在涉及商业秘密时与上述人员或单位签订保密协议。签订协议本身也证明了企业作为商业秘密所有人对商业秘密已采取了保密措施，从而在法律上约束第三人的行为，在发生商业秘密纠纷时处于有利地位。

在具体签订协议时，应注意不要遗漏以下内容：①准确界定商业秘密的内容，对方需要保守的商业秘密种类；②规定保守商业秘密的期限，期限届满时，对方应归还所掌握的商业秘密文件并销毁复印件；③要求对方与接触该商业秘密的职工签订个人保密协议；④对涉及到的所有相关机构和个人提出执行保密协议的要求；⑤约定违反保密协议时需要承担的违约金；⑥规定对方在工作结束后的合理期限内继续承担保密义务〔1〕。

二、商业秘密侵权应对

商业秘密遭受侵害后，权利人应积极主张权利，通过行政、民事、刑事多种方式寻求保护。①权利人可向县级以上工商行政管理机关申请查处侵害商业秘密的行为，请求工商行政管理机关责令侵权人停止侵害行为，责令并监督侵权人将载有商业秘密的图纸、软件及其他有关资料返还权利人，监督侵权人销毁使用权利人商业秘密生产的、流入市场将会造成商业秘密公开的产品。权利人也可请求工商行政管理机关就损害赔偿问题进行调解。②对于根据保密合同负有保守商业秘密义务的一方当事人违反合同约定，泄露或者擅自使用其知悉的商业秘密，权利人可以根据保密合同中约定的解决争议的方式，或向约定的仲裁机构申请仲裁，或者向法院起诉，要求违约当事人承担违约责任。③对于侵犯商业秘密的侵权行为人，权利人还可向法院提起民事诉讼，要求侵权人承担停止侵害、赔偿损失的民事责任。④商业秘密权利人认为其商业秘密受到侵害并造成重大损失的，应当根据《中华人民共和国刑事诉讼法》的规定向公安机关控告，要求立案侦查，追究其刑事责任。在追究刑事责任的同时，权利人可提起刑事附带民事诉讼，要求侵权人承担民事赔偿责任。

权利人指称他人侵犯其商业秘密，寻求法律保护的，应就以下事项负举证责任：①其所拥有的涉诉信息符合商业秘密构成条件；②对方当事人的信息与其商业秘密相同或者实质相同；③对方当事人采取了不正当手段获取，披露或使用商业秘密或者具有接触其商业秘密的条件。由于直接证明信息来源于原告非常困难，为了平衡双方的利益关系，司法实践中一般以推定的方式认定，即由原告证明双方信息相同以及被告有接触原告信息的可能的事实，推定被告信息来源于原告，除非被告证明自己信息另有来源。这种推定一般被简称为“相同＋接触－合理来源”的认定方式。接触，一般指接触的可能，在有员工跳槽的条件下，只要员工有接触的可能性即推定为信息来源于原告，而接触的内容为原告诉请保护的商业秘密；合理来源包括公知信息、自行开发、反向工程所得、受让以及不知他人非法获取、披露而使用等。如果权利人无法证明上述事项，将直接导致败诉的后果。因此，企业必须在日常管理中充分重视商业秘密的保护，对于商业秘密保护管理规定、保密协议、竞业禁止协议和其他采取适当保密措施的相关证明材料注意留存、妥善保管，以便发生纠纷时有充分、可靠的证据支持，能从容应对，使权利

〔1〕胡佐超，余平．企业专利管理．北京：北京理工大学出版社，2008：180.

主张得到支持。

问题与思考：

1. 商业秘密的构成要件有哪些？
2. 比较专利与技术秘密的异同。
3. 简述侵犯商业秘密行为的表现形式。
4. 对侵犯商业秘密指控的抗辩理由有哪些？
5. 应当如何管理本企业的商业秘密？

第七章　知识产权管理专题

第一节　知识、知识资产和知识产权

一、知识是知识经济时代的核心资源

（一）不同的经济时代有不同的核心资源

迄今为止，人类社会经济可以划分为农业经济时代、工业经济时代。农业经济时代或农业社会，是一种以自然经济为主体经济形态的时代。农业经济时代的核心资源是土地，由于土地这一资源的流动性差，决定了农业经济时代是一个相对封闭、静态的经济时代；工业经济时代或工业社会，是一种以高度发达的社会大生产的商品经济为主体经济形态的时代，其核心资源是资本。由于工业经济时代以市场作为资源配置的主要手段，社会资源“资本化”和资本的运动性本质，因而工业经济时代是以市场经济为标志的开放、动态、竞争的经济时代。

知识经济是一种全新的经济形态，它以知识和信息的生产、分配、传播和使用为基础，以创造性的人力资源为依托，以高科技产业和智业为支柱。在知识经济社会，知识居于非常突出的地位，人力资源的开发，特别是人力资源创造能力的开发在经济中具有特殊的价值；同时，社会经济结构、产业结构将发生重大变化。如果说钢铁、汽车、电力、机械、制造、石油、化工构成工业经济的支柱，那么在知识经济社会里，计算机软件、芯片、生物制品等高技术产品以及信息咨询业和以管理为主的服务业（智业）在经济中的比重将居于压倒性地位，成为整个经济的先导和支柱。微软、英特尔、IBM、高通等为代表的知识经济产业，正以它新的观念、新的姿态冲击着辉煌了200年的工业经济社会，撼动着资源型经济赖以存在的根基。

天赋的自然资源优势已不再成为一种竞争要素，因为现代产品所耗费的自然资源日减。桥梁和汽车所需要钢材越来越少，而计算机之类的设备却基本上不耗费什么自然资源。现代交通的发展，已使得资源能以较低的成本运送到任何需要的地方。日本是最好的例子，它拥有占世界主导地位的钢铁工业，自身却没有炼钢所需要的煤炭和铁矿。资本优势也不再成为一种竞争要素了。随着世界资本市场的发展，基本上每个人都可从纽约、伦敦和东京借贷。今天，曼谷的企业家所建造的工厂，资本密集度可同美国、德国和日本的任何一家工厂相媲美。事实上，资本密集型产品并不必然在富国生产，富国的工人并不必然占用更多的资本，也不必然具有更高的生产力水平。

在信息化时代，资本与劳动力已经不再是占主导性地位的资源，知识与技能已作为

竞争优势的来源，成为 20 世纪后期以后经济活动分布中的决定性因素，硅谷和 128 号公路之所以座落在它们现在的位置，仅仅因为那里是智能集中之地，而不是别的什么原因[1]。实际上，经济在全球化的同时，正在更加迅速地知识化，硅谷正在推动一场全球性的经济革命，以微软为代表的知识经济产业，正在动摇传统经济的根基。这一切都在昭示：知识经济正在到来，经济时代正在由“资本主义”向“人本主义”、“知本主义”、“智本主义”演替。知识已经成为现代经济对价值创造贡献最大、最为稀缺的核心资源[2]。

（二）知识的含义、特征和分类

作为人类特有的实践产物，人类很早就开始了对知识的本质、属性、类型、价值、获得路径等的探索。然而，正如英国哲学家罗素在《人类的知识》一书中得出的结论，“知识是一个意义模糊的概念。”不同领域的研究者基于不同的认识论和研究角度，对知识的理解和定义是不同的。我国《现代汉语词典》把知识定义为“人们在改造世界的实践中所获得的认识和经验的总和”。美国《韦氏大词典》则认为“知识是人们通过实践对客观事物及其运动过程和规律的认识，是对科学、艺术或技术的理解，是人类获得关于真理和原理的认识的总和”。

Drucker[3] 提出知识社会（knowledge society）的概念，认为知识是一种能够改变某些人或某些事物的信息。从而将知识和信息联系起来。比较典型的完整定义是 Davenport[4] 所给出的，即知识是一种有组织的经验、价值观、相关信息及洞察力的动态组合，它所构成的框架可以不断地评价和吸收新的经验和信息。它起源于并且作用于有知识的人们的头脑。在组织机构中，它不但存在于文件或档案之中，还存在于组织机构的程序、过程、实践与管理之中。

我国系统工程著名学者王众托[5]在概括国内外学者关于知识的定义基础上，认为可以从以下三个方面去理解知识的本质，即①知识是人类在实践中获得的有关自然、社会、思维现象与本质的认识的总结；②知识是具有客观性的意识现象，是人类最重要的意识成果。一般来说，信息是知识的载体；③从静态来说，知识表现为有一定结构的知识产品；从动态来说，知识是在不断地流动中产生、传递和使用的。与物质产品不同，知识作为人类一种特定的精神产品，具有如下特征：①知识是可以分享的，一个人掌握了某种知识，不排除其他人也可以同时掌握这些知识；②可以越过时空传递，也就是说过去的知识可以流传到现在，一个地方的知识可以传递到其他地方；③可以重复使用，不存在损耗；④知识是可以再生的，具有无限复制扩散的可能性；⑤具有不可替代性。

从管理经济学的角度讨论知识的类型，主要有三种观点：①个人知识（personal knowledge）和组织知识（organizational knowledge）。这是从本体论维度对知识所作的

[1] 唐小我，李仕明，井润田等. 知识经济与管理创新//刘诗白. 知识经济与四川. 成都：四川科学技术出版社，1999.
[2] 李仕明，魏立新. 经济时代与企业权利安排. 经济体制改革，1999（2）：69−73.
[3] Drucker P. The age of discontinuity：guidelines to our changing society. New York：Harper & Row，1968.
[4] Davenport T，Prusak L. Working Knowledge. Boston：Harvard Business School Press，1998.
[5] 王众托. 知识系统过程. 北京：科学出版社，2004.

划分。组织知识是将个人产生的知识与其他人交流而形成的积淀于组织的知识网络中；②隐性知识（tacit knowledge）和显性知识（explicit knowledge）。前者包含了经验、技巧、诀窍，是靠实践摸索和体验来获得的、可意会而不可言传的知识；后者是可以用语言表达的、通过书籍、刊物、报纸、文件、图纸等载体表现的知识。这是从认识论角度对知识所做的划分；③OECD（1995）则将知识分为四类，即知道是什么（know-what）、知道为什么（know-why）、知道怎么做（know-how）、知道是谁（know-who）。此外，Machlup[1]将知识分为五类，即实践性知识（practical knowledge）、智力性知识（intellectual knowledge，体现科学、人文和文化的知识），娱乐性知识（pastime knowledge，新闻、传记、故事等）、精神性知识（spiritual knowledge）和多余的知识（unwanted knowledge）。

二、知识、知识资产和知识产权的逻辑关系

在早期的经济学家如 Samuelson[2]和 Arrow[3]看来，与土地、劳动和资本等私人产品不同，知识是“公共产品”（public good），也就是说知识在理论上是无限延展的，一个人的使用并不能够排除他人的使用。Teece[4]对技术创新的利润问题进行了研究，开始了学者们对企业技术性知识的早期探索。Winter[5]率先提出知识是一种战略性资产的观点，并认为知识与企业能力密切相关。知识逐渐被视为与企业利润相关的私有财产而存在。Teece[6,7]的研究表明，企业竞争优势来自与难以模仿的知识资产（knowledge assets）（包括隐性知识和显性知识）的创造、保护和利用。企业的卓越绩效有赖于创新、保护和利用无形的知识资产。知识越来越被视为决定技术密集型企业获利能力的基础性资产[8]。

Steward[9－11]论证了智力资本的高增值性和默会性，给出了智力资本的内涵，即智力资本是一个企业、组织和国家富有的最有价值的资产，是公司中所有成员所知晓的能为企业在市场上获得竞争优势的事物的总和，包括员工的知识技能、顾客忠诚以及企业的文化、制度和企业运作过程中包括的集体知识、经验等相关“软”资产。基于上述研

[1] Machlup F. Knowledge：Its Creation，Distribution，and Economic Significance. 1. Princeton University Press，Princeton，NJ，1980.

[2] Samuelson P A. Diagrammatic exposition of a theory of public expenditure. Review of Economics and Statistics，1955，37：350～356.

[3] Arrow K. The economic implications of leaning by doing. Review of Economic Studies，1962，29：155～173.

[4] Teece D J. Profiting from technological innovation：implications for integration，collaboration，licensing and public policy. Research Policy，1986，15：285～305.

[5] Winter S G. Knowledge and competence as strategic assets//Teece D J. The Competitive Challenge：Strategies for Industrial Innovation and Renewal，Cambridge. MA：Ballinger，1987.

[6] Teece David J. Capturing value from knowledge assets：the new economy，markets for know-how，and intangible assets. California Management Review，1998，40（3）：55～79.

[7] Teece David J. Strategies for managing knowledge assets：the role of firm structure and industrial context. Long Range Planning，2000，33：35～54.

[8] Borg，Erik A. Knowledge，information and intellectual property：implications for marketing relationships. Technovation，2001，21：515～524.

[9] Stewart T A. Brainpower：how intellectual capital is becoming America's most valuable asset. Fortune，1991，6：40～56.

[10] Stewart T A. Your company' s most valuable asset：intellectual capital. Fortune，1994，10：34～42.

[11] 斯图尔特 T A. “软”资产——从知识到智力资本. 北京：中信出版社，2003，12～18，345.

究成果，Sullivan[1,2]、Harrison 和 Sullivan[3]、Klaila 和 Hall[4]、Poltorak 和 Lerner[5]用智力资本（intellectual capital）这一概念替代知识资产，并将智力资本与企业的利润相联系，认为智力资本是指能够转化为利润的知识，包括存在于企业员工头脑中的所有知识的总和。进而讨论了智力资本、智力资产（intellectual assets）和知识产权（intellectual property）的逻辑联系。

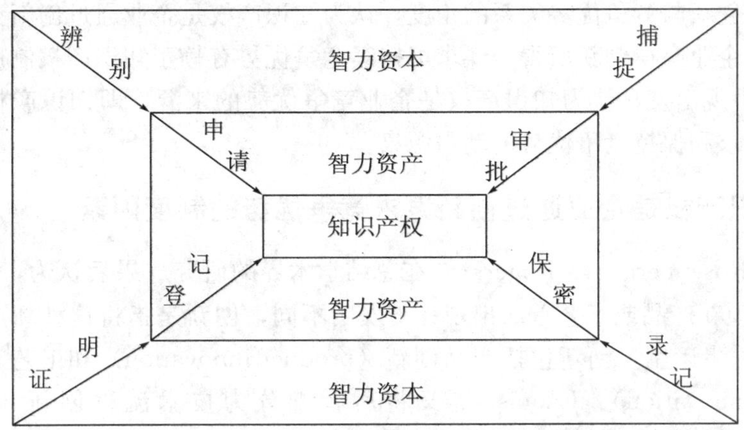

图 7-1　智力资本、智力资产和知识产权的逻辑关系

如图 7-1 所示，绝大多数的智力资本都以无形的知识形式存储于员工的头脑中。当员工离开企业时，同时带走了存在于其头脑之中的智力资本。因此，智力资本管理者的首要任务是辨别、捕捉、证明和记录智力资本，并使企业中的其他成员享有获取使用这一智力资本的途径，也就是将智力资本上升为智力资产。智力资产是经过辨别、证明的智力资本，它可以在组织中共享和复制。而知识产权是指那些受到相关法律保护的智力资产。只是，智力资产要上升为知识产权，往往需要一个申请、审查或批准、登记、签订保密协议的过程。由此可见，智力资产是组成智力资本的一个具有重要价值的子集，而知识产权又是组成智力资产的一个更具重要价值的子集。正是这种价值的递增决定了管理者如何设计管理流程：从智力资本中过滤智力资产，再从智力资产中提取知识产权。简而言之，管理者的目标就是不断发掘知识产权。

---

〔1〕Sullivan Patrick H. Profiting from Intellectual Capital：Extracting Value from Innovation，New York：John Wiley & Sons，1998.

〔2〕Sullivan P H. Profiting from intellectual capital. Journal of Knowledge management，1999，3（2）：132～142.

〔3〕Harrison S，Sullivan P H. Industrial and Commercial Training，2000，32（4）：139～148.

〔4〕Klaila D，Hall L. Using intellectual assets as a success strategy. Journal of Intellectual Capital，2000，1（1）：47～53.

〔5〕Poltorak Alexander I，Lerner Paul J. Essentials of Intellectual Property. New York：John Wiley & Sons，Inc. 2002.

第二节 知识产权与企业竞争优势

学术界关于知识产权与企业竞争优势之间逻辑关系的研究，主要沿着两条路径渐次展开。首先从创新与竞争优势关系的角度，认为知识产权是企业通过创新谋求竞争优势的制度因素，企业赢得创新所得、谋求可持续竞争优势有赖于知识产权制度的保护；然后从资源/能力观出发，认为知识产权是企业竞争优势的来源，即知识产权是企业在知识经济社会谋求和保持竞争优势的动力源泉。

一、知识产权是企业通过创新谋求竞争优势的制度因素

Kline 和 Rosenberg〔1〕、Rogers〔2〕在总结学术界的研究成果后认为，发明（invention）是指一项新产品或工艺首次出现；与发明不同，创新是指将这种新产品或新工艺（流程）首次付诸运用，创新包括产品创新（product innovation）和工艺（或流程）创新（process innovation）。Edquist 等又将后者细分为技术流程创新（technological process innovation）和组织流程创新（Organizational Process Innovation）。傅家骥〔3〕、高建〔4〕、吴贵生〔5〕、Narayanan〔6〕、银路〔7〕等人的研究表明，技术创新是指新的技术（包括新的产品和新的生产方法）在生产等领域的成功运用。既包括新发明、新创造的研究和形成过程，也包括新发明的应用和实施过程，还包括新技术的商品化、产业化的扩散过程，也就是新技术成果商业化的全过程。在 Porter〔8,9〕看来，创新是企业成功竞争和国家经济增长的重要动力源。然而，即使创新有明显的必要性，不是所有的企业都追求积极的创新战略。这种现象一定程度上是由于外在的要素影响了企业的战略选择和收益。企业从创新投资中获利的可能性越大，他们就越有可能从事创新活动。通常的理解是，企业愿意选择专利来保护其容易被以极小边际成本复制和分享的无形资产。没有专利保护，其他生产者可以在不付出任何沉没成本的情况下复制创新成果。侵权和复制消解了企业的创新所得，从而减少他们的创新激励〔10〕。Kanwa〔11〕的实证研究表明，知

〔1〕 Kline S J，Rosengerg N. An Overview of Innovation//Landau R，Rosenberg N. The Positive Sun Strategy：Harnessing Technology for Economic Growth. Washington D C：National Academy Press，1986：275～304.

〔2〕 Rogers E. Diffusion of Innovations，4th edn. New York：The Free Press，1995.

〔3〕 傅家骥. 技术创新学. 北京：清华大学出版社，1998.

〔4〕 高建. 中国企业技术创新分析. 北京：清华大学出版社，1997.

〔5〕 吴贵生. 技术创新管理. 北京：清华大学出版社，1997.

〔6〕 Narayanan V K. 技术战略与创新——竞争优势的源泉. 程源，高建，杨湘玉译. 北京：电子工业出版社，2002.

〔7〕 银路. 技术创新管理. 北京：机械工业出版社，2004.

〔8〕 Porter M E. Competitive Strategy：Techniques for Analysing Industries and Competitors. New York：The Free Press，1980.

〔9〕 Porter M E. Competitive Advantage. New York：The Free Press，1985.

〔10〕 Allred Brent B，Park Walter G. The Influence of Patent Protection on Firm Innovation Investment in Manufacturing Industries. Journal of International Management，2007（13）：91～109.

〔11〕 Kanwar Sunil. Business enterprise R&D，technological change，and intellectual property protection. Economics Letters，2007（96）：120～126.

识产权保护的强度对创新具有积极的影响。针对学术界对知识产权与创新的关系研究集中在创新的数量这一事实，Moser[1] 运用 1851 年 12 个国家和 1876 年 10 个国家的数据，实证分析了专利制度对创新方向的影响，结论是在没有专利制度的国家，创新者往往集中在专利不是很重要的少数产业，而在有专利制度的国家，创新发生的产业领域要广泛得多。Greasley 和 Oxley[2] 以英国产业革命时期（1780～1851 年）16 个产业的数据，考察了产业与受专利保护的发明创造之间的因果关系，发现专利数量的增加主要是棉花、钢铁和采矿业的快速增长，后者增加了知识产权保护的价值。相反，保护知识产权不是产业革命的原因。

然而，近 20 年里，学术界在知识产权与创新的逻辑关系上一直存在争议，即知识产权特别是专利保护在创新中的重要程度（除专利保护外，发明者往往有多种方法从创新中获取回报，如时间领先、商誉、销售和服务能力、迅速降低学习曲线、商业秘密等）。Teece[4,5]的研究表明，创新成果被法律或其他机制保护的程度影响了企业从创新中盈利的方式和水平。当模仿比较容易，市场机制运行不好，创新所得往往依赖于所有者持有的特定补充性资产，而不是知识产权。Pisano[5] 的研究进一步表明，占优的独占机制（appropriability regime）并不是固定的，或者总是取决于强有力的知识产权保护。Ginarte 和 Park[6]、Lerner[7] 利用跨国数据研究表明，知识产权保护与创新之间的联系是双向的，即不仅仅是知识产权保护影响创新，而且创新也在很大程度上决定了知识产权保护的程度。由于没有多少创新需要保护甚至试图从模仿外国技术中获利，发展中国家往往在知识产权保护方面比较弱；而发达国家由于有大量的创新需要保护，所以知识产权保护力度强。周寄中和徐倩云[8]根据中国的统计数据，研究了中国知识产权制度对本国技术市场的激励作用。

Levin[9] 认为，与理论假设不完全一致的是，实践中没有受保护的知识并不是自由流动的。专利技术的公开并不能保证知识充分扩散。强势的专利保护仅仅强化了权利人通过申请专利而获得无形的财产权，同时因催促创新者首先实现发明而付出额外的努力，从而造成社会利益的耗费。事实上，技术难度和复杂反向工程的高成本、陡峭的学

〔1〕 Moser Petra. How do patent laws influence innovation? evidence from nineteenth-century world' s fairs. The American Economic Review，2005：1214～1236.

〔2〕 Greasley D，Oxley L. Patenting，intellectual property rights and sectoral outputs in industrial revolution Britain. Journal of Econometrics，2007（139）：340～354. Greasley D，Oxley L. Patenting，intellectual property rights and sectoral outputs in industrial revolution Britain. Journal of Econometrics，2007（139）：340～354.

〔3〕 Teece David J. Profiting from technological innovation：implications for integration，collaboration，licensing and public policy. Research Policy，1986（15）：285～305.

〔4〕 Teece David J. Capturing value from knowledge assets：the new economy，markets for know-how，and intangible assets. California Management Review，1998，40（3）：55～79.

〔5〕 Pisano Gary. Profiting from innovation and the intellectual property revolution. Research Policy，2006（35）：1122～1130.

〔6〕 Ginarte Juan，Park Walter. Determinants of patent rights：across-national study. Research Policy，1997，26（3）：283～301.

〔7〕 Lerner Josh. 150 years of patent protection. The Economics of Technology and Innovation，2002，92（2）：221～225.

〔8〕 周寄中，徐倩云. 知识经济中的知识产权制度及其激励功能. 研究与发展管理，2002（2）：51～55，61.

〔9〕 Levin R C. A new look at the patent system. The American Economic Review，1986，76（2）：199～202.

习曲线等，使得非专利保护的有效创新激励手段是存在的。Levin 等[1]对 650 家美国企业进行实证研究进一步发现，相对于技术秘密、时间领先、迅速降低学习曲线和销售或服务努力等来说，企业通常并不认为专利在保护其创新所得、谋求竞争优势上非常重要。然而，后来的事实表明，整个 20 世纪 90 年代，美国、欧盟、日本的专利申请量大幅攀升，企业申请专利的热情高涨，专利竞争日益激烈。为此，Cohen 等[2]运用大量的新数据研究表明，相对于时间领先、保密、补充性资产等机制来说，专利在保证企业赢得创新所得方面作用比较弱。但是，相对于二十世纪八十年代来说，大企业对专利的依赖某种程度上更高。企业申请专利的目的已经超出直接通过专利商业化或许可等方式从创新中获利。处于不同产业技术背景的企业，其专利申请目的是不同的，如“分离(discrete)”产品如化学品与“复杂（complex)”产品如通信设备和半导体产品等。处于前者的企业使用专利的目的通常是阻滞竞争对手的替代意图；处于后者的企业使用专利的目的更多的是迫使竞争者通过交叉许可等方式达成和解。相对于其他知识产权类型来说，专利又是最有效的，其中专利对产品创新的保护比工艺创新更有效。保密在产品创新和工艺创新方面的保护作用同等有效，所以在保护产品创新的方式中，技术秘密在大多数产业中较以前更多地被采用。Penin[3]研究发现，与传统的理论假设即企业采用专利制度仅仅是为了获得短期的商业垄断租金。但是，实证研究的结果是在许多产业领域，多数企业是将专利作为技术买卖或 R&D 合作的战略工具。Mazzoleni 和 Nelson[5,6]实证研究了知识产权绩效（IP performance)，结论是知识产权利用及其绩效因产业、企业规模以及权利主体的性质（个体、私有企业、公共机构）而不同，即知识产权的绩效受企业性质（或股权结构)、企业规模、产业背景的影响，不能一概而论。Leger[6]利用墨西哥玉米种植业的数据研究表明，与知识产权支持创新的假设不符，知识产权在发展中国家的这一产业中没有起到任何作用。

这场迄今仍在继续的学术争论的分歧在于：

(1) 作为主流观点的前者假定在知识产权制度作用下，微观层面的主体（如企业或个人）的相互活动将会使行业、国家和全球层面的社会和经济福利最大化，国家乃至国际层面设计的知识产权制度同样也被假定可以带来处在知识产权制度中的微观或中观层

[1] Levin R C, Klevorick A K, Nelson R R, et al. Appropriating the returns from industrial research and development. Brookings Paper on Economic Activity 3, 1987: 784～829.

[2] Cohen Wesley M, Nelson Richard R, Walsh John P. Protecting Their Intellectual Assets: Appropriability Conditions and Why U. S. Manufacturing Firms Patent (or Not), Working paper. http://www.nber.org/papers/w7552, 2000.

[3] Penin J. Patents versus ex post rewards: a new look. Research Policy, 2005 (34): 641～656.

[4] Mazzoleni R, Nelson R. The benefits and costs of strong patent protection: a contribution to the current debate. Research Policy, 1998 (27): 273～284.

[5] Mazzoleni R, Nelson R. Economic theories about the benefits and costs of patents. Journal of Economic Issues, 1998, 32 (4): 1031～1052.

[6] Leger A. Intellectual property rights in mexico: do they play a role? World Development, 2005, 33 (11): 1865～1879.

面的参与者福利最大化。早期的文献 Arrow[1]、Nordhaus[2]、Romer[3] 认为创新意味着知识的创造，而知识的非竞争性（non-rival）和非排他性（non-excludable）导致市场的失灵和创新的非充分激励，“搭便车”现象限制了新知识的创造。而以专利为代表的知识产权因其给予发明创造者一定时间和地域范围的垄断权，克服了市场的失灵。而且因为专利的公开制度和除权制度等，使得社会福利最大。Kitch[4] 在其经典文献《专利制度的本质和功能》（*The Nature and Function of the Patent System*）中改进了 Machlup[5] 提出的专利制度“奖酬理论”（reward theory），提出的专利制度“预期理论”（prospect theory），专利制度为创新者提供了一种“预期”功能，即专利制度通过财产权利保证的方式激励技术发展的投资，从而使得创新者可以在技术发展的早期阶段开始专利申请和发布。Duffy[6] 反思了 Kitch 的预期理论不能较好解释专利竞赛在专利制度中的基础作用，提出专利竞赛不仅是主张专利权利的一种角逐，而且是专利保护的技术尽早除权的一种角逐。因此，专利竞赛事实上限制了垄断利润，增加消费者因创新而获得的剩余。知识产权成为创新者赢得创新所得的积极制度因素。此外，Besen 和 Raskind[7] 以知识产权的主要类型如专利、著作权、商标、商业秘密和半导体芯片保护为例，提出知识产权的价值在于通过保障私人制造者从创新投资中获得适当回报的方式激励创新；通过要求创新者公开创新细节的方式，降低后续创新的成本。

（2）反对者则认为，现实世界的实际情况是，知识产权制度带来了收入的集中和技术差距，知识产权制度越强，后果更是严重。这是因为不断增长的知识资产私有化以及与此相联系的知识产权制度，导致最初创制知识产权制度的目的在不同国家、区域和行业乃至企业呈现出不均衡结果，包括激励以创新为基础的竞争，促进以知识为基础的观点和创造性表达的溢出和扩散，奖励发明和创造，促进企业和产业的可持续发展等。如 Andersen[8] 基于对现实经济世界的考察，研究认为：①即使知识产权制度是为了使创新者获得创新所得而创制，但并不总是能够激励投资者投资能够促进创新为基础的竞争发明和创新；②即使知识产权制度是为了促进知识和思想的创造性表达的溢出和扩散，但事实上并不总是促进了以知识为基础的思想和创造性表达的溢出；③即使知识产权一定期限内保护了创业者体现其新颖性思想和创造性表达的产品或服务免受模仿或市场进入的困扰，但并不总是促进企业和产业的可持续发展；④尽管原理上讲知识产权制度能

---

〔1〕 Arrow K J. Economic welfare and the allocation of resources for invention. In：Universities-National Bureau of Economic Research Conference. Series，The Rate and Direction of Economic Activities：Economic and Social Factors. Princeton University Press，1962.

〔2〕 Nordhaus W. Invention growth and welfare. MIT Press，Cambridge，M A，1969.

〔3〕 Romer P. Endogenous technical change. Journal of Political Economy，1990，94（5）：71～102.

〔4〕 Kitch Edmund W. The nature and function of the patent system. Journal of Law and Economics，1977（20）：265～266，268.

〔5〕 Machlup Fritz. An economic review of the patent system. Study No 15，Subcommittee on patent，trade-marks，and copyrights of the Senate Committee on the Judiciary，85th Cong，2d Sess，1958（1）：33.

〔6〕 Duffy J F. Rethinking the prospect theory of patents. The University of Chicago Law Review，2004，71（2）：439～510.

〔7〕 Besen Stanley M，Raskind Leo J. An introduction to the law and economics of intellectual property. Journal of Economic Perspectives，1991，5（1）：3～27.

〔8〕 Andersen B. If ‘intellectual property rights’ is the answer，what is the question? Revisiting the Patent Controversies. Economics of Innovation and New Technology，2004，13（5）：417～442.

够保障权利人在他人利用其创造的知识资产时享有主张获得补偿或收益的财产权利以及精神权利，但是由于缺乏制度能力和资源，权利人的权利并不总能够得到保护。Kitch[1]和Merges[2]则从经济理论基础的角度对主流观点提出质疑，认为主流观点是基于这样的理论逻辑和假设，即所有发明创造者都是自治的、理性的，其行为将会最大化其自身和社会总福利。但是，这种假定是建立在完全竞争或完全垄断基础上的。然而在现实世界里，知识产权制度的结构不是单纯的完全竞争或完全垄断，而是竞争和垄断的混合。

Encaoua等[3]分析了专利与创新关系的研究进展，结论是专利是一柄双刃剑，积极方面能够激励发明创造，公开和交易技术；消极方面是产生因垄断租金和知识获得和使用障碍而带来的社会成本。因此，一项好的专利制度应该是柔性的，能够很好地利用价格机制促使专利申请人按照其发明创造的特点自主选择保护其发明创造的方式。Andersen和Konzelmann[4]进一步总结这场学术争论，并结合生产性知识（productive knowledge）和生产性系统（productive system）[5,6]概念，运用环境制度（institution of environment）和治理制度（institution of governance）的制度分类[7]，提出了一个旨在解释不同企业、行业和国家的创新活动中知识产权绩效差异化的理论分析框架。该理论框架将知识产权利益相关者分为社会和政府、知识产权管理机构、知识产权从业人员（如代理人、律师等）、知识产权所有人和利害关系人（如专利被许可人）、消费者等五大群体，系统剖析不同利益相关者在两种制度（即知识产权环境制度即知识产权法和治理制度如许可、交叉许可、专利联盟、持有、分享等）条件下的目标、以及知识产权在不同利益相关者行为中的作用、利益相关者的期望收益等，研究结论是多数知识产权政策制定者和管理机构甚至公司管理层更倾向于关注知识和创造性表达采用知识产权的形式私有化，而不是如何使知识产权的价值得以实现和分享。而知识产权的价值创造不是孤立实现的，需要从知识产权中寻求不同价值的利益相关者们相互的生产性合作（productive collaboration）。知识产权系统的绩效取决于知识产权的环境制度绩效和管理制度绩效的相互作用，前者作为技术发明和独创性作品的商业化运用规则，影响到企业或个体从知识产权中创造和分配财务或非财务价值的方式，后者作为许可、交叉许可、专利联盟等行为的合约结构（contracting structure），决定着企业或个体赢得创新所得的能力。也就是说，该文献通过知识产权系统的利益相关者及其所在的制度差异，

〔1〕 Kitch E. Elementary and persistent rrrors in the rconomic snalysis of intellectual property. Vanderbilt Law Review，2000，53（6）：1728～1741.

〔2〕 Merges R. Intellectual property rights and the new institutional economics. Vanderbilt Law Review，2000，53（6）：1857～1877.

〔3〕 Encaoua D，Guellec D，Martinez C. Patent systems for encouraging innovation：lessons from economic analysis. Research Policy，2006（35）：1423～1440.

〔4〕 Andersen B，Konzelmann S. In search of a useful theory of the productive potential of intellectual property rights. Research Policy，2008（37）：12～28.

〔5〕 Wilkinson F. Productive systems. Cambridge Journal of Economics，1983（7）：413～429.

〔6〕 Birecree A，Konzelmann S，Wilkinson F. Productive systems，competitive pressures，strategic choices and work organization：an introduction. International Contributions to Labour Studies，1997，7（1）：3～17.

〔7〕 Williamson O. Transaction cost economics：how it works；where it is headed. De Economist，1998（146）：23～58.

解释了知识产权制度在不同个体、企业、部门和国家的绩效差异。当然需要指出的是，该文献出于研究目的，将知识产权视为理论“黑箱”，即在分析中没有考虑知识产权不同类型；在知识产权的治理制度层面，也只是讨论了知识产权的重要环节，即知识产权的运用，如许可、交叉许可、专利联盟、权利人持有等，而没有涉及到知识产权权利人和其他利益相关者的其他行为。

国内学者结合中国情境，积极探索知识产权制度在促进技术创新中的作用及其机理。褚思翔，王秀峰[1]认为，技术创新需要知识产权保护，知识产权制度的发展也要靠技术创新活动来推动，它们之间具有相互促进的密切联系。王九云，叶元煦[2]从技术创新的角度讨论了有效保护技术创新过程中形成的知识产权的重要性，并将知识产权对技术创新的驱动功能进行了总结。范在峰[3]从技术创新在经济增长中的重要地位及当代技术创新的特点出发，运用产权理论、交易费用理论等理论工具和实证资料，从制度保障、行为激励、资源配置和系统整合等四个方面对知识产权法律制度在技术创新中的功能进行分析论证，揭示知识产权制度与技术创新之间内在的经济联系，以此促进对技术创新法律制度建设的重视。易显飞，张扬[4]按照创新的技术来源与创新活动方式，综合经济学家安索夫（Ansoff）、弗里曼（Freeman）和我国学者傅家骥先生的观点，将其划分为领先创新、模仿创新与合作创新三大类。提出由于不同模式的创新有各自不同的特征，因而在知识产权保护方面也有各自的合理选择和相应的知识产权策略。

综而述之，以上研究是将知识产权作为企业通过创新获得竞争优势的制度因素，分析知识产权在创新中的作用及其机理，即以创新作为中间变量，间接地考察了知识产权与竞争优势的逻辑关系。主流理论是基于知识的非竞争性和非排他性特征，考虑到社会福利的最大化，将知识产权作为回报发明创造的制度安排和激励发明创造的有效手段，解释知识产权的存在依据及其在创新中的价值；异议者主要考虑知识产权本身存在的功能局限，放松主流理论分析的一些强约束条件，关注到现实经济的运行，更加深入地研究知识产权的功能实现条件和机制，如专利的宽度和长度制度设计对创新绩效的影响，不同知识产权制度对创新产出和方向选择的影响等。因此，与其说是对主流理论的异议，不如说是一种更加符合现实的理论探索。

二、知识产权是企业谋求和保持竞争优势的内在源泉

随着知识资产或智力资本越来越受到学术界的关注，部分学者基于知识、知识资产和知识产权的内在逻辑，开始探索知识产权与竞争优势之间的内在逻辑关系和作用机理。

〔1〕 褚思翔，王秀峰．我国技术创新与知识产权保护制度方面的问题分析．中国科技信息，2006（3）：162.
〔2〕 王九云，叶元煦．论保护知识产权对技术创新的驱动功能．管理世界，2001（6）：204～205.
〔3〕 范在峰．论知识产权法律对技术创新的功能．科技与法律，2002（4）：63～69.
〔4〕 易显飞，张扬．技术创新模式与知识产权保护．长沙理工大学学报（社会科学版），2005（3）：22～24.

Borg[1,2]从信息、知识、知识产权的内在联系角度，考察了知识产权的价值演化过程。结论是知识产权一开始是作为自由和独立思想的产品，而不是作为制度化研究和发展的产物。然而，近来知识产权越来越与主要由技术密集型企业主导的系统化组织研究相关。在市场上，知识产权通常被视为企业用以获得和保持竞争力的无形知识和信息，而知识和信息已经成为决定技术密集型企业获利的基本资产。由此，知识产权被视为能够提升创新投资收益的重要因素。

Rivette 和 Kline[3] 在《探索知识产权的新价值》一文中，总结了 IBM、微软、朗讯、戴尔、吉列、陶氏化学等公司的竞争力后，提出在一个竞争力越来越受惠于新观点和创新成果而不是对市场和原材料的控制的社会，知识产权日益成为成功公司的竞争力，知识产权管理是公司价值创造的来源。擅长管理知识产权的公司在竞争中将会赢，相反则会输掉这场竞争。知识经济催生了一种新的竞争环境，即智力资产而非物力资产是股东的财富和企业竞争优势的主要源泉。Reitzig[4] 的研究也表明，到二十世纪九十年代末期，《财富》100 强中有四分之三的企业的市值表现为无形资产，如专利、版权或商标等。在总结了 Nokia、Motorola、Novo Nordisk 和 Leo Pharma 等企业的知识产权管理经验后，该文献认为，为了实现企业知识产权的价值，高层管理者必须为下列问题寻找答案：①企业如何运用知识产权获得和保持竞争优势？②知识产权如何影响产业结构？③面对竞争对手，知识产权能为企业带来什么优胜机会？④企业如何运用知识产权建立起市场进入壁垒？⑤何种组织设计能使知识产权战略更为有效？

国内学者结合中国情境，积极探索知识产权和企业竞争优势的逻辑关系及其作用机理。徐雨森[5]研究知识产权与企业核心能力的关系，结论是以专利为核心的知识产权是企业核心能力评价指标中非常关键的指标。知识产权及知识产权战略是企业核心能力培育的外在表现，核心能力培育是知识产权及知识产权战略的目的与归宿。知识产权战略在企业核心能力的培育中具有重要的战略地位和深远意义。肖洪[6]讨论了专利和企业竞争力的内在联系，提出专利信息导向是企业保持竞争力的前提；专利制度是企业保持竞争力的激励机制，专利法律是企业保持竞争力的重要法律保障。并由此探讨了企业专利法律战略、技术战略和信息战略。程恩富和丁晓钦[7]通过对比较优势和竞争优势的分析，提出为了适应全球化竞争的需要，企业有必要构建知识产权优势，即通过培育和发挥拥有自主知识产权的经济优势，突出了以技术和品牌为核心的经济优势或竞争优势。

---

〔1〕 Borg E A. Beyond modern management: a new world of business and information technology. Liber－Hermods, Malmo, 1996.

〔2〕 Borg Erik A. Knowledge, information and intellectual property: implications for marketing relationships, Technovation, 2001 (21): 515～524.

〔3〕 Rivette Kevin G, Kline David. Discovering new value in intellectual property. Harvard Business Review, 2000 (1/2): 54～66.

〔4〕 Reitzig M. Strategic management of intellectual property. MIT Sloan Management Review, 2004, 45 (3): 35～40.

〔5〕 徐雨森. 基于知识产权战略的工业企业核心能力培育. 研究与发展管理，2003，15（1）：69～73.

〔6〕 肖洪. 论企业竞争力与企业专利战略. 情报科学，2004，22（8）：951～954.

〔7〕 程恩富，丁晓钦. 构建知识产权优势理论与战略——兼论比较优势和竞争优势理论. 当代经济研究，2003（9）：20～25.

从以上研究成果可以看出，学术界一开始主要将知识产权视为企业赢得创新所得、从而在竞争中获得竞争优势的制度因素。毕竟，知识产权从一开始就被认为是一种法律制度。然而诸多研究表明，技术本身就可以理解为一系列的知识。知识的获取是逐渐积累起来的，是一个充满“创造性”的过程，既包括吸收和利用企业外部的知识，也包括利用企业内外部既有知识创造新的知识[1－5]。基于这样的理解和认识，学者们逐渐将知识产权视为企业参与竞争的核心资源，是企业在动态的技术和市场竞争环境中谋求和保持竞争优势的内在“源泉”。

三、知识产权成为企业竞争优势源泉的理由

知识产权在企业竞争优势中的价值定位，源自作为智力资本一部分的知识产权的客体—知识产品与物权的客体——物力资产的差异，及其应对动态的不确定竞争环境的能力。借鉴 Barney[6] 资源观的 VRIO 理论，知识产权与物力资产的差异列举如表 7-1。

表 7-1　知识产权与物力资产比较

项目＼类型	物力资产	知识产品
本质属性	有形	无形
权利有无时间限制	无	有
权利有无地域限制	无	有
价值来源	价值转移	价值创造
价值表现	现值	预期收益
稀缺程度	低或中度	高
防止复制的方法	占有	法律禁止
组织方式	购买或采集	智力创造
资源特征	刚性	柔性
适应的竞争环境	稳定	动态

在资源属性上，物力资产如厂房、机器设备、加工用原材料、运输工具等是有形的，表现为有一定外在物质结构的“物”；而知识产品是创造性智力活动的成果，表现为非物质形态的“形式”。在权利的时空限制上，法律赋予物力资产的物权理论上没有时间和空间的限制，但是法律赋予知识产品的权利——知识产权存在时间限制和空间隔离，也就是说，知识产权的权利——专有性具有一定的时间区间和地域空间边界。

---

〔1〕 Iansiti M. Technology integration：making critical choices in a dynamic world. Boston，M A：Harvard Business School Press，1998.
〔2〕 Nonaka Ikujiro. A dynamic theory of organizational knowledge creation. Organization Science，1994，5（1）：14～37.
〔3〕 Nonaka I，Takeuchi H. The knowledge-creating company. New York：Oxford University Press，1995.
〔4〕 Von Krogh G，Ichijo K，Nonaka I. Enabling knowledge creation. Oxford University Press，2000.
〔5〕 高旭东. 技术能力培养：培养顺序还是有效的 R&D. 科学学与科学技术管理，2005（6）：64～68.
〔6〕 Barney J B. Is the resource-based “view” a useful perspective for strategic management research? Yes. Academy of Management Review，2001（26）：41～56.

在价值性上，物力资产的价值来源于形成过程中的要素如原材料、资本、一般劳动等的价值转移；而知识产品系人们的智力活动创造的产物，创造的过程也就是价值形成和增值的过程。此外，与物力资产因价值转移带来的现值计价不同，受到法律保护知识产品的价值表现为预期的收益，其价值具有不确定性。

在稀缺性上，相对于表现为“物质”形态的物力资产来说，作为人类创造性智力活动成果的知识产品具有较高的稀缺性。“有形”的物力资产容易被竞争者采用购买、制造等方式再现，从而丧失稀缺性；而“无形”的知识产品如专利技术、计算机软件、驰名商标等由于受到法律禁止复制，能够较好地保证权利人在一定的时间和地域范围内对该知识产权的专有，其稀缺性较高。

在模仿性上，物力资产的有形本质特征，决定了权利人可以通过占有的方式防止他人的复制和使用；而知识产品的无形性，决定了权利人无法通过占有的方式防止他人的复制和使用，而是依赖于法律对他人复制和使用行为的禁止来保持专有性。

在组织方式上，物力资产往往可以通过购买甚至自然采集的方式获得，而知识产品则通过人类创造性智力活动才能得以形成。前者需要规范化、标准化的作业流程，后者则需要对发明创造者的创造性活动给予充分的激励。

此外，从资源观的角度来看，与刚性的物力资产不同，受到法律保护的知识产品具有资源的柔性特征。汪应洛、李垣、刘益〔1〕认为，在动态的竞争环境下，企业为更有效地实现其目标，需要主动适应变化、利用变化和制造变化，需要实施柔性战略，包括资源柔性、能力柔性、组织柔性、生产柔性和文化柔性。倪得兵和唐小我〔2〕综述了生产运作、战略和经济学意义上的柔性概念，指出“柔性”这一概念实际上是指一种适应性（保证企业或者系统的稳定）和一种反应能力（积极利用各种变化来为企业或者系统的目标服务）。决策是一种为价值最大化而积极主动的选择，而不是为了稳定而消极的适应。因此，决策柔性的重点应当放在反应能力上，反应能力的大小程度取决于：可能反应范围的大小（可行选择空间），反应速度的快慢（决策行为的时间效率）和反应成本的大小。萧延高、李平和刘炬〔3〕分析了动态环境下知识产权的价值，认为相对于物力资产，知识产权自身具备柔性的特性：①自我创造，企业可以通过集成和整合人力资本以及先前积累的知识产权，创造出新的知识产品。②动态利用，企业可以根据自身的竞争需要决定知识产权的利用范围和程度。③消解不确定性的消极后果，企业在不确定的技术和市场环境中，通过在目标市场进行知识产权如专利布局，提高反应能力。一旦不确定性降低，企业即可凭借其知识产权布局占得先机，遏制竞争对手，获得竞争优势。

资源的刚性和柔性差异，决定了知识产品比物力资产更能够支持企业适应动态的技术和市场竞争环境，并在不确定性的竞争环境下做出积极的反应，使企业在不确定中获

〔1〕 汪应洛，李垣，刘益．企业柔性战略——跨世纪战略管理研究与实践的前沿．管理科学学报，1998（1）：22～25.

〔2〕 倪得兵，唐小我．网络外部性、柔性与市场进入决策．管理科学学报，2006，9（1）：1～7.

〔3〕 萧延高，李平，刘炬．基于动态能力的新兴技术企业知识产权管理思维变革．科技与管理，2006（5）：102～104.

得竞争优势。以新兴技术的发展为例。Day 和 Schoemaker[1] 认为新兴技术（emerging technology）是指建立在科学基础上的革新，它们可能创造一个新行业或者改变某个老行业。银路等[2]研究指出，新兴技术是指那些新近出现或正在发展的、对经济结构或行业发展产生重要影响的高技术。李仕明、肖磊和萧延高[3]在综述先前的文献后发现，从创新过程来看，新兴技术面临着高度的不确定性和模糊性，包括技术不确定性（科学基础及其应用前景的不确定性、体系结构或者技术标准的不确定性等）、需求不确定性（用户的需求模糊性、使用行为与模式的不确定性、服务对象与需求空间的不确定性等）、竞争不确定性（竞争结构的不确定性，竞争规则的不确定性，竞争对手的不确定性以及竞争方式的不确定性）。从创新结果来看，新兴技术创新具有“创造性毁灭”（creative destruction）特质，表现为它们可以创立一个新行业或者改变一个老行业，改变企业价值链结构，改变辅助价值链，并且重新定义其业务范围，改变竞争规则等。新兴技术创新的高度不确定性和创造性毁灭，决定了新兴技术创新面临着激烈动荡的技术和市场环境。动态的、不确定性的环境需要动态的能力来适应。企业动态能力因时而变、因事而变、因势而变、因市而变，要求企业资源的柔性来保证[4]。而以专利为代表的知识产权因其柔性特质，能够满足企业的资源柔性需求。例如有一新兴技术 A，要演变成为受市场接受的产品 B，其技术路径可能有 a、b、c、d、e 等，但是，最后成功的技术路径尚不确定。为了应对这种不确定性，企业甲根据对市场需求、技术发展和自身的资源/能力状况，选择技术路径 a 为主攻方向。面对技术和市场的高度不确定性，企业甲一般采用实物期权方法进行技术创新投资，即根据技术的成熟度和市场的发育度进行分期投资，并用专利或技术秘密等方式对阶段性创新成果予以知识产权保护。同时，企业甲往往密切关注技术路径 b、c、d、e 的进展，并在其认为可能性较大的技术路径 b 上对一些关键技术点进行一定的创新投入，形成专利和技术秘密等。最后，如果市场选择并接受了技术路径 a，企业甲就可能因其在技术路径 a 上的知识产权积累而占得先机，甚至“赢者通吃”；如果市场选择并最终接受了技术路径 b，则企业甲也可以凭借其在技术路径 b 上积累的关键专利技术，获得与当时主攻技术路径 b 的企业乙或丙进行专利交叉许可、最终进入产品 B 的市场的机会。这是刚性的物力资产所不能替代和企及的。

---

〔1〕 Day G S，Schoemaker P J H. Avoiding the pitfalls of emerging technologies. California Management Review，2000，42（2）：8～33.

〔2〕 银路，等. 新兴技术管理导论. 北京：科学出版社，2010.

〔3〕 李仕明，肖磊，萧延高. 新兴技术管理研究综述. 管理科学学报，2007（6）：76～85.

〔4〕 李仕明，李平. 新兴技术变革及其战略资源观. 管理学报，2005（3）：304～306.

第三节 技术创新的知识产权风险识别与管控策略

一、技术创新的知识产权风险概述

知识产权本身就是“双刃剑”[1]，在企业纷纷把知识产权作为赢得技术创新所得的核心资源和获得并保持可持续竞争优势的重要战略工具的同时，企业在实施技术创新的过程中也就面临更大的知识产权风险。

技术创新中的知识产权风险，是指在技术研发、转移和扩散过程中，基于知识产权法律制度和竞争者、合作者以及其他利益相关者的知识产权，创新者的价值和竞争优势受到成本增加而非收益上涨的可能性。在技术创新的不同阶段，知识产权风险的表现形式是不同的。技术创新中的知识产权风险主要包括三类，即技术研发中的知识产权成本沉没风险，技术转移中的知识产权价值分享风险和技术扩散中的知识产权诉讼争议风险，如图 7-2 所示。

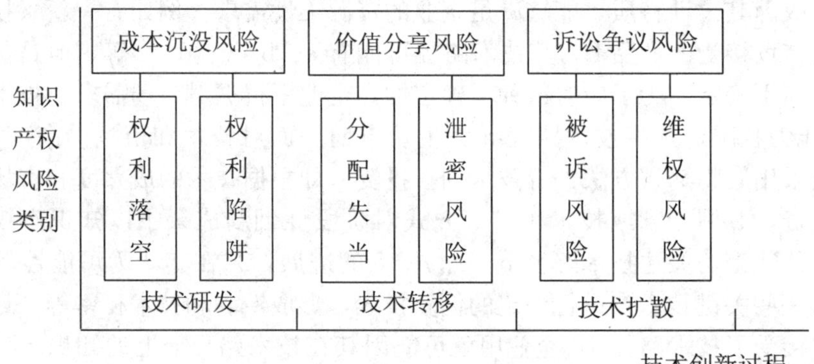

图 7-2 技术创新中的知识产权风险结构

二、技术创新的知识产权风险识别

（一）技术研发中的知识产权成本沉没风险

技术研发的过程，也是知识产权的创造过程，即通过技术研发，形成并取得技术创新成果的知识产权的过程。在技术研发过程中，创新者面临巨大的知识产权成本沉没风险。具体表现在以下两个方面：

（1）权利落空风险。这是指创新者的知识产权创造与企业价值创造不匹配，知识产权确认的技术成果对企业价值创造及其技术发展战略没有贡献，或者贡献相对于预期大大降低。①技术创新领先者在确定了一种路径后开展研发并最终使技术得以实现，并使其技术成果取得知识产权，从而获得“先动者”优势。但是在不确定环境中，如果企业

[1] Samuel Rabino，Elizabeth Enayati. Intellectual property：the double-edged sword. Long Range Planning，1995，28：22～31.

停留在已有优势地位，仅仅追求已存在的竞争优势，难以识别突破性创新的微弱信号，新进入者一旦抓住机会，采用另一种更容易被市场接受的技术实现路径，并获得相应的知识产权，那么本企业的优势很快会被更具创新的竞争对手所取代。其先前的知识产权创造就没能对企业价值创造做出应有的贡献。②为了避免上述风险，一些企业会仔细分析各种技术实现的可能性路径，并分别投资开展研发，最终使各种技术路径都得以实现，并获得相应知识产权。但是，市场或竞争者最终接受或采用了其中一种或两种技术实现路径。其余技术实现路径中知识产权对企业的价值创造几乎没有或较少有贡献。

（2）权利陷阱风险。指创新者的研发成果落入先动者的知识产权网，从而使企业丧失可能的市场机会或竞争优势，最终使技术成果的价值无法实现，研发投入化为泡影。相对于传统领域的技术创新来说，技术研发信息量更大、技术变化和技术成长更快。如果在研发过程中没有掌握足够的信息，及时跟上技术变化和技术成长的步伐，研发成果落入他人的知识产权网的风险就比较大。对处于技术领域的后动者、模仿创新者和中小企业来说，这方面的知识产权风险表现尤为明显。在调研企业的过程中，我们经常会听到研发者发出这样的感叹：不是我们的研究开发人员不勤奋，不聪明。往往是等我们辛辛苦苦研发出新的成果，结果发现是落入了竞争者已经获得知识产权的保护网之中。更有甚者，一些技术领域的企业密切跟踪竞争者的研发动向，在竞争者研发过程中不露声色，一旦竞争者研发成功，就发来函件说，你公司的研发成果我们已在早些时候申请了专利或者得到了授权，请你公司放弃该项成果，或者缴纳专利许可费，从而打击竞争者的竞争能力。

（二）技术转移中的知识产权价值分享风险

技术转移是指技术提供方通过某种方式向技术需求方出让技术的部分或全部权益的行为，包括高等院校、科研院所和一些专门从事技术研发的企业向以生产为主的企业的转移，企业内部研发部门向生产部门的转移、企业内部不同部门之间的转移等。技术转移的过程，事实上也是知识产权让渡的过程，主要包括知识产权许可和知识产权转让两种形式。知识产权权利人采用许可或转让方式让渡知识产权的权利，不仅可以获得一定的现金收益，而且可以通过交叉许可（cross-licensing）等方式，增加与竞争对手谈判的筹码，在激烈竞争中获得竞争优势。

知识产权许可和转让的过程，也是技术模仿和知识产权分享的过程。由于技术创新具有高度不确定性和极度模糊性特点，为了分担技术创新的成本，减少技术创新不确定性带来的投入风险，技术创新往往是采用企业集群或联盟创新的方式，如 Microsoft、Intel、IBM 等的技术创新，都是整合全球资源来实现的。加上技术研发空前活跃，技术转移的频率远远超过传统技术领域，使技术转移中的知识产权价值分享风险表现得更加明显。

1. 价值分配失当风险

这是指技术提供方和需求方在让渡知识产权时，出现的知识产权价值高估或低估的不确定性。导致知识产权价值分配失当的原因主要有三：一是技术位势的巨大差异，使技术提供方和需求方在谈判时处于不对等的地位，从而导致需求方不得不接受苛刻的让渡条件或价格。比如2002年初，我国DVD厂商被东芝、日立等六家公司组成的6C联盟（IBM于2002年加入该联盟）等要求支付专利使用费，为了能够继续生产和出口DVD，经过中国电子音响工业协会（CAIA）与各专利权人的谈判，基本接受了专利权人的收费要求。但是，根据专利权人的收费标准，每台DVD收费为15～20美元（在实际操作中要低一些），而目前DVD国际市场的销售价格为30～40美元。签订许可协议的我国企业，要么因不堪高额专利费的重负而逐步减产，要么因无法支付专利费而被专利权人解除许可协议，要么处于担心负担巨额专利费债务的危机中。二是市场的高度不确定性导致技术转移当事人对技术的市场前景无法预测。一些新近出现的高技术具有爆发性市场，而另一些则可能不被市场所接受。在技术环境中，需求会由于技术的快速进步而迅速变化，这种不确定性使得满足需求成为一个变动目标，从而使技术市场具有高度的不确定性。三是由于技术提供方和需求方信息不对称，需求方无法完全掌握转移技术成果的知识产权情况，从而导致面临让渡的是无效知识产权等风险。以专利许可为例，在技术领域，技术提供方在进行专利许可时，往往将其核心专利和外围专利一揽子许可。由于需求方信息不对称或者缺乏经验，许可使用的一揽子专利中就可能暗藏失效或无效专利。在上述DVD专利权人进行许可的格式化许可协议中，无一例外地都不保证其许可实施专利权的有效性，对任何第三方可能提出的专利侵权和专利无效，专利权人均不承担责任和义务。

2. 泄密风险

知识产权泄密风险是指因人力资本流动而造成的后来用工单位侵犯在先用工单位的知识产权的风险。由于技术领域人力资本的流动和知识的转移速度快，很容易导致企业在信息不对称的情况下故意侵犯在先用工单位的知识产权，特别是商业秘密。由于技术的集群创新和联盟创新特点，使得集群或联盟内企业的人力资本可以借助于发达的信息网络和其他工具，迅速获得对称的其他用工单位的用工信息。人力资本特别是研发人员在不同的用工单位之间的流动，其实也是一种技术转移方式。如果后来的用工单位稍不注意，就有可能因雇用新的员工而触犯在先用工单位的知识产权。这方面的事例是很多的，企业必须高度关注这方面的风险。

（三）技术扩散中的知识产权诉讼争议风险

技术扩散是指在一定时期内，技术创新成果通过某种途径在系统中各单位之间进行传播的过程，描述的是技术成果在市场上得到消费者认可的过程。技术扩散中的知识产权诉讼争议风险包括两个方面：

1. 被诉风险

这是指企业向顾客或用户传播其产品或服务的过程中可能遭遇的知识产权诉讼，包括在国内市场拓展中的知识产权诉讼和国外市场拓展中的知识产权诉讼。在这个方面，日韩知名企业都遭遇过知识产权诉讼，如IBM起诉富士通侵犯其操作系统软件以及手册著作权；Intel警告NEC微处理器抄袭Intel产品中的微程序；日立、三菱涉嫌非法获取IBM的基本软件和硬件的最新技术；德州AUSTIN－Saifun半导体公司起诉AMD和富士通专利侵权等。知识产权诉讼可能会导致企业无法向市场推出相应的产品或服务，或者被阻止进入特定的市场，从而使企业先期的大量投入等无法收回。因此知识产权诉讼风险对于企业的市场拓展来说，特别是对于处于模仿引进和模仿创新中的企业来说，往往构成致命的威胁，必须引起高度的重视。例如：①2003 年 1 月 22 日，美国思科系统公司和思科技术公司（简称思科公司）以我国华为技术有限公司及其在美国的 2 家子公司（简称华为公司）存在多项知识产权侵权为由，向美国得克萨斯州 MASHALL 联邦地方法院提起诉讼，提出包括签发临时性或永久性禁令、判决华为支付思科公司专利侵权赔偿金等多项诉讼请求。在华为公司多方努力下，此案于 2004 年 7 月 28 日以和解方式终结。②2005 年 1 月 20 日，英特尔美国总部向深圳中级人民法院起诉深圳东进公司，指控东进公司研发的 DN 系列语音卡侵犯了其产品 SR5. 1. 1 软件中的“Intel 头文件”这一知识产权，并认为东进公司帮助用户非法取得或违反该文件的许可协议。此案最终以和解方式终结。

2. 维权风险

这是指出现知识产权侵权或潜在侵权可能性时，技术创新主体或其他利害关系人出于维护自身的权益而采取相应行为所面临的不确定性。知识产权维权风险主要表现在以下三个方面：一是知识产权维权的货币成本高的风险。一般来说，权利主体的维权货币成本主要包括调查费、律师费、诉讼费、差旅费等。由于技术领域的知识产权侵权往往比较隐蔽，取证比较困难，如果再加上非正常的地方保护等，上述货币成本就会大幅上升。对于本国企业来说，到其他国家开展知识产权维权的货币成本就更高了。二是知识产权维权的时间成本高的风险。知识产权维权时间成本高是指知识产权维权的时间周期一般比较长。以专利侵权案件为例，即使进入诉讼程序，诉讼期间也会因专利效力审查等而导致诉讼中止，从而使诉讼期限延长。三是知识产权维权失败的风险，特别是知识产权无效风险。以实用新型专利侵权诉讼为例，由于实用新型专利授权无需早期公开和实质审查，使得专利权人提起侵权诉讼后，被告往往都会提出无效审查申请，并导致很多实用专利被宣告无效，从而导致知识产权维权彻底失败。

三、技术创新的知识产权风险管控策略

（一）加强自主知识产权能力建设，从根本上降低和转移知识产权风险

目前，官、产、学界对知识产权能力的概念尚未达成共识，但是比较一致的看法是，知识产权能力是知识产权创造能力、运用能力和保护能力等的集合，前者是后者的上位概念。萧延高[1]从企业竞争优势的视角给出知识产权能力的界定，即知识产权能力是指企业为了谋求竞争优势，创造、运用、保护和组织专利、商标、版权、商业秘密以及其他知识产权形式的能力。企业所处的产业技术背景、市场结构和企业规模等，影响企业的知识产权创造、运用、保护和组织知识产权的重点和方式，也影响到企业对专利、商标、版权和商业秘密等不同知识产权形式的选择。这一定义可以从以下三个方面

〔1〕 萧延高. 企业知识产权能力与竞争优势. 北京：知识产权出版社，2011.

来理解：①知识产权能力的核心内容是企业创造、运用、保护和组织不同的知识产权形式如专利、商标、版权、商业秘密等的能力。借助资源/能力理论的观点，知识产权能力实际上就是企业通过自行创造、受让、被许可、企业整体并购等多种方式创造知识产权，通过转让、许可、交叉许可、自行实施等多种途径商业化知识产权，通过预防、和解、调解、诉讼、仲裁等多种途径保护知识产权，通过制度设计和机构设置、人员配备等机制保障和组织知识产权的创造、运用和保护知识产权的过程。②企业建构和提升知识产权能力本身不是目的，其目标是与企业的经营战略匹配，是企业获得和保持竞争优势地位。③企业通过知识产权的创造、运用、保护和组织获得竞争优势，受到企业所处的产业技术背景、企业规模、市场结构等因素的影响，如处于不同产业技术背景的企业，其知识产权形式的选择各有差异；不同的企业规模，可能会影响到企业对其知识产权的创造、运用、保护和组织行为的偏好；而不同的市场结构即市场竞争程度，也会影响到企业知识产权能力的价值实现和提升力度。

根据知识产权在企业价值创造和经营战略中的实际功能和地位来划分，将企业的知识产权能力分为负值型、防御型、成本型、利润型、整合型等五种不同的层级，如图 7-3 所示。

知识产权能力处于负值型阶段的企业以加工制造为主，缺乏自觉的知识产权管理目标和行为，具体表现为以下三个方面：①缺乏知识产权意识；②忽视知识产权积累；③不从事新产品开发和设计，贴牌生产。

知识产权能力处于防御型阶段的企业，为了保护其技术创新所得和市场地位，预防和应对来自竞争对手的知识产权讼争风险，有意识地开展知识产权管理活动，具体表现为以下四个方面：①知识产权被视为法律财产，重视知识产权的积累；②知识产权成为研发投资的保护机制；③防止和应对知识产权诉讼；④有可能发生防御性交叉许可。

知识产权能力处于成本型阶段的企业，致力于通过新产品开发或工艺改进来获得竞争优势，重视通过产品创新和工艺创新提高产品和服务的差异化水平，降低企业成本，关注知识产权持有费用，具体表现为以下五个方面：①重视知识产权许可费的审计；②高度关注专利申请和维护费用的控制；③避免知识产权诉讼；④重视知识产权的动态组合；⑤通过知识产权许可的方式学习，缩短知识缺口。

知识产权能力处于利润型阶段的企业，在其技术领域拥有大量核心和基础专利，通过强大的知识产权能力为其带来高额利润，而且主要靠知识产权赢利。具体表现为以下五个方面：①利润的主要来源是知识产权转让、许可、合资、战略联盟等；②主动提起知识产权诉讼，迫使竞争对手支付赔偿金或许可费；③知识产权被视为商业资产而不仅仅是法律资产；④以知识产权管理为中心；⑤聚焦于知识产权的运用，以寻求快速的市场渗透和发展。

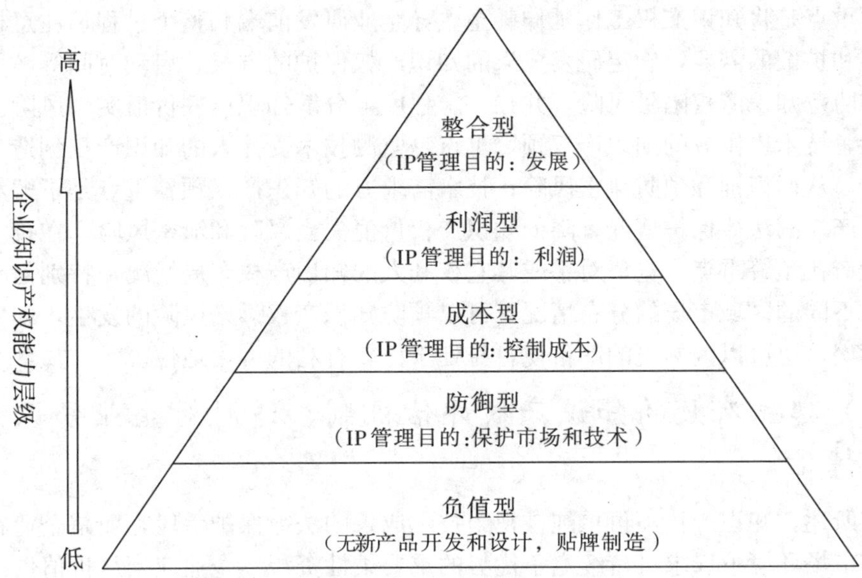

图 7-3　企业知识产权能力层级示意图

自主知识产权是指本国自然人、法人或其他组织经过其主导的研发或设计创作而形成的、依法拥有能够独立自主实现某种技术知识资产的所有权。自主知识产权能力是指创造、应用和保护自主知识产权的能力。

在不确定的技术和市场竞争条件下，跨国公司利用其雄厚的研发实力，开展战略性知识产权“圈地运动”，已经形成了强大的知识产权能力，能够有效遏制竞争对手及其产品拓展国内外市场。但是，技术创新的高度不确定性、模糊性和创造性毁灭，为“后来者”通过模仿和学习，形成自主知识产权，降低知识产权诉讼风险提供了机会。日本企业在上个世纪六七十年代也遇到发达国家强大的知识产权壁垒，但日本企业在引进和模仿核心技术的同时，围绕核心进行应用性开发，创造出许多由外围专利组成的应用性自主知识产权，由此围绕竞争对手的基础专利构筑起严密的专利网，限制竞争对手的基本性关键技术的研发，导致竞争对手在实施和转让基础专利时遇到层层壁垒，迫使其采取交叉许可战略，有效避免了知识产权讼争风险。

（二）建立知识产权预警机制，将知识产权管理嵌入技术创新的全过程

为了识别和化解技术创新过程中的知识产权风险，有必要结合企业技术创新战略，将知识产权管理嵌入到技术研发、转移和扩散全过程，并在各个阶段建立起知识产权预警机制。有效的知识产权预警机制，可以使企业有能力预见、识别、监控、评价并规避或化解技术研发、转移和扩散中可能面临的知识产权风险。

知识产权预警机制的核心内容是充分利用国际组织以及国家专利、商标、版权等专业数据库和其他资讯工具和渠道，结合企业自身的发展阶段和所处技术领域特点，建立起开放的动态知识产权情报系统，并保证该情报系统的良好运行。在技术研发阶段，预

警机制的重点是将知识产权工作延伸甚至主导企业研发前端和整个过程，注意根据企业技术转移和扩散的需要，确定研发成果的知识产权保护的方式、启动时间等，可以较好地识别和防范知识产权陷阱风险，并在一定程度上分散知识产权价值实现风险。在技术转移阶段，技术提供方的知识产权预警重点是监测技术受让人的知识产权创造、应用和保护能力，从而识别和预防泄密风险；技术需求方的知识产权预警重点是了解和识别拟受让知识产权的法律保护情况，降低知识产权价值失当风险和泄密风险。在技术扩散阶段，知识产权预警重点是竞争对手或其它权利人的知识产权布局情况，特别是专利权和商标权在不同的区域市场的分布情况，可以预防知识产权诉讼风险的发生，即使遭遇知识产权诉讼，也可以因预先的准备使自身处于比较有利的诉讼地位。

（三）建立有效的知识产权评估机制，适时对企业知识产权开展价值评估

如前所述，知识产权不再单纯被视为技术成果的法律保护手段，而是企业在不确定的技术和市场环境下谋求可持续竞争优势的重要柔性资源。企业应当从价值创造和核心能力提升的角度来考虑知识产权的运营和管理。这种知识产权管理思维方式的变革，使得企业必须建立有效的知识产权评估机制，化解技术创新过程中可能会出现的知识产权价值实现风险、价值分配失当风险，甚至诉讼风险等。考虑到运营成本和企业不同的成长阶段，一般来说，中小型成长企业更多应当借助社会知识产权中介机构，依托自身的知识产权部门或人员，在寻求知识产权保护的同时，适时开展知识产权评估。大型企业和跨国公司企业则可以在知识产权部门的基础上，建立知识产权审查委员会，联合研发、发展规划、生产和市场等部门，并辅之以社会中介机构的服务，开展知识产权价值评估。也可以将知识产权价值评估外包给社会中介机构或专业公司来管理。

当然，在技术创新的不同阶段，知识产权价值评估重点有所不同的。在技术研发阶段，评估的重点是对研发机构及其相关人员提出的研发计划进行知识产权预测和评估，以及技术创新成果进行评估和审查验收，评估相应技术成果或产品的知识产权风险和知识产权效能，从而确定技术成果或产品的知识产权保护方式、起动时间等。在技术转移阶段，评估的重点是让渡的知识产权的现金价值，从而减少知识产权的价值分配失当风险。特别需要注意的是，知识产权作为一种资源，对持有人来说，本身也会发生费用和成本的，如专利和注册商标的年费等。面对高度不确定性和创造性毁灭，在特定的管理区间内，企业一部分知识产权是有用的，一部分知识产权可能就不再具有价值。所以企业也有必要依据企业技术发展战略和价值创造标准，定期开展对已有的知识产权进行价值评估，从而确定是放弃还是继续持有。在技术扩散阶段，评估的重点是竞争对手或其他权利人的知识产权分布情况，以及该区域知识产权保护的力度，从而综合评估出相应的诉讼风险和维权成本。

腾讯科技有限公司是中国最早、目前中国市场上最大的互联网即时通信软件开发商，知名的互联网服务及移动增值服务供应商。由于有力地创造和利用知识产权，给腾讯带来的价值体现在其各个业务领域，腾讯非常重视保护企业的自主知识产权，重视员工的知识产权教育，如新员工入职时的知识产权法律培训等。机构不仅设置有法务部，

负责对公司的知识产权进行全面管理，包括知识产权日常维护管理和知识产权许可贸易的审查，同时在研发中心设置有专利组，负责对公司的技术发明进行专利管理和保护。还为新产品建立了一套内容涵盖域名、商标、版权、专利、商业秘密的全方位知识产权保护办法，该办法通过对即将面市的技术产品和业务产品进行分析，再根据对象的不同特点，指定相应的知识产权进行保护。在新产品的 SCM（软件配置管理）系统中，加入对产品及新业务发布前的知识产权评审，以便及时发现新发明新创造、并防止腾讯侵犯他人的知识产权。

（四）善于组合各种知识产权工具，最大限度实现知识产权的价值

专利、商标、著作权、商业秘密、地理标识等知识产权工具，在保护对象、获得保护所需具备的条件、权利产生的方式、权利保护期限上是明显不同的。以生物技术为例，专利可以使转基因研究、基因治疗、基因组研究方面有更多的发明与技术得到保护，然而专利权保护的局限性也同样是有目共睹的。为了化解和分散技术创新的风险，企业应当善于组合各种知识产权工具，最大限度地实现知识产权的价值。知识产权组合包括：

（1）企业同一类型知识产权的组合。如专利技术中的基础专利和外围专利的组合，注册商标中的基础商标和防御性商标的组合等。

（2）企业不同类型的知识产权之间的组合。在生物企业管理过程中，专利和技术秘密这两种知识产权保护的途径各有优劣，就企业的一项具体的产品、技术或方法来说，必须对其具体特性及企业本身情况进行分析，全面考察专利和技术秘密两种保护方式，充分认识到两种保护方式的相互补充而又不可互换性，做出正确的选择。

（3）知识产权与其他资源和能力的组合。知识产权作为企业的柔性资源，必须和其他资源共同作用才能形成和保持企业的动态能力。企业有必要组合知识产权、补充性资产、时间领先、把握启动时机等，使企业在不确定条件下赢得创新所得。

以我国闪存技术开发与制造企业深圳朗科公司为例，该公司结合技术创新和市场拓展，将多项核心技术作为基础专利进行了申请，同时围绕基础专利又申请了多项其他外围专利，从而建立了在闪存盘领域较为严密的专利网，逐渐形成了高端进攻、终端跟进和低端防守的专利组合。同时，公司在注册“优盘”商标后，又相继申请注册了其他“优”系列商标，并在多个国家和地区申请注册了“Netac”商标，形成了移动存储技术的专利和注册商标有效组合，为企业在移动存储领域保持动态能力建立了良好的基础。

又如联想积极推进硬件厂商与软件厂商的合作，以全方位保护其知识产权。2005年11月，联想发起了“联想电脑预装增值软件计划”。在微软、用友、金山等公司的配合下，从12月起，联想在中国市场上销售的电脑产品大批量预装 Windows 操作系统，以及金山、用友和联想自主研发的多种创新增值软件。这一举措使广大的联想电脑用户能够以更加优惠的价格和更加轻松的方式获得优质正版软件、享受良好的售后服务，同时开辟了一条堵塞盗版、保护知识产权的有效途径。

（五）善于有效选择利用各种知识产权争端解决机制，降低知识产权讼争成本

为了预防和化解技术扩散中的知识产权诉讼争议风险，企业必须善于有效利用各种知识产权争端解决机制，这对于我国处于技术劣势的部分企业来说是十分重要的。例如，2003 年 7 月 8 日索尼株式会社向日本东京地方裁判所（东京地方法院）递交起诉状，起诉比亚迪股份有限公司侵犯其特许第 2646657 号日本锂离子充电电池专利（简称‘657 专利’），请求禁止比亚迪向日本进口、销售最主要的 6 种型号的锂离子充电电池，以期阻止比亚迪在国际市场的壮大和发展。面对索尼指控，比亚迪在第一时间由总裁召集多位副总裁及知识产权部经理召开紧急会议，对诉讼应对做了战略部署。之后比亚迪在日本聘请了著名律师团队，由公司知识产权部组织应对诉讼，各相关技术、市场部门给予充分配合。比亚迪战术很明确，首先是积极应诉，证实自己并没有侵犯索尼专利；另一方面，从根本上将索尼的专利无效掉，釜底抽薪，使其不攻自破。比亚迪对索尼的起诉状及涉案专利文本进行了仔细的研究，并和自己的产品进行比较分析。比亚迪以相关产品的有关工艺技术标准为依据，指出索尼计算比亚迪电池空隙的错误，并提出正确的计算结果，证明并未侵犯索尼的专利权。此外比亚迪还通过在生产现场对取样过程及结果进行公证并作为不侵权证据提交给法院。2004 年 3 月 19 日，比亚迪向日本特许厅（日本专利局）提起专利无效宣告请求，请求宣告索尼 657 专利无效。凭着比亚迪对充电电池行业技术的深透了解，凭借有效的应诉策略和有力的证据，比亚迪逐渐占据了主动。2005 年 1 月 25 日，日本特许厅作出裁定，宣告索尼‘657 专利无效。关于审判的费用，根据专利法第 169 条第 2 项适用民事诉讼法第 61 条的规定，应该由被请求人（索尼）承担。2005 年 3 月 2 日，索尼不服日本特许厅对其 657 专利做出的无效决定，向日本知识产权高等裁判所上诉，请求撤销日本特许厅的裁定，维持其 657 专利有效。2005 年 11 月 7 日，针对索尼 657 专利无效上诉案，日本知识产权高等裁判所做出判决：“驳回原告（索尼）的诉讼请求，诉讼费用由原告承担。”日本知识产权高等裁判所的判决认定日本特许厅的裁定是正确的，索尼请求撤销日本特许厅裁定的理由不成立，因此驳回索尼的上诉请求，维持日本特许厅做出的宣告索尼 657 专利无效的裁定。这是我国企业首次在境外赢得外国企业专利无效诉讼案件的胜利。

第四节　企业知识产权管理体系

一、知识产权管理体系概述

2008 年 6 月，国务院颁布实施的《国家知识产权战略纲要》〔1〕明确指出，企业作为国家知识产权战略实施的重要主体和基础力量，应大力提高知识产权创造、运用、保护和管理能力，推动企业在创新道路上持续发展。

---

〔1〕 本书编委会.《国家知识产权战略纲要》辅导读本. 北京：知识产权出版社，2008.

企业知识产权管理是一项综合性、系统性的工程，萧延高[1]从企业竞争优势的视角给出了知识产权能力的界定，即指企业为了谋求竞争优势，创造、运用、保护和组织专利、商标、版权、商业秘密以及其他知识产权形式的能力。这一概念表明知识产权管理的核心是企业创造、运用、保护和组织不同的知识产权形式如专利、商标、版权、商业秘密等，即企业通过自行创造、受让、被许可、企业整体并购等多种方式创造知识产权，通过转让、许可、交叉许可、自行实施等多种途径商业化知识产权，通过预防、和解、调解、诉讼、仲裁等多种途径保护知识产权，通过制度设计和机构设置、人员配备等机制保障和组织知识产权的创造、运用和保护知识产权的过程。企业开展知识产权管理本身不是目的，其目标是与企业的经营战略匹配，使企业获得和保持竞争优势地位。

2013 年 3 月 1 日，我国首部企业知识产权管理国家标准《GB/T 29490—2013 企业知识产权管理规范》（以下简称《规范》）[2]（开始实施，规范指出，企业知识产权管理体系是企业管理体系的重要组成部分，贯穿于企业研发、生产、采购、销售、进出口等环节，企业知识产权管理体系作为一个整体过程，包括知识产权管理的策划、实施、检查和改进四个过程。要做好企业知识产权工作，必须建立一套行之有效的管理体系。

知识产权是企业生存与发展的支撑，企业所处行业不同、规模各异，知识产权状况必然不同，大型企业和中小微企业在管理体系设置上也各有特色，因此，企业的知识产权管理体系必然不会存在一个能放之四海而皆准的统一体系。但不同企业的知识产权管理体系有些共同的要素，知识产权管理体系主要包括管理模式的选择、组织架构的建设、管理人员的配置以及管理制度、管理措施的制定与落实等方面，以对企业形成全局性、多层次和立体化的保护，实现通过知识产权经营为企业获得竞争优势的目标[2,3]。

二、企业知识产权管理模式

企业知识产权管理模式的选择，没有也不必统一标准，企业应根据发展阶段、经营规模、发展需求、行业特点等情况，对知识产权管理进行顶层设计，选择适合企业当前发展状况的知识产权管理模式。企业知识产权管理模式包括集中管理和分散管理两种[3]。

（一）集中管理模式

集中管理模式，是指企业内部涉及知识产权管理的所有权力，统一集中由知识产权管理部门来行使。即知识产权管理部门全面负责处理所有与企业业务有关的知识产权事务，具体包括两个方面，一是专利、商标、商业秘密、著作权等各种知识产权的集中统一管理，二是总公司及其子公司的知识产权归属的集中统一管理。

（1）优点：具有全责分明、命令统一、决策迅速、高效管理等优点，有利于企业对知识产权进行系统的管理，真正将知识产权制度有效地运用到企业生产经营等各个环节

〔1〕 萧延高．企业知识产权能力与竞争优势．北京：知识产权出版社，2011.
〔2〕 朱宇，黄志臻，唐恒．《企业知识产权管理规范》培训教程．北京：知识产权出版社，2011.
〔3〕 企业知识产权管理体系建设．http：//www．sykjcg．gov．cn/n2/ShowArticle．asp？ArticleID=929.
〔4〕 黄春海．企业知识产权管理体系构建．成都：电子科技大学出版社，2011.

之中；有利于正确运用知识产权制度来维护企业的合法权益，提高企业的国内外市场竞争中的有利地位。

（2）条件：①企业知识产权业务多而且比较集中，具备一支专业知识产权管理队伍，全员知识产权意识强；②企业知识产权业务少，且没有足够多的知识产权管理人才。

（3）要求：企业知识产权管理同时涉及专利、商标、著作权及商业秘密等业务，对管理人员的业务素质要求高。

（4）代表：IBM、华为等大企业或者小微企业。

IBM公司采用集中管理模式，负责处理全球4地区所有与IBM业务有关的知识产权事务，如专利、商标、著作权、半导体芯片、布图设计保护、商业秘密、字型及其他有关知识产权的事务。总公司集中管理知识产权的产权归属问题，总公司及其子公司开发部门的员工所完成的发明、著作及其他形式的知识产权均归属于总公司所有，然后再由总公司负责处理有关授权事项[1]。

（二）分散管理模式

分散管理模式，是指企业内部的知识产权管理职权分散在企业内各个部门、各个业务单元之中分别行使。设立知识产权领导小组全面组织协调企业知识产权工作。具体包括两个方面，一是各种专利、商标、商业秘密、著作权等知识产权隶属于不同部门，如企业研发部门，负责专利、专有技术、技术秘密等事务；法律部门，负责商标、著作权及知识产权诉讼等事务；办公室负责商业秘密等事务。二是总公司及其子公司各自管理其所属知识产权，如总公司只管理总公司的知识产权，子公司均自行管理其所属知识产权。

（1）优点：可根据企业不同的知识产权类型，在企业相应部门设置岗位，做到有的放矢、责任明确。

（2）条件：企业知识产权相对较少。

（3）要求：企业专利岗位、商标岗位、著作权岗位及商业秘密岗位之间的横向沟通协调需要加强。

（4）代表：东芝等业务经营领域分布跨度大或管理层级较多的企业。

东芝除设有国内知识产权体系外，还设有海外知识产权体系，海外知识产权体系也分为两部分，一部分在华盛顿、西海岸设立专利事务所；一部分在欧美的子公司内设置知识产权委员会，负责制定当地企业知识产权管理规则，定期讨论知识产权问题。知识产权本部则通过各委员会、研究会协调各事业部之间的联系，同时，对各事业部负责知识产权工作的人选有决定权。

三、知识产权管理的组织架构

为了提高企业知识产权管理水平，充分发挥知识产权的作用，设立专门的知识产权管理部门，配置专业管理人员对企业知识产权进行系统性、综合性的管理是非常有必要

---

〔1〕 浅谈我国企业知识产权管理现状及对策. http：//www. cnipr. com/yysw/zjgd/201304/t20130425_177204.html.

的。然而，企业是否一开始就建立独立的知识产权管理部门，则需要根据企业自身发展情况而定。

对于那些有能力和有条件的企业，应当设立专门的知识产权管理部门，这是做好企业知识产权工作的重要前提。而那些不具备条件和能力的企业，则可以将其知识产权工作交由企业内与知识产权相关的部门进行管理，即由其他部门代行企业的知识产权管理职能。例如对于小企业或者技术实力薄弱的企业来说，设有一个专职人员负责知识产权管理工作也许是一种相对来说更能实现的选择。越早设立知识产权管理部门，就越可能为企业避免不必要的风险，为企业今后的发展奠定一个良好安全、持续稳定的制度框架。

知识产权管理部门，是指企业中专门履行知识产权管理职能的部门。该部门不一定以“知识产权管理部”为名称，只要该部门是专门履行企业知识产权管理职能的，即可认为是企业的知识产权管理部门，比如华为的知识产权部、拜耳公司的专利委员会和专利处都是专门的知识产权管理部门，而企业中代行知识产权管理职能的部门则不是专门的知识产权管理部门。

一般情况下，较为重视知识产权工作的企业或者知识产权工作较为成熟的企业都会设置专门的知识产权管理部门。知识产权管理部门作为企业管理实施知识产权工作的主要业务机构，与研发部门、市场部门、财务部门、法务部门共同组成企业的核心管理组织。实践中，企业知识产权管理部门在企业内部组织体系中通常采用的组织结构模式主要有三种：一是隶属于研发部门；二是隶属于法务部门；三是独立平行设置〔1－3〕。

（一）隶属于研发部门

知识产权管理部门设置于研发部门之下，以便最大限度地发挥知识产权管理在企业技术研发中的作用，可以根据技术创新和产品开发部署，制定准确适用的知识产权战略。适用于技术主导型的高科技企业，如图 7-4 所示。在这种架构下，企业知识产权工作主要着眼于为企业的技术研发工作服务，工作重点在专利，重点关注技术。

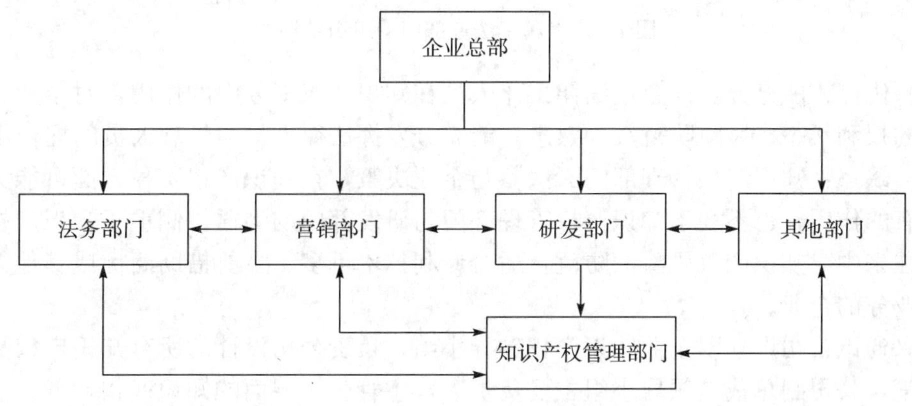

图 7-4　隶属于研发部门的组织结构

〔1〕 朱雪忠．知识产权管理．北京：高等教育出版社，2010.
〔2〕 杨铁军．企业专利工作实务手册．北京：知识产权出版社，2013.
〔3〕 高富平．中小企业知识产权管理指南．北京：法律出版社，2011.

(1) 优点：有利于知识产权管理部门从技术研发项目的确定到技术研发的过程以及技术评估等环节对企业研发活动进行全方位的指导，充分发挥知识产权管理（特别是专利管理）在技术创新中的作用。由于知识产权管理人员，专利人员直接参与到企业技术研发过程中，对企业所开发的技术的特点、意义及其他信息比较熟悉，在专利申请时能更好地撰写申请文件，有利于申请取得成功。

(2) 缺点：知识产权管理部门的地位较低，在知识产权事务上对企业的影响力较小，不利于与其他部门的沟通与配合。针对这个问题，某些重视知识产权工作的企业往往会采取一些变通的处理方式，比如，赋予知识产权部门列席企业重要经营会议的权利，促使知识产权工作能够真正融入企业经营战略。

（二）隶属于法务部门

知识产权管理部门设置于法务部门之下，是法务部门一个相对独立的机构，负责企业知识产权管理及其相关事务，并与公司其他相关部门进行沟通和协调。适用于对法律要求较高、专利法律纠纷较多的新兴技术企业。

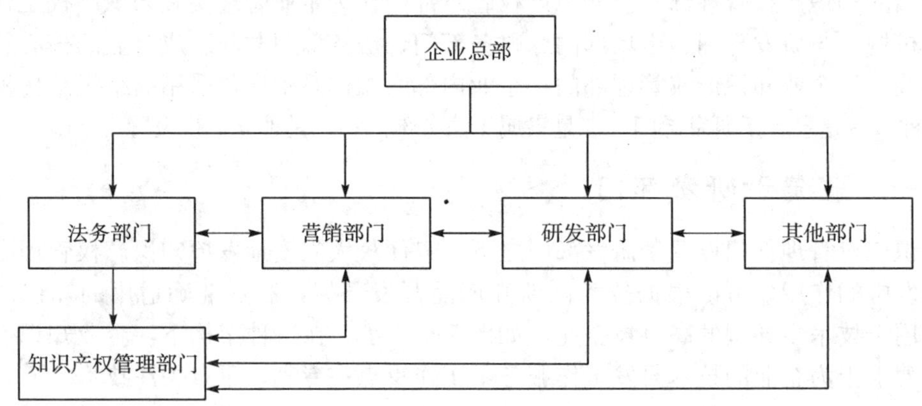

图 7-5　隶属于法务部门的组织结构

(1) 优点：能充分发挥企业法律工作人员在知识产权事务中的作用，对企业各项知识产权的权利状态、风险防范较为熟悉；能充分发挥法律人员与管理人员的配合作用。

(2) 缺点：知识产权管理部门无法参与企业决策，在知识产权实务方面可能无法发挥其应有的作用，也不利于知识产权管理部门与研发部门的沟通。侧重于知识产权保护和业务往来中对知识产权风险的防范，适合专利技术不多、主要借助商标或其他无形资产拓展业务的企业。

中兴通讯公司设立了企业知识产权领导小组，负责公司设计的所有知识产权战略问题的决策，公司副总裁是领导小组主要负责人，主管公司层面的知识产权业务。法律部作为主管知识产权工作的具体业务部门，直辖于总裁办公室，公有 20 多位知识产权经理，80 多名专职知识产权工作人员，管理着公司专利、商标、版权、域名等知识产权业务，另有一支 300 多人左右的队伍负责公司的信息安全和商业秘密保护。同时，公司在产品事业部、技术中心、市场营销部设置知识产权工程师岗位。知识产权经理和知识产权工程师协同作业，形成一个完善的知识产权管理体系。

（三）隶属于企业总部

知识产权管理部门属于企业总部直接管辖，是企业中技术部门与经营部门的支撑单位，并与企业的研发部门、法务部门、营销部门等组建成企业最高层组织管理机构。知识产权管理部门是一个独立的管理部门，与企业的研发部门和法务部门等相互发生作用。技术研发过程中，知识产权管理部门对研发人员需要进行必要的专利知识指导，比如，如何用外围专利保护核心专利，如何避开他人的专利的限制等；为研发人员提供相应的专利信息，评估技术获得专利保护的可能性，申请专利；处理知识产权纠纷等。适用于规模较大、专利管理工作复杂的大型企业或者跨国企业。

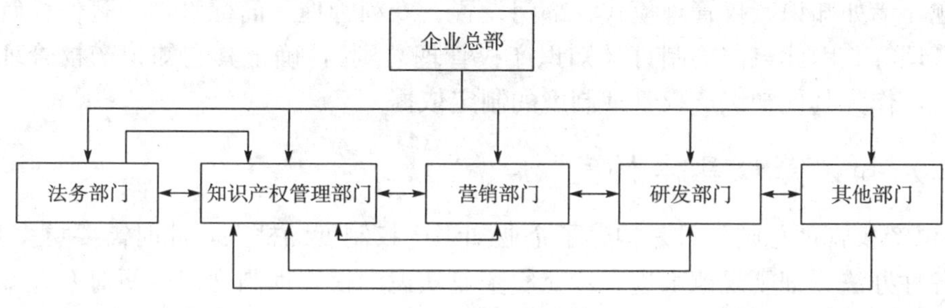

图 7-6　隶属于企业总部

（1）优点：直属于企业总部领导的知识产权管理部门，管理位阶高，可以参加企业决策，能够直接影响企业的发展方向和整体战略。

（2）缺点：成本较高，对知识产权管理部门及其工作人员的要求较高。

海尔集团于 1992 年成立了知识产权办公室，直接由集团总裁领导，知识产权部主要负责海尔集团专利战略制定和实施、专利的挖掘和经营、专利推进以及技术支持；负责集团规范化战略的制定和标准上升为国际、国家、行业标准的推进和支持。海尔集团在技术部门和各事业部也分别配备了知识产权管理人员，接受集团知识产权部的监督管理。

四、企业知识产权管理的制度

企业通过运用知识产权管理制度，提高企业知识产权的创造、运用和保护效率而进行的有计划的组织、协调、谋划活动。企业知识产权管理制度，是指针对企业的性质、经营目标、市场策略、技术开发与国际国内法律环境等因素，企业自行制定并实施的用以规范企业内部各项知识产权实务的各种管理办法和制度。

通过制度建设的形式将企业内部的知识产权管理工作制度化、机制化、规范化，是企业知识产权工作日臻成熟和完善的主要表现，也是企业改进完善内部知识产权事务的有效工具和途径。企业知识产权制度，主要包括知识产权规划、知识产权权属、知识产权创造、知识产权运营、知识产权风险控制、知识产权考核奖惩、知识产权培训、知识产权合同等等方面的管理制度和机制[1,2]。

（一）知识产权战略规划

由于企业知识产权包括专利、商标、著作权、商业秘密等类型，涉及多个环节部门，为了对知识产权进行顶层设计和规划。例如，基于增强企业核心竞争力、与企业整体发展战略匹配、多方位和多过程原则制订《知识产权战略规划》，制定企业知识产权的战略目标，以及实现战略目标的战略任务和措施等。

（二）知识产权管理总则

在制订《知识产权战略规划》之后，在知识产权战略目标实现过程中，会遇到各种事务问题，诸如知识产权管理模式、部门设置、专利管理、商标管理、著作权管理、商业秘密管理等。因此，需要制订《知识产权管理总则》，确定其它知识产权管理制度的内在逻辑，作为其他知识产权管理制度的制定依据。

（三）知识产权具体制度

《知识产权管理总则》只是构建了企业知识产权制度的框架，此时需要更多具体的、详细的各种办法、细则规范来进一步充实企业知识产权管理制度，以便对企业知识产权各个方面进行可操作、能落实的规范。

知识产权管理具体制度包括：①专利管理办法；②商标管理办法；③著作权管理办法；④商业秘密管理办法；⑤知识产权权属管理办法等等管理制度。然而，企业知识产权管理制度并不局限于这些，随着企业知识产权的不断发展，知识产权业务的增多，在专利、商标、著作权和商业秘密等的创造、运用、保护和组织过程中，需要通过制度来规范的均可以制订相应的办法或细则。

（四）知识产权管理手册

在企业的知识产权管理过程中，涉及到各个方面，流程复杂，需要相应的管理规定进行规范，主要包括：①知识产权奖励管理规定；②专利申请技术交底书模板；③专利申请与布局管理规定；④专利代理机构管理规定；⑤知识产权培训管理规定；⑥知识产权档案管理规定等等。

企业在制定知识产权管理制度时，要从实际出发进行合理设计，兼顾制度的稳定性、前瞻性和可操作性，结合企业知识产权工作的实际需要逐步建立健全知识产权管理制度。不必贪大求全，不需要一次性就把相关制度机制建设到位，可以根据实际开展的知识产权工作，首先制订最基本、最急需的制度办法，其他的制度办法随着企业知识产权工作的开展逐渐建立健全。

总之，企业知识产权管理制度建设是一项需要长期进行的系统工程，应当与企业知

---

〔1〕 朱雪忠．知识产权管理．北京：高等教育出版社，2010．
〔2〕 杨铁军．企业专利工作实务手册．北京：知识产权出版社，2013．

识产权工作发展阶段相适应，制订的制度办法应有一定的预见性，并适时修订、调整、补充、完善，以契合企业发展的新变化、新要求。

第五节　知识产权商业化策略

一、知识产权商业化概述

（一）知识产权商业化的含义

商业化（commercialization）有狭义与广义之分。广义商业化一般指从产品概念研究开始到产品产业（industrialization）生产之前的这一过程，而狭义商业化过程则主要指产品和技术形成中所包含的技术转让（technology transfer）、实现创意并创造利润的过程。Jolly[1]认为商业化的全过程包含以下内容，一是新技术的构想、孵化、示范、推广和持续等五个子过程，还有就是四个衔接环节：激发兴趣和争取支持、为技术调动资源、市场要素的调动和互补资产的调动。Ryan 和 Forde[2]的研究表明商业化即是研究成果转化为产品或所有权的过程。广义商业化过程的核心阶段就是狭义商业化定义中的技术转让或创意实现商业价值的过程。

知识产权是对特定智力创造成果所享有的专有权，核心是其中的财产性权利。因而知识产权创造、保护、组织的目的与归宿就在于知识产权的商业化，即权利人通过知识产权的实施，实现知识产权成果的商品化和产业化，使权利人获得最大的经济收益。

知识产权商业化即实现知识产权从“权利”向“价值”的转化过程，包括权利人自行实施、转让、许可，以及质押等资本化方式。知识产权商业化是在对知识产权进行科学挖掘、商业评估、集成组合、孵化育成等一系列增值操作的基础上。使知识产权达到商业化条件，并通过商业推广、产业实施和资本化运营，来实现知识产权的商业价值、产业价值、经济价值。开展知识产权商业化工作，将充分发挥知识产权服务于产业支撑、贡献于经济增长的作用。

（二）知识产权商业化的意义

华东政法大学高富平教授认为知识产权商业化是知识产权战略的落脚点，也是保护知识产权的最终目的。我国《国家知识产权战略纲要》提出鼓励和支持市场主体依法运用知识产权，促进各种创新和发明成果的转化，并将“有效运用”作为知识产权战略的方针之一，将知识产权运用提升到促进经济发展、造福社会、造福人民的战略地位。在现代社会，知识产权已经不仅仅是保护智力创造、文化资源的手段，更是企业的无形资产，是国家的重要战略资源，而知识产权的价值只有通过商业应用方能得以实现。

知识产权运用表现在国家、地方政府、企事业单位等各个层面，需要将知识产权战

---

〔1〕 Vijya K Jolly. 从创意到市场：新技术的商业化. 张作义，周羽等译. 北京：清华大学出版社，2001：10.
〔2〕 Ryan J，Forde T. Working Paper，2002.

略贯彻到政府经济决策、企业经营管理中的具体环节。政府除了在产业政策、投资政策和税收上积极引导外，更重要的是要培育良好的法律和商业环境，促进知识产权投资、转让、许可、质押等市场交易活动，建立知识产权信息、服务、交易三大平台，同时防止知识产权交易中的权利滥用和垄断。而知识产权战略最终将落实在企业对知识产权的运用上，企业有必要将知识产权战略融入企业经营战略，建立一整套鼓励创造、运用、保护和管理的知识产权制度，以提升企业市场竞争力。

二、知识产权自行实施策略

（一）自行实施属于知识产权的低层次运用

自行实施是目前企业技术自主知识产权利用的主要方式，该方式属于知识产权最原始和最简易的运用层次。它主要是指权利人排斥他方的使用，由权利人亲自使用该知识产权，将自身所拥有的知识产权商业化，并在权利不断积累和利用过程中达到知识产权的产业化。简要而言，自行实施就是权利人直接将技术转化为产品。这种简单的利用方式虽然一定程度实现了知识产权的使用价值，但很难将知识产权潜在的交换价值和权利价值体现和放大出来。

（二）自行实施时需要排除他人的妨害

企业在自己独占使用知识产权时，需要排斥他人共享其知识产权。以专利为例，该禁止权又因专利类型不同而有所区别。对于产品专利（包括发明和实用新型专利），禁止权主要包括禁止他人制造、使用、许诺销售、销售、进口该产品的权利；对于方法专利，专利权的效力不仅是方法本身，而且及于以该方法直接获得的产品，因此方法专利的禁止权内容包括禁止使用该方法、使用依该方法直接获得的产品、许诺销售依该方法直接获得的产品、销售依该方法直接获得的产品、进口依该方法直接获得的产品；对外观设计专利的禁止范围主要体现在禁止制造、销售、进口含有外观设计专利的产品，而不包括使用和许诺销售含有外观设计专利产品的行为。

三、知识产权转让策略

知识产权转让，是指知识产权出让主体与知识产权受让主体，根据与知识产权转让有关的法律法规和双方签订的转让合同，将知识产权权利享有者由出让方转移给受让方的法律行为。知识产权的转让方式主要有两种：一种方式是授权有限度的使用知识产权即知识产权的许可，另一种方式就是普通意义上的一般转让即转让所有权，本部分主要介绍一般转让。知识产权转让是无形财产交易中的一种主要形式，不仅使知识产权利用率大大提高，也给知识产权权利人创造利润[1]。

---

〔1〕 李绍章．知识产权转让的法律性质及价值分析．文化发展论坛，2009-7-26．

（一）一般转让的特征

知识产权一般转让具有以下特征：

（1）知识并不因知识产权转让而消失。知识产权属于无体权利，因此它区别于有体物的转让。实物财产在转让后，卖方获得对价的同时失去了该物，买方支付对价的同时获得了该物。而在知识产权转让过程中，知识产权的出让方在获得对价的同时并不会失去技术本身，知识产权在转让出去后，原权利人也不会失去该知识。

（2）转让价格难以确定。知识产权的转让由于转让标的的特殊性，决定了转让价格存在很大的升降空间。例如专利转让价格不仅需要涵盖开发成本，而且还需要包括现有的市场状况和未来市场的前景。另外，技术更新速度和知识产权自身寿命的影响，也给知识产权的价格确定带来了很多不确定性。

（二）转让过程需要注意的问题

知识产权的一般转让与技术的成熟度、现有市场规模以及市场发展阶段等因素有关，因此在转让过程中，需要结合知识产权的自身特点注意以下问题：

（1）避免出让方多次转让。由于知识并不因知识产权转让而消失，知识本身并不存在排他性，因而出让方很容易出现多次转让技术的情况。如此以来使得权利受让人作为所有人享有排他权的同时，在事实上与他人共享了该技术。

（2）选择合适的知识产权受让。在技术相对成熟的情况下，一般专利的可实施性以及该技术可产业化程度会比较高，潜在利益可预测性会比较明朗，这样的专利价格比较容易确定，因此该类知识产权在一般情况下并不十分适合去购买。而尚不十分成熟的专利技术则还有很大的研发空间，如果受让人有足够的研发实力，自身开发或联合开发则很有希望把握未来主要技术。

四、知识产权许可策略

知识产权许可，是指许可方将所涉知识产权授予被许可方按照约定使用的活动。许可方，是指有权授予被许可方按照约定使用所涉知识产权的权利人；被许可方，是指与对方协商或已经获得许可使用所涉知识产权的主体。相对于知识产权的一般转让来说，许可仅限于使用权，是权利人将部分权能授权他人，允许被许可人按知识产权的性能和用途加以利用，而被许可人并不能决定知识产权的命运。

（一）选择合适的许可类型

在国际上，专利许可证有一般许可、独占许可、独家许可、分许可和交叉许可之分。一般许可是最常见的一种许可。

一般许可的许可人（这里的许可人包括自然人和法人）允许被许可人在规定的地区内使用有关的专利技术，同时自己保留使用该项技术及再与第三方签订该项专利技术的许可合同的权利。被许可人要向许可人支付一定的使用费。

独占许可的被许可人不仅有权自己在授权范围内使用有关的专利技术，而且有权排斥包括许可人在内的一切其他人使用该项专利技术。在发现侵权行为时，被许可人有权直接向法院起诉；独占许可的被许可人还有权向第三方进行分许可。所以，在许可合同规定的地区内，独占许可的被许可人的权利几乎与专利权受让人的权利相同。

独家许可证除了不能排斥许可人自己使用专利技术外，其他情况与独占许可基本相同。独占许可或独家许可的使用费通常要高于一般许可的使用费。

交叉许可是技术贸易双方以价值相当的专利技术互惠交换的一种许可。

（二）分清许可的利弊

（1）知识产权的商业许可可以给权利人带来的益处有：①通过收取许可费获得经济利益，直接获得经济回报。②利用许可扩大知识产权影响的地域范围，拓展空间市场。③通过许可抢占国内、国际市场份额，扩展产品市场。④通过许可缩短产品或服务推向市场所需的时间，抢占潜力市场。⑤通过互补产品来增强市场渗透力，借助被许可方的实力做大做强。⑥通过“技术互易”，在符合法律规定的前提下约定被许可人在许可期间对被许可的知识产权所涉及的技术改进之后回授给许可人，增加知识产权积累。⑦可以利用知识产权的许可提高自身声誉和信誉。例如商标许可可以给权利人带来品牌价值的增加，产品的扩展扩大了品牌的影响力。

（2）知识产权许可给权利人带来的弊害一般有：①容易丧失与顾客之间的联系，这种情况在独占型许可中表现的比较突出。②削弱对知识产权利用的控制。虽然许可人都尝试通过合同来约束被许可人的利用行为，但由于被许可人通常会在许可谈判时讨价还价，因此一般最后达成的约束条件会与许可人预期的有差距；另一方面由于被许可人是实际业务活动的进行者，所以无论合同签得如何完美，被许可人仍然比许可人拥有更大的实际控制权。③收益上过分依赖他人。许可人的收益预期及收入来源都依赖于被许可人对被许可的知识产权的利用是否成功，特别是独占型的许可。如果被许可人的利用能力差或者被许可人自身出现问题，许可人则很难有效控制，从而导致许可收益预期的结果可能“竹篮打水一场空”。④面临被盗用的危险。许可实际上是削弱了许可人对其知识产权的利用方式及披露使用措施的控制，例如被许可人将知识产权披露给他的雇员、合作伙伴、供应商及顾客等，这些接受方都是许可人无法管理的。此外，被许可人对许可使用的知识产权进行改良和改变后，在改良的归属问题上非常容易产生纠纷。⑤逐渐失去公众认识。如果许可人无法通过被许可人和自己的广告宣传为公众所知，许可人则无法因为其对被许可人产品或服务的知识产权“付出”而赢得公众的认可，使得许可人与本该由其分享的美誉、声誉失之交臂，无形之中丧失潜在客户。

著名的计算机处理芯片研发和生产公司英特尔、AMD就非常重视利用被许可人的产品广告强调许可关系，从而突出自己，加强公众对其知识产权成果的认知，从而赢得由其知识产权成果带来市场美誉度和公众信任，这一点值得借鉴。

（三）订立完善的许可协议

（1）选择并确定适当的许可内容。许可的标的是“知识产权”，一项许可协议可能要涵盖专利、版权、商标、商业秘密、专有技术和其他新型的知识产权。每个许可协议中，许可人都可以准备自己的“权利包”，然后以一种适合双方需要的组合排列方式确定是否以及如何被许可或者被保留。

（2）许可的对价与瑕疵担保。合法存续有效的知识产权是许可的对价基础，因此被许可人都会要求许可人对其权利承担瑕疵担保责任，有的长期许可合同中的被许可人甚至要求许可人要对被许可权利承担严格的维护保养责任，例如不断的投入研发、申请专利，还有向国外部署专利等。

（3）确保改良后的知识产权都归属许可人。许可人应该通过合同的管束条款，约定被许可人对许可的知识产权的改进必须经得许可人的认可，且改良后的知识产权归属许可人。这样有利于许可人的“权利包”如雪球般越滚越圆，越滚越大。

五、知识产权资本化策略

（一）知识产权资本化的含义

知识资本化，就是一种把知识转化为资本的机制。而知识产权资本化，就是一种认知和评价知识产权价值，实现知识产权价值与资本的转换，促进知识产权创造的企业运营的机制。

知识产权资本化与运用知识产权作为资产进行结构融资和间接融资的不同之处在于它是运用知识产权进行直接融资的一种形式。即指拥有知识产权的机构或个人，将其拥有的知识产权作为资本，与其他以货币、土地等实物资产作为资本的机构或个人，共同以各自拥有的知识产权和实物进行投资，使得无形资产的知识产权和其他有形的实物资产一样，成为公司的股本，而拥有知识产权的机构或个人与其他实物出资方一样，可以成为公司的股东，享有全部的股东权益。

（二）知识产权资本化的注意事项

现行大量的知识产权资本化多是高新技术企业以对社会和市场有可能产生较大冲击的知识产权作为股本，吸引专业的投融资机构对其进行投资，从而形成以高新技术为核心，融合强大资本实力，迅速占领市场，在短时期内成为一个新兴行业的垄断机构，使得该项技术迅速成为一个产业化的、有巨大盈利能力的新的领域。

一项新的技术究竟具有什么样的市场价值？是否能够获得投资？如何协调技术出资方与实物出资方持有公司股份的比例——这是知识产权资本化过程中最为核心的问题。

知识产权资本化在国际资本市场中，对于拥有知识产权，渴望与资本结合的权利人而言，应该熟谙作为投资方的创业投资资本对孵化期、种子期、成熟期、市场壮大期技术的不同的投资要求。纵观全球的资本市场，可以看出，美国风险投资的专业化、市场化程度高，投资人风险承受能力强。因此对其知识产权资本化的国际投资有需求的企业，应注重对美国资本市场的投融资规则，市场惯例有所研究，这样在对所拥有知识产权处于何种技术时期、有了一定判断之后，再与国际投资人洽谈对技术的实物投资占有公司股本的比例，就可以具有一个市场认可的底线。需要特别注意的是，谨防由于对国际资本市场的不了解，以及在渴望获得资金支持的心理下，轻易的缩小因技术权利而持有的股份，以致造成知识产权权益的流失，必要时应聘请专业的财务顾问和律师参与公司的投融资业务。

知识产权资本化在国内市场中，正面临一个极为特殊的、前所未有的、良好的政策环境时期。宏观上，中国经济高速发展二十多年后，再次关注到发展高新技术对经济的促进作用，以及拥有自主知识产权对提高产品附加值，抗衡欧美贸易壁垒的重要意义，国家出台了一系列鼓励创新，扶持科技企业的政策，修改、颁布了一系列法规。如国家发改委颁布了《创业投资企业管理暂行办法》、全国人大完成了《公司法》的修改。

知识产权权利人应好好把握这一有利时机，运用知识产权资本化的金融工具，迅速完成技术的产业化，实现市场的最大化，效益最大化。

（三）知识产权资本化的途径

根据我国现行的政策和法律规定，推行和实施知识产权资本化的具体途径主要要有以下几种：

一是按知识产权转让或许可贸易的净收入部分，按照提取不低于20%比例金额，直接折算成股份或者出资比例，奖励给职务发明人或者设计人。

二是按知识产权实施转化成功投产后连续3年至5年，从实施该项知识产权新增留利中按照提取不低于5%的比例金额，直接折算成股份或者出资比例，作为给职务发明人或者设计人、主要实施者的报酬。

三是以专利知识产权作为无形资产作价入股方式组建股份制企业时，可将其所占20%－35%以上注册资本总股份中的一定比例的股份，直接奖励给职务发明人或设计人，使其成为新企业股东之一。

四是在企事业单位进行股份制改造时，可以从知识产权等无形资产评估价值中，提取一定比例的数额，折算成股份或者出资比例，奖励或分配给职务发明人、设计人；或者是从近几年国有净资产增值部分中拿出一定比例作为股份，奖励给有贡献的职工特别是科技人员（当然包括职务发明人、设计人）和经营管理人员。这种途径的实质，也就等于在事实上承认了职务发明人、设计人对企事业单位知识产权拥有部分权利，并分享其收益。

五是企业承认职务发明人、设计人对职务知识产权拥有部分知识产权，并以股权或职权的形式来赎买这部分知识产权，使其法人化，并有效地构筑起公司的知识平台，其结果是极大地鼓舞了知识劳动者进行知识产权创造的积极性和创造性〔1〕。

六、知识产权质押融资

（一）知识产权质押融资的含义

知识产权质押融资，是指知识产权权利人将其合法拥有的且目前仍有效的专利权、注册商标专用权、著作权等知识产权出质，从银行等融资服务机构取得资金，并按约定

---

〔1〕 马希良. 对知识产权资本化的思考. 知识产权，2004：24～25.

的利率和期限偿还资金本息的一种融资方式[1]。知识产权质押融资的出现，打破了以往只能以实物作为质押物的融资形式，实现了企业的无形资产也能质押融资。

知识产权质押融资是发挥知识产权资产价值，解决企业融资难题，实现知识产权资本运作的重要方式。近年来，国家非常重视知识产权质押融资工作，《国家知识产权战略纲要》第十二条明确规定，要促进自主创新成果的知识产权化、商品化、产业化，引导企业采取知识产权转让、许可、质押等方式实现知识产权的市场价值。《科学技术进步法》也明确规定，鼓励金融机构开展知识产权质押贷款业务[2]。《全国专利事业发展战略（2011—2020）》则指出，要进一步加强专利质押贷款工作，推动一批知识产权优势企业通过资本市场上市融资，促进专利产业化的股权、债券交易市场的形成，推动建立质押贷款、风险投资、上市、证券化等多层次的专利技术融资体系。《专利权法质押登记办法》规定了质押登记制度，《著作权法》明确了著作权质押登记制度[3]。

（二）知识产权质押融资的模式

整体而言，从国内各地方的知识产权质押融资运作模式来看，主要以北京、上海浦东、武汉三种模式为代表。北京模式是“银行+企业知识产权质押”的直接质押融资模式；上海浦东模式是“银行+政府基金担保+企业知识产权反担保”的间接质押模式；武汉模式则是在借鉴北京和上海浦东两种模式的基础上推出的“银行+科技担保公司+企业知识产权反担保”混合模式。这几种模式主要涉及到银行、企业、政府、担保公司等多方主体[4]。

1. 北京模式：银行+企业知识产权质押

北京模式中，北京市科委充分发挥政府的引导、协调、扶持和服务功能，对知识产权质押贷款业务给予一定比例的贴息支持，并承担了相应的服务功能。交通银行北京分行根据支持服务科技型中小企业的市场定位，不仅推出了以“展业通”为代表的中小企业专利权和商标专用权质押贷款品种，而且还推出了“文化创意产业版权担保贷款”产品，可以说，交通银行北京分行充当的是主动参与的“创新者”角色。同时，北京市经纬律师事务所、连城资产评估有限公司、北京资和信担保有限公司等中介机构共同参与提供专业服务，收取一定的费用，各自按比例承担一定的风险，其中经纬律师事务所主要承担的是法律风险，连城资产评估有限公司主要承担专利权、商标专利权等无形资产的评估，资和信担保有限公司则主要提供担保，正是因为这些专业中介机构的参与，基本上解决了知识产权质押融资业务中的一系列难题，使得北京地区的质押融资工作得以顺利开展。

2. 上海浦东模式：银行+政府基金担保+企业知识产权反担保

上海浦东模式中，浦东生产力促进中心提供企业贷款担保，企业以其拥有的知识产

---

〔1〕 卡米尔·伊德里斯．知识产权．北京：知识产权出版社，2008．
〔2〕 陈江华．知识产权质押融资及其政策表现．公共管理，2010．
〔3〕 马树立．知识产权质押融资模式研究．http：//lishuma111．findlaw．cn/zjsbdetail/230256．html．
〔4〕 知识产权质押融资．http：//www．baike．com/wiki/%E7%9F%A5%E8%AF%86%E4%BA%A7%E6%9D%83%E8%B4%A8%E6%8A%BC%E8%9E%8D%E8%B5%84．

权作为反担保质押给浦东生产力促进中心，然后由银行向企业提供贷款，与上海银行约定承担 95%～99%的贷款风险，而浦东知识产权中心（浦东知识产权局）等第三方机构则负责对申请知识产权贷款的企业采用知识产权简易评估方式，简化贷款流程，加快放贷速度，各相关主管部门充当了“担保主体＋评估主体＋贴息支持”等多重角色，政府成为了参与的主导方。上海银行浦东分行承担风险为 1%～5%，在知识产权质押贷款方面持非常谨慎的态度，认为控制风险最重要，在发放贷款方面比较被动。浦东生产力中心作为政府职能延伸承担了 95%以上的风险，在评估方面主要是由该中心综合企业经营状况等各方面因素进行简单评估，因此并没有引入专业中介机构参与运作。

3. 武汉模式：银行＋科技担保公司＋企业知识产权反担保

武汉模式中，武汉市知识产权局与武汉市财政局共同合作，对以知识产权质押方式获得贷款的武汉市中小企业提供贴息支持，知识产权局负责对项目申请进行受理、审核及立项，财政局负责对所立项目发放贴息资金，并和市知识产权局共同监督，各主管部门发挥了“服务型政府”的相关职能，并且在具体职能上做了一定科学合理的分工。相关金融机构在专利权质押融资方面表现还是颇为积极，如交通银行武汉分行已办理了 9 笔专利权间接质押贷款，而人民银行武汉分行正在尝试推出专利权直接质押贷款。同时，引入的中介机构主要是武汉科技担保公司，该公司在武汉市科技局和知识产权局的要求与支持下，尝试以未上市公司的股权、应收帐款、专利权、著作权等多种权利和无形资产作为反担保措施，其中以专利权质押的方式由尝试走向推广。

北京模式是一种以银行创新为主导的市场化的知识产权质押贷款模式。这种模式下，银行通过金融产品创新和金融服务创新，在知识产权质押贷款方面取得了积极进展，带来了一定的社会示范效益，并引领北京的知识产权质押贷款工作快速、全面展开。上海浦东模式是一种以政府推动为主导的知识产权质押贷款模式。在浦东新区知识产权质押融资推出的初期阶段，这些以政府为主导的创新尝试和大胆举措，既促进了浦东新区知识产权质押融资平台建设，又推动了浦东新区科技发展基金的良性循环使用。

武汉模式作为一种混合模式，在实践中也进行了一些创新。其中最大的亮点是引入了专业担保机构，一定程度上分解了银行的风险，促进了专利权质押融资的开展。以合作谋发展，多方受益互惠共赢，一是政府既不承担贷款风险，而企业又获得了政府补贴金额 20 倍的银行贷款，充分发挥了财政杠杆作用，资金使用效益得到有效放大；二是通过限制中介机构和银行收费、给予企业费用补贴等方式，将贷款成本控制在基准利率以下，大大降低了中小科技企业的贷款成本；三是财政给予企业补贴，其实是转移支付给了担保、中介机构，相当于是给这些机构承担风险的部分补贴，有效提升其开展此项业务的积极性。

（三）知识产权质押融资的程序

不同的知识产权质押融资模式，其操作程序也不尽相同，下面以“武汉模式”的专利质押融资为例，简略介绍知识产权质押融资的条件和操作流程。

1. 条件

企业申请专利权质押贷款，必须符合以下条件：

（1）企业的注册地必须是在所在地；

（2）已依法取得专利权且处于法定有效状态；

（3）企业必须是合法专利权人，一项专利权有两个以上的共同专利权人的，应提供其他共有权利人同意质押的合法有效的书面文件；

（4）出质的专利权已处于实质性的实施阶段，并能获取较好的经济效益与社会效益；

（5）专利权的质押期限不超过该专利权的有效期限。

2. 流程

知识产权质押融资主要包括以下流程：

企业提交资料—中介机构法律审查—担保机构担保审查—质押评估—银行审查—知识产权价值评估—签订银企借贷合同—质押备案登记—银行放款—申请政府资助—贷后管理—企业还款，详细见图 7-7 所示。

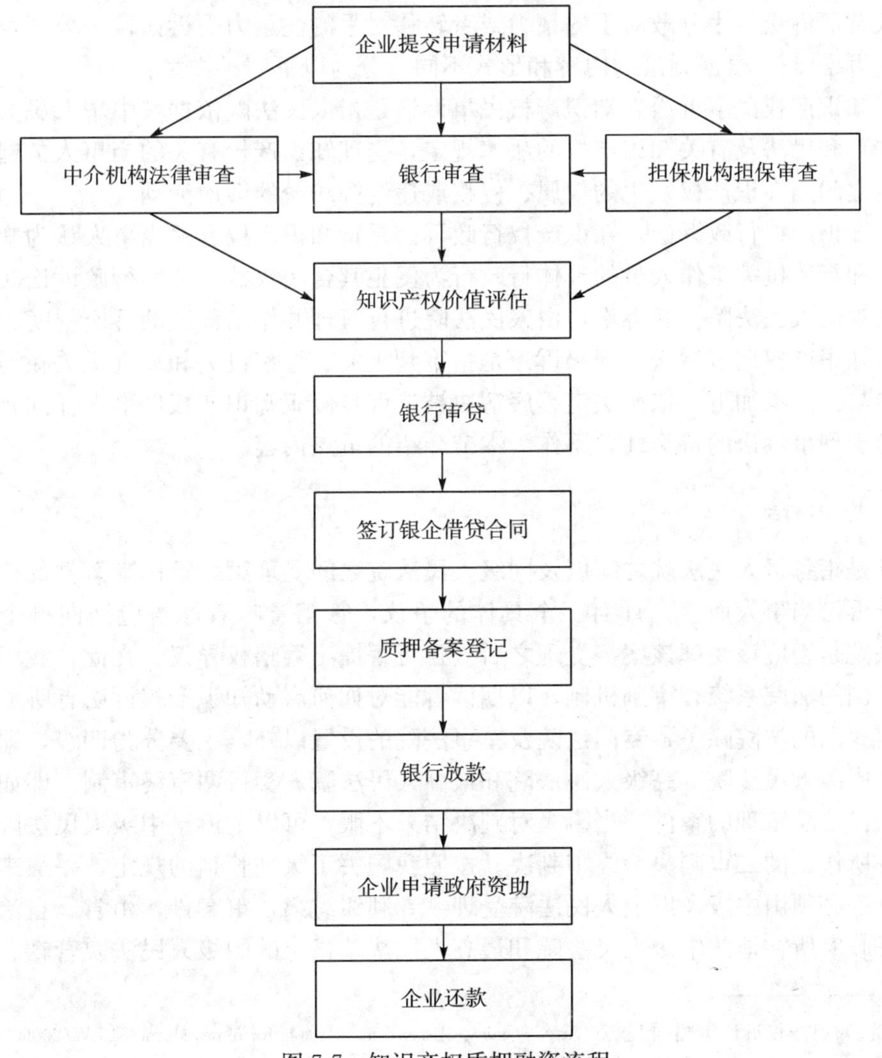

图 7-7　知识产权质押融资流程

第六节 知识产权诉讼策略

一、知识产权诉讼的准备

(一) 知识产权诉讼的类型

根据不同的划分标准，可以将知识产权诉讼分为不同的类型。例如，按照争议的标的的种类，可以将知识产权诉讼分为著作权纠纷、专利权纠纷、商标权纠纷以及不正当竞争纠纷。在实际中这些不同种类的纠纷可能发生相互竞合。例如北京新东方教育集团有限公司诉浙江新东方出国服务有限公司、浙江新东方外语培训学校商标侵权、不正当竞争纠纷案，原告就同时选择了两项诉由。从知识产权诉讼的目的来划分，可以分为为潜在的收益而诉讼；为分散对手的精力或者转移对手的注意力而诉讼；为公司声誉的免费宣扬而诉讼[1]。根据诉讼的内容和形式不同，分为以下三种类型：

(1) 知识产权民事诉讼。知识产权民事诉讼是指人民法院依据《中华人民共和国民事诉讼法》和民法及有关知识产权的法律规定，受理知识产权有关的当事人的起诉，解决当事人之间因知识产权发生的权属、侵权或违约等纠纷的诉讼活动。

(2) 知识产权行政诉讼。知识产权行政诉讼是指知识产权有关当事人认为知识产权行政机关和行政机关工作人员的具体行政行为侵犯其合法权益，依照行政诉讼法和有关法律、法规向人民法院提起诉讼，由人民法院进行审理并作出裁决的诉讼制度。

(3) 知识产权刑事诉讼。刑事诉讼是指审判机关、检察机关和侦查机关在当事人以及诉讼参与人的参加下，依照法定程序解决被追诉者侵犯知识产权刑事责任问题的诉讼活动。鉴于刑事诉讼的特殊性，不作为本节介绍的重点内容。

(二) 管辖

管辖是指各级人民法院之间以及同级人民法院之间受理第一审民事案件的权限和分工。对于诉讼当事人而言，针对一个具体的争议，管辖意味着原告应当向哪个法院起诉，该法院是否应该受理该案，受理之后被告可否提出管辖权异议。在此，我们首先介绍一下我国的法院系统和审判机制，以期读者能对如何启动知识产权诉讼有所了解。

目前我国的法院除了各专门法院及军事法院的设置以外，主要分为四级，即基层人民法院、中级人民法院、高级人民法院和最高人民法院。实行两审终审制。即如果一审在基层人民法院审理的案件，当事人对判决结果不服，可以上诉至中级人民法院，中级人民法院所作出的二审判决为终审判决。按照我国关于级别管辖的规定，一般来说，知识产权诉讼必须由中级及以上人民法院受理。专利纠纷第一审案件，由省、自治区、直辖市人民政府所在地的中级人民法院和最高人民法院指定的中级人民法院管辖。著作权

---

[1] 邓宏光. 知识产权诉讼策略与技巧. http://www.hzlawfirm.com/platform/newshtml/FLLW/20060713095336.htm.

民事纠纷案件，由中级以上人民法院管辖；各高级人民法院根据本地区的实际情况，可以确定若干基层人民法院管辖第一审民事纠纷案件。商标权民事纠纷案件，由中级以上人民法院管辖；各高级人民法院根据本地区的实际情况，经最高人民法院批准，可以在较大城市确定 1～2 个基层人民法院受理第一审民事纠纷案件。

近年来，全国各地法院试点知识产权审判“三合一”（即由知识产权审判庭统一审理知识产权刑事、民事和行政案件）。在此基础上，党的十八届三中全会提出“探索建立知识产权法院”。目前部分省市根据中央全面深化改革领导小组第三次会议审议通过的《关于设立知识产权法院的方案》，正在积极筹建知识产权法院。总体思路是落实国家创新驱动发展战略和知识产权战略，努力提升知识产权审判质效，积极借鉴国外经验和做法，稳妥推进司法改革。通过设立知识产权法院，充分发挥司法保护的主导作用，进一步加大知识产权案件集中审理的力度，统一裁判标准，建立专业化的审判队伍，探索完善中国特色的知识产权审判制度体系。

二、我国知识产权诉讼的程序

我国目前没有专门针对知识产权诉讼的程序，因此，在我国的知识产权诉讼中适用的是普通民事程序。即一审通常需要经过起诉和受理；审理前的准备；开庭审理；诉讼中止和终结；判决和裁定等五个程序。对一审判决不服，可以在法定期间内向上一级法院提出上诉，二审判决为终审判决。具体程序可参见图 7-8。

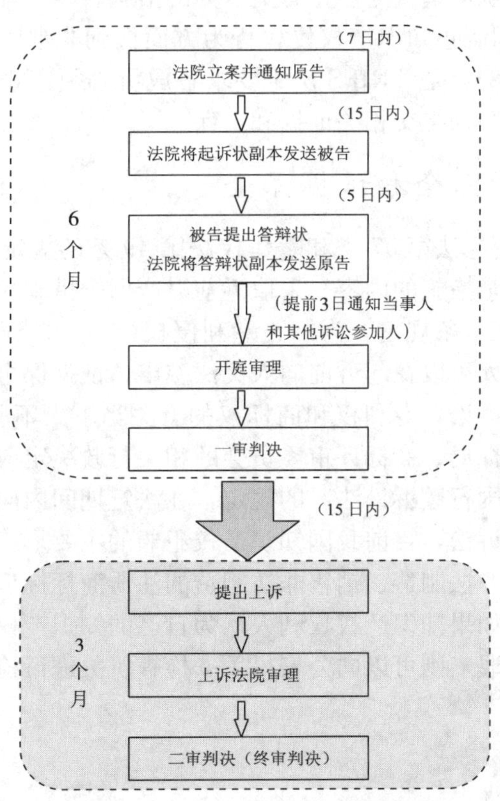

图 7-8　知识产权诉讼程序

然而，知识产权诉讼毕竟不同于普通民事诉讼，需要注意以下几个问题。

（一）举证责任

方法发明的举证责任倒置：方法专利侵权纠纷案件，制造同样产品的单位或个人应当提供其产品制造方法不同于专利方法的证明。即在方法发明专利侵权案件中，举证责任由被告承担。

（二）当事人

与一般民事诉讼相比，知识产权诉讼的原告主体有所扩大。对侵犯知识产权的民事诉讼，知识产权权利人或者利害关系人可以作为原告提起诉讼。知识产权的权利人是指著作权人、专利权人、商标权人等，利害关系人是指许可合同中的被许可人、知识产权财产权的合法继承人等。许可合同中的被许可人中，独占许可合同中的被许可人，可以单独起诉；排他许可合同中的被许可人在知识产权权利人不起诉的情况下，可以起诉。

（三）诉前责令停止侵权

知识产权权利人或者利害关系人有证据证明他人已在实施或者即将实施侵犯其著作权、商标权或专利权的行为，如不及时制止，将会使其合法权益受到难以弥补的损害，可以在起诉前向人民法院申请责令停止有关行为的措施。

“临时禁令”在各国制止知识产权侵权行为方面得到非常广泛的应用，最早起源于英美法系国家的司法判例，是TRIPS协定要求各成员必须遵守的最低要求。申请诉前责令停止侵权行为的，必须提交相关证据和担保。

（四）诉前财产保全和证据保全

专利法第66条、商标法第57条和著作权法第49条的规定包含了起诉前申请人可以要求法院采取财产保全措施的内容。采取诉前财产保全措施的，按照民事诉讼法的有关规定进行。专利法第67条规定，为制止专利侵权行为，在证据可能灭失或者以后难以取得的情况下，权利人可以在起诉前向人民法院申请证据保全。

关于知识产权行政诉讼，专利权和商标权的有关当事人不服国务院专利行政部门、专利复审委员会或者商标局、商标评审委员会的相关行政决定或者行政复议决定的，可以依照《中华人民共和国行政诉讼法》的规定，在法定期间内向人民法院提起诉讼。

关于知识产权刑事诉讼，目前我国知识产权犯罪的主要形式有假冒注册商标；销售假冒注册商标的商品；非法制造、销售非法制造的注册商标标识；假冒专利；侵犯商业秘密；侵犯著作权等。如果知识产权权利人认为自己的知识产权受到了侵犯，而且侵权行为已经构成了刑事犯罪，则可以向公安机关、检查机关进行检举，由相关机关决定是否进入刑事诉讼程序。

三、美国337调查及其应对策略

（一）美国337调查概述

337调查是指美国国际贸易委员会（ITC）根据美国《1930年关税法》第337节的规定，针对不公平的进口行为进行调查并采取制裁措施的做法。337调查主要针对进口产品侵犯美国知识产权的行为。无论是美国企业还是外国企业，只要其在美拥有知识产权，如认为进口到美国的产品侵犯了其知识产权，便可向美国国际贸易委员会提出调查申请。如果起诉符合条件，美国国际贸易委员会就将启动对被诉产品的调查，若调查认为侵权成立，国际贸易委员会就可以向海关发出排除令，禁止该项产品进口。排除令分有限排除令和普遍排除令。根据有限排除令，海关将禁止被ITC裁决所列名的企业的产品进口，而普遍排除令则是威力最大的救济措施，是针对某一侵权产品进口的全面禁止，不论该产品生产者为谁，来自何方，不论其生产者是否被列为被告，只要属被诉产品，就不能再进入美国市场〔1〕。由于侵权成立可能导致一个企业甚至整个行业的相关产品丧失美国市场，337条款已被认为是目前国际上最具变通性和杀伤力的贸易保护手段。

自我国加入WTO后，我国企业成为337调查被告的数量呈逐年增加的态势。2002年至2009年5月，我国共遭受美国337调查79件，占美国对中国大陆发起的337调查总数近50%。据统计2002年5件，2003年8件，2004年11件，2005年10件；2006年13件；2007年16件；2008年12件；2009年（截至5月）已有4件。国家知识产权局的数据也表明：美国337调查的主要国家（地区）是：中国大陆、中国台湾、中国香港、日本，而目前，中国已成为最大的受害国。《2005年－2006年中国WTO报告》的数据显示：2001年到2005年中国前十大出口市场排在第一位的均是美国，出口额从2001年的520．8亿美元持续增长到2005年的1629亿美元。对美贸易出口，于中国企业利益攸关。频繁的337调查，已给中国相关企业造成了重大损失，成为继反倾销调查后制约中国产品出口的主要因素。

我国许多企业由于遭受337调查，出口和生产受到极大影响。例如河北苏科瑞科技有限公司因美国泰莱公司提起的三氯蔗糖337调查案而一度陷入困境。该公司2005年开始出口涉案产品，产品供不应求，因337调查导致该产品的二期扩建工程停建，产量仅为公司产能的十分之一，出口大幅萎缩，众多客商暂停了与该公司的业务关系，使企业经营遭遇诸多困难。一些企业因337调查的应诉难度较大，费用高、取证时间短、法律专业性复杂性程度高等原因不应诉，放弃主张权利，导致被判排除令，退出美国市场，从而使企业乃至行业遭受重大损失。2000年11月7日，原告美国LPJ公司向ITC申请337调查，诉称其拥有的美国专利遭到被告中国常州华邦制药集团有限公司产品侵犯。本案涉案产品是4－雄烯二醇（一种用于健身的睾酮刺激剂）。被告未应诉。2001年5月24日，行政法官应原告动议进行缺席判决，认定侵权成立，之后委员会同意初

〔1〕 薄守省，杨麟．周勇．美国337调查程序实务．北京：对外经济贸易大学出版社，2005：23.

裁内容，决定发布有限排除令，禁止常州公司（包括其附属公司、母公司、子公司以及其他任何有关联的实体）的4雄烯二醇产品进入美国销售和储藏，禁止期截止至该专利有效期满日[1]。2004年5月17日，美国企业Newspring Industrial Corporation起诉中国江苏舜天股份有限公司和台州华森日用品有限公司进口的食品塑料容器侵犯其美国专利，要求ITC发布普遍排除令。由于两被告均未答辩，行政法官缺席判决，认定江苏舜天股份有限公司侵犯了原告三项专利。ITC最终裁决侵权成立，并且颁布普遍排除令，由此中国企业生产的所有相关的塑料食品包装盒类产品无法再进入美国市场[2]。2007年4月7日，英国泰莱科技有限公司和美国泰莱三氯蔗糖公司统称泰莱公司，向USITC递交诉状，指控中国河北苏科瑞公司、北京富邦信业贸易有限公司、北京富邦信业化工有限公司、广东省食品工业研究所、常州市牛塘化工厂有限公司等多家中国企业，侵犯了泰莱公司的3项美国专利，USITC于同年5月7日启动了该项337调查。河北苏科瑞等4家企业选择了应诉，他们以大量的证据据理力争。2009年4月6日，ITC作出终审裁决。裁定参与应诉的4家中国三氯蔗糖生产企业没有侵犯泰莱公司专利权。但与此同时，对不参加应诉的11家中国三氯蔗糖企业，ITC法官裁定他们侵犯了泰莱公司的专利权，并发布有限排除令，即禁止这些侵权企业的侵权产品进入美国市场[3]。由于337调查事关重大，不仅关系被诉企业的市场利益，甚至严重影响相关行业的发展。因此，337调查是我国较长时期内不能回避的难题，如何有效应对是我国出口企业需要认真研究和对待的问题。

（二）我国企业应对337调查策略分析

1.增强技术实力与知识产权意识，有效预防纠纷发生

面对337调查，我国企业面临收集证据难、费用高昂、法律制度差异等重重困难。因此，企业的最优选择是练好内功，避免卷入337纠纷。

1）积极创新，加大研发力度，及早获取知识产权

企业应该充分重视技术创新，加大研发投入。如果相关产品可能出口美国市场，要积极申请美国专利。这是避免337调查的最有效手段。专利先行已是国际市场竞争的惯用战略。而中国企业由于缺乏战略眼光和资金问题，很少在国外申请专利，这已严重影响了中国企业在国外市场上的竞争力。由于美国337条款同样保护外国公司基于美国法律所取得的知识产权，因此中国企业就相关技术取得美国专利不仅可避免遭受337调查，还可以将337调查作为中国企业保护自己利益而运用的竞争策略与进攻工具，利用337调查制止进口侵权行为，维护自己在美国市场的利益。

2）注意专利检索与专利信息的利用

为避免技术成果侵犯他人专利权，企业在技术研发开始前、研发过程中、产品出口

〔1〕 美国国际贸易委员会网站. http://info. usitc. gov/ouii/public/337inv. nsf/RemOrd/440/$File/337ta440. PDF? OpenElement.

〔2〕 美国国际贸易委员会网站. http://info. usitc. gov/ouii/public/337inv. nsf/RemOrd/514/$File/337－TA－514. pdf? OpenElement.

〔3〕 中华人民共和国国家知识产权局网站. http://www. sipo. gov. cn/sipo2008/mtjj/2009/200904/t20090410_450492. html.

之前各个阶段都应该密切关注相关技术信息，尤其是专利信息。研发前通过专利检索，了解相关技术信息，有助于确立研发方向，避免浪费资源。由于每天都有专利获得授权，专利技术信息是不断更新的，应在研发过程中随时进行专利检索，保持对专利信息的关注，以便在必要时改变研发方向，避免不必要的投入。企业产品出口美国之前，必须全面进行一次美国专利检索，如果发现相关专利，则通过与权利人协商取得许可，而进入美国市场。或者将产品转向其他没有此项专利保护的美国之外的国家和地区。这样做将使遭受337调查的风险降到最低。因此，企业应充分重视培养能熟练进行专利信息检索与利用的人才，以使专利检索工作有效开展。

3）妥善保存各种技术研发数据资料，为可能发生的纠纷做好证据准备工作

企业一旦卷入知识产权纠纷，不论是作为原告主张权利还是作为被告抗辩侵权不成立，都需要提供完全的证据材料。证据是赢得诉讼的关键。各种技术研发数据资料都有可能成为重要的诉讼证据。技术资料的遗失可能直接导致败诉的不利后果。337调查中，应诉需提交的证据材料更是多达上万页，大多需要的是原始材料。因此，企业从科研项目开发到建设的每个过程都要做好原始资料的积累，以便在337调查中，有备无患，有效证明自己的主张。

4）利用合同条款降低337调查的不利后果

企业如系接受外商委托加工产品并出口，应特别注意该产品是否涉及知识产权，并要求外商提供该产品的有关知识产权证明文件。若外商既非权利人又无适当的授权证明文件，则应考虑法律风险，应在合同中订立任何有关侵犯知识产权的情况都应由该外商负责并赔偿己方损失的条款。

2. 积极应诉，灵活运用诉讼策略

1）与权利人和解，保留美国市场

据ITC统计数据表明，1999年至2003年，在337调查案件中，有50%是双方通过和解解决的。如果我国企业经过充分分析和论证，认为我方进口产品确实侵犯了原告的知识产权或侵权可能性极大时，而又不希望放弃美国市场，则可适时选择与对方和解的方式结束337调查，以向美国专利权人支付专利费为代价而保留美国出口市场。对于我国企业而言，是否达成和解，关键是要在出口市场的利润与专利使用费的数额之间衡量，需要通过谈判寻求合理的专利许可使用费。

2）积极应诉，据理力争，充分维护自己的权益

337调查案例表明成为337调查的被告不一定被裁决构成侵权。ITC统计数据显示，1999年至2003年期间，在337调查案件中，除双方达成和解协议的案件占50%之外，其余20%的案件是外国企业侵权不成立的，14%是美国企业自行撤销控诉，只有16%是侵犯美国企业的知识产权。因此，被调查企业有较大胜诉可能。但一般来说，只有被调查企业积极应诉，才能得到不侵权的认定结果。337调查结果主要依赖于原被告双方提交的证据材料，若不积极应诉，等于放弃申辩的机会，默认侵权成立。从337调查实践看，如果被告不应诉，通常原告绝大部分诉求都将得到满足，不论是有限排除令还是普遍排除令都会给涉诉企业乃至相关行业带来巨大的损失。同时被诉企业会因被认定侵权，导致其国际市场的声誉遭受损害，进而影响市场份额。因此，对中国企业来

说，躲避、不应诉都是不明智的选择。企业应当委托精通“337调查”的国内外律师积极搜集证据，争取胜诉。

在337调查中，针对原告指控，我国企业可采用以下抗辩策略：①主张原告专利无效。专利无效抗辩在337诉讼中可谓是“釜底抽薪”，这是对诉讼根据发起的攻击。主张专利无效，往往重在否定专利的新颖性和创造性。②证明原告存在不公正行为。专利申请人在专利局申请专利的过程中，负有善良及诚实之义务。违反此义务者，包括虚伪陈述重要之事实、未揭露重要事实或提供错误之重要信息，加上欺瞒意图，即构成不公正行为，亦即所谓“专利申请之诈欺”。不公正行为将导致该专利不可实施，专利权人于剩余的专利年限内，即不得再主张专利权[1]。③通过分析专利权利要求的保护范围，进行技术对比，证明自己采用的技术与原告专利技术不相同，不构成侵权。在原告专利无法被撼动的情况下，通过技术比对证明不侵权就成为最重要的抗辩手段。例如，2012年7月24日，美国 Technology PropertiesLimited LLC 公司、PhoenixDigitalSolution-sLLC 公司以及 Patriot Scientific 公司向美国ITC提出申请，指控美国进口以及美国国内市场销售的部分无线消费性电子设备及其组件侵犯了其专利权，被告方包括中兴通讯、华为、三星、HTC、LG等十二家企业。经过一年多的诉讼，美国ITC发布的初裁决定称，中兴通讯和华为公司并未违反337条款，不侵犯原告TPL起诉指控中的芯片专利权。此外，2013年6月28日，美国ITC主审法官对华为和中兴通讯无线3G设备337调查案做出初裁，裁定美国交互数字公司（IDC）所诉的7项专利中1项无效，另外6项华为和中兴通讯不侵权。

3）整合行业资源，应对337调查

337调查诉讼费用高昂、提供证据时间短暂等特点给被诉企业带来极大的压力，甚至一些企业根本无法独自承担，而337调查的后果又往往并不仅对被诉企业产生影响，而是影响到相关产业或行业，未被调查的企业也可能遭受不利后果，被禁止同类产品出口美国市场。因此，这就要求相关企业为了共同的利益团结一致，发挥集体的力量应对337调查。在2003年美国劲量控股公司和EVEREADY电池公司诉包括中国和中国香港地区企业在内的24家企业侵犯其无汞碱性电池专利权的337调查中，中国电池工业协会动员了全行业的力量，组织9家被列名的中国电池企业以及9家相关企业，组成一支18家企业联合应诉团队，共同聘请了著名的美国霍金豪森律师事务所作为代理律师，还组建电池行业技术专家与教授联手的应诉专家工作组配合应诉，经过15个月的艰苦抗辩，最终胜诉[2]。这一事例表明，有效整合行业资源有助于我国企业赢得337诉讼，而行业协会可以在337调查中成为最佳组织者，发挥集体力量，维护本行业企业的利益。

---

〔1〕 王承守，邓颖懋. 美国专利诉讼攻防策略运用. 北京：北京大学出版社，2006：97.

〔2〕 陶婷芳，谢明磊. 我国电池业应对美国“337”调查胜诉案的启示. 上海商业，2004（12）：56.

问题与思考：

1. 如何从知识管理角度理解知识产权的本质？
2. 如何理解知识产权与企业竞争优势的关系？
3. 如何从技术创新的过程准确把握企业面临的知识产权风险？
4. 简述提高企业知识产权商业化能力的途径。
5. 如何看待我国知识产权审判制度改革的趋势？

第八章　企业知识产权管理案例

案例一　面向国际化的华为知识产权管理案例

华为技术有限公司（以下简称华为）是一家电信设备制造商，其产品和技术不仅在中国本土而且在海外都占有重要地位，是中国高新技术企业的一面旗帜。华为通过充分了解和运用国际知识产权战略，为企业的国际化发展打下了坚实的基础。

华为成立于1988年，主要从事通信网络技术与产品的研究、开发、生产与销售，专门为电信运营商提供光网络、固定网、移动网和增值业务领域的网络解决方案，是中国电信市场的主要供应商之一，并已成功进入全球电信市场，在与电信运营商合作方面，已服务于全球前50名运营商中的36家。华为是全球固定网络、移动网络和数据通信IP技术等领域唯一一家在3个领域都进入前3名的设备供应商。目前，华为已经建立了总部、地区、本地成熟的3级客户服务体系，在全球设有14个研发中心、20个地区部、100多个分支机构、29个培训中心。目前有员工96 800多人，其中研发人员为37 000多人，约占38%，海外员工有22 000多名，其中本地化比例达57%。知识产权人员为250余人，仅专利部的人员就达到200余人，从事预研工作的人员为1 500人。2008年，华为合同销售额达到233亿美元，较之2007年同期增长了46%，其中来自海外市场的贡献占到75%。华为每年将超过10%的销售收入投入研发，其中10%用于预研。2008年，华为PCT申请量达到1 737件，跃居全球第1位，并连续7年蝉联中国企业专利申请数量第1，累计申请专利达35 773件。目前华为已经加入了91个国际标准组织、参与各类通信标准的制定工作，是全球第5大UMTS 3G基础专利拥有者。

目前，华为的国际化战略已逐渐得到巩固，在业界初步树立起国际化的品牌形象，并获得了越来越多的国际运营商的认可，沃达丰授予华为“2007年杰出表现奖”。在国际化道路上，华为充分认识和了解企业国际化所面临的知识产权风险和挑战，积极选择本产业中适合本企业的知识产权战略。

一、华为与思科的知识产权诉讼案简述

思科公司（“Cisco”）于2003年1月22日（中国农历12月20日）美国当地时间就华为的知识产权纠纷向美国东部第5巡回法庭Marshall分院提起诉讼；2003年3月20日，华为与美国3COM公司联合宣布，双方将组建合资企业：华为－3COM公司，该合资公司共同经营与思科诉讼相关领域的数据通信产品的研究开发、生产和销售业务，

其中 3Com 共投资 1.6 亿美元并提供相关专利权给合资公司，持有 49%的股份，而华为则将原有数据网络事业部门的技术、产品线、通路及销售业务转入合资公司，拥有 51%股份。

2003 年 6 月 7 日，Marshall 法院发布了一个初步的禁止令，根据该初步禁止令，华为在全球范围内暂时停止使用、销售含有和思科有争议的 EIGRP 模块的路由器产品；华为暂时停止在美国销售和使用相应产品的用户手册和产品在线帮助文件（华为实际早就停止了上述历史产品的经营）；禁止令同时要求思科向法院交付 500 万美元保证金，以保证如果此禁止令有误并给华为造成损失，法庭将以此作为对华为损失的赔偿。

2003 年 7 月 7 日，得克萨斯州东区美国地方法院 Marshall 分院批准 3COM 提出的介入本案的动议（第 93 号）。

2003 年 10 月 2 日，双方达成初步和解协议并发表声明，思科暂时中止其在得克萨斯州东区美国地方法院 Marshall 分院针对华为的知识产权诉讼。

2004 年 7 月 28 日，华为、思科公司、3COM 公司向美国得克萨斯州东区法院 Marshall 分院提交终止诉讼的申请，法院据此签发法令，终止思科公司对华为的诉讼，最终全部解决了该起知识产权案件的争议，同时意味思科今后不得再就此案提起诉讼或者就相同事由提起诉讼。

二、华为国际化面临的知识产权风险和挑战

华为在走向国际化的过程中，充分认识和了解了所面临的知识产权风险和挑战，其中包括：

（1）中国已于 2001 年 12 月 11 日起正式成为世贸组织成员，应遵守与贸易有关的知识产权协议（TRIPs 协议）的规定，按国际规则行事。

（2）随着经济的全球化，在通信领域，中国已成为全球最具活力的市场之一，几乎所有的跨国公司无一例外地将中国市场作为其全球战略的重要组成部分。

（3）知识产权作为跨国公司整体经营战略的重要组成部分，往往被用来作为维护其垄断地位、市场份额或限制竞争对手的最重要、最为有效的手段和工具之一。

（4）国际或地区性标准与专利的结合更加剧了跨国公司利用知识产权限制竞争对手的步伐，也进一步抬高了进入国际市场参与竞争的门槛和难度。这一点在需要互联互通的通信领域尤为明显。

（5）北美、欧洲和日本的知识产权保护法律制度，将使得知识产权陷于弱势地位的企业处于十分不利的地位。最为突出的障碍和风险表现在北美、欧洲和日本在知识产权保护法律方面对知识产权权利人的保护非常全面，同时对知识产权侵权人的责任可能很重，具体体现在：①进入国际市场的资格受到挑战（使用禁止令，301 条款，临时措施，边境措施，美国国际贸易委员会 337 条款等）；②可能要承担难以承受的高额知识产权累计许可费（如台湾厂商每年向西方公司缴纳的专利许可费大约为 100 亿美元，我国 DVD 产业的高额许可费）；③可能要承担难以承受的高额惩罚性侵权赔偿金（美国专利法关于故意侵权的 3 倍赔偿规定）；④按照国际惯例，跨国公司往往需要 5 年左右的周期完成专利的战略部署，专利部署基本就位后，他们将对满足以下 3 个条件的企业发

动个体的专利战或群体的专利围剿战：占有或可能取得较高市场份额；采用国际工业标准；没有可抗衡的专利或其他筹码。我国加入 WTO 已 8 年时间，跨国公司在中国的专利部署将近初步完成，因此，对于满足上述 3 个条件的中国企业不仅在国际上，就是在中国也将面临被围剿的风险。

三、面向国际化的华为知识产权战略

在充分认识和了解了所面临的知识产权风险和挑战的基础上，华为认为作为一个参与国际竞争的公司，其知识产权工作也要有国际化的视野，应做好如下几个方面的工作：

（1）对知识产权有足够深度的认识。①将知识产权作为公司整体战略的重要组成部分，是公司业务的组成部分和一种重要的商业工具，是取得参与国际市场竞争资格的基本条件，而不仅仅是一项辅助性事务；②把知识产权能力作为建立和保持国际竞争的市场地位、市场份额的基本能力要素之一，保证有效的持续投入和长期积累；③将知识产权看成为一项有效益的投入，其效益包括：避免缴纳高额许可费、向他人收取许可费、保证产品的通行和经营的安全、通过资本运作及产权活动提高公司或资产的价值等；④知识产权是一项战略性的投入，在时间上有“后效性”特点，必须坚持长期不断的持续积累。

（2）建立与公司自身匹配的知识产权战略。依据公司经营的收入来源和自身的竞争优势，跨国公司采取以下不同的知识产权基本战略：①以专利为业务导向，依靠对某些标准的基本专利的绝对垄断或优势地位，通过收取专利许可费获得利润（如 Qualcomm）。②通过大量的研发和知识产权投入，形成强大的专利组合并获得大量国际或地区性标准的同族专利，以产品经营为主业，同时，通过知识产权许可亦获得一定的收益（如 IBM 每年获得约数十亿美元知识产权许可费）或排斥其他竞争对手获得优势市场地位。③通过保持绝对的技术领先获得行业的事实标准来保证自己的经营安全（如 Microsoft、Intel、Cisco 等），Cisco 在 1994 年以前采用公开部分技术的方式避免他人获得专利危及自己，但随着竞争的变化 Cisco 已放弃了这种战略。④通过分析竞争对手的原创性基础专利，在基础专利的各种进一步产品化实施方向上，申请大量改进型专利，使得基础专利的实施还要使用改进型专利，以达到与基础专利交叉许可的目的（这是 20 世纪 80 年代日本企业与美国公司竞争时采用的知识产权战略，但由于其高成本和特定对象的缺陷，目前已很少被采用）。⑤通过持续保持一定的知识产权投入，形成较强的专利组合并获得较多的同族专利，以避免交纳高额许可费、保证自身的产品经营安全（如 Motorola、Siemens、Nokia、Nortel、Ericsson、Alcatel 等大多数跨国公司采用此战略），同时，有限度的压制不具有知识产权的竞争对手。——这是目前大多数以产品经营为主业的跨国公司采取的知识产权战略，已成为一种潮流。

（3）跨国公司应至少具备能维护自身运营的知识产权能力。跨国公司要保证自身经营的安全所应具备的知识产权能力基本条件如下：①有一个强大的专利组合（patent portfolio），包括：在主要产品的技术领域和产品主要经营的国家范围内有大量的授权专利积累（通常有 10 000 件）；每年度在主要产品的技术领域和产品主要经营的国家范围内有一定数量的专利申请（通常为 1 000～5 000 件）。②在各主要产品领域和产品主要经营的国家范围内有一定数量（如 10 件以上）的竞争对手需要使用的专利包，这些专利可以通过以下方法获得：向标准组织提交含有专利的技术提案，使自己的专利技术被标准组织接受成为工业标准（这是一种高效、低成本的获取基本专利的方法，为各跨国公司普遍采用）；使自己在技术上处于绝对领先而成为事实标准（微软、英特尔、思科）；用大量的改进专利来封住原创性基本专利的实施（20 世纪 80 年代日本公司采用）。

（4）华为的知识产权理念。基于对跨国公司的知识产权管理的认识，华为逐渐形成了清晰的知识产权理念：①知识产权作为国际商业竞争的重要组成部分；②企业参与国际竞争必须具备强大的知识产权能力；③切实保护好自己的知识产权，充分尊重他人的知识产权是国际化企业的基本要求；④按照国际通行的游戏规则来处理与其他公司的知识产权纠纷。

华为就是这样在电信行业激烈市场竞争中，充分运用知识产权这一现代商战的利器，在国际化道路上一步一个脚印，坚实地走向世界。

案例二　应对跨国诉案的比亚迪知识产权管理案例

深圳比亚迪股份有限公司（以下简称比亚迪）创立于 1995 年，是一家在香港上市的高新技术民营企业，是全球第 2 大充电电池供应商，短短数年便打破了日本厂商独霸全球充电电池市场的格局，与此同时也遭到了日本行业巨头的专利阻击。但比亚迪公司不畏强权，勇于面对，在日本本土与索尼公司展开专利诉讼战，并获得胜利。

总部位于深圳的比亚迪股份有限公司自 1995 年成立并涉足充电电池生产以来，在短短数年里迅速崛起。凭借优秀的产品品质和突出的成本优势，比亚迪先后拿下中国台湾大霸、日本 Nikon、飞利浦、伟易达、V-tech 等厂商的大额订单。与摩托罗拉、诺基亚、爱立信以及国内新兴的波导、TCL、康佳等手机厂商的合作更使得比亚迪迅速超越众多的日本充电电池制造商，一跃成为与三洋、索尼比肩的全球第 2 大充电电池供应商，短短数年便打破了日本厂商独霸全球充电电池市场的格局。比亚迪手机锂电池更是以 30%的市场占有率位列世界第 1。目前，比亚迪已在广东、北京、陕西、上海等地共建有 9 大生产基地，并在美国、欧洲、日本、韩国、印度、中国台湾、中国香港等国家和地区设有分公司或办事处，现员工总数已超过 13 万人。比亚迪的主导产品也扩展为两大系列：①IT 零部件，如镍电池、锂离子电池、网络电源、柔性电路板等；②汽车，包括高、中、低端燃油汽车，双模电动汽车，纯电动汽车，汽车零部件，汽车模具等。2006 年，比亚迪第 1 款全新车型 F3，凭借着过硬的品质、创新的营销手段，半年销售 3.25 万辆。接着，又用 13 个月累计销售突破了 10 万辆大关。2009 年前 5 个月，比亚迪累计销售汽车 14.25 万辆，同比增长 191%。2008 年，比亚迪的营业额达到 267.88 亿元，毛利润 52.18 亿元，净利润 10.21 亿元。

一、索尼诉比亚迪专利侵权案的缘起

2003年7月8日，索尼株式会社向日本东京地方裁判所（东京地方法院）递交起诉状，起诉比亚迪股份有限公司侵犯其特许第2646657号日本锂离子充电电池专利（简称657专利），请求禁止比亚迪向日本出口最主要的6种型号的锂离子充电电池，以期阻止比亚迪在国际市场的壮大和发展。

为了起诉比亚迪，索尼在取证工作方面颇费一番心机。当时比亚迪并未真正进入日本销售，只是在日本的相关展会上展出产品；为了获得起诉比亚迪的证据，索尼通过中间商，假装想购买比亚迪的产品，以此骗取比亚迪的电池样品，达到其取证的目的。

二、比亚迪的应诉策略

面对索尼指控，比亚迪在第一时间由总裁召集多位副总裁及知识产权部经理召开紧急会议，对诉讼应对做了战略部署。之后比亚迪在日本聘请了著名律师团队，由公司知识产权部组织应对诉讼，各相关技术、市场部门给予充分配合。

比亚迪对索尼的起诉状及涉案专利文本进行了仔细研究，并和自己的产品进行比较分析。比亚迪以相关产品的有关工艺技术标准为依据，指出索尼计算比亚迪电池空隙的错误，并提出正确的计算结果，证明并未侵犯索尼的专利权。此外比亚迪还通过在生产现场对取样过程及结果进行公证并作为不侵权证据提交给法院。

2003年10月8日，经过精心准备，比亚迪向东京地方裁判所递交答辩书及相关证据38份，否认侵犯索尼的专利权。在整个诉讼过程中，比亚迪提交的辩论文件和证据材料将近200份，共计5 000多页。

比亚迪战术很明确，首先是积极应诉，证实自己并没有侵犯索尼专利；另一方面，从根本上将索尼的专利无效掉，釜底抽薪，使其不攻自破。

但要想无效索尼657专利又是谈何容易。索尼657专利是经过近九年的审查，于1997年5月9日被授权的。该专利被授权时的权利要求的核心特征是在电池容器内按每1Ah容量设置0.3cc以上的空隙。该专利被授权后，自1998年2月20日起，汤浅集团株式会社、新神户电机株式会社、日立Maxcell株式会社3家日本公司曾对该专利提出异议，试图无效该专利，但最终并未能完全无效该专利，只是迫使索尼于2000年4月13日修改了自己主张的权利要求，将其保护范围缩小为现在的每1Ah设置0.4cc以上的空隙，并于2000年6月6日获得了特许厅的认可而维持了该专利有效。应该说要无效这项专利是一项非常有难度的工作。

2004年3月19日，比亚迪向日本特许厅（日本专利局）提起专利无效宣告请求，请求宣告索尼657专利无效。比亚迪共提交相关材料3份，相关证据37份；索尼共提交相关材料3份，相关证据3份。在整个取证和调研过程中，比亚迪通过对索尼专利和其他国家的几千项相同领域的发明专利进行了检索，从中调出600余项专利文献，又通过对比和筛选，将范围缩小到了60余项。经专家鉴定，选了其中时间在1997年5月9日之前，在创造性上足以宣告索尼657专利无效的6篇对比文献。

比亚迪对索尼657专利所主张的无效理由主要有以下3点：

（1）不具有新颖性。索尼 657 专利已在甲第 1 号证或甲第 2 号证（比亚迪提交的证据）中记载，所以索尼 657 专利是违反专利法第 29 条第 1 项第 3 号规定的，根据专利法第 123 条第 1 项第 2 号的规定应该被判定为无效。

（2）不具有创造性。索尼 657 专利是基于甲第 3 号证、甲第 1 号证或甲第 2 号证中记载的发明和甲第 4 号证中记载发明的周知的条款，是同行业技术人员可以容易发明的，所以索尼 657 专利是违反专利法第 29 条第 2 项规定的，根据专利法第 123 条第 1 项第 2 号的规定应该被判定为无效。

（3）说明书公开不充分。索尼 657 专利的明细书的专利请求范围和发明的详细说明的记载不充分，所以索尼 657 专利没有满足专利法第 36 条第 3 项和第 4 项规定的要件，根据专利法第 123 条第 1 项第 4 号的规定应该被判定为无效。

三、案件结果

凭着对充电电池行业技术的深透了解，以及有效的应诉策略和有力的证据，比亚迪逐渐占据了主动。2005 年 1 月 25 日，日本特许厅作出裁定，宣告索尼 657 专利无效：“根据以上，本案发明的专利（索尼 657 专利）是违反专利法第 29 条第 2 项的规定的，符合专利法第 123 条第 1 项第 2 号，所以不用讨论上述的无效理由 1（即不具有新颖性的无效理由）和无效理由 3（即说明书公开不充分的无效理由），都应该被判为无效。

关于审判的费用，根据专利法第 169 条第 2 项适用民事诉讼法第 61 条的规定，应该由被请求人（索尼）承担。”

索尼专利被日本特许厅宣告无效，给了比亚迪极大的鼓舞。虽然东京地方裁判所在审理侵权诉讼时也可以认定涉案专利的有效性，但基于特许厅的决定更具权威性以及法院的决定可能会和特许厅的决定产生冲突，法院往往会延长侵权诉讼的审理以等待特许厅的无效决定出来。现在，涉案的索尼 657 专利被宣告无效了，那么就不存在专利侵权的问题，索尼的诉讼相应失去了基础。但这并不是说比亚迪就此便赢了官司，从法律程序上来说，索尼还可以向日本知识产权高等裁判所上诉。2005 年 3 月 2 日，索尼不服日本特许厅对其 657 专利做出的无效决定，向日本知识产权高等裁判所上诉，请求撤销日本特许厅的裁定，维持其 657 专利有效。

然而在比亚迪有力的证据和事实面前，索尼再也无法咸鱼翻身。2005 年 11 月 7 日，针对索尼 657 专利无效上诉案，日本知识产权高等裁判所作出判决：

“驳回原告（索尼）的诉讼请求，诉讼费用由原告承担。”

日本知识产权高等裁判所的判决认定日本特许厅的裁定是正确的，索尼请求撤销日本特许厅裁定的理由不成立，因此驳回索尼的上诉请求，维持日本特许厅做出的宣告索尼 657 专利无效的裁定。

根据日本法律，索尼还可以就日本知识产权高等裁判所对其 657 专利作出的无效判决上诉到日本最高法院，但根据经验，最高法院受理的可能性微乎其微，换句话说，也就是索尼 657 专利无效已经是板上钉钉的事了。

迫于 657 专利在日本特许厅以及日本知识产权高等裁判所都被判无效，索尼最终选择放弃了继续上诉日本最高法院的程序。2005 年 12 月 2 日，索尼向东京地方裁判所递交撤销起诉比亚迪专利侵权的请求书，撤销所有对比亚迪的指控。至此，由索尼在 2003 年 7 月 8 日在日本本土提起的诉讼，以中国公司比亚迪获得全胜告终。索尼搬起石头没砸着比亚迪，却砸掉了自己的专利。

四、比亚迪胜诉的启示

2005 年 12 月 24 日，比亚迪股份有限公司在京宣布，长达近三年的日本索尼公司诉比亚迪公司专利侵权案出现戏剧性结局，作为被告的比亚迪公司反诉索尼公司专利无效的请求获得日本特许厅（专利局）、日本知识产权高等裁判所（法院）的支持，比亚迪公司全面胜诉。这是我国企业首次在境外赢得外国企业专利无效诉讼案件的胜利。

2006 年 1 月，《中国知识产权报》评选出 2005 年度 10 大知识产权案件，“深圳比亚迪反诉索尼专利无效胜诉”入选其中。

比亚迪总裁王传福在接受《中国企业家》杂志采访时说：“比亚迪与索尼战斗到底的行为更加重要，其意义甚至超越了胜利本身，我希望比亚迪的胜利可以给中国制造企业一些启示，要有战斗到底的勇气和信心。我们眼中没有所谓业界巨头，更没有畏惧，我们要用实力去保护属于自己的东西，谁也别打歪主意”。不可否认，在专利这条路上，中国企业有过挫折，有过泪水和伤痛，但很多时候我们输给了自己，输给了对所谓巨头的恐惧。比亚迪用胜利告诉所有中国企业，要练就横刀立马的实力和打破巨头“封杀”的勇气，超越自己，才能最终走向世界。

案例三 掌握核心技术的朗科知识产权管理案例

深圳市朗科科技有限公司（以下简称朗科）是一家由留学归国人员创办的企业，创办人是闪存盘的中国专利和美国专利的发明人。朗科是海归将所学知识转化为知识产权进行创业的典范。

深圳市朗科科技有限公司成立于 1999 年，是闪存盘的世界首创者、发明专利持有者，其推出的以“优盘”为商标的闪存盘是世界上首创基于 USB 接口，采用闪存 (flash memory) 介质的新一代存储产品。“优盘”迅速走向全国乃至世界，开创了整个闪存盘行业，成为全球闪存储产品领域的领导品牌。

作为全球闪存盘及闪存应用领域产品与解决方案的领导者，朗科坚持 3 大发展战略：知识产权战略、人才战略和国际化战略，并一直秉持“品牌先导、持续创新”的经营理念，目前已成功建立了研发、专利和品牌三位一体的企业发展模式，并通过不断的技术创新、发展自主知识产权、维护自主知识产权和有效的专利运营，成功地将知识产权转变成了可持续性的专利收益，从而开创了专利赢利这一全新的商业模式。

朗科重视产品创新更甚于产品制造，每年将销售收入的 10%用于研发，不断推出新型产品。持续创新和产品功能的不断延伸，淘汰了软盘等传统产品，开辟了闪存日益广阔的应用领域，开拓出规模超过 1 000 亿美元的新型市场。而如果没有基础性的创新发明，或者浅尝辄止，靠一两项技术和产品制造打天下，朗科可能连产业门槛都无法迈进去。朗科充分利用其在整体产业链中所掌握的核心技术优势和自主创新能力，迅速建立了在移动存储领域第一的品牌形象和完善、稳定的营销体系，目前已在北京、上海和广州等地设立了7个销售办事处，在全国各省市拥有稳定完善的渠道体系，并已逐步渗透到三、四级城市，在市场份额上遥遥领先于竞争对手。同时，朗科产品已远销到美国、欧洲、日本、中东、东南亚等数十个国家与地区，客户遍及电信、政府、金融、教育、能源和医药等领域，是国内主要的移动存储产品供应商与出口商之一。

一、朗科围绕核心技术的专利申请和获权情况

经济增长从劳动密集型向知识密集型转变，必然要将知识产权战略特别是专利、商标的运营放在更加突出的位置。朗科成立之初，就将核心技术在多个国家申请了专利，随后又陆续申请了多件外围专利，从而在闪存领域编织了较为严密的专利网；在此基础上，朗科将专利与标准相结合，在行业标准中融合了多项专利技术，从而进一步巩固了自己的市场地位。朗科拥有闪存盘、闪存应用及移动存储领域多项基础性及核心发明专利。截至2008年10月22日，朗科累计全球专利及专利申请量达326件，其中发明专利申请量为227件，覆盖全球几十个国家及地区。迄今已获授权专利共计78项，其中发明专利39项，授权国家及地区包括中国内地、美国、韩国、中国香港、中国台湾、新加坡和马来西亚等。

其中获得授权的第1件中国发明专利权和美国发明专利权就是朗科一系列维权活动的核心与基础。该中国发明专利权的名称是“用于数据处理系统的快闪电子式外存储方法及其装置”（专利号99117225.6，简称中国闪存盘专利）。该美国发明专利权的名称是“Electronic Flash Memory External Storage Method and Device”（专利号US6829672，简称美国闪存盘专利）。“中国闪存盘专利”与“美国闪存盘专利”的实质内容基本相同。邓国顺、成晓华是这两项专利的专利权人。

闪存盘专利在美国获得授权的专利说明书内容及权利要求保护范围与闪存盘专利在我国获得授权的专利说明书内容及权利要求保护范围是一致的，这足以说明国际上对闪存盘专利的公平对待和认可。同时，朗科以闪存盘专利为优先权基础的欧洲、日本申请也在实质审查中，不期也将获得授权。

二、朗科的全方位知识产权战略

作为公司3大战略之首的知识产权战略，明确提出以专利战略为核心，结合技术创新与市场开拓，形成企业自主知识产权，促进公司知识产权的顺利开展。在近几年的知识产权战略中，朗科进一步确立了运营是核心的发展理念。近年来，通过不断地与专利使用者接触和谈判，朗科已与包括PNY、索尼在内的多家企业签订了专利许可协议，进而取得实质性的专利赢利。事实上，通过专利运营来获得收益的做法目前已经在欧美国家盛行，如IBM、飞利浦、高通等公司，通过专利、商标许可的收入均在其盈利中占据很大的比例。在朗科公司开展知识产权战略并取得丰硕成果的同时，朗科公司也清楚地知道，在知识产权意识比较淡薄的大环境中，实施知识产权战略，保障公司知识产权

需要付出巨大的努力。对此，公司通过以下措施，强化知识产权工作开展和保护的力度。

1. 明确定位知识产权战略

加快专利战略实施，朗科公司的知识产权战略包括3大方面：

（1）进攻与防御结合的专利战略。公司成立之初就将核心技术申请了基本专利，随后，又将多项核心技术作为基本专利进行了申请。同时，围绕基本专利又申请了多项其他外围专利，从而建立了在闪存盘领域较为严密的专利网，逐渐形成了高端进攻、中端跟进、低端防守的专利战略。

（2）建立有效的商标体系。公司继注册"优盘"商标后，又相继申请注册了其他"优"系列商标。为了适应国际化的需要，公司又在多个国家和地区申请注册了"Netac"商标。现今，"优盘"和"Netac"商标已成为公司最重要的无形资产。

（3）专利与标准相结合，巩固市场地位。公司正在制订有关闪存盘的行业标准，该标准融合了公司的基本专利技术、加密专利技术、启动专利技术、超稳定专利技术等，从而使朗科公司成为真正的闪存盘标准制定者和行业领导者。

2. 建立健全知识产权管理制度，实施企业知识产权奖励制度

朗科的知识产权工作，一直的努力方向就是制度化，用制度去统一行动，保障智力成果。因此，公司在具体的运作中，已经制订了具有公司自身特色的管理办法和工作流程，形成了包括《专利工作管理办法》《商标使用和管理工作办法》《专利申请流程》《知识产权工作激励办法》等知识产权管理制度，全面、具体地规范了公司知识产权各个方面的管理和保护，有力地促进了公司知识产权战略的开展。同时，公司建立了透明的知识产权激励机制，鼓励、挖掘、激发每个员工的创新潜能，这些激励措施主要包括发明创新奖励、专利申请奖励、专利撰写奖励、专利实施奖励、知识产权工作累计积分奖励等，员工在知识产权保护的过程中，不管哪一方面、哪一领域，只要能对维护公司的权益作出实质性的贡献，都可以得到公司的表彰、奖励和酬劳。

3. 创新与专利高度结合

作为科技型企业，朗科公司已经发展成为有开发能力、市场规模、生产规模的企业，在进行技术研究和新产品开发时，已经做到了以专利促进技术、以专利保护技术、以专利储备技术，具体措施包括：①开发研究新项目以事先检索和市场调研为依托，充分依靠和利用官方出版的专利信息，了解新技术的发展情况，吸收先进技术，提高开发研究起点。②项目开发成员和知识产权人员对相关检索资料进行二次加工，提交开发产品的核心技术分析、侵权判定分析、技术法律状况分析、市场信息经济分析、宏观发展战略分析等报告，作为产品开发的决策依据。③做到一成果一专利，一产品一专利或一产品多专利，知识产权部分配专门的专利工程师对每一项技术研究成果或产品创新进行全程跟踪，经评估后即着手进行该项目的专利申请工作。通过技术创新与专利相结合，以发明专利为主导，实用新型和外观设计专利相结合，现已达到依靠一个、利用一个、存储多个及专业扩展，有效地扩大了知识产权的势力范围。

4. 专业与普及相结合，全员培训知识产权知识

朗科公司非常重视知识产权的相关知识培训，出台了多种、多方面的知识产权培训措施，具体包括：①新员工知识产权入职培训，这是每1位新入员工的必修课；公司每1个月或每2个月举行1次新员工知识产权入职培训，以树立每位新员工的知识产权意识，使其具有一定的知识产权知识。②成立知识产权培训小组，该小组成员包括知识产权工作人员，法务人员，技术开发人员，产品、工程与市场推广人员等，聘请具有一定知名度的知识产权专家作为培训讲师，专业地讲授知识产权知识，取得了良好效果，提高了员工的持续受雇能力。③外部培训与内部相结合。公司制度规定，知识产权部员工每年必须参加1次外部培训，以使员工获得新的专业知识和理论发展方向。④充分利用网络资源，开展远程知识产权教育。知识产权部所有人员已参加或者正在参加世界知识产权学院和中国知识产权培训中心的专业知识培训，其中，部分人员已取得相关结业证书。

5. 知识产权审核渗透公司经营环节

可以说，在公司的绝大部分具体经营活动和过程中，均能看到知识产权所产生的影响。不论是市场开拓、技术开发、产品生产，还是客户服务、日常管理，知识产权参与和审核都是作为必要的一环；对缺少知识产权审核的，一律对其重新进行评估，责其改进。公司市场策划活动、市场宣传活动、技术开发立项、新产品评估、工程设计评估等，如果没有通过知识产权部分的审核，将一律不具有相关效力。如新设计的产品外观，对没有经知识产权审核并申请专利的，严厉禁止对外发布任何相关信息。

在知识产权审核方面，公司具有明确的奖罚制度，每一项重大知识产权项目审核中，均会由知识产权部出具意见，对相关项目负责人进行奖励或者处罚，从而使知识产权审核贯彻执行并深入人心。

6. 加强知识产权的保护力度，严厉打击侵权者

在不断加强内部管理和技术积累的同时，朗科公司对打击知识产权侵权也是不遗余力的，对恶意侵权行为更是毫不手软。2002年9月16日，朗科起诉北京华旗资讯数码科技有限公司等3家公司侵犯“闪存盘专利”，维护了公司的合法权益。2004年4月13日，深圳市中级人民法院对该案件进行了公开开庭审理，并于当年6月1日作出一审判决，判3被告立即停止侵权和其中2被告连带向朗科赔偿侵权损失50万元。同时，对于市场上的假冒“优盘”商标和侵犯朗科商标专用权的产品，公司采取的是刑事和行政相结合的保护途径，寻求公安局、工商局、技术监督局等机关的合作，进行市场调查和打假执法行动，有效地维护公司的商标专用权，净化闪存盘销售市场，维护消费者的合法权益。

三、朗科诉美国PNY公司专利侵权案

自朗科的美国闪存盘专利公开以后，就一直遭受到以美国计算机存储零售市场主要经销商之一的PNY公司及北京华旗资讯数码科技有限公司为首的众多厂家的侵权，他们利用其实力不遗余力进占国内外市场，给朗科造成难以估量的巨大损失。

当地时间2006年2月10日，朗科正式向美国德州东区联邦地区法院起诉，要求美国PNY（Paris and New York）公司停止侵犯其“美国闪存盘专利”的行为并赔偿损失。

此案件开中国 IT 企业在境外起诉美国厂商侵犯专利权的先河，被广大媒体称之为“中国 IT 企业境外专利维权第一案”，为中国 IT 产业的自主创新树立了一块重要里程碑，在国内外产生了巨大的影响。

2008 年 3 月 26 日，朗科在北京人民大会堂重庆厅举办了新闻发布会，宣布与 PNY 签订专利授权许可协议，达成和解。朗科在此次专利维权中已获得实质性利益、达到了预期目标。朗科诉 PNY 专利侵权案已为我国企业利用知识产权和国际规则维权树立了一个范例，同时将影响国内企业自主创新的意识倾向，加深对国际知识产权现状的理解。

朗科认为，打官司尽管艰难，但这是商业运营的一部分，是知识产权规则不可分割的一部分，因此一不能怕，二要运用法律手段保护自己的合法权益；另一方面，自己的创新成果被人觊觎和侵权使用，恰恰说明这些技术的市场价值。不难发现，朗科核心竞争力、持续竞争力及持续赢利能力的提升，正是源于其坚定的维权信念以及在维权中寻求最大商业利益的成功实践。

在国内提高自主创新能力呼声日高，实施知识产权战略日益普及，部分中国企业实施“走出去”战略参与国际化竞争方兴未艾，国际范围内以知识产权为主要手段的市场争夺战如火如荼的现实背景下，朗科远赴美国主动维权并获胜利，必将深刻影响到中国企业的自主创新意识和价值取向，加深业界对知识产权制度及国际知识产权竞争规则的理解认同，以此为样本，无疑将加快产业结构优化、经营思路调整、增长方式转变的步伐。

案例四　立体维权的腾讯公司知识产权管理案例

腾讯科技有限公司（以下简称腾讯）是我国最大的即时通信企业，其 QQ 软件已经深入人们的日常生活和工作。知识产权的立体保护与综合利用，为腾讯的技术创新提供了全方位的法律保障和强大的外部动力，提升了公司的市场领导地位，充实了企业的竞争力。

腾讯科技有限公司于 1998 年 11 月在深圳成立，1999 年 2 月，腾讯正式推出第一个即时通信系统软件——“腾讯 QQ”，至 2008 年年底，注册用户数已超过 8.5 亿，QQ 系统最高同时在线人数近达 4 500 万。2004 年 6 月 16 日，腾讯成功在香港联交所主板上市（股票代号 700）。2005 年，腾讯的年收入达到 14.264 亿元人民币，利润 4.854 亿元人民币。2008 年，腾讯的年收入达到 71.545 亿元，利润 32.460 亿元。

腾讯为用户提供即时通信平台，让用户可以各种终端设备通过互联网、移动与固定通讯网络进行实时交流。用户不仅可以传输文本信息、图像、视频、音频及电子邮件，还可获得各种提高网上社区体验的互联网及移动增值服务，包括移动游戏、交友、娱乐信息下载等各种娱乐资讯服务。腾讯改变了大众的交流空间，让人们得以畅所欲言，跨越年龄、性别、民族、种族。腾讯正在建立比迪斯尼乐园更优秀的互动娱乐城，正在潜移默化地改变着人们的生活和工作方式。腾讯的发展历程如图 8-1 所示。

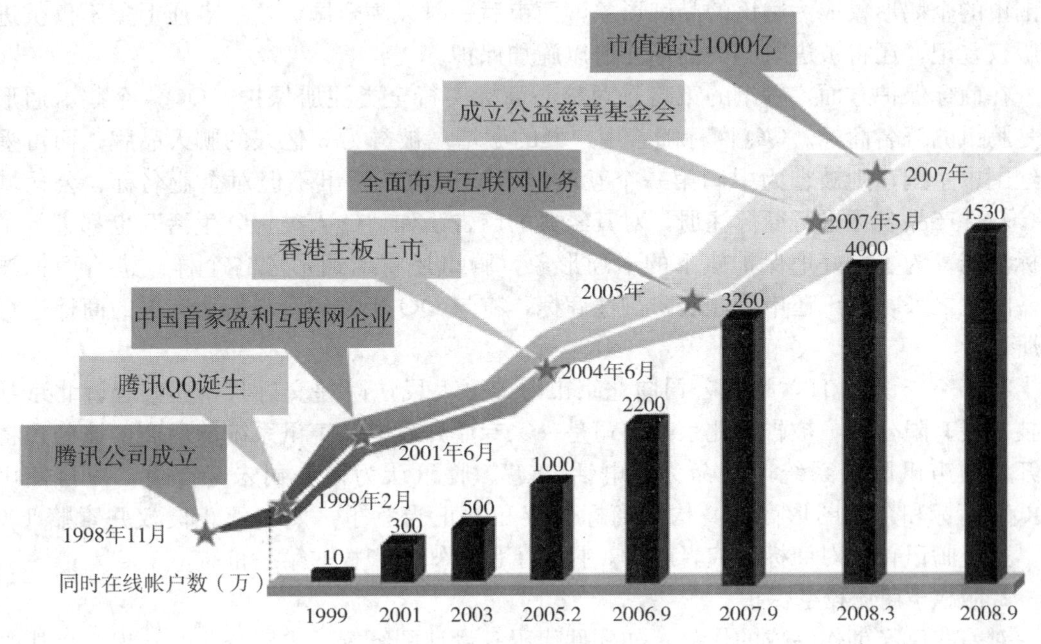

图 8-1 腾讯的发展历程

腾讯是深圳自主创新的代表，是中国最早也是目前中国市场上最大的互联网即时通信软件开发商，是中国知名的互联网服务及移动增值服务供应商。腾讯的发展历程证明，专注才能生存，创新得以发展。腾讯的发展之路就是一条知识产权的兴业之路，它已经成为中国互联网公司创新与知识产权保护的典范。无论是在秉持“以创新保持领先”的技术导向，还是遵循“内容为王”的网站宗旨，腾讯都在有力地创造和利用知识产权。

知识产权战略是腾讯的企业发展战略中最重要的一环。腾讯非常重视保护企业的自主知识产权，重视员工的知识产权教育，新员工的入职培训中很重要的一门课就是知识产权法律培训。腾讯的机构不仅设置有法务部，负责对公司的知识产权进行全面管理，包括知识产权日常维护管理和知识产权许可贸易的审查。同时更是在研发中心设置有专利组，负责对公司的技术发明进行专利管理和保护。而腾讯在知识产权过程控制中更具特色之处在于其对知识产权进行的立体保护和整合利用。

一、腾讯的知识产权组合策略

知识产权保护是指在产业技术创新、转移和扩散过程中，知识产权权利人采取协商、行政申诉或司法途径预防和制止知识产权侵权的过程。知识产权的保护应注意对不同的对象采取不同的保护措施。腾讯为新产品建立了一套内容涵盖域名、商标、版权、专利、商业秘密的全方位知识产权保护办法，该办法通过对即将面市的技术产品和业务产品进行分析，再根据对象的不同特点，落实相应的知识产权进行保护。

1. 版权＋商标权

2000 年，腾讯创造性地设计出可爱的企鹅卡通形象代言企业产品。胖嘟嘟的围着红围巾的企鹅形象成为腾讯的品牌形象，面市后一时风靡全国。这一卡通形象不仅被进行版权登记，还将被进行全类商标注册以施加保护。

在商标保护方面，腾讯的策略是对核心商标实行全类注册保护。QQ、企鹅卡通形象是腾讯的著名商标。QQ商标随着用户群的激增，被誉为3亿人的聊天品牌；而可爱的红围巾企鹅，则被誉为中国第一个互联网卡通形象。腾讯不但对企业名称、公司域名、软件产品名称进行商标注册，对其经典的广告语如“Q人类、Q生活”也都进行了商标注册。为了更好地保护旗下的卡通形象，腾讯还将卡通形象各个样式进行商标注册。除此之外，腾讯还申请注册防御性商标，将与QQ相关的、与行业有关的商标进行注册。

2005年6月7日，腾讯公司向北京市海淀区人民法院递交诉状，立案起诉北京某科技发展有限公司，被告的北京某公司是一家专业开发电话声讯系统的厂商，该公司将其开发的声讯聊天系统产品命为“电话QQ”。腾讯认为该公司未经许可，擅自使用“QQ”商标和企鹅图形商标，构成商标侵权和不正当竞争，要求停止侵权并索赔100万。这是腾讯首次对商标侵权者起诉，打响了保护知识产权的第一枪。

2. 版权＋商业秘密保护

对一些已经创作完成的作品，如软件代码、设计图纸等，出于企业的知识产权战略考虑，不宜公开的则以周密的商业秘密保护措施加以保护。

3. 版权＋专利保护

在专利保护方面，腾讯将专利申请纳入电子化管理，正在开发的“专利申请项目跟踪系统”，可以实现专利申请项目的提交、讨论、跟踪、监控、管理、查询、自动统计和审批。腾讯通过建设专利管理数据库系统与专利申请项目跟踪系统连接在一起，实现专利申请的整套电子化流程与管理。在新产品发布评审流程中加入专利评审。

二、腾讯的知识产权许可策略

知识产权利用，是指在产业技术创新、转移和扩散过程中，作为知识产权权利人的所有者或依法有权处分的组织和个人，应用知识产权谋求或取得相应的竞争优势或收益的过程。其中，知识产权许可是知识产权利用的在技术转移过程中的一种重要形式。

企鹅卡通——QQ是在“洋动漫”觊觎中国市场的情况下诞生的，腾讯利用互联网媒体实现了动漫品牌形象的快速传播，这开创了国内“动漫”品牌利用互联网媒体实现巨大商业成功的先河。2000年腾讯开始开展QQ品牌及卡通形象授权业务，授权东利行等专业公司生产销售QQ周边产品，并开发出QQ毛绒公仔等品种繁多的卡通产品实物。腾讯还将旗下运营的网络游戏如《QQ幻想》的游戏主角、代言卡通的版权形象进行产品授权。Q迷的疯狂抢购以及市场上一夜之间冒出的大量仿造品，有力地验证了这个经营思路的可行性，腾讯成为中国互联网公司创造发展卡通品牌的经典范例。

2005年3月，腾讯公司与郑州小樱桃卡通公司签约，授权小樱桃卡通公司独家创作《QQ漫画》，出版销售一系列适合青少年阅读的QQ漫画图书。卡通品牌形象授权是腾讯充分利用知识产权，为知识产权增值的代表性业务，2005年在中国的市场直接收益达到约720万人民币。

知识产权许可带来收益的同时也给腾讯带来了知识产权的管理难题，因为一旦授权商（原权利人）许可管理不善或约定不明，将使得其完全丧失或部分丧失应有的权利。腾讯经过几年的摸索，制定出了一套有特色的管理QQ品牌形象许可的方法：

(1) 腾讯要求所有使用QQ卡通形象的授权产品之开发、生产、销售、分销、宣传、推广中，如需设计、开发、使用、再创作与合同授权版权形象之一近似、类似、变形产品或对其再创作产生的图形和文字，以及含有QQ的产品名，不管用于何种用途，须事先报腾讯同意。授权卡通形象的近似、类似、变形产品或对其再创作产生的图形及文字，以及含有QQ的产品名的知识产权（版权、专利、商标）归腾讯所有。

(2) 腾讯要求被授权商保证，在合同产品的销售、分销、宣传、推广中，于自身的直营店（柜）内，不将自行创造的或被许可使用的其他品牌形象与QQ形象作平行的、优劣的对比。若对方违反此保证，腾讯将要求被授权商纠正补救、消除影响并承担相应的违约责任。被授权商在限期内仍不及时采取补救措施予以补救并承担相应的违约责任的，腾讯有权解除合同。

(3) 为了保护QQ品牌的独占性，腾讯与被授权商还约定，许可生效期间和终止后，被授权商均不得以任何形式用QQ形象或名字包含“Q”字在内的任一形象的图形或文字进行商标注册登记。

通过对知识产权的立体保护与综合利用，腾讯得到了这样的经验：知识产权战略成功实施，要在充分尊重他人的知识产权的基础上，熟练掌握国内外法律规则，通过合理的商标、版权、专利布局，实现自己品牌和技术的立体保护。此外，知识产权惟有同研发、市场、运营紧密结合，才能真正渗透到公司运作的各个层面，并在各个相关市场应用中不断增值，帮助公司提升市场领导地位，充实企业的竞争力。腾讯对知识产权的立体保护与综合利用，给深圳文化产业和创意产业的发展提供了重要启示。

问题与思考：

1. 处于不同产业技术领域和技术能力发展阶段的企业知识产权管理策略有何不同？
2. 结合知识产权的类型和管理过程，建立企业知识产权管理的模型。